꿈틀 국어 교재

한눈에 알아보기

KB193063

앞날을 향한 여러분의 힘찬 발걸음에 맞춰 '꿈을담는틀'이 함께 걷고 있습니다.

시리즈 및 구분	대상 학년 및 교재명				교재 성격
	중3	고1	고2	고3	
완성 시리즈	국어 개념 완성 / 국어 문법 완성 / 어휘력 다지기				국어 공부에 꼭 필요한 개념, 문법, 어휘를 완성할 수 있는 교재
기본완성 시리즈	수능 국어 / 수능 문학 / 수능 비문학				수능의 기초부터 완성까지, 수능 대비를 위한 친절한 지침서
모든 것 시리즈		현대시 / 고전시가 / 현대산문 / 고전산문 / 문법·어휘			내신과 수능을 1등급으로 만들어 줄 필수 자습서
국어는 꿈틀 시리즈		기본편 / 종합편 / 단기 문학 / 단기 종합 문학 / 비문학 독서 / 언어와 매체(문법)·화법과 작문			통합형 수능 경향을 새롭게 반영한 실전 대비 수능서
명강 시리즈		현대시 / 고전시가 / 현대소설 / 고전산문			갈래별 유형 학습과 실전 문제를 통해 고득점으로 안내하는 수능 내비게이션
밥 먹듯이 매일매일 시리즈	처음 비문학 독서 / 비문학 독서 / 특급 어휘력 / 문법·어휘 / 문학				밥 먹듯이 매일매일 국어 공부로 수능을 정복하는 기출문제집
고난도 신유형			고난도 신유형 비문학 긴 지문		비문학 긴 지문의 해결책을 제시하여 고난도 신유형에 대비하는 실전서
내신·기본서	고등 국어 통합편				한 권으로 끝내는 일등 국어 문제집
		문학 비책			현존하는 최고의 문학 문제집

고난도 신유형

비문학 긴 지문

어려워진 수능 대비를 위한
긴 지문 고난도 문제 집중 훈련 교재

구성과 특징

(문제편)

○ 비문학 긴 지문 대표 문제

최근 수능과 모의평가에 출제된 2,000자 이상의 고난도 긴 지문 비문학 문제를 대표 문제로 선별하였습니다.

• 수능 출제 경향 & 학습 대책

최근 수능에 출제된 비문학 독서의 긴 지문 출제 경향과 문제 유형을 분석하고, 이에 대비한 학습 대책을 수록하였습니다.

• 비문학 긴 지문 대표 문제

수능에 출제된 비문학 긴 지문 대표 문제를 풀면, 자신의 강점과 약점을 파악하여 수능 실전에 대비할 수 있습니다.

○ 실전 모의고사 10회 & 최종 모의고사

고난도 긴 지문 비문학 문제와 가장 유사한 법학적성시험(LEET) 언어이해 우수 문제와 전국연합 학력평가 변형 문제를 묶어 실전 모의고사와 최종 모의고사로 구성하였습니다.

• 실전 모의고사 10회

매회 15문항으로 구성된 비문학 모의고사를 제한 시간에 맞춰 풀면서 긴 지문에 대한 실전 감각을 훈련할 수 있습니다.

• 2021 수능 대비 최종 모의고사

LEET 우수 문제와 전국연합 학력평가 지문으로 구성한 수능 예상 문제로 최고난도 수능 문제에 대비할 수 있습니다.

고난도 긴 지문과 우수한 실전 문제로
어려워진 수능 비문학 독서 정복!

(해설편)

○ 정답과 해설 – 지문 해설 & 정답인 이유 & 오답인 이유 수록

지문의 주제와 해제, 문단별 핵심 내용을 제시하고 정답인 이유와 오답인 이유를 자세히 설명하여 문제를 깊이 있게 이해할 수 있도록 구성하였습니다.

• 지문 해설

지문을 보다 정확하게 이해하여 지문 독해 시간을 줄이고 독해 실력을 향상시킬 수 있도록 하였습니다.

• 정답인 이유 & 오답인 이유

문제 해결의 실마리 및 정답인 이유와 오답인 이유가 지문의 어떤 부분과 관련되어 있는지 명확하게 제시하였습니다.

최신 출제 경향을 반영한 긴 지문과 우수 문항을 수록한 수능 실전서!

최신 출제 경향 반영	➕	신유형 대비	➕	수능 적중률 100%
고난도 긴 지문		우수 기출문제		실전 예상 문제

- 고난도 긴 지문과 가장 유사한 법학적성시험(LEET) 언어이해 우수 문항을 선별하여 수록하였습니다.
- 출제 가능성 높은 최신 전국연합 학력평가 제재를 선별하여, 고난도 긴 지문으로 재구성하였습니다.
- 추론, 비판, 논지 전개, 적용, 어휘 유형 등 수능 신유형 대비 문제를 강화하여 수록하였습니다.
- 꿈틀 우수 강사진이 수능 출제 유형을 적중시키는 실전 예상 문제를 출제하였습니다.

차례

표준 학습 계획표

	내용
1단계	• 학습 계획을 세우고, 계획에 따라 하루에 정해진 만큼 문제를 풉니다. • 제한 시간 안에 문제를 푼 뒤 틀린 개수와 문제 번호를 적습니다.
2단계	• 틀린 문제는 틀린 이유를 반드시 확인하고, 이해가 될 때까지 복습합니다. • 맞은 문제도 해설을 보면서 자신이 답을 찾아낸 과정이 바른지 확인합니다.
3단계	• 같은 실수를 반복하지 않도록 유의하면서 틀린 문제들을 다시 풀어 봅니다.

학습 날짜	학습 순서	틀린 개수	틀린 문항 번호
Day 1 ____월 ____일	비문학 긴 지문 대표 문제		
Day 2 ____월 ____일	01회 실전 모의고사		
Day 3 ____월 ____일	02회 실전 모의고사		
Day 4 ____월 ____일	03회 실전 모의고사		
Day 5 ____월 ____일	04회 실전 모의고사		
Day 6 ____월 ____일	05회 실전 모의고사		
Day 7 ____월 ____일	06회 실전 모의고사		
Day 8 ____월 ____일	07회 실전 모의고사		
Day 9 ____월 ____일	08회 실전 모의고사		
Day 10 ____월 ____일	09회 실전 모의고사		
Day 11 ____월 ____일	10회 실전 모의고사		
Day 12 ____월 ____일	2021 수능 대비 최종 모의고사		

비문학 긴 지문
대표 문제

대표 기출 문제

제한 시간: **28** 분 **30** 초
풀이 시간: 분 초

출처 2020학년도 수능·6월·9월 모의평가

2020 수능 출제 경향 ▶
긴 지문에 최대 6문항을 출제하는 경향이 유지되었으나, 2019학년도 수능보다는 지문 길이가 짧은 편이었다. 정보량이 많은 지문에 구체적 적용 및 추론을 요구하는 문항들 때문에 체감 난이도는 높았을 것이다.

2021 수능 예측 ▶
변별력 확보를 위해 비문학이 고난도로 출제되는 경향은 계속 유지될 것으로 보인다. 특히 과학, 기술 제재가 어렵게 출제될 수 있으며, 주어진 수식을 활용하여 답을 도출하는 유형에도 대비해야 한다.

학습 대책 ▶
- 2021 수능을 위해서는 제한 시간 내에 독해하는 것이 중요하므로, 2000자 이상의 긴 지문과 많은 문항 수에 적응하는 훈련은 필수이다.
- 긴 지문은 많은 문항을 풀어야 하므로 독해 시간과 풀이 시간이 길다는 것을 염두에 두고 시간 배분에 특히 주의해야 한다.
- 지문이 길어서 전체 내용이 머릿속에서 정리되지 않을 때는, 제시된 문제를 먼저 읽어서 독해의 방향을 잡은 뒤 다시 읽도록 하자.
- 문단별로 문제에 필요한 정보를 표시하며 독해하고, 이를 문제에 적용하여 제한 시간 내에 풀이를 끝내는 연습이 필요하다.

[01 ~ 06] 다음 글을 읽고 물음에 답하시오.

국제법에서 일반적으로 조약은 국가나 국제기구들이 그들 사이에 지켜야 할 구체적인 권리와 의무를 명시적으로 합의하여 창출하는 규범이며, 국제 관습법은 조약 체결과 관계없이 국제 사회 일반이 받아들여 지키고 있는 보편적인 규범이다. 반면에 경제 관련 국제기구에서 어떤 결정을 하였을 경우, 이 결정 사항 자체는 권고적 효력만 있을 뿐 법적 구속력은 없는 것이 일반적이다. 그런데 국제 결제 은행 산하의 바젤 위원회가 결정한 BIS 비율 규제와 같은 것들이 비회원의 국가에서도 엄격히 준수되는 모습을 종종 보게 된다. 이처럼 일종의 규범적 성격이 나타나는 현실을 어떻게 이해할지에 대한 논의가 있다. 이는 위반에 대한 제재를 통해 국제법의 효력을 확보하는 데 주안점을 두는 일반적 경향을 되돌아보게 한다. 곧 신뢰가 형성하는 구속력에 주목하는 것이다.

BIS 비율은 은행의 재무 건전성을 유지하는 데 필요한 최소한의 자기 자본 비율을 설정하여 궁극적으로 예금자와 금융 시스템을 보호하기 위해 바젤 위원회에서 도입한 것이다. 바젤 위원회에서는 BIS 비율이 적어도 규제 비율인 8%는 되어야 한다는 기준을 제시하였다. 이에 대한 식은 다음과 같다.

$$\text{BIS 비율(\%)} = \frac{\text{자기 자본}}{\text{위험 가중 자산}} \times 100 \geq 8(\%)$$

여기서 자기 자본은 은행의 기본 자본, 보완 자본 및 단기후순위 채무의 합으로, 위험 가중 자산은 보유 자산에 각 자산의 신용 위험에 대한 위험 가중치를 곱한 값들의 합으로 구하였다. 위험 가중치는 자산 유형별 신용 위험을 반영하는 것인데, OECD 국가의 국채는 0%, 회사채는 100%가 획일적으로 부여되었다. 이후 금융 자산의 가격 변동에 따른 시장 위험도 반영해야 한다는 요구가 커지자, 바젤 위원회는 위험 가중 자산을 신용 위험에 따른 부분과 시장 위험에 따른 부분의 합으로 새로 정의하여 BIS 비율을 산출하도록 하였다. 신용 위험의 경우와 달리 시장 위험의 측정 방식은 감독 기관의 승인하에 은행의 선택에 따라 사용할 수 있게 하여 '바젤 I' 협약이 1996년에 완성되었다.

금융 혁신의 진전으로 '바젤 I' 협약의 한계가 드러나자 2004년에 '바젤 II' 협약이 도입되었다. 여기에서 BIS 비율의 위험 가중 자산은 신용 위험에 대한 위험 가중치에 자산의 유형과 신용도를 모두 ⓐ고려하도록 수정되었다. 신용 위험의 측정 방식은 표준 모형이나 내부 모형 가운데 하나를 은행이 이용할 수 있게 되었다. 표준 모형에서는 OECD 국가의 국채는 0%에서 150%까지, 회사채는 20%에서 150%까지 위험 가중치를 구분하여 신용도가 높을수록 낮게 부과한다. 예를 들어 실제 보유한 회사채가 100억 원인데 신용 위험 가중치가 20%라면 위험 가중 자산에서 그 회사채는 20억 원으로 계산된다. 내부 모형은 은행이 선택한 위험 측정 방식을 감독 기관의 승인하에 그 은행이 사용할 수 있도록 하는 것이다. 또한 감독 기관은 필요시 위험 가중 자산에 대한 자기 자본의 최저 비율이 ⓑ규제 비율을 초과하도록 자국 은행에 요구할 수 있게 함으로써 자기 자본의 경직된 기준을 보완하고자 했다.

최근에는 '바젤 III' 협약이 발표되면서 자기 자본에서 단기 후순위 채무가 제외되었다. 또한 위험 가중 자산에 대한 기본 자본의 비율이 최소 6%가 되게 보완하여 자기 자본의 손실 복원력을 강화하였다. 이처럼 새롭게 발표되는 바젤 협약은 이전 협약에 들어 있는 관련 기준을 개정하는 효과가 있다.

바젤 협약은 우리나라를 비롯한 수많은 국가에서 채택하여 제도화하고 있다. 현재 바젤 위원회에는 28개국의 금융 당국들이 회원으로 가입되어 있으며, 우리 금융 당국은 2009년에 가입하였다. 하지만 우리나라는 가입하기 훨씬 전부터 BIS 비율을 도입하여 시행하였으며, 현행 법제에도 이것이 반영되어 있다. 바젤 기준을 따름으로써 은행이 믿을 만하다는 징표를 국제 금융 시장에 보여 주어야 했던 것이다. 재무 건전성을 의심받는 은행은 국제 금융 시장에 자리를 잡지 못하거나, 심하면 아예 ⓒ발을 들이지 못할 수도 있다.

바젤 위원회에서는 은행 감독 기준을 협의하여 제정한다. 그 헌장에서는 회원들에게 바젤 기준을 자국에 도입할 의무를 부과한다. 하지만 바젤 위원회가 초국가적 감독 권한이 없으며 그의 결정도 ⓓ법적 구속력이 없다는 것 또한 밝히고 있다. 바젤 기준은 100개가 넘는 국가가 채택하여 따른다. 이는 국제기구의 결정에 형식적으로 구속을 받지 않는 국가에서까지 자발적으로 받아들여 시행하고 있다는 것인데, 이런 현실을 ㉠말랑말랑한 법(soft law)의 모습이라 설명하기도 한다. 이때 조약이나 국제 관습법은 그에 대비하여 딱딱한 법(hard law)이라 부르게 된다. 바젤 기준도 장래에 ⓔ딱딱하게 응고될지 모른다.

01
윗글의 내용 전개 방식으로 가장 적절한 것은?

① 특정한 국제적 기준의 내용과 그 변화 양상을 서술하며 국제 사회에 작용하는 규범성을 설명하고 있다.
② 특정한 국제적 기준이 제정된 원인을 서술하며 국제 사회의 규범을 감독 권한의 발생 원인에 따라 분류하고 있다.
③ 특정한 국제적 기준의 필요성을 서술하며 국제 사회에 수용되는 규범의 필요성을 상반된 관점에서 논증하고 있다.
④ 특정한 국제적 기준과 관련된 국내법의 특징을 서술하며 국제 사회에 받아들여지는 규범의 장단점을 설명하고 있다.
⑤ 특정한 국제적 기준의 설정 주체가 바뀐 사례를 서술하며 국제 사회에서 규범 설정 주체가 지닌 특징을 분석하고 있다.

02
윗글에서 알 수 있는 내용으로 적절하지 않은 것은?

① 조약은 체결한 국가들에 대하여 권리와 의무를 부과하는 것이 원칙이다.
② 새로운 바젤 협약이 발표되면 기존 바젤 협약에서의 기준이 변경되는 경우가 있다.
③ 딱딱한 법에서는 일반적으로 제재보다는 신뢰로써 법적 구속력을 확보하는 데 주안점이 있다.
④ 국제기구의 결정을 지키지 않을 때 입게 될 불이익은 그 결정이 준수되도록 하는 역할을 한다.
⑤ 세계 각국에서 바젤 기준을 법제화하는 것은 자국 은행의 재무 건전성을 대외적으로 인정받기 위해서이다.

03

BIS 비율 에 대한 이해로 가장 적절한 것은?

① 바젤Ⅰ 협약에 따르면, 보유하고 있는 회사채의 신용도가 낮아질 경우 BIS 비율은 낮아지는 경향이 있다.
② 바젤Ⅱ 협약에 따르면, 각국의 은행들이 준수해야 하는 위험 가중 자산 대비 자기 자본의 최저 비율은 동일하다.
③ 바젤Ⅱ 협약에 따르면, 보유하고 있는 OECD 국가의 국채를 매각한 뒤 이를 회사채에 투자한다면 BIS 비율은 항상 높아진다.
④ 바젤Ⅱ 협약에 따르면, 시장 위험의 경우와 마찬가지로 감독 기관의 승인하에 은행이 선택하여 사용할 수 있는 신용 위험의 측정 방식이 있다.
⑤ 바젤Ⅲ 협약에 따르면, 위험 가중 자산 대비 보완 자본이 최소 2%는 되어야 보완된 BIS 비율 규제를 은행이 준수할 수 있다.

04

윗글을 참고할 때, <보기>에 대한 반응으로 적절하지 않은 것은? [3점]

┤ 보기 ├

갑 은행이 어느 해 말에 발표한 자기 자본 및 위험 가중 자산은 아래 표와 같다. 갑 은행은 OECD 국가의 국채와 회사채만을 자산으로 보유했으며, 바젤Ⅱ 협약의 표준 모형에 따라 BIS 비율을 산출하여 공시하였다. 이때 회사채에 반영된 위험 가중치는 50%이다. 그 이외의 자본 및 자산은 모두 무시한다.

항목	자기 자본		
	기본 자본	보완 자본	단기후순위 채무
금액	50억 원	20억 원	40억 원

항목	위험 가중치를 반영하여 산출한 위험 가중 자산		
	신용 위험에 따른 위험 가중 자산		시장 위험에 따른 위험 가중 자산
	국채	회사채	
금액	300억 원	300억 원	400억 원

① 갑 은행이 공시한 BIS 비율은 바젤 위원회가 제시한 규제 비율을 상회하겠군.
② 갑 은행이 보유 중인 회사채의 위험 가중치가 20%였다면 BIS 비율은 공시된 비율보다 높았겠군.
③ 갑 은행이 보유 중인 국채의 실제 규모가 회사채의 실제 규모보다 컸다면 위험 가중치는 국채가 회사채보다 낮았겠군.
④ 갑 은행이 바젤Ⅰ 협약의 기준으로 신용 위험에 따른 위험 가중 자산을 산출한다면 회사채는 600억 원이 되겠군.
⑤ 갑 은행이 위험 가중 자산의 변동 없이 보완 자본을 10억 원 증액한다면 바젤Ⅲ 협약에서 보완된 기준을 충족할 수 있겠군.

05

㉠에 해당하는 사례로 가장 적절한 것은?

① 바젤 위원회가 국제 금융 현실에 맞지 않게 된 바젤 기준을 개정한다.
② 바젤 위원회가 가입 회원이 없는 국가에 바젤 기준을 준수하도록 요청한다.
③ 바젤 위원회 회원의 국가가 준수 의무가 있는 바젤 기준을 실제로는 지키지 않는다.
④ 바젤 위원회 회원의 국가가 강제성이 없는 바젤 기준에 대하여 준수 의무를 이행한다.
⑤ 바젤 위원회 회원이 없는 국가에서 바젤 기준을 제도화하여 국내에서 효력이 발생하도록 한다.

06

문맥상 ⓐ~ⓔ와 바꿔 쓰기에 적절하지 않은 것은?

① ⓐ: 반영하여 산출하도록
② ⓑ: 8%가 넘도록
③ ⓒ: 바젤 위원회에 가입하지
④ ⓓ: 권고적 효력이 있을 뿐이라는
⑤ ⓔ: 조약이나 국제 관습법이 될지

[07 ~ 12] 다음 글을 읽고 물음에 답하시오.

우리는 한 대의 자동차는 개체라고 하지만 바닷물을 개체라고 하지는 않는다. 어떤 부분들이 모여 하나의 개체를 ⓐ이룬다고 할 때 이를 개체라고 부를 수 있는 조건은 무엇일까? 일단 부분들 사이의 유사성은 개체성의 조건이 될 수 없다. 가령 일란성 쌍둥이인 두 사람은 DNA 염기 서열과 외모도 같지만 동일한 개체는 아니다. 그래서 부분들의 강한 유기적 상호 작용이 그 조건으로 흔히 제시된다. 하나의 개체를 구성하는 부분들은 외부 존재가 개체에 영향을 주는 것과는 비교할 수 없이 강한 방식으로 서로 영향을 주고받는다.

상이한 시기에 존재하는 두 대상을 동일한 개체로 판단하는 조건도 물을 수 있다. 그것은 두 대상 사이의 인과성이다. 과거의 '나'와 현재의 '나'를 동일하다고 볼 수 있는 것은 강한 인과성이 존재하기 때문이다. 과거의 '나'와 현재의 '나'는 세포 분열로 세포가 교체되는 과정을 통해 인과적으로 연결되어 있다. 또 '나'가 세포 분열을 통해 새로운 개체를 생성할 때도 '나'와 '나의 후손'은 인과적으로 연결되어 있다. 비록 '나'와 '나의 후손'은 동일한 개체는 아니지만 '나'와 다른 개체들 사이에 비해 더 강한 인과성으로 연결되어 있다.

개체성에 대한 이러한 철학적 질문은 생물학에서도 중요한 연구 주제가 된다. 생명체를 구성하는 단위는 세포이다. 세포는 생명체의 고유한 유전 정보가 담긴 DNA를 가지며 이를 복제하여 증식하고 번식하는 과정을 통해 자신의 DNA를 후세에 전달한다. 세포는 사람과 같은 진핵생물의 진핵세포와, 박테리아나 고세균과 같은 원핵생물의 원핵세포로 구분된다. 진핵세포는 세포질에 막으로 둘러싸인 핵이 ⓑ있고 그 안에 DNA가 있지만, 원핵세포는 핵이 없다. 또한 진핵세포의 세포질에는 막으로 둘러싸인 여러 종류의 세포 소기관이 있으며, 그중 미토콘드리아는 세포 활동에 필요한 생체 에너지를 생산하는 기관이다. 대부분의 진핵세포는 미토콘드리아를 필수적으로 ⓒ가지고 있다.

이러한 미토콘드리아가 원래 박테리아의 한 종류인 원생 미토콘드리아였다는 이론이 20세기 초에 제기되었다. 공생 발생설 또는 세포 내 공생설이라고 불리는 이 이론에서는 두 원핵생물 간의 공생 관계가 지속되면서 진핵세포를 가진 진핵생물이 탄생했다고 설명한다. 공생은 서로 다른 생명체가 함께 살아가는 것을 말하며, 서로 다른 생명체를 가정하는 것은 어느 생명체의 세포 안에서 다른 생명체가 공생하는 '내부 공생'에서도 마찬가지이다. ㉠공생 발생설은 한동안 생물학계로부터 인정받지 못했다. 미토콘드리아의 기능과 대략적인 구조, 그리고 생명체 간 내부 공생의 사례는 이미 알려졌지만 미토콘드리아가 과거에 독립된 생명체였다는 것을 쉽게 믿을 수 없었기 때문이었다. 그리고 한 생명체가 세대를 이어 가는 과정 중에 돌연변이와 자연 선택이 일어나고, 이로 인해 종이 진화하고 분화한다고 보는 전통적인 유전학에서 두 원핵생물의 결합은 주목받지 못했다. 그러다가 전자 현미경의 등장으로 미토콘드리아의 내부까지 세밀히 관찰하게 되고, 미토콘드리아 안에는 세포핵의 DNA와는 다른 DNA가 있으며 단백질을 합성하는 자신만의 리보솜을 가지고 있다는 사실이 ⓓ밝혀지면서 공생 발생설이 새롭게 부각되었다.

공생 발생설에 따르면 진핵생물은 원생 미토콘드리아가 고세균의 세포 안에서 내부 공생을 하다가 탄생했다고 본다. 고세균의 핵의 형성과 내부 공생의 시작 중 어느 것이 먼저인지에 대해서는 논란이 있지만, 고세균은 세포질에 핵이 생겨 진핵세포가 되고 원생 미토콘드리아는 세포 소기관인 미토콘드리아가 되어 진핵생물이 탄생했다는 것이다. 미토콘드리아가 원래 박테리아의 한 종류였다는 근거는 여러 가지가 있다. 박테리아와 마찬가지로 새로운 미토콘드리아는 이미 존재하는 미토콘드리아의 '이분 분열'을 통해서만 ⓔ만들어진다. 미토콘드리아의 막에는 진핵 세포막의 수송 단백질과는 다른 종류의 수송 단백질인 포린이 존재하고 박테리아의 세포막에 있는 카디오리핀이 존재한다. 또 미토콘드리아의 리보솜은 진핵세포의 리보솜보다 박테리아의 리보솜과 더 유사하다.

미토콘드리아는 여전히 고유한 DNA를 가진 채 복제와 증식이 이루어지는데도, 미토콘드리아와 진핵세포 사이의 관계를 공생 관계로 보지 않는 이유는 무엇일까? 두 생명체가 서로 떨어져서 살 수 없더라도 각자의 개체성을 잃을 정도로 유기적 상호 작용이 강하지 않다면 그 둘은 공생 관계에 있다고 보는데, 미토콘드리아와 진핵세포 간의 유기적 상호 작용은 둘을 다른 개체로 볼 수 없을 만큼 매우 강하기 때문이다. 미토콘드리아가 개체성을 잃고 세포 소기관이 되었다고 보는 근거는, 진핵세포가 미토콘드리아의 증식을 조절하고, 자신을 복제하여 증식할 때 미토콘드리아도 함께 복제하여 증식시킨다는 것이다. 또한 미토콘드리아의 유전자의 많은 부분이 세포핵의 DNA로 옮겨 가 미토콘드리아의 DNA 길이가 현저히 짧아졌다는 것이다. 미토콘드리아에서 일어나는 대사 과정에 필요한 단백질은 세포핵의 DNA로부터 합성되고, 미토콘드리아의 DNA에 남은 유전자 대부분은 생체 에너지를 생산하는 역할을 한다. 예컨대 사람의 미토콘드리아는 37개의 유전자만 있을 정도로 DNA 길이가 짧다.

07
윗글의 내용 전개 방식으로 가장 적절한 것은?

① 개체성과 관련된 예를 제시한 후 공생 발생설에 대한 다양한 견해를 비교하고 있다.
② 개체에 대한 정의를 제시한 후 세포의 생물학적 개념이 확립되는 과정을 서술하고 있다.
③ 개체성의 조건을 제시한 후 세포 소기관의 개체성에 대해 공생 발생설을 중심으로 설명하고 있다.
④ 개체의 유형을 분류한 후 세포의 소기관이 분화되는 과정을 공생 발생설을 중심으로 설명하고 있다.
⑤ 개체와 관련된 개념들을 설명한 후 세포가 하나의 개체로 변화하는 과정을 인과적으로 서술하고 있다.

08
윗글에 대한 이해로 적절하지 않은 것은?

① 유사성은 아무리 강하더라도 개체성의 조건이 될 수 없다.
② 바닷물을 개체라고 말하기 어려운 이유는 유기적 상호작용이 약하기 때문이다.
③ 새로운 미토콘드리아를 복제하기 위해서는 세포 안에 미토콘드리아가 반드시 있어야 한다.
④ 미토콘드리아의 대사 과정에 필요한 단백질은 미토콘드리아의 막을 통과하여 세포질로 이동해야 한다.
⑤ 진핵세포가 되기 전의 고세균이 원생 미토콘드리아보다 진핵세포와 더 강한 인과성으로 연결되어 있다.

09
윗글을 참고할 때, ㉠의 이유로 가장 적절한 것은?

① 진핵세포가 세포 소기관을 가지고 있다는 사실을 알지 못했기 때문이다.
② 공생 발생설이 당시의 유전학 이론에 어긋난다는 근거가 부족했기 때문이다.
③ 한 생명체가 다른 생명체의 세포 속에서 살 수 있다는 근거가 부족했기 때문이다.
④ 미토콘드리아가 진핵세포의 활동에 중요한 기능을 한다는 사실을 알지 못했기 때문이다.
⑤ 미토콘드리아가 자신의 고유한 유전 정보를 전달할 수 있다는 것을 알지 못했기 때문이다.

10
〈보기〉는 진핵세포의 세포 소기관을 연구한 결과들이다. 윗글을 바탕으로 할 때, 각각의 세포 소기관이 박테리아로부터 비롯되었다고 판단할 수 있는 것만을 〈보기〉에서 고른 것은?

┤ 보기 ├
ㄱ. 세포 소기관이 자신의 DNA를 가지고 있다는 것과 이분분열을 한다는 것을 확인하였다.
ㄴ. 세포 소기관이 자신의 DNA를 가지고 있다는 것과 진핵세포의 리보솜을 가지고 있다는 것을 확인하였다.
ㄷ. 세포 소기관이 막으로 둘러싸여 있다는 것과 막에는 수송 단백질이 있는 것을 확인하였다.
ㄹ. 세포 소기관이 막으로 둘러싸여 있다는 것과 막에는 다량의 카디오리핀이 있는 것을 확인하였다.

① ㄱ, ㄷ   ② ㄱ, ㄹ   ③ ㄴ, ㄷ
④ ㄴ, ㄹ   ⑤ ㄷ, ㄹ

11

윗글을 바탕으로 〈보기〉를 이해한 내용으로 적절하지 <u>않은</u> 것은? [3점]

┌─────────────────────── 보기 ┤

- 복어는 테트로도톡신이라는 신경 독소를 가지고 있지만 테트로도톡신을 스스로 만들지 못하고 체내에서 서식하는 미생물이 이를 생산한다. 복어는 독소를 생산하는 미생물에게 서식처를 제공하는 대신 포식자로부터 자신을 방어할 수 있는 무기를 갖게 되었다. 만약 복어의 체내에 있는 미생물을 제거하면 복어는 독소를 가지지 못하나 생존에는 지장이 없었다.
- 실험실의 아메바가 병원성 박테리아에 감염되어 대부분의 아메바가 죽고 일부 아메바는 생존하였다. 생존한 아메바의 세포질에서 서식하는 박테리아는 스스로 복제하여 증식할 수 있었고 더 이상 병원성을 지니지는 않았다. 아메바에게는 무해하지만 박테리아에게는 치명적인 항생제를 아메바에게 투여하면 박테리아와 함께 아메바도 죽었다.

└──────────────────────────────

① 병원성을 잃은 '아메바의 세포질에서 서식하는 박테리아'는 세포 소기관으로 변한 것이겠군.
② 복어의 '체내에서 서식하는 미생물'은 '복어'와의 유기적 상호 작용이 강해진다면 개체성을 잃을 수 있겠군.
③ 복어의 세포가 증식할 때 복어의 체내에서 '독소를 생산하는 미생물'의 DNA도 함께 증식하는 것은 아니겠군.
④ '아메바의 세포질에서 서식하는 박테리아'가 개체성을 잃었다면 '아메바의 세포질에서 서식하는 박테리아'의 DNA 길이는 짧아졌겠군.
⑤ '아메바의 세포질에서 서식하는 박테리아'와 '아메바' 사이의 관계와 '복어'와 '독소를 생산하는 미생물' 사이의 관계는 모두 공생 관계이겠군.

12

문맥상 ⓐ~ⓔ와 바꿔 쓰기에 적절하지 <u>않은</u> 것은?

① ⓐ: 구성(構成)한다고
② ⓑ: 존재(存在)하고
③ ⓒ: 보유(保有)하고
④ ⓓ: 조명(照明)되면서
⑤ ⓔ: 생성(生成)된다

[13 ~ 18] 다음 글을 읽고 물음에 답하시오.

과거는 지나가 버렸기 때문에 역사가가 과거의 사실과 직접 만나는 것은 불가능하다. 역사가는 사료를 매개로 과거와 만난다. 사료는 과거를 그대로 재현하는 것은 아니기 때문에 불완전하다. 사료의 불완전성은 역사 연구의 범위를 제한하지만, 그 불완전성 때문에 역사학이 학문이 될 수 있으며 역사는 끝없이 다시 서술된다. 매개를 거치지 않은 채 손실되지 않은 과거와 ⓐ만날 수 있다면 역사학이 설 자리가 없을 것이다. 역사학은 전통적으로 문헌 사료를 주로 활용해 왔다. 그러나 유물, 그림, 구전 등 과거가 남긴 흔적은 모두 사료로 활용될 수 있다. 역사가들은 새로운 사료를 발굴하기 위해 노력한다. 알려지지 않았던 사료를 찾아내기도 하지만, 중요하지 않게 ⓑ여겨졌던 자료를 새롭게 사료로 활용하거나 기존의 사료를 새로운 방향에서 파악하기도 한다. 평범한 사람들의 삶의 모습을 중점적인 주제로 다루었던 미시사 연구에서 재판 기록, 일기, 편지, 탄원서, 설화집 등의 이른바 '서사적' 자료에 주목한 것도 사료 발굴을 위한 노력의 결과이다.

시각 매체의 확장은 사료의 유형을 더욱 다양하게 했다. 이에 따라 역사학에서 영화를 통한 역사 서술에 대한 관심이 일고, 영화를 사료로 파악하는 경향도 ⓒ나타났다. 역사가들이 주로 사용하는 문헌 사료의 언어는 대개 지시 대상과 물리적·논리적 연관이 없는 추상화된 상징적 기호이다. 반면 영화는 카메라 앞에 놓인 물리적 현실을 이미지화하기 때문에 그 자체로 물질성을 띤다. 즉, 영화의 이미지는 닮은꼴로 사물을 지시하는 도상적 기호가 된다. 광학적 메커니즘에 따라 피사체로부터 비롯된 영화의 이미지는 그 피사체가 있었음을 지시하는 지표적 기호이기도 하다. 예를 들어 다큐멘터리 영화는 피사체와 밀접한 연관성을 갖기 때문에 피사체의 진정성에 대한 믿음을 고양하여 언어적 서술에 비해 호소력 있는 서술로 비춰지게 된다.

그렇다면 영화는 역사와 어떻게 관계를 맺고 있을까? 역사에 대한 영화적 독해와 영화에 대한 역사적 독해는 영화와 역사의 관계에 대한 두 축을 ⓓ이룬다. 역사에 대한 영화적 독해는 영화라는 매체로 역사를 해석하고 평가하는 작업과 연관된다. 영화인은 자기 나름의 시선을 서사와 표현 기법으로 녹여 내어 역사를 비평할 수 있다. 역사를 소재로 한 역사 영화는 역사적 고증에 충실한 개연적 역사 서술 방식을 취할 수 있다. 혹은 역사적 사실을 자원으로 삼되 상상력에 의존하여 가공의 인물과 사건을 덧대는 상상적 역사 서술 방식을 취할 수도 있다. 그러나 비단 역사 영화만이 역사를 재현하는 것은 아니다. 모든 영화는 명시적이거나 우회적인 방법으로 역사를 증언한다. 영화에 대한 역사적 독해는 영화에 담겨 있는 역사적 흔적과 맥락을 검토하는 것과 연관된다. 역사가는 영화 속에 나타난 풍속, 생활상 등을 통해 역사의 외연을 확장할 수 있다. 나아가 제작 당시 대중이 공유하던 욕망, 강박, 믿음, 좌절 등의 집단적 무의식과 더불어 이상, 지배적 이데올로기 같은 미처 파악하지 못했던 가려진 역사를 끌어내기도 한다.

영화는 주로 허구를 다루기 때문에 역사 서술과는 거리가 있다고 보는 사람도 있다. 왜냐하면 역사가들은 일차적으로 사실을 기록한 자료에 기반해서 연구를 ⓔ펼치기 때문이다. 또한 역사가는 ㉠자료에 기록된 사실이 허구일지도 모른다는 의심을 버리지 않고 이를 확인하고자 한다. 그러나 문헌 기록을 바탕으로 하는 역사 서술에서도 허구가 배격되어야 할 대상만은 아니다. 역사가는 ㉡허구의 이야기 속에서 그 안에 반영된 당시 시대적 상황을 발견하여 사료로 삼으려고 노력하기도 한다. 지어낸 이야기는 실제 있었던 사건에 대한 기록이 아니지만 사고방식과 언어, 물질문화, 풍속 등 다양한 측면을 반영하며, 작가의 의도와 상관없이 혹은 작가의 의도 이상으로 동시대의 현실을 전달해 주기도 한다. 어떤 역사가들은 허구의 이야기에 반영된 사실을 확인하는 것에서 더 나아가 ㉢사료에 직접적으로 나타나지 않은 과거를 재현하기 위해 허구의 이야기를 활용하여 사료에 기반한 역사적 서술을 보완하기도 한다. 역사가가 허구를 활용하는 것은 실제로 존재했던 과거에 접근하고자 하는 고민의 결과이다.

[A] ⎡ 영화는 허구적 이야기에 역사적 사실을 담아냄으로써 새로운 사료의 원천이 될 뿐 아니라, 대안적 역사 서술의 가능성까지 지니고 있다. 영화는 공식 제도가 배제했던 역사를 사회에 되돌려 주는 '아래로부터의 역사'의 형성에 기여한다. 평범한 사람들의 회고나 증언, 구전 등의 비공식적 사료를 토대로 영화를 만드는 작업은 빈번하게 이루어지고 있다. 그리하여 영화는 하층 계급, 피정복 민족처럼 역사 속에서 주변화된 집단의 묻혀 있던 목소리를 표현해 낸다. 이렇듯 영화는 공식 역사의 대척점에서 활동하면서 역사적 의식 형성에 참여한다는 점에서 역사 ⎣ 서술의 한 주체가 된다.

13

윗글의 내용 전개 방식으로 가장 적절한 것은?

① 역사의 개념을 밝히면서 영화와 역사 간의 공통점과 차이점을 비교하고 있다.

② 영화의 변천 과정을 통시적으로 밝혀 사료로서 영화가 지닌 의의를 강조하고 있다.

③ 역사에 대한 서로 다른 견해를 대조하여 사료로서 영화가 지닌 한계를 비판하고 있다.

④ 영화의 사료로서의 특성을 밝히면서 역사 서술로서 영화가 지닌 가능성을 제시하고 있다.

⑤ 다양한 영화의 유형별 장단점을 분석하여 영화가 역사 서술의 대안이 될 수 있는지에 대해 평가하고 있다.

14

윗글에 대한 이해로 가장 적절한 것은?

① 개인적 기록은 사료로 활용하기에 적절하지 않다.

② 역사가가 활용하는 공식적 문헌 사료는 매개를 거치지 않은 과거의 사실이다.

③ 기존의 사료를 새로운 방향에서 파악하는 것은 사료의 발굴이라고 할 수 있다.

④ 문헌 사료의 언어는 다큐멘터리 영화의 이미지에 비해 지시 대상에 대한 지표성이 강하다.

⑤ 카메라를 매개로 얻어진 영화의 이미지는 지시 대상과 닮아 있다는 점에서 상징적 기호이다.

15

㉮, ㉯의 사례로 적절한 것만을 〈보기〉에서 있는 대로 찾아 바르게 짝지은 것은?

---| 보기 |---

ㄱ. 조선 후기 유행했던 판소리를 자료로 활용하여 당시 음식 문화의 실상을 파악하고자 했다.

ㄴ. B. C. 3세기경에 편찬된 것으로 알려진 경전의 일부에 사용된 어휘를 면밀히 분석하여, 그 경전의 일부가 후대에 첨가되었을 가능성을 검토했다.

ㄷ. 중국 명나라 때의 상거래 관행을 연구하기 위해 명나라 때 유행한 다양한 소설들에서 상업 활동과 관련된 내용을 모아 공통된 요소를 분석했다.

ㄹ. 17세기의 사건 기록에서 찾아낸 한 평범한 여성의 삶에 대한 역사서를 쓰면서 그 여성의 심리를 묘사하기 위해 같은 시대에 나온 설화집의 여러 곳에서 문장을 차용했다.

	㉮	㉯
①	ㄱ, ㄷ	ㄹ
②	ㄱ, ㄹ	ㄴ
③	ㄴ, ㄷ	ㄱ
④	ㄷ	ㄴ, ㄹ
⑤	ㄹ	ㄱ, ㄴ

16

㉠에 나타난 역사가의 관점에서 [A]를 비판한 내용으로 가장 적절한 것은?

① 영화는 많은 사실 정보를 담고 있기 때문에 사료로서의 가능성을 가지고 있다.

② 하층 계급의 역사를 서술하기 위해서는 영화와 같이 허구를 포함하는 서사적 자료에 주목해야 한다.

③ 영화가 늘 공식 역사의 대척점에 있는 것은 아니며, 공식 역사의 입장에서 지배적 이데올로기를 선전하는 수단으로 활용되곤 한다.

④ 주변화된 집단의 목소리는 그 집단의 이해관계를 반영하기 때문에 그것에 바탕을 둔 영화는 주관에 매몰된 역사 서술일 뿐이다.

⑤ 기억이나 구술 증언은 거짓이거나 변형될 가능성이 있기 때문에 다른 자료와 비교하여 진위 여부를 검증한 후에야 사료로 사용이 가능하다.

17

윗글을 바탕으로 〈보기〉를 이해한 내용으로 적절하지 <u>않은</u> 것은? [3점]

┤ 보기 ├

1982년 작 영화 「마르탱 게르의 귀향」은 16세기 중엽 프랑스 농촌의 보통 사람들 간의 사건에 관한 재판 기록을 토대로 한다. 당시 사건의 정황과 생활상에 관한 고증을 맡은 한 역사가는 영화 제작 이후 재판 기록을 포함한 다양한 문서들을 근거로 동명의 역사서를 출간했다. 1993년, 영화 「마르탱 게르의 귀향」은 19세기 중엽 미국을 배경으로 하여 허구적 인물과 사건으로 재구성한 영화 「서머스비」로 탈바꿈되었다. 두 작품에서는 여러 해 만에 귀향한 남편이 재판 과정에서 가짜임이 드러난다. 전자는 당시 생활상을 있는 그대로 복원하는 데 치중했다. 반면 후자는 가짜 남편을 마을에 바람직한 변화를 가져온 지도자로 묘사하면서 미국 근대사를 긍정적으로 평가하고자 하는 대중의 욕망을 반영했다.

① 「서머스비」에 반영된, 미국 근대사를 긍정적으로 평가하려는 대중의 욕망은 영화가 제작된 당시 사회의 집단적 무의식에 해당하는군.

② 실화에 바탕을 둔 영화 「마르탱 게르의 귀향」을 가공의 인물과 사건으로 재구성한 「서머스비」에서는 영화에 대한 역사적 독해를 시도하기 어렵겠군.

③ 영화 「마르탱 게르의 귀향」은 실제 사건의 재판 기록을 토대로 제작됐지만, 그 속에도 역사에 대한 영화인 나름의 시선이 표현 기법으로 나타났겠군.

④ 영화 「마르탱 게르의 귀향」은 역사적 고증에 바탕을 두고 당시 사건과 생활상을 충실히 재현하기 위해 노력했다는 점에서 개연적 역사 서술 방식에 가깝겠군.

⑤ 역사서 「마르탱 게르의 귀향」은 16세기 프랑스 농촌의 평범한 사람들의 삶의 모습을 서사적 자료에 근거하여 다루었다는 점에서 미시사 연구의 방식을 취했다고 볼 수 있군.

18

문맥상 ⓐ~ⓔ와 바꿔 쓰기에 적절하지 <u>않은</u> 것은?

① ⓐ: 대면(對面)할
② ⓑ: 간주(看做)되었던
③ ⓒ: 대두(擡頭)했다
④ ⓓ: 결합(結合)한다
⑤ ⓔ: 전개(展開)하기

실전 모의고사

[01 ~ 05] 다음 글을 읽고 물음에 답하시오.

1990년대 이후 온톨로지(ontology)는 인공 지능 연구에서 각광을 받고 있다. 연구자들마다 '온톨로지'란 용어를 조금씩 다른 의미로 사용하고 있지만, 널리 @받아들여지는 정의는 "관심 영역 내 공유된 개념화에 대한 형식적이고 명시적인 명세"다. 여기서 '관심 영역'은 특정 영역 중심적이라는 것을, '공유된'은 관련된 사람들의 합의에 의한 것이라는 것을, '개념화'는 현실 세계에 대한 모형이라는 것을 뜻한다. 즉 특정 영역의 지식을 모델링하여 구성원들의 지식 공유 및 재사용을 가능하게 하는 것이 바로 온톨로지인 것이다. 또 '형식적'은 기계가 읽고 처리할 수 있는 형태로 온톨로지를 표현해야 한다는 것을 뜻한다. 그 결과로서 얻어지는 '명시적인 명세'는 일종의 공학적 구조물로서 다양한 용도로 사용된다.

온톨로지를 사전과 비교하면 '개념화'를 쉽게 이해할 수 있다. 사전에는 각각의 표제어에 대해 뜻풀이, 동의어, 반대어 등 언어적 특성들이 정리되어 있다. 온톨로지에는 표제어 대신 개념이, 그리고 언어적 특성들 대신 개념들 간 논리적 특성들이 기록된다. '개념(class)'은 어떤 공통된 속성들을 공유하는 '개체들(instances)'의 집합이고, 개체는 세상에 존재하는 구체적인 개별자이다. 온톨로지에서 개념은 관계를 통해 다른 개념들과 연결된다. 필수적인 관계는 개념 간의 계층 구조를 ⓑ형성하는 상속 관계이다. 상속 관계에서 하위 개념은 상위 개념의 모든 속성을 물려받는다. 예컨대 '스누피'라는 특정 개체가 속한 견종 '몰티즈'라는 개념은 '개'의 하위 개념이므로, '몰티즈'는 상위 개념인 '개'가 가진 모든 속성을 물려받는다. 널리 사용되는 또 다른 관계로 부분-전체 관계가 있다. 이외에도 온톨로지에는 관계를 포함한 다양한 논리적 특성들을 기록할 수 있다.

온톨로지 표현 언어는 대부분 일차 술어 논리에 기초를 두고 있다. 일차 술어 논리는 '모든'과 '어떤'을 변수와 함께 사용하는 언어로 표현력이 매우 뛰어나다. 예컨대 "진짜 이탈리아 피자는 오직 얇고 바삭한 베이스만을 갖는다."를 일차 술어 논리로 옮기면 "모든 x에 대해, 만약 x가 진짜 이탈리아 피자라면, 얇고 바삭한 베이스인 어떤 y가 존재하고 x는 y를 베이스로 갖는다."가 된다. 그런데 이것이 반드시 장점인 것은 아니다. 일차 술어 논리로 정교하고 복잡하게 표현된 온톨로지를 막상 기계는 효율적으로 ⓒ다룰 수 없는 경우가 발생하기 때문이다. 따라서 온톨로지 표현 언어는 일차 술어 논리에 각종 제약을 두어 표현력을 줄이는 대신 취급을 용이하도록 한 것이 대부분이다. 예컨대 월드 와이드 웹 컨소시엄의 권고안인 '웹 온톨로지 언어' OWL에는 Lite, DL, Full의 세 가지 버전이 있는데, 후자로 갈수록 표현력이 ⓓ커진다. 즉 OWL DL은 OWL Lite의 확장이고 OWL Full은 OWL DL의 확장이다. OWL DL까지는 계산학적 완전성과 결정 가능성이 보장된다. 이는 OWL DL로 표현된 온톨로지에서는 추론 엔진이 유한한 시간 내에 항상 해를 찾을 수 있음을 뜻한다.

OWL을 쓰면 복잡하고 다양한 논리적 특성들을 표현할 수 있지만 논리학에 익숙하지 않은 사용자에게 OWL은 너무 어렵다. 이로 인해 그 이름과는 달리, 웹에서 OWL이 널리 쓰이는 것은 아직까지 요원해 보인다. 오히려 전문 지식에 대한 정교한 논리적 표현이 요구되는 영역에서는 OWL이 이용되는 경우가 있다. 예컨대 미국 국립암센터에서 개발한 의료 영역 온톨로지인 NCI 시소러스는 OWL 포맷으로도 제공되는데, 이것은 약 4만 개의 개념과 백 개 이상의 관계로 이루어져 있다. 이외에도 의료 영역은 일찍부터 여러 그룹에서 각기 목적에 맞는 온톨로지를 발전시켜 왔다. 대표적인 것으로는 UMLS, SNOMED-CT 등이 있다.

온톨로지는 일반적으로 특정 영역 종사자들의 관심과 필요에 의해 구축되나 반드시 그런 것은 아니다. 1984년 개발이 시작된 Cyc는 인간의 모든 지식을 ⓔ담고자 하는 대규모 온톨로지다. 지식 공학자 소와(Sowa)는 철학의 연구 성과를 적극적으로 수용한 상위 수준 온톨로지를 제시한 바 있다. 세상에 존재하는 모든 것을 분류하려면 시간, 공간과 같은 일반적인 개념들을 다루어야만 하는데, 이는 철학자들이 이런 개념들에 대해 가장 오랫동안 깊이 사유했기 때문이다.

01

온톨로지에 대한 설명으로 적절하지 않은 것은?

① 지식의 공유와 재사용을 위해 설계된 인공물이다.

② 대상 체계의 개념 구조를 명시적으로 드러내고자 한다.

③ 실제 사용되려면 기계가 처리할 수 있는 형태로 표현되어야 한다.

④ 개념과 그 개념에 속한 개체들은 상속 관계에 의해 서로 연결된다.

⑤ 동일한 영역에서도 종사자들의 관심과 필요에 따라 서로 다른 온톨로지가 구축될 수 있다.

02

온톨로지 표현 언어에 대해 추론한 내용으로 적절한 것만을 〈보기〉에서 있는 대로 고른 것은?

┤ 보기 ├

ㄱ. 동일한 온톨로지를 서로 다른 두 개의 언어로 각각 표현하기 위해서는 이들 언어의 표현력이 동등해야 한다.

ㄴ. 일차 술어 논리 표현 "모든 x에 대해, x가 빵이면 x는 장미이다."는 '빵'이 상위 개념, '장미'가 하위 개념인 상속 관계를 나타낸다.

ㄷ. 계산학적 완전성에 대한 보장 없이 최대의 표현력을 활용하여 온톨로지 구축을 원하는 사용자는 OWL Lite보다는 OWL Full을 사용할 것이다.

① ㄱ   ② ㄴ   ③ ㄷ

④ ㄱ, ㄴ   ⑤ ㄴ, ㄷ

03

윗글과 〈보기〉를 바탕으로 소와의 상위 수준 온톨로지에 대해 이해한 것으로 적절하지 않은 것은? [3점]

┤ 보기 ├

소와의 상위 수준 온톨로지를 그림으로 나타내면 다음과 같다.

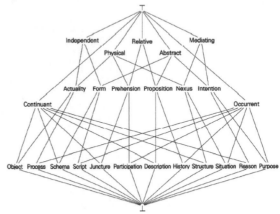

⊤는 세상에 존재하는 모든 것들의 집합을, ⊥는 공집합을 뜻한다. ⊤ 바로 아래 원초적 개념으로 'Independent'와 'Relative'와 'Mediating', 'Physical'과 'Abstract', 'Continuant'와 'Occurrent' 이렇게 7가지가 있다. 하나의 선으로 연결된 두 개념 중 위쪽이 상위 개념, 아래쪽이 하위 개념이다.

한편 상속 관계는 추이성(transitivity)을 갖는 대표적인 관계다. 즉 A, B, C가 각각 개념이라 할 때, 하위 개념 A가 상위 개념 B와 상속 관계를 맺고 하위 개념 B가 상위 개념 C와 상속 관계를 맺으면, 하위 개념 A는 상위 개념 C와 상속 관계를 맺는다.

① 상위 개념으로 원초적 개념을 단 한 개만 갖는 개념은 없고, 오직 2개의 원초적 개념을 갖는 개념은 모두 6개다.

② ⊤는 세상에 존재하는 모든 것들이므로 이 개념은 존재하는 모든 속성을 다 가지고 있고, ⊥에는 어떠한 개체도 속하지 않으므로 이 개념은 어떠한 속성도 갖지 않는다.

③ 'Continuant'와 'Occurrent'의 공통 하위 개념은 오직 ⊥뿐이므로, 'Continuant'의 속성과 'Occurrent'의 속성을 모두 갖는 개체는 존재하지 않는다.

④ 'Object'는 'Actuality'의 하위 개념이고 또한 'Continuant'의 하위 개념이기도 하므로, 'Actuality'의 속성과 'Continuant'의 속성을 모두 물려받는다.

⑤ 'Process'는 'Actuality'의 하위 개념이고 'Actuality'는 'Physical'의 하위 개념인데, 상속 관계는 추이성을 가지므로, 'Process'는 'Physical'의 하위 개념이다.

04

윗글을 참고하여 〈보기 1〉을 이해한 반응으로 적절한 것만을 〈보기 2〉에서 있는 대로 고른 것은?

┤ 보기 1 ├

다음은 기초적인 OWL을 사용하여 만든 온톨로지의 한 예이다.

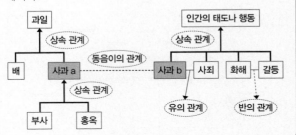

┤ 보기 2 ├

ㄱ. '동음이의 관계', '유의 관계', '반의 관계' 등은 개념들 사이의 논리적 특성을 나타내겠군.

ㄴ. '부사'와 '홍옥'은 '사과 a'의 '개체들'에 해당하므로 이 둘은 '사과 a'의 '개별자'라고 할 수 있겠군.

ㄷ. '사과 b'에 연결되는 새로운 '개념'으로 '용서'가 추가된 다면 '사과 b'와 '사죄'와의 관계도 수정되겠군.

ㄹ. '사과 a'나 '사과 b'만을 정확하게 검색하기 위해서는 일 차 술어 논리를 활용하여 표현력을 최대한 키우는 것이 중요하겠군.

① ㄱ   ② ㄷ   ③ ㄱ, ㄴ

④ ㄴ, ㄹ   ⑤ ㄷ, ㄹ

05

ⓐ~ⓔ의 문맥적 의미를 활용하여 만든 문장으로 적절하지 않은 것은?

① ⓐ : 우리는 그녀를 회원으로 받아들였다.

② ⓑ : 태풍은 고온다습한 기압골을 형성하였다.

③ ⓒ : 그는 남들이 어려워하는 악기도 잘 다룬다.

④ ⓓ : 대수롭지 않은 일이 감당할 수 없게 커졌다.

⑤ ⓔ : 나는 그의 따뜻한 말을 가슴속 깊이 담았다.

[06 ~ 10] 다음 글을 읽고 물음에 답하시오.

1965년 제미니 4호 우주선은 지구 주위를 도는 궤도에서 최초의 우주 랑데부를 시도했다. 궤도에 진입하여 중력만으로 운동 중이던 우주선은 같은 궤도상 전방에 있는 타이탄 로켓과 랑데부하기 위해 접근하고자 했다. 조종사는 속력을 높이기 위해 우주선을 목표물에 향하게 하고 후방 노즐을 통하여 일시적으로 연료를 분사하였다. 하지만 이 후방 분사를 반복할수록 목표물과의 거리는 점점 더 멀어졌고 연료만 소모하자 랑데부 시도를 포기했다.

연료를 분사하면 우주선은 분사 방향의 반대쪽으로 추진력을 받는다. 이는 ㉠뉴턴의 제3법칙인 '두 물체가 서로에게 작용하는 힘은 항상 크기가 같고, 방향은 반대이다.'로 설명할 수 있다. 질량이 큰 바위를 밀면, 내가 바위를 미는 힘이 작용하고, 바위가 나를 반대 방향으로 미는 힘이 반작용이다. 똑같은 크기의 힘을 주고받았는데 내 몸만 움직이는 이유는 ㉡뉴턴의 제2법칙인 '같은 크기의 힘을 물체에 가했을 때, 물체의 질량과 가속도는 반비례한다.'로 설명할 수 있다. 연료를 연소해 기체를 분사하는 힘은 작용이고, 그 반대 방향으로 우주선에 작용하는 추진력은 반작용이다. 우주선에 비해 연료 기체의 질량은 작더라도 연료 기체를 고속 분사하면 우주선은 충분한 가속도를 ㉮얻는다.

지구 궤도를 도는 우주선은 우주에 자유롭게 떠 있는 것 같지만, 기체 분사에 의한 힘 외에 중력이 작용하고 있어서 그 영향을 고려해야 한다. 우주선은 지구의 중력을 받으며 원 또는 타원 궤도를 빠르게 돈다. 이때 궤도를 한 바퀴 도는 데 걸리는 시간인 주기는 궤도의 지름이 클수록 더 길다. 우주선은 속력과 관련된 운동 에너지(K)와 중력에 관련된 중력 위치 에너지(U)를 가진다.

$$K = \frac{1}{2}mv^2, \quad U = -\frac{GMm}{r},$$

G: 만유인력 상수, M: 지구의 질량, m: 우주선의 질량,
r: 지구 중심과 우주선의 거리, v: 우주선의 속력.

운동 에너지는 우주선 속력의 제곱에 비례한다. 우주선의 중력 위치 에너지는 우주선이 지구에서 무한대 거리

에 있으면 0으로 정의되고, 지구에 가까워지면 그 값은 작아지므로 음수이다. 즉, 우주선이 지구에 가까울수록 중력 위치 에너지는 작아지고, 멀수록 중력 위치 에너지는 커진다. 운동 에너지와 중력 위치 에너지의 합인 역학적 에너지(E)는 $E=K+U$로 표현된다. 지구의 중력만 작용할 때, 궤도 운동하는 우주선의 역학적 에너지는 크기가 일정하게 보존된다. 역학적 에너지가 보존될 때, 궤도 운동하는 우주선이 지구 중심에서 멀어지면 속력이 느려지고 가까워지면 속력이 빠르게 된다. 또한 원 궤도에서 작용하는 중력의 크기가 클수록 속력이 빨라진다. 우주선의 궤도는 연료 분사로 속력을 조절해 〈그림〉과 같이 바뀔 수 있다. 우주선이 운동하는 방향을 전방, 반대 방향을 후방이라 하자. 〈그림〉의 원 궤도에 있는 우주선이 궤도의 접선 방향으로 후방 분사하여 운동 에너지를 증가시키면, 그만큼 역학적 에너지도 증가하여 우주선은 기존의 원 궤도보다 지구로부터 더 멀리 도달할 수 있는 〈그림〉의 큰 타원 궤도로 진입한다. 하지만 전방 분사하면, 운동 에너지가 감소하고 〈그림〉의 작은 타원 궤도로 진입하여 우주선은 기존보다 지구에 더 가까워진다.

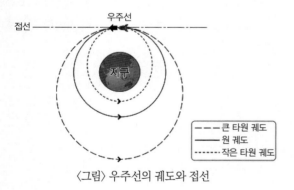

〈그림〉 우주선의 궤도와 접선

목표물과 우주선이 같은 원 궤도에서 같은 방향으로 운동할 때, 목표물이 전방에 있는 경우, 우주선이 후방 분사를 하면 궤도의 접선 방향으로 우주선의 속력이 빨라져서 큰 타원 궤도로 진입하게 된다. 따라서 분사가 끝나면, 속력이 주기적으로 변화하고 목표물과의 거리가 더 멀어진다. 반대로, 목표물이 후방에 있는 경우 전방 분사를 하면 〈그림〉의 작은 타원 궤도로 진입한 우주선의 속력은 원 궤도에서보다 더 느려진 진입 속력과 더 빨라진 최대 속력 사이에서 변화한다. 이때 목표물과의 거리는 더 멀어진다.

랑데부에 성공하려면 우주선을 우리의 직관과 반대로 조종해야 한다. 우주선과 목표물이 같은 원 궤도에서 같은 운동 방향일 때 목표물이 전방에 있다고 하자. 이때 우주선이 일시적으로 전방 분사하면 속력이 느려지고, 기존보다 더 작은 타원 궤도로 진입해서 목표물보다 더 빠른 속력으로 운동할 수 있다. 하지만 궤도가 달라서, 진입한 타원 궤도의 주기가 기존 원 궤도의 주기보다 더 짧다는 것을 이용하여 한 주기 혹은 여러 주기 후 같은 위치에서 만나도록 속력을 조절한다. 목표물보다 낮은 위치에서 충분히 가까워지면, 우주선이 접근하여 랑데부한다.

06

윗글의 내용과 일치하지 않는 것은?

① 뉴턴의 제3법칙은 우주선 추진의 원리 중 하나이다.
② 원 궤도의 지름이 클수록 우주선의 속력이 더 빨라진다.
③ 타원 궤도 운동 중인 우주선은 역학적 에너지가 보존된다.
④ 우주선이 분사하는 연료 기체는 우주선보다 가속도가 크다.
⑤ 원 궤도에 있는 우주선이 속력을 늦추면 회전 주기가 짧아진다.

07
다음 중 윗글의 ㉠ 또는 ㉡으로 설명할 수 <u>없는</u> 사례는?

① 야구 방망이로 야구공을 치면 야구공이 멀리 날아간다.
② 가벼운 축구공과 무거운 볼링공에 동일한 힘을 가하자 축구공이 더 멀리 굴러갔다.
③ 스케이트장에 놀러 간 영수가 지호를 뒤에서 밀자 지호의 진행 방향 반대쪽으로 영수도 밀려났다.
④ 1층에 정지해 있던 엘리베이터가 위쪽으로 올라가자 철수는 자신의 몸이 무거워지는 느낌을 받았다.
⑤ 풍선에 공기를 가득 채운 뒤 막고 있던 공기 주입구를 놓자 풍선이 이리저리 움직이면서 허공으로 날아갔다.

08
윗글을 바탕으로 추론할 때, 〈보기〉에서 적절한 것만을 있는 대로 고른 것은?

┤ 보기 ├

ㄱ. 제미니 4호가 원 궤도상에서 후방 분사를 한 경우라면, 후방 분사 이후의 궤도는 지구로부터 더 멀어질 수 있다.
ㄴ. 타원 궤도에 있는 우주선의 운동 에너지 크기와 중력 위치 에너지 크기는 일정하게 유지된다.
ㄷ. 원 궤도에 있는 우주선이 궤도의 접선 방향 분사로 역학적 에너지를 증가시키면, 진입한 궤도에서 우주선의 최대 중력 위치 에너지는 커진다.

① ㄱ   ② ㄴ   ③ ㄱ, ㄷ
④ ㄴ, ㄷ   ⑤ ㄱ, ㄴ, ㄷ

09
윗글을 바탕으로 〈보기〉를 이해할 때, 적절하지 <u>않은</u> 것은? [3점]

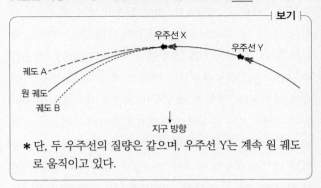

┤ 보기 ├

우주선 X
우주선 Y
궤도 A
원 궤도
궤도 B
지구 방향

＊ 단, 두 우주선의 질량은 같으며, 우주선 Y는 계속 원 궤도로 움직이고 있다.

① 전방 분사한 우주선 X가 진입한 궤도에서 가지는 최대 운동 에너지는 우주선 Y보다 더 크다.
② 우주선 X는 궤도 A에서의 최소 중력 위치 에너지가 궤도 B에서의 최소 중력 위치 에너지보다 크다.
③ 후방 분사한 이후의 우주선 X의 중력 위치 에너지의 최솟값은 우주선 Y의 중력 위치 에너지와 같다.
④ 우주선 X가 궤도 A로 진입한 경우, 지구를 한 바퀴 도는 동안 우주선 Y와 같은 운동 에너지를 가지는 궤도상의 지점은 하나이다.
⑤ 우주선 X와 우주선 Y의 가능한 거리 중 최댓값은 우주선 X가 궤도 B로 진입한 경우가 궤도 A로 진입한 경우보다 작다.

10
㉮의 문맥적 의미와 가장 가까운 것은?

① 전기를 잘 활용하면 열을 <u>얻을</u> 수 있다.
② 어머니께서는 옆집에서 떡을 <u>얻어</u> 오셨다.
③ 우리는 전에 살던 마을 근처에 집을 <u>얻었다.</u>
④ 나는 시험에 대한 정보를 <u>얻기</u> 위해 노력했다.
⑤ 부모님으로부터 믿음을 <u>얻은</u> 것이 큰 힘이 되었다.

[11 ~ 15] 다음 글을 읽고 물음에 답하시오.

현대 사회는 정보 통신 기술의 발달로 매일 엄청난 양의 자료가 생성·축적되고 있다. 이러한 많은 양의 자료에서 유용한 정보를 찾아 활용하기 위해 다양한 분석 기법이 쓰이는데, 그중 정책 수립, 기업 관리, 의학 분야 연구, 마케팅 등에 널리 쓰이는 것이 연관성 분석이다. 마케팅 분야를 예로 든다면, 연관성 분석은 수집한 자료 안에 존재하는 품목 간의 연관 규칙을 발견하는 과정을 말하며, 연관 규칙은 '고객이 X를 사면 Y도 산다.'의 형태를 띤다. 이때 '고객이 X를 산다.'는 조건이 되고 '고객이 Y를 산다.'는 결과가 된다. 연관 규칙은 'X→Y'와 같이 조건과 결과를 기호로 표현하는 것이 일반적이며, 통계학의 확률을 기반으로 한다.

연관성 분석을 통해 유용한 연관 규칙을 찾기 위해서는 대상 품목들이 어느 정도의 연관성이 있는지를 측정해야 한다. 연관성 측도의 기본은 발생 빈도로, 이와 관련한 주요 측도에는 지지도, 신뢰도, 향상도가 있다. 먼저 ⓐ지지도는 전체 거래에 대해서 조건과 결과에 있는 품목들이 함께 구매되는 경향을 나타낸다. 'X→Y'의 지지도는 X와 Y를 모두 구매하는 거래의 수를 전체 거래의 수로 나눈 값으로, 지지도가 높다는 것은 동시 구매가 많이 일어난다는 것을 의미한다. 〈표〉는 다섯 가지의 품목만 취급하는 편의점에서 다섯 명의 고객이 한 번씩만 거래했다고 가정한 것이다. 〈표〉에서 생수와 빵을 모두 산 경우는 다섯 번의 거래 중 두

고객	품목
1	빵, 생수, 우유
2	빵, 휴지, 우유
3	빵, 세제, 우유
4	빵, 생수, 세제
5	생수, 휴지, 우유

〈표〉

번이므로, '생수→빵'의 지지도는 2/5(40%)이다. '빵→생수'의 지지도도 2/5이므로 'X→Y'와 'Y→X'의 지지도는 같다.

ⓑ신뢰도는 조건의 구매가 발생하였을 때 결과의 구매가 일어날 확률이다. 즉 'X→Y'의 신뢰도는 X와 Y를 모두 구매하는 거래의 수를 X를 구매하는 거래의 수로 나눈 값이다. 따라서 신뢰도가 높다는 것은 조건의 구매가 발생한 경우에 결과의 구매가 많이 일어남을 의미한다. 〈표〉에서 생수를 구매한 세 번의 거래 중에서 두 번만 빵을 샀으므로, '생수→빵'은 2/3(약 66.7%)의 신뢰도를 갖는다. 그런데 '빵→생수'의 신뢰도는 2/4(50%)이다. 이처럼 'X→Y'와 'Y→X'의 신뢰도는 같지 않을 수 있다.

[A] ⓒ향상도는 어떤 연관 규칙에 대하여 조건 없이 결과가 일어날 확률보다, 조건이 일어났을 때 결과가 일어날 확률이 얼마나 더 향상되는지를 알려 주는 측도이다. 향상도는 신뢰도를 기대 신뢰도로 나눈 값이다. 기대 신뢰도란 'X→Y'에서 Y를 포함하는 거래의 수를 전체 거래의 수로 나눈 값이다. 'X→Y'에서 향상도가 1이라는 것은 X와 Y의 구매가 서로 독립적이라는 의미이다. 그리고 'X→Y'에서 향상도가 1보다 크다는 것은 X를 구매했을 때 Y를 구매할 확률이, 전체 거래에서 Y를 구매할 확률보다 크다는 것이다. 따라서 이 연관 규칙은 결과를 예측하는 데 있어서 우연적 기회보다 우수하여 마케팅 전략을 세우는 데 유용하게 활용된다. 반면에 'X→Y'에서 향상도가 1보다 작다는 것은 X를 구매했을 때 Y를 구매할 확률이, 전체 거래에서 Y를 구매할 확률보다 작다는 것이므로 이 연관 규칙을 마케팅 전략에 바로 적용하기는 어렵다. 그래서 향상도가 1보다 작은 경우에는 음의 연관 규칙을 만들어 유용하게 쓰일 수 있도록 하기도 한다. 음의 연관 규칙은 결과에 '이다' 대신에 '아니다'를 쓴다는 것을 제외하고는 연관 규칙과 유사하다. 예컨대 'X→Y'의 신뢰도가 30%이고, 'X→Y'의 기대 신뢰도가 40%라고 가정해 보자. 이 경우 'X→Y'의 향상도는 3/4으로 1보다 작다. 따라서 이를 음의 연관 규칙, 곧 'X를 사면 Y를 사지 않는다.'로 전환하면, 신뢰도는 70%(100%-30%)가 되고, 기대 신뢰도는 60%(100%-40%)가 되므로 향상도는 7/6로 1보다 커지게 되어 유용하게 쓰일 수 있다.

이와 같은 연관성 분석은 결과가 명확하기 때문에 이해하기 쉽고, 유용한 연관 규칙의 형태로 주어지므로 마케팅 전략에 적용하기도 좋다. 그러나 분석하려는 품목의 수가 늘어나면 연관 규칙이 기하급수적으로 늘어난다는 문제가 발생하는데, 이 문제를 해결하기 위한 보편적 방법으로 거래가 충분히 이루어지지 않은 품목을 제거하는 최소 지지도 가지치기가 있다. 이는 지지도가 낮은 품목을 분석 대상에서 삭제하거나, 하위 품목을 상위 품목으로 일반화하여 품목들이 분석자가 임의로 설정한 최소 지지도를 넘게 하는 것이다.

지금까지 살펴본 연관성 분석은 사건들의 발생 순서는 분

석의 고려 대상으로 삼지 않았다. 그런데 순차적으로 일어나는 사건들을 나열한 시계열 자료를 분석하여 선후 사건들 사이의 연관성을 추론할 수도 있다. 이를 ⊙시차 연관성 분석이라고 한다. 시간의 흐름에 따라 어떤 사건들이 일어났는지를 분석하여 사건들 간의 연관성을 발견하면, 이러한 연관성을 토대로 미래의 사건을 예측하거나 사건들 사이의 인과 관계를 추론하는 등 다양하게 활용할 수 있다. 이와 같은 시차 연관성 분석을 하기 위해서는 사건이 일어난 시간이나 순서를 알려 주는 정보가 필요하다. 또한 다른 시간대에 일어난 사건이 동일한 분석 대상에서 일어났다는 것을 알려 주는 분석 대상의 식별 정보도 필요하다.

11

윗글에 대한 설명으로 적절하지 <u>않은</u> 것은?

① 연관성 분석에 쓰이는 측도들을 예를 들어 설명하고 있다.
② 시차 연관성 분석의 특징과 분석에 필요한 요소들을 밝히고 있다.
③ 연관성 분석이 시대에 따라 변천하게 된 과정을 설명하고 있다.
④ 연관성 분석에서 발생할 수 있는 문제를 해결하기 위한 방법을 제시하고 있다.
⑤ 다양한 분석 기법이 여러 분야에서 널리 쓰이게 된 사회적 배경을 소개하고 있다.

12

윗글의 ⓐ~ⓒ를 비교한 〈보기〉에서 적절하지 <u>않은</u> 것을 골라 바르게 묶은 것은? (단, 연관 규칙은 'X→Y'이다.)

──────┤ 보기 ├

ㄱ. ⓐ는 X와 Y에 대한 동시 구매가 많은 경우, ⓑ는 X의 구매가 발생한 경우에 Y의 구매가 많이 일어날 때 높게 나타난다.
ㄴ. ⓐ와 ⓑ는 X와 Y를 모두 구매하는 거래의 수를 전체 거래의 수로 나누었는지, X를 구매하는 거래의 수로 나누었는지에 따라 구분된다.
ㄷ. ⓐ는 X에 대한 구매가 발생하였을 때 Y가 함께 구매되는 경향을, ⓑ는 X에 대한 구매가 발생하였을 때 Y의 구매가 일어날 확률을 의미한다.
ㄹ. ⓒ는 X가 일어났을 때 Y가 일어날 확률이 얼마나 더 향상되는지를 알려 주는 측도로, X와 Y를 모두 구매하는 거래의 수로 ⓑ를 나눈 값을 말한다.
ㅁ. ⓒ를 높이기 위해 'X→Y'의 연관 규칙을 음의 연관 규칙인 'Y→X'로 전환하여, 분석 대상에서 ⓐ가 낮은 품목들을 찾아 제거하는 방법을 사용하기도 한다.

① ㄱ, ㄷ   ② ㄴ, ㅁ   ③ ㄱ, ㄴ, ㄹ
④ ㄴ, ㄷ, ㄹ   ⑤ ㄷ, ㄹ, ㅁ

13

윗글의 〈표〉에 대해 이해한 내용으로 적절하지 <u>않은</u> 것은?

① '빵→생수'가 '빵→휴지'의 지지도보다 높은 것은 '빵'을 '생수'와 함께 구매한 경우가 '빵'을 '휴지'와 함께 구매한 경우보다 많은 것을 의미한다.
② '휴지→우유'의 신뢰도가 100%인 것은 '우유'를 구매한 모든 경우에 '휴지'를 구매한 것을 의미한다.
③ '생수→빵'과 '생수→우유'는 '생수→휴지'보다 신뢰도가 높다.
④ '우유→생수'의 지지도와 '생수→우유'의 지지도는 같다.
⑤ '빵→세제'의 신뢰도와 '세제→빵'의 신뢰도는 다르다.

14

㉠을 활용한 사례로 적절한 것만을 〈보기〉에서 있는 대로 고른 것은?

┤ 보기 ├

ㄱ. 어느 병원에서 □□ 질환을 앓은 환자들을 추적하여, 이들 가운데 이전에 ○○ 질환을 앓은 경우가 많다는 것을 밝혀냈다. 이후 ○○ 질환을 앓는 환자의 경우에는 □□ 질환에 대한 예방 치료도 하도록 하였다.

ㄴ. 대형 유통 업체에서 10월 한 달간 라면과 계란의 판매대를 붙여 놓았을 때와 멀리 떼어 놓았을 때의 판매량을 조사하여, 멀리 떼어 놓았을 때의 판매량이 높다는 결과를 얻었다. 그 결과를 토대로 두 상품의 판매대를 멀리 떼어 놓기로 결정했다.

ㄷ. 백화점에서 자사의 백화점 카드로 결제한 고객들의 소비 성향을 분석하여, TV를 산 고객들이 재방문하여 고성능 스피커를 구입하는 경향이 있음을 알아내었다. 이를 토대로 TV를 산 고객들에게 고성능 스피커에 대한 상품 안내서를 우편으로 보냈다.

ㄹ. 온라인 쇼핑몰 운영자가 회원들의 웹 페이지 방문 순서를 분석하여, 주로 'A 웹 페이지→B 웹 페이지→C 웹 페이지→……' 순으로 방문한다는 규칙을 발견하였다. 그래서 회원들이 편리하게 이 경로에 따라 방문할 수 있는 회원 전용 웹 페이지를 따로 만들었다.

① ㄱ, ㄴ, ㄹ ② ㄱ, ㄷ, ㄹ ③ ㄱ, ㄷ
④ ㄴ, ㄷ ⑤ ㄴ, ㄹ

15

[A]를 바탕으로 할 때, 〈보기〉에 대해 보인 반응으로 적절하지 않은 것은? [3점]

┤ 보기 ├

다음은 A~D 네 개의 품목에 대한 전체 거래 정보를 분석하여 정리한 연관 규칙의 일부이다.

연관 규칙 (X→Y)	신뢰도	기대 신뢰도	향상도	
A→B	50%	40%	1.250	… ㉮
B→C	45%	40%	1.125	… ㉯
A→C	50%	50%	1.000	… ㉰
C→D	38%	47%	0.808	… ㉱
D→B	20%	46%	0.434	… ㉲
:	:	:	:	

① ㉮와 ㉯의 연관 규칙을 보면 'A→B' 또는 'B→C'로 구매할 확률은, 전체 거래에서 B나 C를 독립적으로 구매할 확률보다 크다는 것을 알 수 있군.

② ㉮와 ㉰의 연관 규칙을 보면 'A→B'로 구매할 확률이 'A→C'로 구매할 확률보다 더 높게 나타나므로, A 옆에는 C보다 B를 배치하는 것이 유리하겠군.

③ ㉯와 ㉱의 연관 규칙을 보면 결과를 예측할 수 있는 ㉯는 마케팅 전략을 세우는 데 활용할 수 있지만, ㉱는 마케팅 전략을 세우는 데 활용할 수 없겠군.

④ ㉱의 연관 규칙을 음의 연관 규칙으로 바꾸면 ㉱의 향상도가 ㉯의 향상도보다 커지므로, 이를 마케팅 전략을 세우는 데 활용할 수 있겠군.

⑤ ㉱와 ㉲의 연관 규칙을 보면 'C→D' 또는 'D→B'로 구매할 확률보다, 전체 거래에서 D 또는 B를 독립적으로 구매할 확률이 더 크다는 것을 알 수 있군.

[01 ~ 05] **다음 글을 읽고 물음에 답하시오.**

대의 민주주의에서 정당의 역할에 대한 대표적인 설명은 책임 정당 정부 이론이다. 이 이론에 따르면 정치에 참여하는 각각의 정당은 자신의 지지 계급과 계층을 대표하고, 정부 내에서 정책 결정 및 집행 과정을 주도하며, 다음 선거에서 유권자들에게 그 결과에 대해 책임을 진다. 유럽에서 정당은 산업화 시기 생성된 노동과 자본 간의 갈등을 중심으로 다양한 사회 경제적 균열을 이용하여 유권자들을 조직하고 동원하였다. 이 과정에서 정당은 당원 중심의 운영 구조를 지향하는 대중 정당의 모습을 띠었다. 당의 정책과 후보를 당원 중심으로 결정하고, 당내 교육 과정을 통해 정치 엘리트를 충원하며, 정치인들이 정부 내에서 강한 *기율을 지니는 대중 정당은 책임 정당 정부 이론을 뒷받침하는 대표적인 정당 모형이었다.

대중 정당의 출현 이후 정당은 의회의 정책 결정과 행정부의 정책 집행을 통제하는 정부 속의 정당 기능, 지지자들의 이익을 집약하고 표출하는 유권자 속의 정당 기능, 그리고 당원을 확충하고 정치 엘리트를 충원하고 교육하는 조직으로서의 정당 기능을 갖추어 갔다. 그러나 20세기 중반 이후 발생한 여러 원인으로 인해 정당은 이러한 기능에서 변화를 겪게 되었다.

산업 구조와 계층 구조가 다변화됨에 따라 정당들은 특정 계층이나 집단의 지지만으로는 집권이 불가능해졌고 이에 따라 보다 광범위한 유권자 집단으로부터 지지를 획득하고자 했다. 그 결과 정당 체계는 특정 계층을 뛰어넘어 전체 유권자 집단에 호소하여 표를 구하는 포괄 정당 체계의 모습을 띠게 되었다. 선거 승리라는 목표가 더욱 강조될 경우 일부 정당은 외부 선거 전문가로 당료들을 구성하는 선거 전문가 정당 체계로 전환되기도 했다. 이 과정에서 계층과 직능을 대표하던 기존의 조직 라인은 당 조직의 외곽으로 밀려나기도 했다.

한편 탈산업 사회의 도래와 함께 환경, 인권, 교육 등에서 좀 더 나은 삶의 질을 추구하는 탈물질주의가 등장함에 따라 새로운 정당의 출현에 대한 압박이 생겨났다. 이는 기득권을 유지해 온 기성 정당들을 위협했다. 이에 정당들은 자신의 기득권을 유지하기 위해 공적인 정치 자원의 과점을 통해 신생 혹은 소수 정당의 원내 진입이나 정치 활동을 어렵게 하는 ㉠카르텔 정당 체계를 구성하기도 했다. 다양한 정치 관계법은 이런 체계를 유지하는 대표적인 수단으로 활용되었다. 정치 관계법과 관련된 선거 제도의 예를 들면, 비례 대표제에 비해 다수 대표제는 득표 대비 의석 비율을 거대 정당에 유리하도록 만들어 정당의 카르텔화를 촉진하는 데 활용되기도 한다.

이러한 정당의 변화 과정에서 정치 엘리트들의 자율성은 증대되었고, 정당 지도부의 권력이 강화되어 정부 내 자신의 당에 소속된 정치인들에 대한 통제력이 증가되었다. 하지만 반대로 평당원의 권력은 약화되고 당원 수는 감소하여 정당은 지지 계층 및 집단과의 유대를 잃어가기 시작했다.

[가] 뉴미디어가 발달하면서 정치에 관심은 높지만 정당과는 거리를 두는 '인지적' 시민이 증가함에 따라 정당 체계는 또 다른 도전에 직면하게 되었다. 정당 조직과 당원들이 수행했던 기존의 정치적 동원은 소셜 네트워크 내 시민들의 자기 조직적 참여로 대체되었다. 심지어 정당을 우회하는 직접 민주주의의 현상도 나타났다. 이에 일부 정당은 카르텔 구조를 유지하면서도 공직 후보 선출권을 일반 국민에게 개방하는 포스트 카르텔 정당 전략이나, 비록 당원으로 유입시키지 못할지라도 온라인 공간에서 인지적 시민과의 유대를 강화하려는 네트워크 정당 전략으로 위기에 대응하고자 했다. 그러나 이러한 제반의 개혁 조치가 대중 정당으로의 복귀를 의미하지는 않았다. 오히려 당원이 감소되는 상황에서 선출권자나 후보들을 정당 밖에서 충원함으로써 고전적 의미의 정당 기능은 약화되었다.

물론 이러한 상황에서도 20세기 중반 이후 정당 체계들이 여전히 책임 정당 정치를 일정하게 구현하고 있다는 주장이 제기되기도 했다. 예를 들어 국가 간 비교를 행한 연구는 최근의 정당들이 구체적인 계급, 계층 집단을 조직하고 동원하지는 않지만 일반 이념을 매개로 정치 영역에서 유권자들을 대표하는 기능을 강화했음을 보여 주었다. 유권자들은 좌우의 이념을 통해 정당의 정치적 입장을 인지하고 자신과 이념적으로 가까운 정당에 정치적 이해를 표출하며, 정당은 집권 후 이를 고려하여 책임 정치를 일정하게 구현하고 있다는 것이다. 이때 정당은 포괄 정당에서 네트워크 정당까지 다양한 모습을 띨 수 있지만, 이념을 매개로 유권자의 이해와 정부의 책임성 간의 선순환적 대의 관계를 잘 유지하고 있다는 것이다.

이와 같이 정당의 이념적 대표성을 긍정적으로 평가하는 주장에 대해 몇몇 학자 및 정치인들은 대중 정당론에 근거한 반론을 제기하기도 한다. 이들은 여전히 정당이 계급과 계층을 조직적으로 대표해야 하며, 따라서 ⓒ정당의 전통적인 기능과 역할을 복원하여 책임 정당 정치를 강화해야 한다는 주장을 제기하고 있다.

＊기율: 도덕상으로 여러 사람에게 행위의 표준이 될 만한 질서

01

윗글을 바탕으로 할 때, 20세기 중반 이후 발생한 정당 기능의 변화로 적절하지 <u>않은</u> 것은?

① 정부 속의 정당 기능의 강화
② 유권자 속의 정당 기능의 약화
③ 조직으로서의 정당 기능의 강화
④ 유권자를 정치적으로 동원하는 기능의 약화
⑤ 유권자의 일반 이념을 대표하는 기능의 강화

02

윗글의 내용으로 보아 〈보기〉의 ㄱ~ㄷ 중 적절한 것만을 있는 대로 고른 것은? [3점]

┤ 보기 ├

ㄱ. 지난 총선에서 지나치게 진보적인 노선을 제시해 패배했다고 판단한 A당이 차기 선거의 핵심 전략으로 중도 유권자도 지지할 수 있는 노선을 채택한 사례는 선거 전문가 정당 모형으로 가장 잘 설명될 수 있다.
ㄴ. B당이 선거 경쟁력을 향상시키기 위해 의석수에 비례해 배분했던 선거 보조금의 50%를 전체 의석의 30% 이상의 의석을 지닌 정당에게 우선적으로 배분하고, 나머지는 각 정당의 의석수에 비례해 배분하자고 제안한 사례는 카르텔 정당 모형으로 가장 잘 설명될 수 있다.
ㄷ. 다수 정당제 아래에서 의석수의 대부분을 점유하며 집권했던 C당이 지지율이 급감해 차기 총선의 전망이 불투명해지자, 이에 대처하기 위해 공직 후보 선출권을 일반 국민에게 개방하는 국민 참여 경선제를 도입한 사례는 네트워크 정당 모형으로 가장 잘 설명될 수 있다.

① ㄱ   ② ㄴ   ③ ㄷ
④ ㄱ, ㄴ   ⑤ ㄴ, ㄷ

03

㉠에서 나타날 수 있는 현상으로 적절한 것을 〈보기〉에서 모두 고른 것은?

┤ 보기 ├

ⓐ 지지 계층과의 유대 관계가 줄어들면서 정당과 국민들의 거리는 멀어지게 된다.
ⓑ 정당들은 올바른 정책에 대한 관심보다 정당 자체의 생존에 더 관심을 갖게 된다.
ⓒ 다양한 정치 관계법이 활용되면서 거대 정당들 사이의 갈등이 점차 깊어지게 된다.
ⓓ 거대 정당들은 다수 대표제 방식의 선거에서 투표율이 낮아지는 것에 대해 경계하는 경우가 많다.
ⓔ 정당 지도부는 정당의 의견을 국가 기관에 임용된 자신의 정당 소속의 정치인들에게 전달해 정부 정책에 영향을 주기도 한다.

① ⓐ, ⓒ   ② ⓒ, ⓓ   ③ ⓐ, ⓑ, ⓔ
④ ⓑ, ⓒ, ⓓ   ⑤ ⓐ, ⓓ, ⓔ

04

ⓛ의 주장으로 적절하지 않은 것은?

① 당원의 자격과 권한을 강화하면 탈산업화 시대에 다변화된 계층적 이해를 제대로 대표하지 못하게 된다.

② 공직 후보 선출권을 일반 시민들에게 개방하면 당의 노선에 충실한 정치 엘리트를 원활하게 충원할 수 없다.

③ 신생 정당의 원내 진입을 제한하는 규칙은 대의제를 통해 이익을 집약하고 표출할 수 없는 유권자들을 발생시킨다.

④ 정당이 유권자의 일반 이념을 대표한다고 할지라도 정당의 외연을 과도하게 확장하면 당의 계층적 정체성이 약화된다.

⑤ 온라인 공간에서 인지적 시민들과 유대를 강화하는 것에 지나치게 집중하면 당의 근간을 이루는 당원 확충에 어려움을 겪게 된다.

05

[가]를 바탕으로 할 때, 〈보기〉의 밑줄 친 부분에 대응하기 위한 정당들의 정책으로 가장 적절한 것은?

┤ 보기 ├

　일반 시민이 특정 정당이 제시하는 정책에 대한 자신의 견해를 직접 표명하고, 정당이 제시하는 정책을 감시하기 위해서는 시간적인 투자와 금전적인 지출이 발생하기도 한다. 이렇게 소요되는 비용을 통틀어 '정치적 거래 비용'이라 한다. 이 비용 때문에 특정 정당이 제시하는 정책에 대해 무관심하거나 정당 참여를 꺼리는 시민들이 증가하고 있다.

① 정당의 후보 선출권을 일반 시민들에게 개방하여 시민들의 거래 비용을 줄인다.

② 정당의 당원들이 수행하는 정치적 영향력을 강화하여 시민들의 거래 비용을 줄인다.

③ 온라인 네트워크를 활용한 새로운 정당 체계를 구현하여 시민들의 거래 비용을 줄인다.

④ 인지적 시민들을 주축으로 한 새로운 정당 체계를 구현하여 시민들의 거래 비용을 줄인다.

⑤ 정당들이 시민들에게 필요한 전문적인 정책을 직접 제시하여 시민들의 거래 비용을 줄인다.

[06 ~ 10] 다음 글을 읽고 물음에 답하시오.

　음악에서 개별적인 음 하나하나는 단순한 소리일 뿐 의미를 갖지 못한다. 이 음들이 의미를 가지려면 음들은 조화로운 방식으로 결합된 맥락 속에서 파악되어야 한다. 그렇다면 그 맥락은 어떻게 ⓐ형성되는가? 이를 알기 위해서는 음악의 기본적인 요소인 음정과 화음, 선율과 화성의 개념을 이해할 필요가 있다.

　떨어진 두 음의 거리를 '음정'이라고 한다. 음정의 크기(1도~8도)와 성질(완전, 장, 단 등)은 두 음의 어울리는 정도를 결정하는데, 그에 따라 음정은 세 가지, 곧 완전 음정(1도, 8도, 5도, 4도), 불완전 음정(장3도, 단3도, 장6도, 단6도), 불협화 음정(장2도, 단2도, 장7도, 단7도 등)으로 나뉜다. 여기서 '한 음의 중복'인 완전1도가 가장 협화적이며, 완전4도 〈도 - 파〉는 완전5도 〈도 - 솔〉보다 덜 협화적이다. 불완전 음정은 협화 음정이기는 하나 완전 음정보다는 덜 협화적이다.

　중세와 르네상스 시대에는 수직적인 음향보다는 수평적인 선율을 중시하는 선법 음악이 ⓑ발달했다. 선법 음악은 음정의 개념에 근거한 다성부 짜임새를 사용했는데, 이는 두 개 이상의 선율이 각각 서로 독립성을 유지하면서도 선율과 선율 사이의 조화가 음정에 따라 이루어지는 대위적 개념에 근거한 것이었다. 따라서 각각의 선율은 모두 동등하게 중요했으며, 그에 반해 그 선율들이 만들어 내는 수직적인 음향은 부차적이었다.

　중세의 선법 음악에서는 완전하게 어울리는 음정을 즐겨 사용했다. 그래서 기본적으로 완전 음정만을 협화 음정으로 강조하면서 불완전 음정과 불협화 음정을 장식적으로만 사용했다. 하지만 르네상스 시대에 이르러 불완전 음정인 3도와 6도를 더 적극적으로 사용하기 시작했다. 특히 16세기 대위법의 음정 규칙에서는 악보 (가)의 예가 보여 주듯이 음정의 성질에 따라 그 진행이 단계적으로 이루어지도록 했다. 예를 들면 7도의 불협화적인 음향이 '매우' 협화적인 음향인 8도로 진행하기 전에 '적당히' 협화적인 음향인 6도를 거치도록 했는데, 이를 통해 선법 음악이 추구하는 자연스러운 음향을 표현할 수 있도록 했다. 이는 2도 - 3도 - 1도의 진행에서도 확인할 수 있다.

(가)   (나)

한편 불완전 음정 3도가 완전5도를 분할하는 음정으로 사용되면서 '화음'의 개념이 ⓒ출현하게 되는데, 이러한 변화는 음의 결합을 두 음에서 세 음으로 확장한 것이다. 예컨대 〈도-미-솔〉을 음정의 개념에서 보면 〈도-솔〉, 〈도-미〉, 〈미-솔〉로 두 음씩 묶은 음정들이 결합된 소리로 판단되지만, 화음의 개념에서는 이 세 음을 묶어 하나의 단위, 곧 3화음으로 본다. 이와 같이 세 음의 구성을 한 단위로 ⓓ취급하는 3화음에서는 맨 아래 음이 화음의 근음(根音)으로서 중요하며, 그 음으로부터 화음의 이름이 정해진다. 또한, 이 근음 위에 쌓는 3도 음정이 장3도인지 단3도인지에 따라 화음의 성격을 각각 장3화음, 단3화음으로 구별한다. 예를 들면 완전5도 〈도-솔〉에 장3도 〈도-미〉를 더한 〈도-미-솔〉은 '도 장3화음'이며, 단3도 〈도-미♭〉을 더한 〈도-미♭-솔〉은 '도 단3화음'이다. 화성적 음향이 발달해 3화음 위에 3도를 한 번 더 쌓으면 네 개의 음으로 구성된 화음이 생기는데, 이것을 '7화음'이라고 부른다. 예를 들어, 위의 〈도-미-솔〉의 경우 〈도-미-솔-시〉가 7화음이다.

조성 음악은 이러한 화음의 개념에 근거해서 발달한 것이다. 수평적인 선율보다 수직적인 화음을 중시하는 양식으로 르네상스 시대 이후 등장한 조성 음악에서는 복합층으로 노래하던 다성부의 구조가 ⓔ쇠퇴하는 대신 선율과 화성으로 구성된 구조가 등장하였다. 이러한 구조에서는 선율이 화음에 근거하여 만들어지기 때문에, 수평적인 선율 안에 화음의 구성음들이 '내재'한다.

조성 음악에서 화음들의 연결을 '화성'이라 한다. 말하자면 화성은 화음들이 조화롭게 연결되어 만들어 내는 맥락을 뜻한다. 악보 (나)가 보여 주듯이 조성 음악에서는 5도 관계에 놓인 세 화음이 화성적 맥락을 형성하는 근본적인 역할을 한다. '도'를 중심으로 해서 이 음보다 5도 위의 '솔', 5도 아래의 '파'를 정하면, '도'가 으뜸음이 되며 '솔'은 딸림음, '파'는 버금딸림음이 된다. 이 세 음을 근음으로 하여 그 위에 쌓은

3화음이 '주요 3화음'이 되는데, 이를 각각 으뜸화음, 딸림화음, 버금딸림화음이라고 한다. 이 세 화음은 으뜸화음으로 향하는 화성 진행을 만든다.

06
윗글의 내용과 일치하지 않는 것은?

① 완전 음정 〈도-솔〉은 완전 음정 〈도-도〉보다 덜 협화적이다.
② 르네상스 시대보다 중세 시대에 협화적인 음정을 더 많이 사용하였다.
③ 2도-3도-1도의 진행은 불협화 음정-불완전 음정-완전 음정의 단계적 진행이다.
④ 장3화음과 단3화음은 근음 위에 쌓은 3도 음정의 성질에 따라 구별된다.
⑤ 화음의 개념에 근거한 선율만으로는 곡의 주요 3화음을 알 수 없다.

07
윗글에 제시된 선법 음악에서 조성 음악으로의 변화를 바르게 설명한 것은?

① 음의 재료가 협화적 음정에서 불협화적 음정으로 바뀌었다.
② 대위적 양식에서 추구하던 선율들의 개별적인 독립성이 쇠퇴하였다.
③ 수직적인 음향을 강조하던 것이 수평적인 선율을 중시하는 것으로 바뀌었다.
④ 화성적 맥락으로 전환되면서 3도 관계의 화음들이 근본적인 화성 진행을 만들었다.
⑤ "화성은 선율의 결과이다."라는 사고가 발달하면서 선율과 화성의 구조를 사용하였다.

08

〈조건〉에 따라 〈보기〉의 곡을 작곡했다고 할 때, 이에 대한 설명으로 적절하지 <u>않은</u> 것은? [3점]

─┤ 조건 ├─

- 선율은 '도'를 으뜸음으로 한다.
- 한 마디에는 하나의 화음을 사용한다.

─┤ 보기 ├─

① ㉠의 화음에는 '미'가 내재되어 있다.
② ㉡에는 버금딸림 7화음이 사용되었다.
③ ㉢에는 딸림 7화음이 사용되었다.
④ 으뜸화음에서 시작하여 으뜸화음으로 끝난다.
⑤ 각 마디의 첫 음은 그 마디에 사용된 화음의 근음이다.

09

윗글과 〈보기〉의 내용에 대한 이해로 적절한 것은?

─┤ 보기 ├─

'무조 음악'이란 중심이 되는 음 없이, 한 옥타브 안에 있는 12개의 음 각각에 동등한 위계를 두어 음들을 보다 자유롭게 표현한 음악이다.

12개의 음을 활용하여 음악을 만들기 위해 작곡가는 우선 12개의 음이 한 번씩 사용된 기본 음렬을 만들고, 기본 음렬의 단조로움을 벗어나기 위해 기본 음렬을 거꾸로 하는 역행 음렬, 기본 음렬을 뒤집는 전위 음렬, 역행 음렬을 뒤집는 역전위 음렬 등 다양한 음렬을 자유롭게 변형 또는 반복해서 활용했다.

이렇게 만들어진 음악은 협화 음향보다는 날카로운 불협화 음향이 지배적으로 나타났다. 그렇다보니 음정 규칙에 따른 음향 배열 방법도 없어졌다.

① 선법 음악은 수직적인 음향을 중요시했고, 무조 음악은 음렬의 변형과 반복을 중요시했다.
② 선법 음악은 협화 음향 사용에 규칙을 두었고, 무조 음악은 불협화 음향 사용에 규칙을 두었다.
③ 조성 음악에는 음의 위계가 존재하는 반면, 무조 음악에는 음의 위계가 존재하지 않는다.
④ 조성 음악은 선율 안에 화음의 구성음이 내재하고, 무조 음악은 기본 음렬 안에 다른 음렬들이 내재한다.
⑤ 조성 음악은 화성의 일정한 체계가 이루어지도록, 무조 음악은 음렬의 일정한 체계가 이루어지도록 작곡했다.

10

ⓐ~ⓔ의 사전적 뜻풀이로 적절하지 <u>않은</u> 것은?

① ⓐ : 어떤 형상을 이룸
② ⓑ : 일이 어떤 방향으로 전개됨
③ ⓒ : 나타나거나 또는 나타나서 보임
④ ⓓ : 사람이나 사건을 어떤 태도로 대하거나 처리함
⑤ ⓔ : 기세나 상태가 쇠하여 전보다 못하여 감

[11 ~ 15] 다음 글을 읽고 물음에 답하시오.

두 사람이 줄 끝을 나누어 들고 마주보고 서 있을 때, 한 사람이 줄을 한 번 흔들었다 놓으면 그 주기적 진동이 줄을 따라 전달되어 맞은편 사람에게 전달되는 것을 볼 수 있다. 이와 같이 공간이나 물질의 한 부분에서 생긴 주기적 진동이 시간의 흐름에 따라 주위로 멀리 퍼져 나가는 현상을 파동이라고 한다. 호수에 돌을 던졌을 때 사방으로 퍼져 나가는 수면 파동, 공기나 고체와 같은 매질을 통하여 전달되는 음파, 줄의 진동에 의한 파동 등은 *매질을 통하여 진동이 전달되는 역학적 파동의 대표적인 예이다. 이러한 역학적 파동의 에너지는 진동하는 매질의 입자가 옆의 입자를 진동시키는 방법으로 매질을 따라 전달된다.

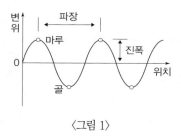

〈그림 1〉

파동은 〈그림 1〉과 같이 나타낼 수 있는데, 평형점 0을 기준으로 가장 높은 지점을 마루, 가장 낮은 지점을 골이라고 한다. 그리고 평형점 0에서 마루나 골까지의 높이, 즉 진동하는 입자가 평형점에서 최대로 벗어난 거리를 진폭, 마루와 마루 또는 골에서 골까지의 거리를 파장이라고 하며, 파동이 진행하는 동안 한 지점에서 1초 동안 지나가는 파장의 수를 진동수, 한 지점에서 한 파장이 지나가는 데까지 걸리는 시간을 주기라고 한다.

파동의 속도는 파동이 단위 시간 동안에 이동한 거리이다. 파동은 파장과 진동수의 곱으로 나타내며, 파동의 속도가 일정하면 진동수가 높을수록 파장이 짧다는 특성이 있다. 역학적 파동은 진행하면서 매질에 흡수되어 에너지를 잃기도 하는데, 음파의 경우 주파수가 높을수록 매질에 더 잘 흡수되어 멀리 진행하지 못한다. 그리고 매질을 따라 진행하는 역학적 파동이 다른 매질을 만나게 되면 파동의 일부는 반사되어 돌아오고, 일부는 다른 매질로 투과하는 현상을 보인다.

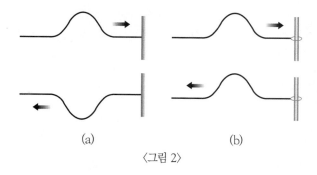

〈그림 2〉

먼저 ㉠파동이 진행하다가 다른 매질을 만나면 그 경계면에서 그 일부가 되돌아오게 되는데 이러한 현상을 파동의 반사라고 한다. 파동이 반사할 때 두 매질의 상대적인 성질에 따라 반사되는 파동의 위상이 변하는 경우가 있고 변하지 않는 경우가 있다. 〈그림 2〉의 (a)처럼 매질인 줄의 끝이 벽에 고정되어 있는 경우 반사된 파동은 위상이 180° 바뀌므로 *변위가 아래쪽인 파동으로 바뀐다. 이는 입사하는 파동이 줄의 위쪽으로 힘을 가하면 벽은 뉴턴의 제3법칙에 의해 방향이 반대이고 크기가 같은 힘을 줄에 가하기 때문이다. 이와 같이 파동이 반사될 때 파동의 위상이 180° 변하는 매질의 경계면을 고정단이라고 한다. 반면 〈그림 2〉의 (b)에서 줄의 끝은 입사 파동에 의해 위로 가속되어 올라갔다가 다시 원래의 위치로 내려오게 된다. 이러한 경우, 반사된 파동은 위상의 변화가 전혀 없으며, 입사 파동과 같은 방향의 변위를 ㉮갖게 된다. 이와 같이 파동이 반사될 때 파동의 위상이 변하지 않는 매질의 경계면을 자유단이라고 한다.

다음으로 ㉡다른 조건은 모두 같을 때 밀도가 낮은 줄이 밀도가 높은 줄에 연결되어 있고, 이 줄을 따라 파동이 진행하는 상황을 통해 투과를 설명할 수 있다. 이 경우 파동이 밀도가 낮은 줄을 지나 밀도가 높은 줄과 연결된 경계에 도달하면 파동의 일부가 반사된다. 하지만 일부는 밀도가 높은 줄로 계속 진행하는데, 이를 투과라고 한다. 여기서 밀도가 낮은 줄에서 밀도가 높은 줄로 진행하는 파동이 입사 파동인데, 입사 파동 중 일부는 위상이 바뀌어 반사되고, 다른 일부는 밀도가 높은 줄로 투과된다. 이때 반사되어 돌아오는 파동을 반사 파동이라고 하고, 진행 방향으로 계속 진행하는 파동을 투과 파동이라고 한다. 반면 밀도가 높은 줄에서 진행되는 파동이 밀도가 낮은 줄을 만날 때도 반사 파동과 투과 파동이 모두 나타나는데, 반사되는 파동의 모습을 보면 위상이 바뀌지 않고 그대로 되돌아온다. 이때 파동이 투과되거나 반사되는 정도는 매질들의 물리적 특성 차이에 의해 결정된다. 가령 줄에서 진행하는 파동의 경우 매질 간의 밀도 차가 클수록, 음파의 경우 매질의 밀도와 음속을 곱한 값인 음파 저항이 클수록 반사 정도가 큰 경계를 형성하기 때문이다.

한편 입사한 하나의 파동이 매질의 물리적 저항이 다른 경계에서 반사 파동과 투과 파동으로 나누어질 때, 별도의 에너지 손실이 없다고 가정하면, 에너지 보존 법칙에 따라 두 파동이 갖는 에너지의 합은 원래 입사한 파동의 에너지와 같게 된다. 다만 파동의 에너지는 진폭의 제곱에 비례하므로, 입사한 파동의 에너지 중에서 일부분만 포함하는 반사 파동의 진폭은 줄어들게 된다.

＊매질: 어떤 파동 또는 물리적 작용을 한 곳에서 다른 곳으로 옮겨 주는 매개물
＊변위: 물체가 위치를 바꿈

11
윗글에 대한 이해로 적절하지 <u>않은</u> 것은?

① 파동은 한 곳에서 생긴 진동이 주위로 멀리 퍼져 나가는 현상이다.
② 매질의 상태에 따라 뉴턴의 법칙이 작용하여 반사 파동의 위상이 변할 수 있다.
③ 입사한 파동의 에너지는 반사 파동과 투과 파동, 흡수 파동의 에너지의 합과 같다.
④ 파동의 진행 속도가 일정하면 진동수가 높을수록 마루에서 마루까지의 거리가 짧다.
⑤ 진동하는 입자가 평형점에서 최대로 벗어난 거리인 마루에서 골까지의 거리를 진폭이라 한다.

12
윗글과 〈보기〉를 통해 파악한 내용으로 적절하지 <u>않은</u> 것은?

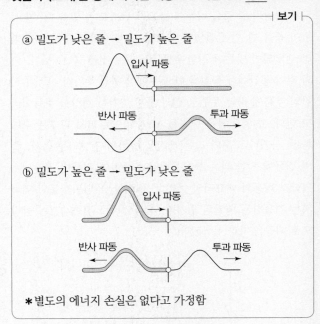

보기

ⓐ 밀도가 낮은 줄 → 밀도가 높은 줄
입사 파동
반사 파동   투과 파동

ⓑ 밀도가 높은 줄 → 밀도가 낮은 줄
입사 파동
반사 파동   투과 파동

＊별도의 에너지 손실은 없다고 가정함

① ⓐ와 ⓑ에서 나타난 반사 파동과 투과 파동의 에너지의 합은 입사 파동의 에너지와 같다.
② ⓐ에서는 반사된 파동의 위상이 변하지만, ⓑ에서는 반사된 파동의 위상이 변하지 않는다.
③ ⓐ와 ⓑ에 모두 파동을 입사시킬 때, 매질의 경계면에서 파동의 일부는 반사되고 일부는 투과된다.
④ ⓑ에서 파동이 진행할 때의 투과 파동은 ⓐ에서 진행할 때와 달리 위상의 변화 없이 그대로 투과된다.
⑤ ⓐ에서 밀도가 낮은 줄에서 높은 줄 사이의 연결점은 고정단이라 하고, ⓑ에서 밀도가 높은 줄에서 낮은 줄 사이의 연결점은 자유단이라 한다.

13

윗글을 바탕으로 〈보기〉를 이해한 내용으로 가장 적절한 것은?
[3점]

┤ 보기 ├

　초음파 진단은 사람이 들을 수 없는 주파수의 음파(2∼20㎒)를 인체에 쏘아 반사된 초음파로 인체 내부를 영상화시키는 의료 기술을 말한다. 이 기술은 인체에 초음파를 발사한 뒤 물질의 경계에 따라 달리 반사되는 초음파를 수신하여, 이 전기 신호를 영상으로 재구성하여 화면으로 보여 준다. 다음의 그래프는 태아의 초음파 진단을 할 때 입사파의 세기를 기준으로 한 반사파의 상대적인 양을 보여 주고 있다. Ⓐ는 양수에서의 반사, Ⓑ는 태아에서의 반사를 나타낸다.

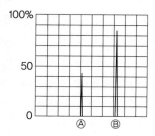

① 인체에서 반사된 초음파는 입사파의 에너지와 진폭의 크기가 모두 같겠군.
② 초음파의 에너지가 인체에 흡수되지 않는다면 Ⓐ와 Ⓑ의 양은 같아질 수 있겠군.
③ 초음파가 전달되는 매질 간의 밀도가 균일할수록 Ⓐ와 Ⓑ의 상대적인 양이 증가하겠군.
④ 초음파의 주파수를 20㎒보다 더 높게 설정할수록 인체로 더 많이 투과될 수 있겠군.
⑤ Ⓑ가 Ⓐ보다 반사파의 양이 더 많으므로, Ⓑ에서의 음파 저항이 더 컸다고 볼 수 있겠군.

14

㉠과 ㉡에 대해 이해한 내용으로 가장 적절한 것은?

① ㉠과 ㉡은 모두 역학적 파동으로 인한 매질의 특성 변화를 보여 준다.
② ㉠과 ㉡은 모두 역학적 파동의 진행에 따른 에너지의 증가를 보여 준다.
③ ㉠과 ㉡은 모두 매질의 경계에서 생겨나는 역학적 파동의 변화를 보여 준다.
④ ㉠은 파동의 진폭이 커지는 요인을, ㉡은 파동의 진폭이 작아지는 요인을 보여 준다.
⑤ ㉠은 파동이 매질에 입사되는 양상을, ㉡은 파동이 매질에서 흡수되는 양상을 보여 준다.

15

㉮의 문맥적 의미와 가장 가까운 것은?

① 자신감을 <u>가지고</u> 노력하면 무엇이든 할 수 있다.
② 협회 사람들과 친목을 도모하는 다과회를 <u>가졌다</u>.
③ 나는 그 사람과 오래 전부터 교류를 <u>가지고</u> 있었다.
④ 같은 값이라면 누구나 남보다 나은 것을 <u>가지길</u> 원한다.
⑤ 쌀가루를 <u>가지고</u> 만든 빵과 밀가루로 만든 빵은 맛의 차이가 거의 없다.

[01 ~ 05] 다음 글을 읽고 물음에 답하시오.

(가) 우리는 일상에서 '약자를 돕는 것은 옳다'와 같은 도덕적 판단을 한다. 이렇게 구체적 행위에 대한 도덕적 판단 문제를 다루는 것이 규범 윤리학이라면, 옳음의 의미 문제, 도덕적 진리의 존재 문제 등과 같이 규범 윤리학에서 사용하는 개념과 원칙에 대해 다루는 것은 메타 윤리학이다. 메타 윤리학에서 도덕 실재론과 정서주의는 '옳음'과 '옳지 않음'의 의미를 이해하는 방식과 도덕적 진리의 존재 여부에 대해 상반된 주장을 펼친다.

(나) 도덕 실재론에서는 도덕적 판단과 도덕적 진리를 과학적 판단 및 과학적 진리와 마찬가지라고 본다. 즉 과학적 판단이 '참' 또는 '거짓'을 ⓐ판정할 수 있는 명제를 나타내고 이때 참으로 판정된 명제를 과학적 진리라고 부르는 것처럼, 도덕적 판단도 참 또는 거짓으로 판정할 수 있는 명제를 나타내고 참으로 판정된 명제가 곧 도덕적 진리라고 ⓑ규정하는 것이다. 그런데 도덕 실재론에서 주장하듯, '도둑질은 옳지 않다'가 도덕적 진리라면, 그것이 참임을 판정하기 위해서는 도덕적으로 옳지 않음이라는 객관적으로 실재하는 성질을 도둑질에서 찾아낼 수 있어야 한다.

(다) 한편 정서주의에서는 어떤 도덕적 행위에 대해 도덕적으로 옳음이나 도덕적으로 옳지 않음이라는 성질은 객관적으로 존재하지 않는 것이고 도덕적 판단도 참 또는 거짓으로 판정되는 명제를 나타내지 않는다. 따라서 정서주의에서는 '옳다' 혹은 '옳지 않다'는 도덕적 판단을 내리지만 도덕 실재론과 달리 과학적 진리와 같은 도덕적 진리는 없다는 입장을 보인다. 그렇다면 정서주의에서는 옳음이나 옳지 않음의 의미를 무엇으로 볼까? 도둑질과 같은 구체적인 행위에 대한 감정과 태도가 곧 옳음과 옳지 않음이라고 한다. 즉 '도둑질은 옳다'는 판단은 도둑질에 대한 승인 감정을 표현한 것이고, '도둑질은 옳지 않다'는 판단은 도둑질에 대한 부인 감정을 표현한 것으로 이해한다.

(라) 이런 정서주의에서는 도덕적 판단이 윤리적 행위를 하도록 동기를 부여하는 것에 대해 도덕 실재론보다 단순하게 설명할 수 있다. 윤리적 행위의 동기 부여를 설명할 때 도덕적 판단이 나타내는 승인 감정 또는 부인 감정 이외에 다른 것이 필요하지 않기 때문이다. 승인 감정은 어떤 행위를 좋다고 여기는 것이고 그것이 일어나길 욕망하는 것이기에 결국 그것을 해야 한다는 동기 부여까지 직접 연결된다는 것이다. 부인 감정도 마찬가지로 작동한다. 이에 비해 도덕 실재론에서는 도덕적 판단 이외에도 인간의 욕망과 감정에 관한 이해가 반드시 필요하다. 예컨대 '약자를 돕는 것은 옳다'에 덧붙여 '사람들은 약자가 어려운 처지에 빠지지 않기를 바란다'와 같이 인간의 욕망과 감정에 대한 법칙을 추가해야 한다. 그래야만 도덕 실재론에서는 약자를 돕는 윤리적 행위를 해야겠다는 동기 부여에 대해 설명할 수 있다. 인간의 욕망과 감정에 대한 법칙을 쉽게 확보할 수 있는 것은 아니기에 그것 없이도 윤리적 행위의 동기 부여를 설명할 수 있는 정서주의는 도덕 실재론에 비해 높이 평가된다.

또한 옳음과 옳지 않음의 의미를 승인 감정과 부인 감정의 표현으로 이해하는 정서주의에 따르면 사람들 간의 도덕적 판단의 차이도 간단하게 설명할 수 있다. 윤리적인 문제에 대해 서로 ⓒ합의하지 못하는 의견 차이에 대해서도 굳이 어느 한 쪽 의견이 틀렸기 때문이라고 말할 필요가 없이 서로 감정과 태도가 다를 뿐이라고 설명할 수 있다. 이런 설명은 도덕적 판단의 차이로 인한 극단적인 대립을 피할 수 있게 해 준다는 점에서 의의가 있다.

(마) 하지만 옳음과 옳지 않음을 감정과 동일시하는 정서주의에도 몇 가지 문제점이 ⓓ제기될 수 있다. 첫째, 감정이 변할 때마다 도덕적 판단도 변한다고 해야 하지만, 도덕적 판단은 수시로 바뀌지 않는다. 둘째, ㉠감정은 아무 이유 없이 변할 수 있지만 도덕적 판단은 뚜렷한 근거 없이 바뀔 수 없다. 셋째, 감정이 없다면 '도덕적으로 옳음'과 '도덕적으로 옳지 않음'도 없다고 해야 하지만, '도덕적으로 옳음'과 '도덕적으로 옳지 않음'이 없다는 것은 보편적 인식과 ⓔ배치된다.

01

(가)~(마)에 대한 설명으로 적절하지 <u>않은</u> 것은?

① (가): 규범 윤리학과 메타 윤리학을 구별하고 메타 윤리학의 두 견해를 제시하고 있다.

② (나): 도덕적 판단과 도덕적 진리에 대한 도덕 실재론의 견해를 소개하고 있다.

③ (다): 도덕적 판단과 도덕적 진리에 대한 정서주의의 견해를 소개하고 있다.

④ (라): 도덕 실재론의 장점과 의의를 정서주의와 비교하여 설명하고 있다.

⑤ (마): 정서주의에 대해 제기할 수 있는 문제를 나열하고 있다.

02

윗글에 대한 이해로 적절하지 <u>않은</u> 것은?

① 메타 윤리학은 규범 윤리학에서 사용하는 개념과 원칙 자체에 대해 연구한다.

② 정서주의에 따르면, 도덕적 판단은 윤리적 행위의 동기 부여와 직접 연결된다.

③ 정서주의에 따르면, 과학적 진리와 마찬가지의 도덕적 진리는 존재하지 않는다.

④ 도덕 실재론과 정서주의는 '옳음'과 '옳지 않음'의 의미를 이해하는 방식이 다르다.

⑤ 도덕 실재론에 따르면, 도덕적 판단은 승인 감정에 의해 '옳음'의 태도를 표현한다.

03

㉠을 이해한 것으로 가장 적절한 것은?

① 도덕적 판단의 변화에는 뚜렷한 근거가 필요 없다.

② 감정도 수시로 변하고, 도덕적 판단도 수시로 변한다.

③ 도덕적 판단과 달리 감정이 바뀔 때에는 이유가 필요하다.

④ 감정 없는 사람도 없고, 도덕적 판단을 하지 않는 사람도 없다.

⑤ 감정과 달리 도덕적 판단을 바꿀 때에는 뚜렷한 근거가 필요하다.

04

윗글을 바탕으로 〈보기〉를 이해한 내용으로 가장 적절한 것은?　　　　　　　　　　　　　　　[3점]

┤ 보기 ├

　　A는 정서주의자이고, B는 도덕 실재론자이다. 두 사람은 모두 '옳음'과 '옳지 않음'이 각각 '아름다움'과 '아름답지 않음'에 대응한다고 본다. 또한 다음 두 예술적 판단에 대해, A는 도덕적 판단에 대한 정서주의의 설명을 똑같이 적용할 수 있다고 보고, B는 도덕적 판단에 대한 도덕 실재론의 설명을 똑같이 적용할 수 있다고 본다.

　　(ㄱ) 예술 작품 △△는 아름답다.
　　(ㄴ) 예술 작품 △△는 아름답지 않다.

① A와 B는 모두 예술적 진리가 존재하지 않는다고 생각하겠군.

② A는 '아름다움'이라는 성질이 객관적으로 실재한다고 생각하겠군.

③ A는 (ㄱ)과 (ㄴ) 중 하나는 '참'인 명제라고 생각하겠군.

④ B는 (ㄱ)과 (ㄴ) 중 하나는 '거짓'인 명제라고 생각하겠군.

⑤ B는 (ㄱ)과 (ㄴ)은 모두 예술 작품 △△에 대한 감정과 태도를 표현한다고 생각하겠군.

05

ⓐ~ⓔ의 사전적 뜻풀이로 옳지 않은 것은?

① ⓐ : 판별하여 결정함
② ⓑ : 규칙에 의해 일정한 한도를 정함
③ ⓒ : 서로 의견이 일치함
④ ⓓ : 의견이나 문제를 내어 놓음
⑤ ⓔ : 서로 반대되어 어긋남

[06 ~ 10] **다음 글을 읽고 물음에 답하시오.**

이론적으로 존재하는 가장 낮은 온도는 -273.16℃이며 이를 절대 온도 0K라고 한다. 실제로 0K까지 물체의 온도를 낮출 수는 없지만 그에 근접한 온도를 얻을 수는 있다. 그러한 방법 중 하나가 '레이저 냉각'이다.

레이저 냉각을 이해하기 위해 우선 온도라는 것이 무엇인지 알아보자. 미시적으로 물질을 들여다보면 많은 수의 원자가 모인 집단에서 원자들은 끊임없이 서로 충돌하며 다양한 속도로 운동한다. 이때 절대 온도는 원자들의 평균 운동 속도의 제곱에 비례하는 양으로 정의된다. 따라서 어떤 원자의 집단에서 원자들의 평균 운동 속도를 감소시키면 그 원자 집단의 온도가 내려간다. 레이저 냉각을 사용하면 상온(약 300K)에서 대략 200㎧의 평균 운동 속도를 갖는 기체 상태의 루비듐 원자의 평균 운동 속도를 원래의 약 1/10000까지 낮출 수 있다.

그렇다면 레이저를 이용하여 어떻게 원자의 운동 속도를 감소시킬 수 있을까? 날아오는 농구공에 정면으로 야구공을 던져서 부딪히게 하면 농구공의 속도가 느려진다. 마찬가지로 빠르게 움직이는 원자에 레이저 빛을 쏘아 충돌시키면 원자의 속도가 줄어들 수 있다. 이때 속도와 질량의 곱에 해당하는 운동량도 작아진다. 빛은 전자기파라는 파동이면서 동시에 광자라는 입자이기도 하기 때문에 운동량을 갖는다. 광자는 빛의 파장에 반비례하는 운동량을 가지며 빛의 진동수에 비례하는 에너지를 갖는다. 또한, 빛의 파장과 진동수는 반비례의 관계에 있다. 레이저 빛은 햇빛과 같은 일반적인 빛과 달리 일정한 진동수의 광자로만 이루어져 있다. 레이저 빛을 구성하는 광자가 원자에 흡수될 때 광자의 에너지만큼 원자의 내부 에너지가 커지면서 광자의 운동량이 원자에 전달된다. 실례로 상온에서 200㎧의 속도로 다가오는 루비듐 원자에 레이저 빛을 쏘아 여러 개의 광자를 연이어 루비듐 원자에 충돌시키면 원자를 거의 정지시킬 수 있다. 하지만 이때 문제는 원자가 정지한 순간 레이저를 끄지 않으면 원자가 오히려 반대 방향으로 밀려날 수도 있다는 데 있다. 그런데 원자를 하나하나 따로 관측할 수 없고 각 원자의 운동 속도에 맞추어 각 원자와 충돌하는 광자의 운동량을 따로 제어할 수도 없으므로 실제 레이저를 이용해 원자의 온도를 내리는 것은 간단하지 않아 보인다. 이를 간단하게 해결하는 방법은 도플러 효과와 원자가 빛을 선택적으로 흡수하는 성질을 이용하는 것이다.

사이렌과 관측자가 가까워질 때에는 사이렌 소리가 원래의 소리보다 더 높은 음으로 들리고, 사이렌과 관측자가 멀어질 때에는 더 낮은 음으로 들린다. 이처럼 빛이나 소리와 같은 파동을 발생시키는 파동원과 관측자가 멀어질 때는 파동의 진동수가 더 작게 감지되고, 파동원과 관측자가 가까워질 때는 파동의 진동수가 더 크게 감지되는 현상을 도플러 효과라고 한다. 이때 원래의 진동수와 감지되는 진동수의 차이는 파동원과 관측자가 서로 가까워지거나 멀어지는 속도에 비례한다. 이것을 레이저와 원자에 적용하면 레이저 광원은 파동원이고 원자는 관측자에 해당한다. 그러므로 레이저 광원에 다가가는 원자에게 레이저 빛의 진동수는 원래의 진동수보다 더 높게 감지되고, 레이저 광원에서 멀어지는 원자에게 레이저 빛의 진동수는 더 낮게 감지된다.

한편 정지해 있는 특정한 원자는 모든 진동수의 빛을 흡수하는 것이 아니고 고유한 진동수, 즉 공명 진동수의 빛만을 흡수한다. 이것은 원자가 광자를 흡수할 때 원자 내부의 전자가 특정 에너지 준위 E_1에서 그보다 더 높은 특정 에너지 준위 E_2로 옮겨 가는 것만 허용되기 때문이다. 이때 흡수된 광자의 에너지는 두 에너지 준위의 에너지 값의 차이 ΔE에 해당한다.

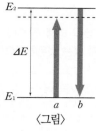

〈그림〉

그러면 어떻게 도플러 효과를 이용하여 레이저 냉각을 수행하는지 알아보자. 우선 어떤 원자의 집단을 사이에 두고 양쪽에서 레이저 빛을 원자에 쏘되 그 진동수를 원자의 공명 진동수보다 작게 한다. 원자가 한쪽 레이저 빛의 방향과 반대 방향으로 움직이면 도플러 효과에 의해 원자에서 감지되는 레이저 빛의 진동수가 커지는데, 그 값이 자신의 공명 진동수에 해당하는 원자는 레이저 빛을 흡수하게 된다. 이때 흡수된 광자의 에너지는 ΔE보다 작지만(〈그림〉의 a), 원자는 도플러 효과 때문에 공명 진동수를 갖는 광자를 받아들이는 것처럼 낮은 준위 E_1에 있던 전자를 허용된 준위 E_2에 올려놓는다. 그러면 불안정해진 원자는 잠시 후에 ΔE에 해당하는 에너지를 갖는 광자를 방출하면서 전자를 E_2에서 E_1로 내려놓는다(〈그림〉의 b). 이 과정이 반복되는 동안, 원자가 광자를 흡수할 때에는 일정한 방향에서 오는 광자와 부딪쳐 원자의 운동 속도가 계속 줄어들지만, 원자가 광자를 내놓을 때에는 임의의 방향으로 방출하기 때문에 결국 광자의 방출은 원자의 속도 변화에 영향을 미치지 못하게 된다. 그러므로 원자에서 광자를 선택적으로 흡수하고 방출하는 과정이 반복되면, 원자의 속도가 줄어들면서 원자의 평균 운동 속도가 줄고 그에 따라 원자 집단 전체의 온도가 내려가게 된다.

06
윗글의 내용과 일치하는 것은?

① 움직이는 원자의 속도는 도플러 효과로 인해 더 크게 감지된다.

② 레이저 냉각은 광자를 선택적으로 흡수하는 원자의 성질을 이용한다.

③ 레이저 냉각은 원자와 레이저 빛을 충돌시켜 광자를 냉각시키는 것이다.

④ 레이저 빛을 이용하여 원자 집단을 절대 온도 0K에 도달하게 할 수 있다.

⑤ 개별 원자의 운동 상태를 파악하여 각각의 원자마다 적절한 진동수의 레이저 빛을 쏠 수 있다.

07
윗글의 〈그림〉을 이해한 것으로 적절하지 않은 것은?

① E_2에서 E_1로 전자가 이동할 때 광자가 방출된다.

② 정지한 원자가 흡수하는 광자의 에너지는 ΔE와 일치한다.

③ 원자가 흡수했다가 방출하는 광자의 에너지는 ΔE로 일정하다.

④ 원자의 공명 진동수와 일치하는 진동수를 갖는 광자는 ΔE의 에너지를 갖는다.

⑤ 다가오는 원자에 공명 진동수의 레이저 빛을 쏘면 원자 내부의 전자가 E_1에서 E_2로 이동한다.

08

윗글을 고려할 때, 〈보기〉에서 공명이 일어나는 것만을 있는 대로 고른 것은?

┤ 보기 ├

  소리굽쇠는 고유한 공명 진동수를 가져서, 공명 진동수와 일치하는 소리를 가해 주면 공명하고, 공명 진동수에서 약간 벗어난 진동수의 소리를 가해 주면 공명하지 않는다. 그림과 같이 마주 향한 고정된 두 스피커에서 진동수 498 ㎐의 음파를 발생시키고, 공명 진동수가 500 ㎐인 소리굽쇠를 두 스피커 사이의 중앙에서 오른쪽으로 v의 속도로 움직였더니 소리굽쇠가 공명했다. 그 후에 다음과 같이 조작하면서 소리굽쇠의 공명 여부를 관찰했다. 단, 소리굽쇠는 두 스피커 사이에서만 움직인다.

ㄱ. 소리굽쇠를 중앙에서 왼쪽으로 v의 속도로 움직였다.
ㄴ. 소리굽쇠를 중앙에서 오른쪽으로 $2v$의 속도로 움직였다.
ㄷ. 왼쪽 스피커를 끄고 소리굽쇠를 중앙에서 왼쪽으로 v의 속도로 움직였다.

① ㄱ   ② ㄴ   ③ ㄷ
④ ㄱ, ㄷ   ⑤ ㄴ, ㄷ

09

윗글을 바탕으로 〈보기〉의 리튬 원자의 레이저 냉각에 대해 설명한 것으로 적절하지 <u>않은</u> 것은? [3점]

┤ 보기 ├

	루비듐	리튬
원자량(원자의 질량)	85.47	6.94
정지 상태의 원자가 흡수하는 빛의 파장	780 ㎚	670 ㎚

① 리튬의 공명 진동수는 루비듐의 공명 진동수보다 크다.
② 원자가 흡수하는 광자의 운동량은 리튬 원자가 루비듐 원자보다 작다.
③ 같은 속도로 움직일 때 리튬 원자의 운동량이 루비듐 원자의 운동량보다 작다.
④ 루비듐 원자에 레이저 냉각을 일으키는 레이저 빛은 같은 속도의 리튬 원자에서는 냉각 효과가 없다.
⑤ 리튬 원자에 레이저 냉각을 일으킬 때에는 레이저 빛의 파장을 670 ㎚보다 더 큰 값으로 조정한다.

10

윗글을 참고할 때, 레이저 냉각 과정을 나타낸 〈보기〉의 ㉠~㉢에 대한 이해로 적절한 것은?

┤ 보기 ├

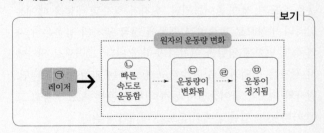

① 파장이 긴 ㉠을 사용하면 파장이 짧은 ㉠을 사용할 때보다 광자 에너지의 크기가 작아진다.
② ㉡에 ㉠을 조사하면 개별 원자들의 운동 속도가 동일하게 낮아지므로 절대 온도도 내려간다.
③ ㉢과 같이 원자의 운동량이 변하게 되는 이유는 ㉠이 불규칙적인 진동수를 가진 광자 에너지이기 때문이다.
④ ㉣에서는 원자들의 평균 운동 속도에 맞추어 ㉠에서 나오는 광자의 운동량을 따로 제어해야 한다.
⑤ ㉤에서는 ㉠의 진동수를 직접 조절함으로써 빛을 선택적으로 흡수하는 원자의 성질을 활용하여 원자가 밀려나지 않도록 해야 한다.

[11 ~ 15] **다음 글을 읽고 물음에 답하시오.**

중세 시대에는 종교 건축 분야에 눈부신 발전이 이루어졌는데, 그중 대표적인 것이 로마네스크 양식과 고딕 양식이다. 초기 기독교 시대의 건물이 대부분 목조였던 것에 비해, 로마네스크 때부터는 로마의 영향을 받아 둥근 아치형이었던 천장을 석조 *궁륭으로 바꾸었다. 중세 시대 때 계속되었던 전쟁과 약탈로 인해 내화성을 지닌 자재를 사용하게 된 것이다. 하지만 견고하고 웅장해 보이는 반원형 아치 형태의 천장은 엄청난 양의 석재를 필요로 했고, 그 무게를 지탱하기 위해서는 굵은 기둥을 만들어야 했다. 또한, 벽과 천장의 무게로 인해 창문을 만들기 힘들었기에 내부 공간은 채광이 부족해 대체로 어두웠지만, 이는 성당의 엄숙한 분위기를 자아내기도 하였다.

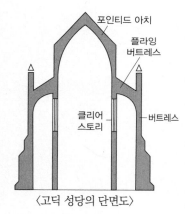

포인티드 아치
플라잉 버트레스
클리어 스토리
버트레스

〈고딕 성당의 단면도〉

로마네스크 양식의 건축가들은 천장의 무게를 점차 가볍게 하고자 기둥들 사이의 아치를 단단히 세우고 그 사이사이를 가벼운 재료로 메우는 방법을 사용했다. 이러한 로마네스크 양식이 변형을 거쳐 발전한 것이 바로 ㉠고딕 양식이다. 고딕 양식에서는 반원형의 아치 형태의 천장을 뾰족하게 솟아오른 형태로 변형한 '포인티드 아치'를 개발하여 큰 하중을 견디면서도 건물을 훨씬 높게 세울 수 있게 설계했다. 이러한 형태로 인해 아치의 높이를 자유롭게 조절할 수 있었고, 석재로 벽을 쌓을 필요가 없어짐에 따라 큰 창문도 낼 수 있었다. 그러나 이러한 구조는 고려해야 할 사항이 있었다. 궁륭을 구성하고 있는 석재가 아래쪽으로만 그 무게의 압력을 가하는 것이 아니라 양옆으로도 가하고 있기 때문에, 포인티드 아치형이더라도 이 압력을 지탱하기엔 충분하지 않았다. 따라서 성당의 벽을 바깥에서 떠받치기 위해 '버트레스'와 '플라잉 버트레스'를 만들어 높아진 건물을 지탱하게 했다. 또한, 고딕 양식에서는 천장이 높아지자 벽 옆면에 길고 큰 창인 '클리어스토리'를 뚫어 성당 안으로 많은 빛을 들어오게 하였다. 이에 따라 벽면이 줄어들고 창문이 많아지면서 창문의 시각적 역할이 증대되어 다채로운 색채의 '스테인드글라스'가 발달했다. 이는 다양한 색으로 착색된 유리를 적당한 크기로 자르고, 이것을 납으로 만든 V형이나 I형 리본의 홈에 끼운 후 용접하여 그림을 그린 것으로 빛을 굴절하여 투과시켜 신비감을 부각하였다. 이후 고딕 성당은 더 많은 빛을 받아들이기 위해 끊임없이 더 높은 곳을 지향하게 되었다.

두 건축 양식 속에는 공통적으로 수많은 *부조가 장식되어 있었는데, 건물과의 조화를 위해 그 형태도 건축과 긴밀한 관계를 맺고 있었다. 로마네스크 교회당의 부조는 건축 구조에 종속된 형태를 보여 주면서 기둥의 연장으로서의 조각, 또는 벽면의 연장으로서의 조각이라는 성격을 지니며 전개되었다. 가령 동물 따위의 모티프를 한 쌍씩 대칭적으로 조합하여 균형을 ㉡잡거나 직사각형이나 띠 모양의 공간에서 동일한 모티프가 반복하는 식의 형태가 많았다. 이는 조각이 건축물과 독립된 것이 아니라 건축 장식의 하나로서 건축의 선이나 면, 양감 등과 유기적으로 결합되어야 한다는 인식의 산출물이었다. 또한, 인간이나 동물 등도 몸의 형태가 건축의 기하학적 형태에 따르기 위하여 과하게 늘어나 있거나 춤을 추는 모습, 꼬아져 있는 모습 등으로 제시되었다. 이러한 로마네스크 특유의 조각은 변형과 왜곡으로 격렬함과 역동성을 불러 일으켰다. 반면 고딕 조각에서는 로마네스크 조각에서 보인 경직성과 비현실성이 서서히 사라지고 고대 그리스 조각에서의 자연스러운 생명감이 드러나기 시작했다. 이 또한 자연주의적 묘사가 목적이 아니라 성서의 내용을 보다 실감나게 전달하기 위한 것이었지만, 고딕 조각가들은 형상을 사실 그대로 생생하게 표현하고자 노력했다. 또한, 로마네스크 조각이 기둥과 하나의 돌로 이루어진 것에 비하여, 고딕 조각은 기둥과 완전히 분리된 작품으로 제시됨으로써, 건축 전체와 어울리지만 조각이 건축의 일부분이라는 제약으로부터 자유로워진 형태로 인식되었다.

이러한 두 양식의 변화는 당대 사회상의 분위기와도 연결하여 파악할 수 있다. 로마네스크 양식은 십자군 전쟁이 발발해 어수선한 사회 분위기 속에서 각지의 수도원으로 순례자들이 모여들던 때에 탄생했다. 그래서 그들은 웅장하면서도, 어둡지만 엄숙한 분위기의 성당을 순례하며 신의 권위와 장엄함을 느꼈다. 한편 고딕 양식은 농촌에서 도시로 삶의 터전을 옮긴 이주민들이 혼란과 불안을 경험하던 시대를 배경으로 한다. 당시 철학의 흐름과 마찬가지로 사람들은 이때의 성당을 신의 존재를 감각적으로 체험할 수 있는 건축물로 인식하였다. 고딕 시대의 이주민들은, 비례의 법칙을 거스르며 하늘 높이 수직으로 솟아올라 큰 창을 통해 쏟아지는 빛을 보며 신의 *현현이라고 느꼈고, 도시의 성당에서 신의 존재를 체험하면서 고통스러운 현실을 위로받고자 했다. 성당 순례를 통해 신을 느끼며 현실에서의 고통을 해소하고자 했던 로마네스크 시대의 사람들처럼, 고딕 시대의 사람들도 신에게 더욱 가까이 가고자 하는 열망으로 현실의 고통을 잊으려 했던 것이다. 결국 로마네스크 양식과 고딕 양식에서는 초월적 세계에 대한 중세 사람들의 종교적 열망을 공통적으로 읽어낼 수 있다.

* 궁륭: 활이나 무지개같이 한가운데가 높고 길게 굽은 형상. 또는 그렇게 만든 천장이나 지붕
* 부조: 조각에서, 평평한 면에 글자나 그림 따위를 도드라지게 새기는 일
* 현현: 명백하게 나타나거나 나타냄

11

윗글을 통해 확인할 수 없는 것은?

① 중세 시대 때 종교 건축 분야의 자재가 바뀌게 된 이유는 무엇인가?
② 로마네스크 양식의 성당에서 당대 사람들은 무엇을 느끼고자 하였는가?
③ 로마네스크 양식은 고딕 양식을 어떠한 방향으로 발전시키며 변천했는가?
④ 로마네스크와 고딕 양식 시대의 조각가들은 부조물을 어떻게 인식하였는가?
⑤ 신의 존재에 대한 당대 사람들의 이념은 고딕 양식에 어떤 영향을 주었는가?

12

㉠에 대한 설명으로 적절하지 않은 것은?

① '플라잉 버트레스'는 석재의 압력을 양옆에서 위쪽으로 이동시켜 건물을 지탱하였다.
② 성당의 벽을 바깥에서 떠받치는 '버트레스'를 설치하여 높아진 건물을 지탱하게 하였다.
③ 천장이 높아진 만큼 '클리어스토리'를 통해 성당 안으로 많은 빛이 들어올 수 있도록 설계하였다.
④ '클리어스토리'에 여러 색채의 '스테인드글라스'를 시공한 것은 빛의 신비감을 부각시키기 위한 것이었다.
⑤ '포인티드 아치'는 큰 하중을 견디면서도 천장이 뾰족하게 솟은 형태만큼 건물의 높이를 조절하는 기능을 하였다.

13

윗글과 〈보기〉를 통해 이끌어 낼 수 있는 반응으로 적절하지 <u>않</u>은 것은? [3점]

> ┤ 보기 ├
>
> 끊임없이 수직을 지향하다 비례 법칙을 어기게 된 고딕 양식에 반기를 든 르네상스 양식은 엄격한 비례미를 추구했다. 그런데 유럽에서 종교 개혁이 일어나자 사회는 충격과 부작용으로 혼란에 휩싸이게 되었다. 그 과정에서 어려운 시대 상황을 작품에 반영하여 일탈과 반항을 추구하는 새로운 사조가 나타나기 시작했는데, 이것이 매너리즘이다.
>
> 매너리즘은 비례 법칙으로는 혼란한 사회상을 표현할 수 없다고 보고, 이를 거부하며 일탈과 변형을 추구하였다. 그래서 매너리즘 건축은 기둥을 애매한 간격으로 세우거나 아래층보다 위층의 창을 더 웅장하게 만들기도 하였다. 또한, 건물의 장식은 크기와 형태 등에서 규칙적이지 않은 형상을 나타냈다.

① 매너리즘은 일탈과 변형의 추구로, 고딕 양식은 신에게 다가가고자 하는 소망으로 비례 법칙을 거스르게 된 것이겠군.

② 르네상스 양식은 고딕 양식이 비례 법칙을 어긴 점을, 매너리즘은 르네상스 양식이 유럽 상황을 표현하는 데 한계가 있다는 점을 비판하였겠군.

③ 로마네스크 성당은 십자군 전쟁으로 인한 사회상 속에서의 신의 권위를, 매너리즘 건축물은 종교 개혁으로 인한 충격과 부작용을 표현하려고 한 것이겠군.

④ 고딕 양식의 건축물과 매너리즘 건축물이 모두 비례 법칙에서 벗어났듯이, 그 안의 장식물의 크기나 형태 등도 규칙적이지 않은 비현실적인 형상으로 제시됐겠군.

⑤ 고딕 양식은 천장의 무게에 대한 고민을 바탕으로, 매너리즘은 혼란한 시대 현실을 표현하는 방법에 대한 고민을 바탕으로 새롭게 나타난 사조라고 볼 수 있겠군.

14

윗글을 바탕으로 〈보기〉를 이해한 내용으로 가장 적절한 것은?

┤ 보기 ├

| (가) 피사 대성당 | (나) 샤르트르 성당 |

① (가)의 부조는 건축 구조에 종속된 형태로, (나)의 부조는 건축과 분리된 작품의 형태로 제시되었다.

② (가)에서는 쏟아지는 빛의 화려함을 통해, (나)에서는 어두움 속의 엄숙함을 통해 초월적 세계를 감각적으로 체험하고자 하였다.

③ (가)의 조각은 비현실적이지만 격렬함과 역동성을, (나)의 조각은 자연주의적 묘사를 바탕으로 한 자연스러움과 생명감을 불러일으킨다.

④ (가)는 (나)와 달리 어수선했던 당대 사회의 분위기 속에서 사람들이 현실의 고통을 잊는 데 도움을 주었다.

⑤ (나)는 (가)와 달리 벽과 천장의 석재 무게 때문에 기둥을 굵게 설계할 수밖에 없어서 창문을 만들기가 힘들었다.

15

㉡의 문맥적 의미와 가장 가까운 것은?

① 그는 어머니의 손을 꼭 <u>잡고</u> 고개를 끄덕였다.

② 우리는 가족 여행 날짜를 다음 달 초로 <u>잡았다</u>.

③ 어려운 시기일수록 중심을 잘 <u>잡고</u> 살아야 한다.

④ 업체 대표들은 결론을 반대 입장으로 <u>잡고</u> 회의장에 들어섰다.

⑤ 나는 그녀가 갑자기 화가 난 이유에 대해서 감을 <u>잡을</u> 수 없었다.

[01 ~ 05] 다음 글을 읽고 물음에 답하시오.

서양의 지적 전통에서 법은 오랫동안 선에 비해 부차적인 것, 혹은 선을 닮기 위한 수단에 불과한 것으로 이해되었다. 법은 신들이 버린 세계 속에 있는 선의 유사물이자 최상의 원리인 선의 모조품이었다. 플라톤 식으로 표현하면, 선의 이데아를 따르기 위해 현상계의 인간들이 할 수 있는 것은 선의 모방이었으며, 구체적으로 이 모방은 법을 따르는 것이었다.

법과 선의 이와 같은 고전적인 관계는 전통적으로 존재의 본질과 연결된 자연법론의 형태로 정당화되었다. 그러나 자연법론은 존재의 본질에 대하여 어느 정도 동질적인 이해가 확보된 조건하에서만 유용할 수 있다. 만약 서로 다르고 모순적인 세계관들이 충돌하게 되면 자연법론은 보편적 적용 가능성을 얻는 대가로 끊임없이 그 내용을 포기해야만 하는 운명을 피하기 어렵다. 근대적 법 이론가로서 칸트는 인간의 실천 이성에 선험적으로 내재하는 도덕 법칙에 주목하여 법과 선의 관계를 재규정함으로써 자연법론에 닥친 위기를 돌파하고자 했다.

〈실천 이성 비판〉에서 칸트는 인간의 자유를 인격적 자율과 그에 따른 책임으로 이해하면서 윤리적 행위를 규정하는 도덕 법칙으로 정언 명령을 제시한다. 도덕 법칙이 명령으로 등장하는 까닭은 인간의 자연적 경향이 항상 선을 지향하고 있지는 않기 때문이다. 따라서 도덕 법칙은 실천 이성이 선의 이념에 따라 자기 자신에게 강제적으로 부과하는 규범이며, 무조건적인 준수를 요구하는 명령이다. 하지만 정언 명령은 어디까지나 순수 형식의 표상으로서 대상, 지역, 상황들과는 무관하고, 그 속에는 구체적인 행위를 지시하는 내용이 전혀 들어 있지 않다. 그것은 오로지 행위가 순응해야 하는 형식적 법칙만을 무조건적으로 명령할 뿐이다. 〈실천 이성 비판〉에서 칸트는 "너의 의지의 준칙이 항상 동시에 보편적 입법의 원리로서 타당할 수 있도록 행위하라."라고 하는 명령을 실천 이성의 원칙으로 선언한다.

들뢰즈는 이와 같은 칸트의 주장에서 법이 선의 주위를 맴돈다는 종래의 생각을 전도시켜 오히려 선이 법의 주위를 맴돌게 만들려는 기획을 찾아낸다. 칸트의 이런 기획에 따르면 법은 더 이상 선에 의하여 규정되지 않고 도리어 법의 입장에서 선을 규정한다. 실천 이성의 법칙으로서 법은 선이 의무를 부과하기 위해 가지지 않으면 안 되는 보편적인 형식으로 스스로를 정당화한다. 들뢰즈에 따르면, 칸트의 기획을 이끄는 핵심 논리는 정언 명령을 유일하고 보편적이며 무조건적인 법으로 내세우면서 이에 대한 복종을 선 그 자체로 규정하는 것이다. 달리 말해, 선을 실현하기 위한 수단으로 법에 대한 복종을 요구하는 것이 아니라 ㉠법에 대한 복종 그 자체를 선으로 규정하는 것이다.

근대적 법 이론의 역사에서 법과 선의 관계를 전도시키는 칸트의 기획은 하나의 신기원을 이루었다. 그럼에도 불구하고 그 이면에 특수한 형태의 폭력성이 도사리고 있음을 부인하기는 어렵다. 앞서 말했듯이, 정언 명령은 순수 형식이며 그 안에는 구체적인 내용이 없다. 따라서 정언 명령은 오로지 구체적인 상황 속에서만 구체적으로 인식될 수 있다. 바로 이 점에 관하여 들뢰즈는 카프카의 소설을 예로 들어 법의 실행 문제를 제기한다. 카프카의 작품 〈유형지에서〉에는 형벌 기계가 나오는데 그 기계 안에서 처형되는 사람은 자신의 죄를 모른 채 처벌을 받는다. 그 처벌은 그 사람의 죄명을 그의 몸뚱이 위에 바늘로 기록하는 것이다. 이는 인간은 법을 위반한 결과로 주어지는 형벌을 통해서 비로소 그 법을 구체적으로 알게 된다는 의미이다.

이처럼 법의 실행을 판결과 집행으로 이해할 경우, 칸트의 기획은 결과적으로 '우울증적 법의식'을 초래하는 사태를 피하기 어렵다. 정언 명령에 대한 복종은 선 그 자체이므로 정언 명령은 선의지를 가질 의무를 부과하는 것이나 다름없다. 그러나 정언 명령은 그것을 위반하지 않는 한 구체적으로 인식될 수 없다. 이 때문에 칸트의 기획에서 정언 명령은 인간에게 선의지에 대한 무조건적 추궁으로 받아들여지고, 그 앞에서 인간은 자신의 선의지를 입증해야 한다는 강박 관념에 휩싸이게 된다. 이로부터 벗어나기 위해서는 정언 명령의 구체적인 내용을 알아야 하지만 정언 명령을 위반하지 않는 한 그렇게 할 수 없다. 이와 같이 칸트의 기획은 결과적으로 인간을 죄의식에 시달리게 만든다. 정언 명령에 대한 복종 요구에 엄격하게 따를수록 이 죄의식은 더욱 커진다.

근대적 법 이론가로서 칸트는 인간에게 스스로의 내면에서 실천 이성이 명령하는 법에 대해 무조건적으로 복종하라고 요구한다. 그러나 들뢰즈에 따르면, 칸트의 기획은 법에 대한 엄격한 복종을 통해 인간에게 죄의식을 증대시키는 과정인 동시에 인간의 자유의 토대인 인격적 자율을 훼손하는 과정이기도 하다. 법의 실행을 다르게 이해하지 않는 한, 우울증적 법의식으로부터 벗어나는 방법은 칸트의 기획을 거부하는 것뿐이다. 이제 인간은 법을 주군의 자리에서 끌어내어 선의 주변부로 돌려보내고 다시 선을 주군으로 삼아 법을 다스리게 해야 할지도 모른다.

02
윗글을 이해한 내용으로 적절하지 <u>않은</u> 것은?

① 칸트의 기획은 존재의 본질에 연결된 고전적 자연법론의 전통을 연장한 것이다.
② 칸트의 기획이 나오기 전까지 법은 선과의 관계에서 독립적으로 정당화될 수 없었다.
③ 법과 선의 고전적인 관계에서 법에 대한 복종은 현상계에서 선을 실현하기 위한 수단이었다.
④ 근대적 법 이론가로서 칸트의 특징은 법의 근거를 객관적 실재가 아니라 선험적 도덕 법칙에서 찾았다는 데 있다.
⑤ 서양의 근대 세계에서 자연법론의 위기는 그 보편성을 확보할 수 없게 만드는 다양한 세계관들로 인해 촉발되었다.

01
윗글의 내용 전개 방식에 대한 설명으로 가장 적절한 것은?

① 여러 유사한 이론들을 분석하고 해석하여 하나의 이론 아래 통합하였다.
② 구체적인 사례를 제시하고 그와 관련되는 해결 방안과 한계를 설명하였다.
③ 제시된 이론의 발생 배경을 밝히고 그 이론에 대한 비판적 견해를 설명하였다.
④ 문제 상황이 일어나게 된 근본적인 원인을 분석하여 단계적 해결책을 정립하였다.
⑤ 주장을 제시하고 예상되는 반증 사례를 검토하는 과정을 통해 주제를 강화하였다.

03
윗글에 나타난 들뢰즈의 해석에 따라 칸트의 '정언 명령'을 이해한 것으로 적절하지 <u>않은</u> 것은?

① 법적인 심판 구조 속에서 법의 위반 행위를 사후적으로 단죄한다.
② 선의 형식을 규정하는 보편 법칙으로서 법의 입장에서 선을 규정한다.
③ 오로지 형식적 규칙으로 제시되는 까닭에 구체적인 내용을 알 수 없다.
④ 법을 명령하는 자와 그 명령을 따라야만 하는 자로 인간의 내면을 분열시킨다.
⑤ 인간의 본성이 선을 지향한다고 전제한 뒤 도덕 법칙을 준수할 의무를 부과한다.

04

윗글을 바탕으로 〈보기〉를 이해한 반응으로 적절한 것은? [3점]

┤ 보기 ├

중국의 공자는 이념의 힘에 의해서 질서 있고 조화로운 사회를 이루려 했다. 그러기 위해서 사회의 구성원은 사회가 만들어 놓은 구체적이고 올바른 규범을 통해 덕을 수양하여 완벽한 인격을 이루어야 한다고 보았다. 이렇게 되면 각 개인들이 마음먹은 대로 해도 사회 질서가 유지된다고 보았다. 이에 반해 노자는 공자가 말하는 덕의 수양을 위해서는 규범이 필요한데, 이 규범이 결국 각 개인에게 복종을 강요하는 수단이 될 소지가 크다고 생각하였다. 때문에 그는 인위적 규범의 틀을 배제한 무위(無爲)를 강조하였다. 여기서 무위란 어떠한 관념의 틀에도 갇히지 않는 자유로움이며, 기준과 이념을 버리고 자발적으로 행동하는 것이고, 보이는 그대로 외부 상황을 보는 것이다.

① 칸트가 말한 '정언 명령'은 공자가 생각한 '올바른 규범'과 동일하겠군.

② 칸트가 말한 '인간의 실천 이성'은 공자가 말한 '완벽한 인격'에 해당하겠군.

③ 들뢰즈는 '올바른 규범'을 통해 덕을 수양해야 한다는 공자의 주장에 동의하겠군.

④ 들뢰즈는 칸트의 기획이 노자가 말한 '인위적 규범의 틀'을 만들 수 있다고 생각하겠군.

⑤ 들뢰즈는 노자가 말한 '무위(無爲)'를 통해 인간 내면의 죄의식을 구체화할 수 있다고 생각하겠군.

05

㉠의 태도가 드러난 사례에 해당하는 것을 〈보기〉에서 골라 바르게 묶은 것은?

┤ 보기 ├

㉮ 판사인 최 씨는 절도죄로 재판에 회부된 강 씨에게 법에 규정된 1년의 징역형을 구형하지 않고, 강 씨의 딱한 사정을 참작하여 사회봉사 명령과 함께 집행 유예를 선고했다.

㉯ 김 씨는 전염병으로 쓰러진 사람을 보았지만, 그를 도와야 한다는 선의지보다 전염병 환자는 개인이 함부로 도울 수 없다는 특별 재난법이 우선이라고 생각하여 환자를 돕지 않았다.

㉰ 이 씨는 음주 운전하는 차량의 운전자가 자신의 가장 친한 친구임을 알고, 친구와 공공의 안전이 우선이라 생각하여 친구를 경찰에 신고했다. 이로 인해 친구는 법적 처벌을 받게 되었다.

㉱ 양 씨는 자신의 업무를 도와준 동료의 친절에 보답하려는 의미로 생일을 맞은 동료에게 떡 선물을 보냈다. 하지만 떡을 받은 동료는 그것이 부정 청탁 방지법에 해당한다고 판단하여 양 씨를 고발했다.

① ㉮, ㉯　　　　② ㉮, ㉰　　　　③ ㉮, ㉱

④ ㉯, ㉰　　　　⑤ ㉯, ㉱

[06 ~ 10] 다음 글을 읽고 물음에 답하시오.

남극 대륙에는 모두 녹을 경우 해수면을 57미터 높일 정도의 얼음이 쌓여 있다. 그중에서 빙붕(iceshelf)이란 육지를 수 킬로미터 두께로 덮고 있는 얼음 덩어리인 빙상(icesheet)이 중력에 의해 해안으로 밀려 내려가다가 육지에 걸친 채로 바다 위에 떠 있는 부분을 말한다. 남극 대륙에서 해안선의 약 75%가 빙붕으로 덮여 있는데, 그 두께는 100~1,000미터이다. 시간에 따른 빙붕 질량의 변화는 지구 온난화와 관련하여 기후학적으로 매우 중요한 요소이다. 빙붕에서 얼음의 양이 줄어드는 요인으로서 빙산으로 조각나 떨어져 나오는 얼음의 양은 비교적 잘 ⓐ측정되고 있지만, 빙붕 바닥에서 따뜻한 해수의 영향으로 얼음이 얼마나 녹아 없어지는가는 그동안 잘 알려지지 않았다. 빙붕 아래쪽은 접근하기가 어려워 현장 조사가 제한적이기 때문이다. 더구나 최근에는 남극 대륙 주변의 바람의 방향이 바뀌면서 더 따뜻한 해수가 빙붕 아래로 들어오고 있어서 이에 대한 정확한 측정이 요구된다. 빙붕 바닥에서 얼음이 녹는 양은 해수면 상승에 영향을 미치기 때문이다.

육지에서 흘러내려와 빙붕이 되는 얼음의 질량(A)과 빙붕 위로 쌓이는 눈의 질량(B)은 빙붕의 얼음을 ⓑ증가시키는 요인이 된다. 반면에 빙산으로 부서져 소멸되는 질량(C)과 빙붕의 바닥에서 녹는 질량(D)은 빙붕의 얼음을 감소시킨다. 이 네 가지 요인으로 인하여 빙붕 전체 질량의 변화량(E)이 결정된다. 남극 빙붕에서 ⓒ생성되고 소멸되는 얼음의 질량에 대한 정확한 측정은 인공위성 관측 자료가 풍부해진 최근에야 가능하게 되었다.

A는 빙붕과 육지가 만나는 경계선에서 얼음의 유속과 두께를 측정하여 계산한다. 얼음의 유속은 일정한 시간 간격을 두고 인공위성 레이더로 촬영된 두 영상 자료의 차이를 이용하여 수 센티미터의 움직임까지 정확하게 구할 수 있다. 얼음의 두께는 먼저 인공위성 고도계를 통해 물 위에 떠 있는 얼음의 높이를 구하고, 해수와 얼음의 밀도 차에 따른 부력을 고려하여 계산한다. B는 빙붕 표면에서 시추하여 얻은 얼음 코어와 기후 예측 모델을 통해 구할 수 있는데, 그 정확도는 비교적 높다. C는 떨어져 나오는 빙산의 면적과 두께를 이용하여 측정할 수도 있으나, 빙산의 움직임이 빠를 경우 그 위치를 추적하기 어렵고 해수의 작용으로 빙산이 빠르게 녹기 때문에 이 방법으로는 정확한 측정이 쉽지 않다. 따라서 보다 정밀한 측정을 위해 빙붕의 끝자락에서 육지 쪽으로 수 킬로미터 상부에 위치한 임의의 기준선에서 측정된 얼음의 유속과 두께를 통해 구하는 방식으로 장기적으로 신뢰할 만한 값을 구한다. E는 빙붕의 면적과 두께를 통해 구하며, 이 모든 요소를 고려하여 D를 계산한다.

연구 결과, 남극 대륙 전체의 빙붕들에서 1년 동안의 A는 2조 490억 톤, B는 4,440억 톤, C는 1조 3,210억 톤, D는 1조 4,540억 톤이며, E는 -2,820억 톤인 것으로 나타났다. 남극 대륙 빙붕의 질량 감소 요인 중에서 D가 차지하는 비율인 R 값을 살펴보면, 남극 대륙 전체의 평균은 52%이지만, 지역에 따라 10%에서 90%에 이르는 ⓓ극명한 차이를 보인다. 남극 대륙 전체 해역을 경도에 따라 4등분할 때, 서남극

에 위치한 파인 아일랜드 빙붕과 크로슨 빙붕 같은 소형 빙붕들에서 R 값의 평균은 74%를 보였고, 그 외 지역에서는 40% 내외였다. 특히 남극에서 빙산의 3분의 1을 생산해 내는 가장 큰 빙붕으로 북남극과 서남극에 걸친 필크너-론 빙붕, 남남극의 로스 빙붕에서 R 값은 17%밖에 되지 않았다.

남극 전체 빙붕의 91%의 면적을 차지하는 상위 10개의 대형 빙붕에서는 남극 전체 D 값 중 50% 정도밖에 발생하지 않으며, 나머지는 9% 면적을 차지하는 소형 빙붕들에서 발생한다. 이는 소형 빙붕들이 상대적으로 수온이 높은 서남극 해역에 많이 분포하고 있기 때문이다. 따라서 대형 빙붕들 위주로 ⓔ조사한 데이터를 면적 비율에 따라 남극 전체에 확대 적용해 온 ⓐ기존의 연구 결과에는 남극 전체의 D 값이 실제와 큰 오차가 있었을 것이다.

빙붕의 단위 면적당 D 값인 S 값을 살펴보면, 남극 전체에서 1년에 약 0.81미터 두께의 빙붕 바닥이 녹아서 없어지는 것으로 나타났으며, 지역적으로는 0.07~15.96미터로 편차가 컸다. 특히 서남극의 소형 빙붕에서는 매우 큰 값을 보여 주었으나, 다른 지역의 대형 빙붕은 작은 값을 보였다. 이는 빙붕 바닥에서 육지와 맞닿은 곳 근처에서는 얼음이 녹고, 육지에서 멀리 떨어진 곳에서는 해수의 결빙이 이루어지기 때문이다.

06

윗글의 A~E를 구하는 과정에 대한 설명으로 적절하지 않은 것은?

① A는 수면 위의 빙붕의 높이에 관한 정보를 활용하여 구한다.
② B는 빙붕에서 직접 채취한 시료를 이용하여 추정한 값으로 구한다.
③ C는 떨어져 나온 빙산 양을 추적하는 방식으로는 정확하게 구하기 쉽지 않다.
④ D는 해수의 온도와 해수 속에서 녹는 얼음의 양을 직접 측정하여 구한다.
⑤ E는 빙붕의 두께 변화에 대한 정보를 얻어야 측정할 수 있다.

07

㉠의 이유와 관련하여 S 값과 R 값을 추론한 내용으로 적절하지 않은 것은?

① 남극 전체의 S 값이 실제 값보다 작게 파악되는 결과를 초래했다.
② 남극 전체의 R 값이 실제 값보다 작게 파악되는 결과를 초래했다.
③ 파인 아일랜드 빙붕의 R 값이 실제 값보다 작게 파악된 것과 같은 이유 때문에 발생했다.
④ 크로슨 빙붕의 S 값이 실제 값보다 작게 파악된 것과 같은 이유 때문에 발생했다.
⑤ 로스 빙붕의 R 값이 실제 값보다 작게 파악된 것과 같은 이유 때문에 발생했다.

08

윗글을 고려할 때, 〈보기〉의 연구에 대한 설명으로 적절한 것은?

┤ 보기 ├

최근의 한 연구에서는 서남극에서 녹는 얼음이 몇 세기에 걸쳐 멈출 수 없는 해수면 상승을 일으킬 가능성이 높은 것으로 나타났다. 이 지역에는 모두 녹으면 해수면을 5미터 상승시킬 얼음이 분포한다. 이곳에 위치한 아문센 해는 해저 지형이 해수가 진입하기 좋게 형성되어 있어서 해수가 빙붕을 녹이는 데 용이한 조건을 구비하고 있다. 더구나 이곳에는 빙붕의 진행을 막아 줄 섬도 없어 미끄러져 내려오는 빙상을 저지하지 못하기 때문에 해수에 녹아 들어가는 빙붕의 양은 계속 많아질 전망이다.

① 아문센 해 인근의 해안에는 대형 빙붕들이 많이 분포할 것이다.
② 아문센 해에서는 빙붕의 두께가 줄어드는 속도가 남극 대륙의 평균값보다 클 것이다.
③ 아문센 해 인근의 빙붕의 바닥이 빠르게 녹으면서 인접한 빙상이 수년 내에 고갈될 것이다.
④ 서남극의 얼음 총량이 다른 남극 지역보다 더 많기 때문에 해수면 상승 효과가 더 클 것이다.
⑤ 서남극에서 빙상의 이동 속도가 증가하는 것은 떨어져 나가는 빙산의 양을 통해 알 수 있을 것이다.

09

〈보기〉를 참고하여, 윗글에 대해 보인 반응으로 적절하지 않은 것은? [3점]

┤ 보기 ├

(가) 극지 연구소 관계자는 지구 해수면 상승의 이유로 눈이나 얼음은 빛을 대부분 반사해 극지의 기온을 낮게 유지해 주는데, 극지의 눈과 얼음이 녹으면 빛을 반사하는 양이 줄어들어 극지의 온도가 올라가는 것을 들었다. 또한, 바닷물의 열팽창도 해수면 상승의 중요한 요인이 된다고 말했다. 열팽창은 온도가 올라가면 *유체의 부피가 커지는 현상으로, 물은 온도가 1℃ 올라가면 부피가 0.01% 정도 팽창한다.

(나) 남극 대륙 서쪽에 위치한 '라르센 C 빙붕'은 지난 수년간 서서히 균열이 진행됐으나, 지난 수주 만에 얼음이 급격히 녹아서 약 18㎞의 균열이 생긴 것으로 나타났다. 현재 '라르센 C 빙붕'은 20㎞ 정도만 균열이 더 가면 약 5000㎢ 면적의 얼음 덩어리가 분리될 전망이다.

＊유체: 기체와 액체를 아울러 이르는 말

① (가)를 참고할 때, 남극 전체 A, B의 질량이 감소한다면 지구 해수면 상승의 한 요인이 될 수 있겠군.
② (가)를 참고할 때, 열팽창에 의해 현재보다 바닷물의 부피가 더 커진다면 남극 전체 C, D의 질량도 현재보다 늘어나겠군.
③ (가)를 참고할 때, 열팽창에 의해 바닷물의 부피가 더 커지더라도 R 값이나 S 값은 빙붕의 크기와 위치한 지역에 따라 달리 나타나겠군.
④ (나)를 참고할 때, '라르센 C 빙붕'에서 얼음 덩어리가 분리된다면 '라르센 C 빙붕'의 C의 질량은 늘어나겠군.
⑤ (나)를 참고할 때, '라르센 C 빙붕'에 균열이 생긴 것은 빙붕 바닥에서 육지와 멀리 떨어진 곳의 S 값이 크게 감소했기 때문이겠군.

10

ⓐ~ⓔ를 활용하여 만든 문장으로 적절하지 않은 것은?

① ⓐ: 기상청은 매일 미세먼지 농도를 측정하고 있다.

② ⓑ: 올해 상반기에는 가계 소득이 증가하는 추세이다.

③ ⓒ: 실내에서 휘발유를 연소시키면 유독성 물질이 생성된다.

④ ⓓ: 그의 발언은 그의 정치적 입장을 극명하게 보여 주었다.

⑤ ⓔ: 실험체에 엑스선을 조사하는 과정은 정밀하게 이루어져야 한다.

[11 ~ 15] 다음 글을 읽고 물음에 답하시오.

1974년 캐나다에서 소년들이 집과 자동차를 파손하여 체포되었다. 보호 관찰관이 소년들의 사과와 당사자 간의 합의로 이 사건을 해결하겠다고 담당 판사에게 건의하였고, 판사는 이를 ⓐ수용했다. 그 결과 두 소년들은 피해자들의 집을 방문하여 그들의 피해와 고통에 대해 들어야 했다. 그리고 자신들의 잘못을 뉘우치며 사과하고, 자신들이 어떻게 하면 피해자들이 만족할 만한 책임을 질 수 있을지 물었다. 이후 소년들은 봉사 활동과 배상 등의 방법으로 자신의 행동에 책임을 졌고, 다시 마을의 구성원으로 복귀하여 건강하게 살아갈 수 있었다. 이를 계기로 처벌을 내리기보다는 가해자에게 회복의 기회를 부여함으로써 결과적으로는 법적 처벌보다 더 효과적인 선도와 예방의 결과를 가져올 수 있다는 생각으로 '피해자 – 가해자 화해' 프로그램이 만들어졌는데, 이것이 '회복적 사법'이라는 사법 관점의 첫 적용이었다. 이와 같이 회복적 사법이란 범죄로 상처 입은 피해자와의 회복을 위해 가해자, 지역 사회 구성원 등 범죄 관련자들이 사건 해결 과정에 능동적으로 참여하여 피해자나 지역 사회의 손실을 복구하고 관련 당사자들의 재통합을 추구하는 형사 사법의 새로운 관점이자 범죄에 대한 새로운 대응이다.

㉠기존의 형사 사법은 응보형론과 재사회화론을 근거로 하고 있다. 응보형론은 형벌은 악에 대한 악의 반동으로서의 고통이어야 하며, 형벌의 종류와 분량도 범죄와 ⓑ상응하여야 한다고 보는 이론이기 때문에 형벌 자체가 목적이다. 그런데 지속적인 범죄의 증가 현상은 응보형론이 이미 발생한 범죄와 범죄인의 처벌에만 치중한 채 범죄 예방에는 미약하다는 문제점을 보여 주었다. 반면 재사회화론은 형벌의 목적을 범죄인을 정상적인 구성원으로서 사회에 복귀시키는 것에 두는 이론이다. 이것은 형벌과 교육으로 범죄인의 반사회적 성격을 ⓒ교화하여 장래의 범법 행위를 방지하는 것에 주안점을 두지만 이도 증가하는 재범률로 인해 비판받고 있다. 이렇듯 응보형론과 재사회화론을 근거로 한 기존의 형사 사법은, 국가 기관인 형사 사법 기관과 범죄자에 초점을 두고 책임에 따른 제재와 처벌만을 목적으로 하고 있다고 볼 수 있다. 따라서 법적 분쟁에서 국가가 피해자를 대신하면서 국가와 범죄 행위자에 집중하기 때문에, 피해자나 지역 사회는 소외된다는 근본적인 문제점이 제기되었다.

㉡회복적 사법은 기본적으로 범죄에 대해 이와 다른 관점으로 접근한다. 지금까지의 형사 사법처럼 '누가 범인인가'를 문제 삼고 범죄자에 의해 침해당한 법과 처벌 등에만 관심을 두기보다는, '누가 피해를 보았는가'에 초점을 맞춘다. 또한, 범죄를 국가에 대한 거역이고 위법 행위로 본 형사 사법과 달리, 회복적 사법은 범죄를 개인 또는 인간관계를 파괴하는 행위로 보고 지역 사회 내의 소통을 통한 범죄 문제 해결에 초점을 둔다. 지금까지의 형사 사법이 주로 범인의 행위와 처벌에만 관심을 쏟는 사이에 피해자는 관심 밖으로 밀려날 수밖에 없었다. 가해자와 국가 간의 경쟁적 관계 속에서 피해자는 최종적으로 사법 기관이 내린 결론에 만족하지 못하더라도 이를 수용하게 되는 현실적 한계를 겪어야만 했다.

그러나 회복적 사법은 범죄를 지역 사회에 ⓓ야기된 많은 사회 문제의 하나로 보고, 처벌이 아닌 지역 사회와의 조화와 관계 회복에 초점을 두고 있다. 그렇기에 그동안 잊혀 왔던 피해자도 범죄 해결의 중심이 되어 그 해결의 열쇠로 직접 참여할 수 있다. 즉 회복적 사법에서는 피해자와 가해자 등 공동체 구성원 모두가 자율적으로 참여하는 가운데 대화와 합의를 통해 정의를 이루고자 하는 것이다. 진정한 정의는 누군가에 의해 주어지는 것이 아니라 스스로 찾고 느낄 때 더욱 그 의미가 있다. 가해자가 피해자의 상황을 직접 듣고 죄책감이 들면 그의 감정이나 태도에 변화가 생기게 되고, 이는 행동의 변화로 이어진다. 또한, 가해자의 이러한 행동 변화로 피해자도 자신이 받은 상처를 치유받고 그를 다시 공동체 구성원으로 받아들일 수 있다. 이렇듯 회복적 사법은 범죄로 피해 입은 공동체를 회복의 대상이자 문제 해결의 주체로 보며, 가해자의 사과와 피해 배상, 용서와 화해 등을 통한 회복을 목표로 한다. 즉 기존의 형사 사법이 수직적이고 대립적인 과정을 통해 범죄의 제재와 처벌에 초점을 둔 것과 달리, 회복적 사법은 타협, 조정, 피해 회복 등을 통해 피해자와 지역 사회에 끼친 손해를 회복하는 것에 관심을 둔다.

하지만 회복적 사법이 기존의 관점을 완전히 ⓔ대체할 수 있는 것은 아니다. 현재 우리나라의 경우 회복적 사법은 형사 사법을 보완하는 차원 정도로 적용되고 있다. 그럼에도 회복적 사법은 가해자에게는 용서받을 수 있는 기회를, 피해자에게는 회복의 가능성을 부여할 수 있다는 점에서 가해자의 필요를 외면하지 않고, 피해자의 요구에 초점을 맞춰 진행되고 있기에 의미가 있다.

11

윗글에 대한 설명으로 가장 적절한 것은?

① 회복적 사법의 특성과 발전 양상을 통시적으로 서술하면서 기존 형사 사법과의 차이점을 설명하고 있다.
② 회복적 사법에 대한 평가가 시대에 따라 달라진 원인을 제시하고 기존 형사 사법과의 관계를 설명하고 있다.
③ 회복적 사법이 만들어지게 된 구체적 사례를 제시하고 기존 형사 사법과의 차이점과 그 의미를 설명하고 있다.
④ 회복적 사법과 형사 사법의 역사적 변화 과정을 피해자와 가해자 입장에서 설명하면서 그 가치를 탐색하고 있다.
⑤ 범죄자의 처벌과 예방 측면에 기초하여 기존 형사 사법과 회복적 사법의 장·단점을 서술하고 보완책을 제시하고 있다.

12

윗글의 회복적 사법과 응보형론을 이해한 내용으로 적절하지 않은 것은?

	회복적 사법	응보형론
①	피해자와 가해자, 지역 사회를 중심으로 사법 과정을 진행함.	국가와 가해자를 중심으로 사법 과정을 진행함.
②	가해자·피해자 간의 갈등 해소 및 손해의 회복을 추구함.	가해자의 범죄 규명 및 그에 맞는 처벌을 부가함.
③	이해관계 당사자 중심의 대화와 합의가 진행됨.	사법 기관 중심의 형사 사법 처리가 진행됨.
④	지역 사회와의 재통합을 위한 문제 해결을 원함.	지역 사회와의 합의를 통한 문제 해결을 원함.
⑤	범죄를 사람과 사람 사이의 관계에 대한 침해로 인지함.	범죄를 규칙에 대한 침해로 인지함.

13

〈보기〉는 회복적 사법 제도 운영의 문제점이다. 이러한 관점에서 회복적 사법에 대해 반응한 내용으로 적절하지 <u>않은</u> 것은?

┤ 보기 ├

　　회복적 사법에 의해 범죄자에 대해 형이 선고되었을 때 여러 문제점이 생겨날 수 있기에 비판적 시각이 필요합니다. 우선 회복적 사법에서는 형사 사법에서와 달리 형벌을 집행하지 않고 진행할 수 있기 때문에, 가해자가 자신에게 내려질 형벌을 감형시킬 목적으로 회복적 사법 프로그램을 악용할 수 있습니다. 반면 법원의 유죄 확정 전에 피해자와 지역 사회에 의해 가해자에게 합의하게 하여 유죄 인정이 강요될 수도 있습니다. 또한, 단순 벌금형 정도의 선고만 내려질 죄임에도 불구하고 *보호 관찰이나 사회봉사 명령이 선고된다면 오히려 가해자에 대한 감시 체제가 강화되는 결과를 초래할 수 있습니다. 마지막으로 법원보다 피해자를 중시하는 것은 공공의 이익을 위한 객관적인 판단을 어렵게 만들 수 있습니다.

*보호 관찰: 범죄인을 교도소 등에 수용하지 않고 자유로운 사회생활을 하면서 일정한 감독과 지도를 받도록 하는 처분

① 기존의 형사 사법이었다면 간단히 종결될 수 있었을 사건의 가해자를 회복적 사법 절차에 따라 지나치게 통제할 수도 있겠군.
② 피해자의 의견은 주관적이기 때문에 사법적 과정에서 피해자의 결정권을 우위에 둔다면, 객관적인 형의 선고가 어려워질 수도 있겠군.
③ 가해자를 회복적 사법 프로그램에 참가시켜 피해자와의 합의를 이끌어 내고자 한다면, 이는 가해자를 유죄로 간주한 행동일 수 있겠군.
④ 기존의 형사 사법과 달리 가해자에 대한 형벌 집행이 생략될 수 있으므로, 가해자를 범죄자로 낙인찍지 않고 지역 사회로 복귀시킬 수 있겠군.
⑤ 가해자가 자신에게 부여될 형벌을 피하기 위한 의도로 회복적 사법 프로그램에 참가할 경우, 회복적 사법이 가진 본래의 목적을 달성하긴 어렵겠군.

14

㉠과 ㉡을 바탕으로 〈보기〉를 이해한 내용으로 적절하지 <u>않은</u> 것은? [3점]

┤ 보기 ├

　　A와 B는 행복한 결혼을 꿈꿨지만, B의 술주정과 폭력으로 결혼 생활이 얼룩졌다. A는 부부 싸움 끝에 이혼을 결심하고 집을 나왔다. 화가 난 B는 A가 일하는 곳까지 찾아가 A를 폭행하고 위협했다. B는 폭력 행위 등 처벌에 관한 법상 폭행·협박 혐의로 기소되었다. 형사 재판 도중 재판부는 조정을 시도하였다. 피해자와 가해자는 각각 원하는 사안에 대해 대화를 나눈 뒤 A는 B의 사과를 받아들이고, A는 B의 변호사와 협의해 이혼·위자료·재산 분할에 합의했다. 또한, A의 *처벌 불원서를 참고로 B의 판결이 이루어졌다.

*처벌 불원서: 피해자가 피고인의 처벌을 원하지 않는다는 사실을 작성하는 문서

① ㉠과 달리 ㉡은 피해자와 가해자가 자신의 입장에 대해 대화할 수 있는 절차가 필수적이겠군.
② ㉡의 절차로 합의가 이루어지면 그 결과는 현재 운영되고 있는 ㉠을 보완하는 차원으로 적용되어 처리가 이루어지겠군.
③ ㉠에서 A는 B에 대한 사법 기관의 결과를 수용하게 되는 한계가 있지만, ㉡에서는 A의 요구에 따라 B를 형사 사법 처리할 수 있겠군.
④ ㉠이 B에게만 관심을 두고 제재와 처벌을 목적으로 하는 것과 달리, ㉡은 A와 B가 모두 공동체 구성원으로 회복하여 생활하는 데 관심을 두고 있군.
⑤ ㉡은 ㉠과 달리 범죄의 피해를 회복할 방법에 대해서 조정·합의를 이루고 피해자가 자신의 상처를 치유받을 경우, 진정한 정의 실현이 가능할 수 있겠군.

15

ⓐ~ⓔ의 사전적 의미로 적절하지 <u>않은</u> 것은?

① ⓐ: 어떠한 것을 받아들임
② ⓑ: 명령이나 요구 따위에 응하여 모임
③ ⓒ: 가르치고 이끌어서 좋은 방향으로 나아가게 함
④ ⓓ: 일이나 사건 따위를 끌어 일으킴
⑤ ⓔ: 다른 것으로 대신함

[01 ~ 05] 다음 글을 읽고 물음에 답하시오.

건초 더미를 가득 싣고 졸졸 흐르는 개울물을 건너는 마차, 수확을 앞둔 밀밭 사이로 양 떼를 몰고 가는 양치기 소년과 개, 이른 아침 농가의 이층 창밖으로 펼쳐진 청록의 들녘 등, 이런 평범한 시골 풍경을 그린 컨스터블(1776~1837)은 오늘날 영국인들에게 사랑을 받는 영국의 국민 화가이다. 현대인들은 그의 풍경화를 통해 영국의 전형적인 농촌 풍경을 떠올리지만, 사실 컨스터블이 활동하던 19세기 초반까지 이와 같은 소재는 풍경화의 묘사 대상이 아니었다. ㉠그렇다면 평범한 농촌의 일상 정경을 그린 컨스터블은 왜 영국의 국민 화가가 되었을까?

컨스터블의 그림은 당시 풍경화의 주요 구매자였던 영국 귀족의 취향에서 어긋나 그다지 인기를 끌지 못했다. 당시 유행하던 픽처레스크 풍경화는 도식적이고 이상화된 풍경 묘사에 치중했지만, 컨스터블의 그림은 평범한 시골의 전원 풍경을 사실적으로 묘사한 것처럼 보인다. 이 때문에 그의 풍경화는 자연에 대한 과학적이고 객관적인 관찰을 바탕으로, 아무도 눈여겨보지 않았던 평범한 농촌의 아름다운 풍경을 포착하여 표현해 낸 결과물로 여겨져 왔다. 객관적 관찰과 사실적 묘사를 중시하는 관점에서 보면 컨스터블은 당대 유행하던 화풍과 타협하지 않고 독창적인 화풍을 추구한 화가이다.

그러나 1980년대에 들어서면서 이와 같은 관점에 대해 의문을 제기하는 ⓐ비판적 해석이 등장한다. 새로운 해석은 작품이 제작될 당시의 구체적인 사회적 상황을 중시하며 작품에서 지배 계급의 왜곡된 이데올로기를 읽어 내는 데 중점을 둔다. 이 해석에 따르면 컨스터블의 풍경화는 당시 농촌의 모습을 있는 그대로 전달해 주지 않는다. 사실 컨스터블이 활동하던 19세기 전반 영국은 산업 혁명과 더불어 도시화가 급속히 진행되어 전통적 농촌 사회가 와해되면서 농민 봉기가 급증하였다. 그런데 그의 풍경화에 등장하는 인물들은 거의 예외 없이 원경으로 포착되어 얼굴이나 표정을 알아보기 어렵다. 시골에서 나고 자라 복잡한 농기구까지 세밀하게 그릴 줄 알았던 컨스터블이 있는 그대로의 자연을 포착하려 했다면

왜 농민들의 모습은 구체적으로 표현하지 않았을까? 이는 풍경의 관찰자인 컨스터블과 풍경 속 인물들 간에는 항상 일정한 심리적 거리가 유지되고 있기 때문이다. 수정주의 미술 사학자들은 컨스터블의 풍경화에 나타나는 인물과 풍경의 불편한 동거는 바로 이러한 거리 두기에서 비롯한다고 주장하면서, 이 거리는 계급 간의 거리라고 해석한다. 지주의 아들이었던 그는 19세기 전반 영국 농촌 사회의 불안한 모습을 애써 외면했고, 그 결과 농민들은 적당히 화면에서 떨어져 있도록 배치하여 결코 그들의 일그러지고 힘든 얼굴을 볼 수 없게 하였다는 것이다.

여기서 우리는 위의 두 견해가 암암리에 공유하는 기본 전제에 주목할 필요가 있다. 두 견해는 모두 작품이 가진 의미의 생산자를 작가로 보고 있다. 유행을 거부하고 남들이 보지 못한 평범한 농촌의 아름다움을 발견한 '천재' 컨스터블이나 지주 계급 출신으로 불안한 농촌 현실을 직시하지 않으려 한 '반동적' 컨스터블은 결국 동일한 인물로서 작품의 제작자이자 의미의 궁극적 생산자로 간주된다. 그러나 생산자가 있으면 소비자가 있게 마련이다. 기존의 견해는 소비자의 역할에 주목하지 않았다. 하지만 ㉡소비자는 생산자가 만들어 낸 작품을 수동적으로 수용하는 존재가 아니다. 미술 작품을 포함한 문화적 텍스트의 의미는 그 텍스트를 만들어 낸 생산자나 텍스트 자체에 내재하는 것이 아니라 텍스트를 수용하는 소비자와의 상호 작용에 의해 결정된다. 다시 말해 수용자는 이해와 수용의 과정을 통해 특정 작품의 의미를 끊임없이 재생산하는 능동적 존재인 것이다. 따라서 앞에서 언급한 해석들은 컨스터블 풍경화가 함축한 의미의 일부만 드러낸 것이고 나머지 의미는 그것을 바라보는 감상자의 경험과 기대가 투사되어 채워지는 것이라고 할 수 있다. 즉 컨스터블의 풍경화가 지니는 가치는 풍경화 그 자체가 아니라 감상자의 의미 부여에 의해 완성되는 것이다. 이런 관점에서 보면 컨스터블의 풍경화에 담긴 풍경이 실재와 얼마나 일치하는가는 크게 문제가 되지 않는다.

01

윗글의 내용과 일치하지 <u>않는</u> 것은?

① 컨스터블은 영국을 대표하는 화가로 칭송받기도 하지만 역사적 격변기를 외면했다는 평가를 받기도 한다.

② 컨스터블이 그린 정경들 속에는 농촌의 현실을 볼 수 없게 하려는 의도적인 화면 배치가 드러나기도 한다.

③ 문화적 텍스트의 의미는 텍스트를 만들어 낸 생산자가 제시한 의미를 수용자가 능동적으로 찾아내는 것이다.

④ 컨스터블은 과학적이고 객관적인 관찰에 기초하여 풍경화를 그렸지만 당대의 불안한 농촌 현실을 사실적으로 묘사한 것은 아니다.

⑤ 컨스터블은 정형화된 양식에 맞추려는 당대의 화풍에서 벗어난 독창적인 시각으로 평범한 농촌의 아름다운 풍경을 발견하여 표현하였다.

02

컨스터블의 풍경화에 대한 설명으로 적절한 것은?

① 목가적인 전원을 그려 당대에 그에게 큰 명성을 안겨 주었다.

② 사실적 화풍으로 제작되어 당시 영국 귀족들에게 선호되지 못했다.

③ 서정적인 농촌 정경을 담고 있는 전형적인 픽처레스크 풍경화이다.

④ 세부 묘사가 결여되어 있어 그가 인물 표현에는 재능이 없었음을 보여 준다.

⑤ 객관적 관찰에 기초하여 19세기 전반 영국 농촌의 현실을 가감 없이 그려 냈다.

03

ⓛ을 바탕으로 ㉠에 대해 답한 내용으로 가장 적절한 것은?

① 현대 영국인들은 컨스터블의 풍경화에 담긴 농민의 구체적인 삶에 대해 연대감을 느꼈기 때문이다.

② 컨스터블이 풍경화를 통해 당대의 농촌 현실을 비판적으로 그려 내려 했던 의도에 공감했기 때문이다.

③ 컨스터블의 풍경화는 화가가 인물과 풍경에 대해 심리적 거리를 제거하여 고향의 모습을 담아냈기 때문이다.

④ 컨스터블의 풍경화에 나타난 재현의 기법이 현대 풍경화의 기법과는 달리 감상자가 이해하기 쉽기 때문이다.

⑤ 고향에 대한 향수를 지닌 도시인들이 컨스터블의 풍경화에서 자신이 마음속에 그리는 고향의 모습을 발견했기 때문이다.

04

ⓐ의 시각에 따른 작품 해석과 가장 가까운 것은?

① 시민들의 희생을 추도할 목적으로 제작된 것으로 알려진 로댕의 조각 〈칼레의 시민〉은 인간의 내면적 고뇌를 독창적으로 표현하려는 작가 정신의 소산이다.

② 원시에의 충동을 잘 표현한 것으로 알려진 고갱의 그림 〈타히티의 여인〉은 그 밑바탕에 비서구 식민지에 대한 서구인의 우월적 시각이 자리 잡고 있다.

③ 바로크 양식을 충실하게 구현하였다고 알려진 렌의 〈세인트 폴 대성당〉 설계는 건물의 하중을 지탱하는 과학적 원리의 도입에 중점을 두고 있다.

④ 팬 포커스와 같은 탁월한 촬영 기법을 창안한 것으로 알려진 웰스의 영화 〈시민 케인〉은 내용과 형식의 완벽한 조화를 추구한 결과이다.

⑤ 레오나르도 다빈치의 〈모나리자〉를 모방한 것으로 알려진 뒤샹의 사진 〈모나리자〉는 원전에 대한 풍자의 의도가 깔려 있다.

05

윗글과 〈보기〉의 내용을 바탕으로 할 때, 〈건초 마차〉에 대한 감상으로 적절한 것은? [3점]

┤ 보기 ├

존 컨스터블, 〈건초 마차〉(1821)

존 컨스터블은 평온한 시골의 정경을 주된 소재로 삼아 자연을 직접 관찰하여, 빠르고 세밀하게 유화 스케치를 한 후에 이를 바탕으로 작업실에서 작품을 마무리하였다. 〈건초 마차〉는 집 근처의 야외에서 순간적인 빛의 효과와 자연 현상을 자세하게 관찰하여 표현한 그의 대표작으로, 인물은 원경으로 처리한 것이 특징이다. 풍경화의 주된 소비층이었던 귀족층과는 달리 중년의 중산층에게 그의 그림은 잠시나마 현실에서 벗어날 수 있는 매개체가 되었다.

① 컨스터블은 자연을 직접 관찰하여 사실적으로 묘사하기 위해 〈건초 마차〉를 야외에서 완성하였겠군.

② 컨스터블은 〈건초 마차〉의 인물을 세밀하게 묘사하기 위해 인물을 직접 관찰하고 원경으로 포착하여 표현하였겠군.

③ 컨스터블은 어린 시절 농촌에서의 경험이 풍부했기 때문에 〈건초 마차〉와 같이 시대상을 드러내는 작품을 실감나게 그렸겠군.

④ 〈건초 마차〉를 감상한 사람들은 소박하고 평온한 농촌의 모습을 통해 불안한 현실에서 벗어나 잠시나마 심리적으로 안정감을 느꼈겠군.

⑤ 〈건초 마차〉의 소재인 평범한 시골 정경은 당대 풍경화를 그린 화가들에게는 인기를 끌지 못하였지만 현대의 화가들에게는 각광을 받고 있는 소재이겠군.

[06 ~ 10] 다음 글을 읽고 물음에 답하시오.

VOD(Video on Demand)는 사용자의 요청에 따라 서버가 네트워크를 통해 비디오 콘텐츠를 실시간으로 전송하고, 동시에 수신 측에서 이와 ⓐ연동하여 이를 재생하는 서비스를 말한다. 콘텐츠가 실시간으로 전송될 때는 허용 시간 내에 데이터가 전달되는 것이 중요하므로, 공중파 방송처럼 데이터를 통신망으로 퍼뜨리는 형태를 취한다. 콘텐츠의 전송은 소프트웨어적으로 정의되는 채널을 통해 일어나는데, 한 채널은 콘텐츠 데이터 블록의 출구 역할을 하며 단위 시간당 전송하는 데이터의 양을 의미하는 '대역'으로 그 크기를 나타낸다. 한편 한 서버가 가지는 수용 가능한 대역의 크기, 즉 최대 전송 능력을 '대역폭'이라고 하고 초당 전송 비트 수(Mb/s)로 나타낸다.

VOD의 여러 방법 가운데 사용자의 요청마다 각각의 채널을 생성하여 서비스하는 방법을 'RVOD(Real VOD)'라고 한다. 각 전송 채널이 사용자별로 독립되어 있으므로 사용자가 직접 '일시 정지', '빨리 감기' 등과 같은 실시간 전송 ⓑ제어를 할 수 있어 상대적으로 사용자의 편리성이 높고, 제한된 대역폭으로도 다양한 콘텐츠의 동시 서비스가 가능하다. 그러나 동시 접속 사용자의 수에 비례하여 서버가 전송해야 하는 전체 데이터의 양이 증가하므로, 대역폭의 제한이 있는 상황에서는 동시 접속이 가능한 사용자의 수에 한계가 있다.

이 단점을 극복하기 위해 제시된 NVOD(Near VOD)는 일정 시간 동안에 들어온 서비스 요청을 묶어 한 채널에 다수의 수신자가 동시에 접속되는 형태를 통해 서비스하는 방식이다. NVOD의 한 채널은 동시 접속 수신자 수에 상관없이 일정한 대역을 필요로 하므로 동시 접속 사용자 수의 제한을 극복할 수 있지만, 사용자가 서비스를 받기 위해 일정 시간을 기다려야 하는 불편이 있다. 서비스 제공자의 입장에서 볼 때 사용자가 서비스 요청을 취소하지 않고 참을 수 있는 대기 시간을 '허용 대기 시간'이라고 하는데, 이것은 VOD의 질을 결정하는 중요한 요소이다.

'시간 분할 NVOD'는 동일 콘텐츠가 여러 채널에서 시간 간격을 두고 반복 전송되도록 함으로써 대기 시간을 줄이는 방법이다. 사용자는 요청 시점 이후 대기 시간이 가장 짧은 채널에서 수신 대기하게 되고, 그 채널의 전송이 데이터 블록의 첫 부분부터 다시 시작될 때 수신이 시작된다. 이때 대기 시간은 서버의 채널 수나 콘텐츠의 길이에 따라 결정되는데, 120분 길이의 영화를 12개의 채널을 통하여 10분 간격으로 전송하면 대기 시간은 10분 이내가 된다. 대기 시간을 줄이려면 많은 수의 채널이 필요한데, 1분 이내로 만들려면 120개의 채널이 필요하다.

'데이터 분할 NVOD'는 콘텐츠를 여러 데이터 블록으로 나누고 각각을 여러 채널에서 따로 전송하는 방법을 사용하여 대기 시간을 조절한다. 첫 번째 블록을 적당한 크기로 만들어, 이어지는 블록의 크기가 순차적으로 2배씩 증가하면서도 블록 수가 이용 가능한 채널 수만큼 되도록 전체 콘텐츠를 나눈다. 각 채널에서는 순서대로 할당된 블록의 전송을 동시에 시작하고, 각 블록의 크기에 따라 주기적으로 전송을 반복한다. 수신 측은 요청 시점 이후 첫 번째 블록부터 순서대로 콘텐츠를 받게 되는데, 블록의 수신이 끝나면 이어질 블록이 전송되는 채널로 자동 변경되어 그 블록의 시작 부분부터 수신된다. 단, 채널의 대역이 콘텐츠의 재생에 필요한 것보다 2배 이상 커야만 이미 받은 분량이 재생되는 동안 이어질 블록의 수신이 ⓒ보장되고 연속 재생이 가능하다.

이 방법은 첫 블록의 크기가 상대적으로 작아지므로 대기 시간을 줄일 수 있다. 앞선 예에서 120분 분량을 2배속인 6개의 채널을 통해 서비스하면 대기 시간은 1분 이내가 된다. 따라서 시간 분할 방법에 비해 동일한 대역폭을 ⓓ점유하면서도 대기 시간을 90% 이상 감소시킬 수 있으며, 대기 시간 대비 사용 채널 수가 줄어들어 한 서버에서 동시에 서비스 가능한 콘텐츠의 종류를 늘릴 수 있다. 하지만 전체 콘텐츠의 전송에 걸리는 시간이 콘텐츠의 전체 재생 시간의 절반 이하이므로 각 채널이 2배 이상의 전송 능력을 유지해야 하며, 콘텐츠의 절반에 해당하는 데이터를 저장할 수 있는 공간이 수신 측에 반드시 필요하다.

NVOD는 공통적으로 대기 시간 조절을 위해 다중 채널을 이용하므로 서비스에 필요한 일정한 대역폭을 늘 ⓔ확보해야 한다. 따라서 콘텐츠당 동시 접속 사용자가 적을 경우에는 그리 효율적이지 못하다. 극단적으로 한 명의 사용자가 있을 경우라도 위의 예에서는 6개의 채널에 필요한 대역폭을 점유해야 하므로 네트워크 자원의 낭비가 심하다.

06
윗글의 내용과 일치하는 것은?

① RVOD에서 콘텐츠 전송에 필요한 대역의 총합은 동시 접속 사용자 수에 상관없이 일정하다.
② 시간 분할 NVOD와 데이터 분할 NVOD에서는 모두 재생 중에 수신 채널 변경이 필요하다.
③ 시간 분할 NVOD에서는 크기가 다른 데이터 블록이 각 채널에서 반복 전송된다.
④ 데이터 분할 NVOD에서 데이터 블록의 크기는 사용 채널 수에 상관없이 결정될 수 있다.
⑤ 데이터 분할 NVOD에서 각 채널의 전송 반복 시간은 데이터 블록의 재생 순서에 따라 다음 채널로 넘어가면서 2배씩 증가한다.

07
NVOD에 대해 추론한 것으로 적절하지 않은 것은?

① 한 콘텐츠당 사용되는 채널의 수를 늘리면 사용자의 대기 시간을 줄일 수 있다.
② 한 채널당 수신자의 수가 다수일 수 있으므로 '일시 정지'와 같은 사용자의 편의성을 높일 수 있는 기능을 사용하기 어렵다.
③ 시간 분할 NVOD에서는 적어도 사용 채널의 수보다 많은 수의 동시 접속 사용자가 있어야 RVOD에 비해 서버에서 보내는 전체 데이터양의 감소 효과가 있다.
④ 동일한 대역폭을 가지는 서버가 한 개의 콘텐츠만 전송한다고 할 때 데이터 분할 NVOD는 시간 분할 NVOD의 절반에 해당하는 채널 수를 사용한다.
⑤ 데이터 분할 NVOD는 수신 측의 저장 공간이 반드시 필요한데, 저장 공간에 제한이 있을 경우 콘텐츠의 크기가 너무 크면 전체 내용의 재생이 어렵다.

08

윗글을 바탕으로 할 때 〈보기〉의 ㉠, ㉡에 대한 이해로 적절하지 않은 것은? [3점]

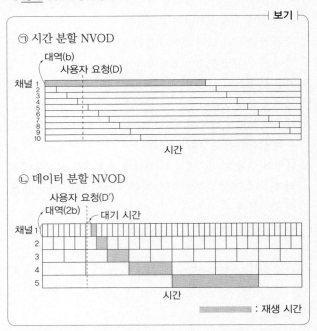

① ㉠에서 90분 길이의 영화를 수신하려면 대기 시간은 9분 이내일 것이다.

② ㉡의 첫 번째 블록의 크기가 3이라면 다섯 번째 블록의 크기는 48일 것이다.

③ ㉠의 D에서 사용자 요청이 들어오게 되면, 수신은 5번 채널에서 이루어질 것이다.

④ ㉠의 최대 전송 능력이 1024Mb/s라면, ㉡의 최대 전송 능력은 2048Mb/s일 것이다.

⑤ ㉡에서 전송하는 영화의 전체 용량이 2GB라면, 수신 측에는 최소한 1GB의 데이터를 저장할 수 있는 공간이 필요할 것이다.

09

윗글을 바탕으로 할 때 〈보기〉의 시간대에 알맞은 서비스 방식을 연결한 것으로 적절한 것은?

조사 항목　　　　　　시간	아침, 낮	저녁, 밤	심야
서비스 요청자 수는 얼마나 많은가?	많다	많다	적다
요청 콘텐츠의 수는 얼마나 많은가?	적다	보통	많다
허용 대기 시간은 얼마나 긴가?	길다	보통	짧다

	아침, 낮	저녁, 밤	심야
①	RVOD	시간 분할 NVOD	데이터 분할 NVOD
②	시간 분할 NVOD	RVOD	데이터 분할 NVOD
③	시간 분할 NVOD	데이터 분할 NVOD	RVOD
④	데이터 분할 NVOD	RVOD	시간 분할 NVOD
⑤	데이터 분할 NVOD	시간 분할 NVOD	RVOD

10

ⓐ~ⓔ를 사용하여 만든 문장으로 적절하지 않은 것은?

① ⓐ: 이 기계는 스마트폰과 연동하여 체지방을 측정한다.

② ⓑ: 공장의 자동 제어 장치는 고장 상태였던 것으로 밝혀졌다.

③ ⓒ: 제품에 문제가 있을 시 전액 환불을 보장하고 있습니다.

④ ⓓ: 세계 기록을 가진 선수의 입단으로 막강한 전력을 점유하게 되었다.

⑤ ⓔ: 항공사 간 신규 노선을 확보하기 위한 전쟁이 치열하다.

[11 ~ 15] 다음 글을 읽고 물음에 답하시오.

세계관이란 인간과 세계를 이해하는 일관된 견해로, 세계관의 차이에 따라 도덕적인 삶에 대한 정의와 실행 방법을 달리 제시하는 경우가 많다.

조선 사회의 지배 이념인 성리학은 이(理)와 기(氣)의 개념에 바탕을 둔 세계관을 통해 도덕적 삶의 방향을 제시한다. 이(理)는 인간을 포함한 만물에 ⓐ내재된 보편적인 이치나 원리를 말한다. 이러한 이(理)는 모든 사물에 본성으로 내재한다. 특히 성리학에서는 모든 인간에게 보편적인 이치로서의 선한 본성이 선천적으로 내재되어 있다고 본다. 이러한 본성은 형이상학적인 실체이자 절대선으로서 역사의 변화나 조건에 의해 소멸될 수 없는 영원한 의미를 갖는다. 그럼에도 불구하고 성리학은 개개인의 도덕성을 현실에서 실현하는 데 차이가 생겨나는 이유를 기(氣)에서 찾는다. 기는 개인마다 차이가 있는 것으로, 신체를 이루는 기질이 맑으면 도리에 대한 이해 능력이 뛰어나고, 기질이 탁하면 이해 능력이 떨어진다. 또 기질이 순수하면 실천을 잘하고, 순수하지 못하면 실천을 잘하지 못하여 악으로 흐를 가능성이 있다고 보았다. 따라서 개인의 도덕성을 완성하기 위해서는 자칫 악으로 흐를 수 있는 기를 다스리기 위한 ⓑ부단한 수양을 통해 순수한 본성이 오롯이 ⓒ발현되는 경지에 이르는 것을 강조하였다. 이것을 위해 성리학에서는 내면에 대한 관조를 통해 경건한 마음의 상태를 유지하여 악으로 흐를 수 있는 기를 통제하고자 하였다.

실학자 정약용은 성선설에 바탕을 둔 기존의 성리학적 세계관을 비판하였다. 지성적 능력의 선천적인 차이는 인정하지만 이것이 인간의 윤리적인 문제를 결정하지는 않으며, 기질이라는 자연의 조건을 윤리의 영역과 결부시키는 것은 윤리의 주체와 책임의 문제를 왜곡시킨다고 보았다. 그는 인간의 본성을 선과 악을 구분하여 선을 좋아하고 악을 미워할 줄 아는 분별 능력을 갖춘 윤리적 욕구라고 말하며 새로운 인성론을 주창하였다. 인간에게는 선을 좋아하는 윤리적인 욕구만이 주어졌을 뿐이므로 선을 선택하고 지속적으로 선을 실천해야만 비로소 도덕성이 갖추어진다는 것이다. 그에 따르면 사람은 본능적이고 이기적인 욕구로 인해 악에 빠지는 경향이 있기 때문에 일상생활에서 선을 실천하는 것은 어렵고

악을 저지르기는 쉽다. 선과 악이 투쟁할 때 그 가운데 하나를 선택해서 육체의 행사로 옮기는 과정 속에서 윤리적인 주체가 성립하며, 이때 주체적으로 선을 선택함으로써 윤리적 실천 주체이자 책임의 주체로 ⓓ정립될 수 있다. 즉 도덕성이란 선천적인 것이 아니라 구체적인 행위 속에서 이루어지는 것이며, 선에 대한 주체적인 선택과 지속적인 실천의 결과물이다. 또한, 이는 자기 내부에서 완전하고 순수한 만족을 이룰 수가 없으며, 반드시 타인과의 관계 속에서 실현되어야만 한다고 주장하였다.

실학자 최한기는 세계의 모든 존재는 기(氣)라는 보편적인 요소에 의해 형성되어 있다고 보았다. 기가 없다면 세계와 우주의 모든 존재와 사물은 있을 수 없으며 세계의 수많은 존재와 사물은 기의 다양한 양태에 불과하다고 주장하였다. 성리학에서 마음을 기라고도 하는데, 이때 마음은 이치인 본성을 실현시키는 수단에 불과하다. 하지만 최한기에게 기는 실현 수단이 아니라 존재 근거이다. 더 나아가 최한기는 성리학에서 말하는 이치가 사람의 경험에 의한 정신적인 구성물에 불과하다고 규정한다.

성선설을 주장하여 성리학에 영향을 준 맹자는 사람의 본성이 선하다는 주장의 예로 ㉠우물에 빠지려는 어린아이를 보면 측은한 마음이 드는 것을 들었다. 하지만 최한기는 측은해 하는 마음은 그 이전에 물에 빠지면 죽을 수도 있다는 사실을 들어 알고 있기 때문이며 경험이 전혀 없는 갓난아기라면 똑같은 광경을 보더라도 측은해 하지 않을 것이라며 반론을 ⓔ제기하였다. 모든 존재의 본성인 기는 시간과 공간을 초월하여 영원불변하는 것이 아니고, 그 자체에 선악이 존재하지도 않는다는 것이다. 최한기에 따르면 기는 끊임없이 활동하고 변화하는 것으로 외부 세계와 소통하면서 선악이 나타난다. 인간의 윤리도 기의 운동과 변화에 합치되면 선하고 도덕적인 것이고, 그렇지 않으면 악이 된다. 인간은 감각 기관을 통해 외부 세계를 경험하고, 이것을 바탕으로 지각을 형성하며 이런 지각은 추측에 의해 확장된다. 또한, 인간이 올바른 추측을 통해 외부 세계와 소통하게 되면 그것이 선이 되고 그렇지 않으면 악이 된다. 추측을 바르게 하지 못해 외부 세계와 소통이 제대로 되지 않았을 때는 자기 내면이 아니라 외부 세계의 운동과 변화를 제대로 파악해야 한다. 이처럼 최한기는 외부의 사물이나 사태에 대한 올바른 추측과 부단한 소

통으로 도덕성이 실현되는 공동체의 세계를 지향했다고 볼 수 있다.

　지금까지 살펴본 바와 같이 성리학은 형이상학적인 세계관을 바탕으로 내면적 수양을 강조하였으며, 실학자 정약용과 최한기는 [　　　ⓒ　　　]을 토대로 후천적인 노력을 통한 도덕성 실현을 강조하였다는 점에서 차이를 지닌다.

11
윗글의 내용과 일치하지 <u>않는</u> 것은?

① 성리학에서는 개인의 도덕성 완성을 위해서 기를 통제해야 한다고 보았다.
② 성리학에서는 이(理)는 개인성을, 기(氣)는 보편성을 지니고 있다고 보았다.
③ 정약용은 선을 실천하기 어려운 이유가 사람의 욕구가 지닌 특성에 있다고 보았다.
④ 최한기는 선을 행하기 위해서는 올바른 추측을 통한 외부 세계와의 소통이 중요하다고 보았다.
⑤ 최한기는 기(氣)를 본성의 실현 수단으로 본 성리학과 달리, 세계와 우주의 모든 존재의 근거로 보았다.

12
㉠에 대한 정약용의 입장을 추론한 것으로 가장 적절한 것은?

① 인간이 지닌 윤리적 욕구가 선천적으로 차이가 있음을 보여 주는군.
② 타인과의 관계 속에서 발생한 마음이므로 도덕성이 갖추어졌다고 할 수 있군.
③ 자연스럽게 발생한 마음일 뿐 선을 선택한 것이 아니므로 윤리적 행위라 할 수 없군.
④ 이러한 마음이 일상생활에서 지속적으로 발생할 때 비로소 도덕성이 완성되는 것이군.
⑤ 기를 다스리기 위한 수양의 과정 없이 발생한 마음이므로 선을 실천했다고 볼 수 없군.

13
ⓒ에 들어갈 말로 가장 적절한 것은?

① 실천과 소통을 중시하는 경험주의적 세계관
② 관조와 절제를 중시하는 금욕주의적 세계관
③ 지성과 능력을 중시하는 성과주의적 세계관
④ 감각과 현실을 중시하는 형이하학적 세계관
⑤ 본성과 기질을 중시하는 선천주의적 세계관

14

윗글을 바탕으로 〈보기〉의 ㉮~㉮를 이해한 내용으로 적절하지 **않은** 것은? [3점]

┌─ 보기 ├─

　　○○아파트 12층에 거주하는 김 씨는 새벽 4시가 조금 넘은 시간 윗집에서 쿵쾅거리는 소리를 듣고 잠에서 깼다. 김 씨는 순간 ㉮매캐한 냄새와 "사람 살려!"라는 다급한 외침에 ㉯상황의 심각성을 인지하고 계단을 통해 위층으로 올라갔다. 윗집에서는 큰아들 이 씨가 소방 호스를 끌어다가 현관문 안쪽으로 물을 뿌리고 있었다. 김 씨는 이 씨에게 빨리 피신해야 한다고 설득했으나, ㉰이 씨는 부친과 어린 두 여동생이 아직 갇혀 있다며 자신도 위험한 상황에서 피신하지 않고 집 안쪽으로 계속 물을 쏘았다.

　　㉱문득 불이 난 사실을 모르고 있을 주민들이 걱정된 김 씨는 12층부터 1층까지 내려가면서 ㉲모든 현관문을 세게 두들기며 "불이야, 불! 불!"이라고 소리를 질러 불이 났음을 알렸다. 덕분에 대피 방송이 나오지 않았음에도 불구하고 해당 동의 주민들은 화재를 인지하고 밖으로 대피할 수 있었다.

① 최한기는 ㉮를 감각 기관을 통해 외부 세계를 경험한 것으로, ㉯는 이를 바탕으로 지각을 형성한 것으로 보았겠군.

② 성리학에서는 ㉯ 이후의 김 씨의 행동이 기질의 순수함 여부에 따라 달라질 수 있다고 보았겠군.

③ 최한기는 ㉰의 결과로 이 씨가 가족을 구하게 되면 선이 되고 그렇지 않으면 악이 된다고 보았겠군.

④ 맹자는 ㉱를 사람의 타고난 본성이 선함을 보여 주는 예라고 보았겠군.

⑤ 최한기는 ㉲를 올바른 추측을 통해 외부 세계와 소통하여 도덕성이 실현된 것으로 보았겠군.

15

문맥상 ⓐ~ⓔ와 바꿔 쓸 수 있는 말로 적절하지 **않은** 것은?

① ⓐ : 들어 있는

② ⓑ : 끊임없는

③ ⓒ : 나타나는

④ ⓓ : 이루어질

⑤ ⓔ : 내놓았다

[01 ~ 05] 다음 글을 읽고 물음에 답하시오.

가장 효율적인 자원 배분 상태, 즉 '파레토 최적' 상태를 달성하려면 모든 최적 조건들이 동시에 충족되어야 한다. 파레토 최적 상태를 달성하기 위해 n개의 조건이 충족되어야 하는데, 어떤 이유로 인하여 어떤 하나의 조건이 충족되지 않고 n-1개의 조건이 충족되는 상황이 발생한다면 이 상황이 n-2개의 조건이 충족되는 상황보다 낫다고 생각하기 쉽다. 그러나 립시와 랭커스터는 이러한 통념이 반드시 들어맞는 것은 아님을 보였다. 즉 하나 이상의 효율성 조건이 이미 파괴되어 있는 상태에서는 충족되는 효율성 조건의 수가 많아진다고 해서 경제 전체의 효율성이 더 향상된다는 보장이 없다는 것이다. 현실에서는 최적 조건의 일부는 충족되지만 나머지는 충족되지 않고 있는 경우가 일반적이다. 이 경우 경제 전체 차원에서 제기되는 문제는 현재 충족되고 있는 일부의 최적 조건들을 계속 유지하는 것이 과연 바람직한가 하는 것이다. 하나의 왜곡을 시정하는 과정에서 새로운 왜곡이 초래되는 것이 일반적 현실이기 때문에, 모든 최적 조건들을 충족시키려고 노력하는 것보다 오히려 최적 조건의 일부가 항상 충족되지 못함을 전제로 하여 그러한 상황에서 가장 바람직한 자원 배분을 위한 새로운 조건을 찾아야 한다는 과제가 제시된다. 경제학에서는 이러한 문제를 차선(次善)의 문제라고 부른다.

차선의 문제는 경제학 여러 분야의 논의에서 등장한다. 관세 동맹 논의는 차선의 문제에 대한 중요한 사례를 제공하고 있다. 관세 동맹이란 동맹국 사이에 모든 관세를 폐지하고 비동맹국의 상품에 대해서만 관세를 부과하기로 하는 협정이다. 자유 무역을 주장하는 이들은 모든 국가에서 관세가 제거된 자유 무역을 최적의 상황으로 보았고, 일부 국가들끼리 관세 동맹을 맺을 경우는 관세 동맹을 맺기 이전에 비해 자유 무역의 상황에 근접하는 것이므로, 관세 동맹은 항상 세계 경제의 효율성을 증대시킬 것이라고 주장해 왔다. 그러나 ⓐ바이너는 관세 동맹이 세계 경제의 효율성을 떨어뜨릴 수 있음을 지적하였다. 그는 관세 동맹의 효과를 무역 창출과 무역 전환으로 구분하고 있다. 전자는 동맹국 사이에 새롭게 교역이 창출되는 것을 말하고 후자는 비동맹국들과의 교역이 동맹국과의 교역으로 전환되는 것을 의미한다. 무역 창출은 상품의 공급원을 생산 비용이 높은 국가에서 생산 비용이 낮은 국가로 바꾸는 것이기 때문에 효율이 증대되지만, 무역 전환은 공급원을 생산 비용이 낮은 국가에서 생산 비용이 높은 국가로 바꾸는 것이므로 효율이 감소한다. 관세 동맹이 세계 경제의 효율성을 증가시키는가의 여부는 무역 창출 효과와 무역 전환 효과 중 어느 것이 더 큰가에 달려 있다. 무역 전환 효과가 더 크다면 일부 국가들 사이의 관세 동맹은 세계 경제의 효율성을 떨어뜨리게 된다.

차선의 문제는 소득에 부과되는 직접세와 상품 소비에 부과되는 간접세의 상대적 장점에 대한 오랜 논쟁에서도 등장한다. 경제학에서는 세금이 시장의 교란을 야기하여 자원 배분의 효율성을 떨어뜨린다는 생각이 일반적이다. 아무런 세금도 부과되지 않는 것이 파레토 최적 상태이지만, 세금 부과는 불가피하므로 세금을 부과하면서도 시장의 왜곡을 줄일 수 있는 방법을 찾고자 했다. 이와 관련해, 한 가지 상품에 간접세가 부과되었을 경우 그 상품과 다른 상품들 사이의 상대적 가격에 왜곡이 발생하므로, 이 상대적 가격에 영향을 미치지 않는 직접세가 더 나을 것이라고 주장하는 ㉠핸더슨과 같은 학자들이 있었다. 그러나 이는 직접세가 노동 시간과 여가에 영향을 미치지 않는다는 가정 아래서만 성립하는 것이라고 ㉡리틀은 주장하였다. 한 상품에 부과된 간접세는 그 상품과 다른 상품들 사이의 파레토 최적 조건의 달성을 방해하게 되지만, 직접세는 여가와 다른 상품들 사이의 파레토 최적 조건의 달성을 방해하게 되므로, 직접세가 더 효율적인지 간접세가 더 효율적인지를 판단할 수 없다는 것이다. 나아가 리틀은 여러 상품에 차등적 세율을 부과할 경우, 직접세만 부과하는 경우나 한 상품에만 간접세를 부과하는 경우보다 효율성을 더 높일 수 있는 가능성이 있음을 언급했지만 정확한 방법을 제시하지는 못했다. ㉢콜레트와 헤이그는 직접세를 동일한 액수의 간접세로 대체하면서도 개인들의 노동 시간과 소득을 늘릴 수 있는 조건을 찾아냈다. 그것은 여가와 보완 관계가 높은 상품에 높은 세율을 부과하고 경쟁 관계에 있는 상품에 낮은 세율을 부과하는 것이었다. 레저 용품처럼 여가와 보완 관계에 있는 상품에 상대적으로 더 높은 세율을 부과하여 그 상품의 소비를 억제시킴으로써 여가의 소비도 줄이는 것이 가능해진다.

02

[차선의 문제]에 대한 이해로 적절하지 **않은** 것은?

① 파레토 최적 조건들 중 하나가 충족되지 않을 때라면, 나머지 조건들이 충족된다고 하더라도 차선의 효율성이 보장되지 못한다.

② 전체 파레토 조건 중 일부가 충족되지 않은 상황에서 차선의 상황을 찾으려면 나머지 조건들의 재구성을 고려해야 한다.

③ 주어진 전체 경제 상황을 개선하는 과정에서 기존에 최적 상태를 달성했던 부문의 효율성이 저하되기도 한다.

④ 차선의 문제가 제기되는 이유는 여러 경제 부문들이 독립적이지 않고 서로 긴밀히 연결되어 있기 때문이다.

⑤ 경제 개혁을 추진할 때 비합리적인 측면들이 많이 제거될수록 이에 비례하여 경제의 효율성도 제고된다.

01

A, B, C 세 국가만 있는 세계에서 A국과 B국 사이에 관세 동맹이 체결되었다고 할 때, ⓐ의 입장을 지지하는 사례로 활용하기에 적절한 것은?

① 관세 동맹 이전 A, B국은 X재를 생산하지 않고 C국에서 수입하고 있었다. 관세 동맹 이후에도 A, B국은 X재를 C국에서 수입하고 있다.

② 관세 동맹 이전 B국은 X재를 생산하고 있었고 A국은 최저 비용 생산국인 C국에서 수입하고 있었다. 관세 동맹 이후 A국은 B국에서 X재를 수입하게 되었다.

③ 관세 동맹 이전 A, B국은 모두 X재를 생산하고 있었고 C국에 비해 생산비가 높았다. 관세 동맹 이후 A국은 생산을 중단하고 B국에서 X재를 수입하게 되었다.

④ 관세 동맹 이전 B국이 세 국가 중 최저 비용으로 X재를 생산하고 있었고 A국은 X재를 B국에서 수입하고 있었다. 관세 동맹 이후에도 A국은 B국에서 X재를 수입하고 있다.

⑤ 관세 동맹 이전 A, B국 모두 X재를 생산하고 있었고 A국이 세 국가 중 최저 비용으로 X재를 생산하는 국가이다. 관세 동맹 이후 B국은 생산을 중단하고 A국에서 X재를 수입하게 되었다.

03

윗글에 나타난 학자들이 〈보기〉의 상황에 대해 주장할 수 있는 의견으로 가장 적절한 것은?

┤ 보기 ├

경기 침체로 국가 재정이 악화된 ○○국에서는 재정 확충을 위하여 평상복에 5%, 등산복에 10% 부과하던 세금을 등산복에만 30% 부과하고, 국민들의 소득에 세금을 일괄적으로 10% 부과하기로 결정하였다.

① 립시와 랭커스터: 소득세를 부과함으로써 경제 전체의 효율성을 더 악화시키는 결과를 초래하였다.

② 바이너: 소득세를 부과하는 것보다는 관세 동맹을 통한 경제 활성화로 재정 악화 문제를 해결해야 한다.

③ 핸더슨: 간접세를 차등적으로 부과하면 상품들 사이의 상대적 가격 왜곡이 발생하므로, 직접세만 부과하여 시장의 왜곡을 완전히 없애야 한다.

④ 리틀: 직접세를 부과하는 것보다는 간접세를 여러 상품에 차등적으로 부과하는 것이 더 바람직하다.

⑤ 콜레트와 헤이그: 직접세를 부과하되, 간접세는 원래대로 차등적으로 적용하는 것이 바람직하다.

04

〈보기〉의 상황에 대한 ㉠~㉢의 대응을 추론한 것으로 적절하지 않은 것은?

┤ 보기 ├

일반 상품을 X와 Y, 여가를 L이라고 하고, 두 항목 사이에 파레토 최적 조건이 성립한 경우를 '⇔', 성립하지 않은 경우를 '⇎'라는 기호로 표시하기로 하자.

㉠	㉡	㉢	㉣
세금이 부과되지 않은 상황	X에만 간접세가 부과된 상황	직접세가 부과된 상황	X, Y에 차등 세율의 간접세가 부과된 상황
X⇔Y	X⇎Y	X⇔Y	X⇎Y
X⇔L	X⇎L	X⇎L	X⇎L
Y⇔L	Y⇔L	Y⇎L	Y⇎L

① ㉠은 직접세가 여가에 미치는 효과를 고려하지 않고 ㉣가 ㉡보다 효율적이라고 본다.

② ㉡은 ㉠와 ㉢의 효율성 차이를 보임으로써 립시와 랭커스터의 주장을 뒷받침한다.

③ ㉡은 ㉣와 ㉢의 효율성을 비교할 수 없다는 점을 보임으로써 ㉠을 비판한다.

④ ㉢은 ㉣가 ㉡보다 효율적일 수 있다는 것을 보임으로써 립시와 랭커스터의 주장을 뒷받침한다.

⑤ ㉢은 ㉣가 ㉡보다 효율적일 수 있다는 것을 보임으로써 이를 간접세가 직접세보다 효율적인 사례로 제시한다.

05

윗글을 바탕으로 〈보기〉의 무역 상황 변화를 이해한 것으로 적절하지 않은 것은? [3점]

┤ 보기 ├

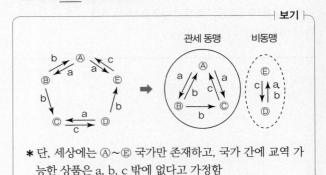

관세 동맹   비동맹

＊ 단, 세상에는 Ⓐ~Ⓔ 국가만 존재하고, 국가 간에 교역 가능한 상품은 a, b, c 밖에 없다고 가정함

① Ⓐ국이 Ⓔ국으로부터 생산 비용 80원에 수입하던 c를 동맹국인 Ⓒ국에서 100원에 수입한다면 무역 전환 효과가 일어난 것으로 볼 수 있군.

② Ⓑ국은 관세 동맹 후에도 교역 품목이나 교역 대상 국가가 달라진 것이 없지만 관세 측면에서 효율성이 증가되었다고 볼 수 있군.

③ Ⓒ국이 Ⓓ국으로부터 생산 비용 120원에 수입하던 a를 동맹국인 Ⓐ국에서 100원에 수입한다면 무역 창출 효과가 일어난 것으로 볼 수 있군.

④ Ⓓ국과 Ⓔ국이 관세 동맹에 합류한다면 파레토 최적에 가장 근접한 차선의 상황이라고 볼 수 있군.

⑤ Ⓔ국이 Ⓐ국에서 수입하던 a를 관세 동맹 후에 생산 비용이 더 비싼 Ⓓ국에서 수입하더라도, 무역 전환 효과가 일어난 것으로 볼 수 없군.

[06 ~ 10] 다음 글을 읽고 물음에 답하시오.

어떤 삶이 좋은지에 대한 견해는 사회나 문화에 따라 다르지만 각 사회나 문화 속에는 그 구성원들이 바람직하다고 여기는 좋은 삶의 모습이 존재한다. 그렇다면 각 사회나 문화에서 무엇이 우리의 삶을 좋은 삶으로 만드는가? 좋은 삶을 판단하는 기준은 무엇인가? 이것은 '강한 가치 평가'와 관련된 문제로서 넓은 의미의 도덕적 문제라고 할 수 있다. 그런데 삶의 의미를 부여하거나 삶의 방향을 설정해 주는 이러한 강한 가치 평가의 기준은 '상위선(上位善)'을 배경으로 하고 있다. 상위선은 여러 선들 중에서 최고의 가치를 지닌 선으로 우리들의 일상적인 목적이나 욕구와는 비교할 수 없을 정도로 높은 가치를 지니며 여러 도덕적 가치 평가들의 근거가 된다. 상위선은 우리 자신의 욕구나 성향, 선택에 의해 형성되는 것이 아니라 그것들로부터 독립적으로 주어지며 그 욕구나 선택을 평가하는 기준이 된다. 상위선은 도덕적 판단들의 근거가 되는 도덕적 원천인 것이다.

강한 가치 평가의 기준이 되는 상위선은 역사적으로 형성되어 자리 잡은 것으로 사회나 문화에 따라 다를 수 있다. 예를 들어 효가 상위선인 사회도 있고, 자유가 상위선인 사회도 있다. 각 사회의 상위선은 명시적 또는 암시적으로 그 사회에 살고 있는 구성원들의 도덕적 판단이나 직관, 반응의 배경이 되기 때문에, 그 상위선이 무엇인지 규명하면 각 사회에서 이루어지는 도덕적 판단이나 반응을 제대로 이해할 수 있다. 도덕 철학의 주요 과제들 중의 하나는 도덕적 판단들의 배후에 있는 가치, 즉 상위선을 탐구하여 밝히는 것이다.

그런데 의무론이나 절차주의적 도덕 이론은 좋은 삶의 문제를 다루는 것을 회피하고 있다. 그 이유는 다원주의와 개인주의가 특징적인 근대 사회의 조건에서 좋은 삶의 모습을 제시하여 이를 따를 것을 요구하는 것은 개인의 삶에 간섭하는 것이 되어 다양성과 자율성의 가치를 훼손할 우려가 있다고 보았기 때문이다. 그래서 이와 같은 근대의 도덕 철학은 좋은 삶과 관련된 삶의 목적이나 의미 등에 대해 다루지 않고, 옳음과 관련된 기본적이면서도 보편적인 도덕 규칙이나 정당한 절차 등에 대해서만 다루는 것을 자신의 과제로 삼았다. 이는 사회를 유지하기 위한 기본적인 보편적 도덕규범을 넘어서서 더 많은 것을 개인에게 요구하는 것이 개인의 자율성을 침

해할 수 있다고 보았기 때문이다. 이러한 근대의 도덕 철학은 도덕성 개념을 협소화하여 옳음의 문제나 절차적 문제에만 자신의 과제를 제한함으로써, 도덕적 신념의 배경이 되고 있는 상위선을 포착할 수 없게 만들었다.

넓은 시각에서 보면 이러한 근대의 도덕 철학이 추구하거나 전제로 삼고 있는 가치나 권리는 보편적인 것이 아니며 근대라는 특정한 시대적 조건 속에서 형성된 특수한 것이다. 즉 이러한 근대의 도덕 철학 자체도 그 시대의 특정한 상위선을 배경으로 형성된 것이다. 예를 들어 의무론은 자유나 보편주의와 같은 도덕적 이상 즉 상위선을 배경으로 형성된 것이다. 마찬가지로 절차주의적 도덕 이론도 이성적 주체의 자율성 같은 상위선을 배경으로 형성된 것이다. 이러한 근대의 도덕 철학이 옹호하는 도덕 규칙도 근대적 가치나 상위선을 배경으로 형성되었기 때문에 그 도덕 규칙이 보편성을 지닌다는 주장은 타당하지 않다.

도덕 철학의 또 다른 과제는 어떤 삶이 좋은 삶인지에 대해 답하는 것이다. 우리의 삶이나 정체성이 혼란에 빠지거나 위기에 처했을 때, 도덕 철학은 도덕적 판단의 원천이 되는 상위선에 근거하여 문제의 해결 방안이나 나아갈 방향을 제시해야 한다. 그런데 절차주의적 도덕 이론은 도덕적 정당성을 확보하기 위한 형식적 절차에만 관심을 기울이고 있다. 이를테면 그중 한 형태인 담론 윤리학은 규범의 합리적 *정초 가능성이나 정당한 절차의 문제만을 다룰 뿐 좋은 삶의 모습과 같은 실질적인 문제는 합리적인 논의의 대상에서 배제한다. 따라서 여기서는 좋은 삶의 문제에 대한 대답이 전적으로 개인에게 맡겨져 있으며 개인들은 스스로 이에 대한 대답을 찾아야 하는 부담을 ⓐ안게 된다. 삶의 의미와 같은 중요한 문제를 다루기를 포기하는 이러한 태도는 도덕 철학의 전통에서 지나치게 후퇴한 것이다.

어떻게 사는 것이 좋은가, 진정한 자아실현은 무엇인가 하는 문제는 단지 개인의 결단에만 맡겨서는 안 되며, 개인이 속한 사회의 삶의 지평이 되는 상위선을 고려하여 다루어야 한다. 만약 자아실현의 문제를 전적으로 개인의 주관적인 실존적 결단에만 맡긴다면 우리는 이기주의나 나르시시즘에 빠질 우려가 있다. 좋은 삶의 문제는 상위선을 바탕으로 합리적으로 다루어질 수 있으며 도덕 철학은 이를 위해 기여해야 한다.

＊정초: 사물의 기초를 잡아 정함

06

윗글에서 설명한 '상위선'에 대한 이해로 적절하지 <u>않은</u> 것은?

① 참된 자아실현의 문제는 보편 가치인 상위선과 독립적이다.
② 상위선은 개인이 자의적으로 선택할 수 있는 것이 아니다.
③ 절차주의적 도덕 이론조차도 상위선을 배경으로 한 것이다.
④ 상위선이 서로 다르면 도덕적 가치 판단도 서로 다를 수 있다.
⑤ 상위선의 문제가 의무론에서는 제대로 다루어지지 못하고 있다.

07

윗글의 글쓴이가 제시하는 도덕 철학의 과제를 수행하고 있는 예만을 〈보기〉에서 모두 고른 것은?

┤ 보기 ├

ㄱ. 고대 그리스의 도시 국가인 폴리스에서 덕이 있는 삶이란 무엇이며 덕이 왜 삶에서 중요한 가치를 지니는지를 다루는 도덕 철학
ㄴ. 시대를 초월하여 존재하는 보편타당한 도덕규범이 어떤 것인지를 다루는 도덕 철학
ㄷ. 담론 윤리학적 가치 판단이 어떤 도덕적 판단 근거에 바탕을 두고 있는지를 다루는 도덕 철학

① ㄱ   ② ㄴ   ③ ㄷ
④ ㄱ, ㄷ   ⑤ ㄴ, ㄷ

08

윗글의 주장에 대한 비판으로 가장 적절한 것은?

① 도덕적 문제의 의미를 협소하게 규정함으로써 도덕 철학의 전통을 계승하지 못할 수 있다.
② 도덕규범의 실질적인 내용을 다루지 않음으로써 현실적인 행위 지침을 제시하지 못할 수 있다.
③ 좋음보다 옳음을 우선시함으로써 정의 개념의 형성 과정을 역사적 맥락 속에서 파악하지 못할 수 있다.
④ 사회마다 좋은 삶의 모습이 다르면 도덕적 판단의 기준도 달라지기 때문에 도덕 자체에 대한 회의에 빠질 수 있다.
⑤ 최고의 가치 평가 기준을 근거로 도덕적 판단을 함으로써 상충하는 가치관이 한 사회에서 공존하는 것에 대해 부정적 태도를 취할 수 있다.

09

윗글을 바탕으로 〈보기〉에 대하여 추론한 내용으로 적절하지 <u>않은</u> 것은? [3점]

┤ 보기 ├

A는 20대 후반에 대기업에 취직하였으나 업무가 적성에 맞지 않았다. 그는 하고 싶은 일을 하기 위해 대학원 진학을 고민했지만, 장남이 부모를 모시는 것을 덕으로 여기던 '효'를 우선시하는 사회였기에 경제적 안정을 위해 도전을 접어야 했다. 세월이 흘러 50대 중반이 된 A는 주변의 20~30대 젊은이들이 자신의 적성에 따라 취업을 결정하고, 적성에 맞지 않으면 새로운 길을 모색하는 등 개인의 '자유'를 우선시하는 모습을 보게 되었다.

① 의무론의 입장에서는 A가 20대에 고민할 때 삶의 방향을 제시해 주는 것을 부정적으로 보겠군.
② A가 20대에 진로를 결정할 때는 가치 평가의 기준이 되는 당대의 상위선이 은연중에 작용하였겠군.
③ 담론 윤리학의 입장에서는 A가 20대에 고민하고 있는 문제에 대해 합리적인 해결책을 모색하려고 하겠군.
④ A가 20대에 주관적인 결단만을 바탕으로 자아실현의 문제를 결정한다면 이기주의에 빠질 우려가 있겠군.
⑤ A가 50대에 젊은이들이 개인의 '자유'를 우선시하는 모습을 보게 된 것은 시대가 변함에 따라 삶의 방향을 설정해 주는 상위선이 바뀌어 가고 있기 때문이겠군.

10

ⓐ의 문맥적 의미와 가장 가까운 것은?

① 어머니는 아이를 다정하게 <u>안아</u> 주었다.
② 드라마가 너무 재밌어 배를 <u>안고</u> 웃었다.
③ 바람을 <u>안고</u> 달리는 모습이 씩씩해 보였다.
④ 더 큰 손해를 <u>안기</u> 전에 사업에서 물러났다.
⑤ 그들은 큰 포부를 <u>안고</u> 공모전에 참가하였다.

[11 ~ 15] 다음 글을 읽고 물음에 답하시오.

적외선(赤外線, infrared)은 전자기파 중의 하나로 가시광선보다 파장이 길고 마이크로파보다는 파장이 짧다. 일상적으로 어둠 속에서 열을 내는 물체를 가까이 하면 피부로 온도를 느낄 수 있는데, 이것이 적외선이다. 적외선을 이용한 적외선 열화상 카메라는 피사체의 실물을 보여 주는 것이 아니라, 피사체의 표면으로부터 ⓐ방출되는 전자파의 일종인 적외선 파장 형태의 열에너지를 검출해서 피사체의 표면 온도를 측정하고 그 온도에 따라 각각의 다른 색상으로 화면에 구현해 주는 장치이다. 이것은 절대 영도, 즉 -273˚C보다 높은 온도를 갖는 모든 물체는 적외선을 방출하고 있으며 물체의 온도가 높을수록 방출량이 많다는 사실에 착안하여 ⓑ제작되었다. 적외선 열화상 카메라가 검출할 수 있는 적외선 파장 대역은 대기를 잘 투과하는 일명 '대기의 창'이라 불리는 중간 적외선, 원적외선의 일부 영역이다. 예를 들어 중간 적외선은 1.5~5.6㎛까지 단파장에 해당하고, 원적외선은 5.6~1000㎛까지 장파장에 해당하는데, 사람은 체온 37˚C 근방으로 8~14㎛의 파장대가 방출된다.

적외선 열화상 카메라는 크게 렌즈, 검출기, 신호 처리 장치, 모니터 등으로 구성되어 있다. 적외선의 파장은 가시광선의 파장보다 길기 때문에 일반 카메라에서 실물을 촬영하기 위해 일반 유리로 제작된 렌즈는 적외선 열화상 카메라에 장착하여 사용할 수 없다. 따라서 적외선은 잘 통과하고 가시광선은 잘 통과하지 않는 물질인 게르마늄과 규소를 사용하여 적외선 열화상 카메라 렌즈를 만든다.

[A]

렌즈를 통과한 적외선 복사 에너지에 대해 ⓒ감응하고 바로 전기적 신호로 바꾸어 주는 역할을 하는 것이 검출기이다. 검출기는 마이크로 볼로미터를 규칙적으로 배열하여 적외선 복사 에너지를 측정하는 볼로미터 방식을 주로 많이 사용하고 있다. 볼로미터는 전자기파를 흡수할 때 온도가 변하는 열 저항 센서를 의미한다. 마이크로 볼로미터는 신호 처리 회로(ROIC) 기판 위에 적외선 복사 에너지를 감지하는 사각형 모양의 구조체와 이를 받치는 두 개의 지지대로 이루어져 있다. 구조체 속에는 적외선 감지 재료가 있으며 각 지지대 속에는 금속 전극이 하나씩 들어 있는데, 금속 전극 중 하나는 감지 재료와 Y - 금속층에 연결되어 있고, 다른 하나는 감지 재료와 ROIC 기판에 연결되어 있다. X - 금속층은 지지대와 연결되어 있지 않고 ROIC 기판 위에 위치하고 있다.

검출기의 구조체는 적외선 복사 에너지를 잘 흡수하고 그에 반응하여 온도도 상승해야 한다. 하지만 구조체가 적외선 복사 에너지를 흡수해서 발생하는 열은 수 나노와트(㎻) 정도로 매우 작기 때문에 이 열이 효과적으로 전기적 신호로 ⓓ변환되기 위해서는 외부로 빠져나가는 열 손실을 최대한 억제해야 한다. 따라서 지지대는 단면적이 작고, 열전도율이 작은 물질로 이루어져 있으며, 구조체와 ROIC 기판 사이는 진공 상태로 되어 있다. 구조체의 감지 재료는 미세한 온도 증가에도 예민하게 반응하는 반도체를 사용하며, 그중 ⊙음(-)의 저항 온도 계수가 높은 산화 바나듐을 많이 쓴다. 저항 온도 계수란 온도 상승에 따라 저항 값이 변화하는 비율을 말하며, 온도가 상승함에 따라 전기 저항이 감소하는 물질은 음의 저항 온도 계수를, 전기 저항이 증가하는 물질은 양(+)의 저항 온도 계수를 가진다. 결국 적외선 복사 에너지를 흡수한 구조체는 온도가 올라가며, 구조체 속 감지 재료의 온도도 상승한다. 이로 인한 감지 재료의 전기 저항 감소는 출력 전압의 증가로 이어지고, 증가된 전압은 지지대의 금속 전극을 통해 ROIC 기판에 전류를 흐르게 한다.

ROIC 기판과 연결된 신호 처리 장치는 전류의 세기에 따라 물체의 표면 온도를 판별한다. 그런데 물체에서 방출된 적외선 복사 에너지는 렌즈에 도달하기도 전에 대기 중 입자에 흡수되거나 산란되어 손실될 수 있으며, 물체와의 거리가 멀수록 손실 정도가 더 커진다. 따라서 피사체와의 거리, 대기 상태 등을 고려하여 온도 값을 프로그램을 통해 다시 ⓔ보정하고, 그 온도 값에 따라 각각 다른 색상으로 모니터 화면에 피사체의 열화상을 구현한다. 이때 마이크로 볼로미터 하나가 모니터 화면의 한 픽셀에 해당하도록 설계되어 있기 때문에 검출기의 마이크로 볼로미터 개수가 많을수록 화면에 나타나는 화질은 그만큼 향상된다.

우리나라에서도 적외선 열화상 장치의 사용상의 편리함으로 인해, 환경·자동차·의료·철강·건축·전기 설비·전자 제품·화학 설비·보안·화재 감시 등 다양한 분야에서 적외선 열화상 카메라를 사용하고 있다. 이에 따라 산업 현장에서 열화상 장치의 사용도 증가하고 있으며, 열화상 장치를 응용한 아이디어와 프로그램, 주변 장치를 조합한 시스템과 관련된 산업 분야도 발전하고 있는 추세이다.

11
윗글의 논지 전개 방식으로 가장 적절한 것은?

① 적외선 열화상 카메라의 제작 과정을 신호 처리 과정과 비교하면서 그 장단점을 정리하고 있다.
② 적외선 열화상 카메라에서 반응하는 적외선 감지 현상에 대하여 다양한 가능성을 검토하고 있다.
③ 적외선 열화상 카메라의 구성 요소와 작동 원리에 대하여 분석하고 그 발전 가능성을 언급하고 있다.
④ 적외선 열화상 카메라의 과학적 설계 방법을 소개하면서 그 특징과 사용상 주의할 점을 강조하고 있다.
⑤ 적외선 열화상 카메라의 개념을 정의하고 구체적인 사례를 통해 사용 방법과 작동 원리를 설명하고 있다.

12
㉠의 이유로 가장 적절한 것은?

① 저항 값이 커서 구조체와 지지대의 온도를 증가시키는 데 효과적이기 때문이다.
② 구조체가 적외선 복사 에너지의 증가에도 일정한 온도를 유지할 수 있게 하기 때문이다.
③ 구조체의 출력 전압을 낮추어 신호 처리 회로 기판에 흐르는 전류량을 감소시키기 때문이다.
④ 온도 증가에도 저항 값의 변화가 없어 일정한 전류를 신호 처리 회로 기판에 공급할 수 있기 때문이다.
⑤ 온도 증가에 따른 전기 저항의 감소 비율이 커서 피사체의 온도 차이를 쉽게 구별할 수 있게 하기 때문이다.

13

윗글을 바탕으로 〈보기〉에 대해 설명한 내용으로 적절하지 않은 것은? [3점]

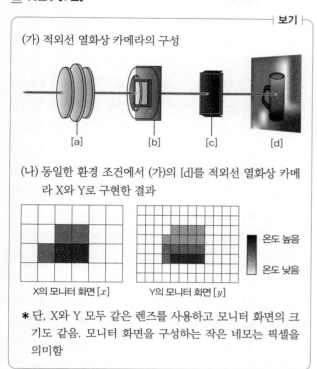

┤ 보기 ├

(가) 적외선 열화상 카메라의 구성

[a]　　[b]　　[c]　　[d]

(나) 동일한 환경 조건에서 (가)의 [d]를 적외선 열화상 카메라 X와 Y로 구현한 결과

X의 모니터 화면 [x]　　Y의 모니터 화면 [y]

온도 높음
온도 낮음

＊ 단, X와 Y 모두 같은 렌즈를 사용하고 모니터 화면의 크기도 같음. 모니터 화면을 구성하는 작은 네모는 픽셀을 의미함

① (가)의 [a]는 게르마늄과 규소로 만들어진 렌즈를 사용하겠군.

② (가)의 [b]는 전자기파를 흡수할 때 온도가 변하지 않는 열저항 센서를 사용하겠군.

③ (가)의 [b]에 존재하는 마이크로 볼로미터는 (나)의 X보다 Y에 많이 있겠군.

④ (가)의 [c]는 전류의 세기에 따라 물체의 표면 온도를 판별하는 역할을 하겠군.

⑤ (나)의 [x]와 [y] 각각에서 음영의 진한 부분은 피사체와의 거리가 가까울수록 많아지겠군.

14

[A]를 바탕으로 〈보기〉의 그림을 이해한 것으로 적절하지 않은 것은?

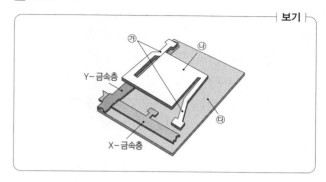

┤ 보기 ├

㉮　㉯
Y-금속층
X-금속층　㉰

① ㉮는 열전도율이 작은 물질로 구성되어 있다.

② ㉮의 금속 전극은 X-금속층과 Y-금속층에 모두 연결되어 있다.

③ ㉯에는 적외선 감지 재료가 있어서 온도가 상승하게 된다.

④ ㉯와 ㉰의 사이는 진공 상태를 유지하고 있다.

⑤ ㉯의 전기 저항이 감소되어 ㉰에서 전류가 흐르게 된다.

15

ⓐ~ⓔ와 바꿔 쓸 수 있는 말로 적절하지 않은 것은?

① ⓐ : 내보내지는
② ⓑ : 만들어졌다
③ ⓒ : 움직이고
④ ⓓ : 바뀌기
⑤ ⓔ : 고치고

[01 ~ 05] 다음 글을 읽고 물음에 답하시오.

생명체가 다양한 구조와 기능을 갖는 기관을 형성하기 위해서는 수많은 세포들 간의 상호 작용을 통해 세포의 운명을 결정하는 과정이 필요하다. 사람의 경우 눈은 항상 코 위에, 입은 코 아래쪽에 위치한다. 이렇게 되기 위해서는 특정 세포군이 위치 정보를 획득하고 해석한 후 각 세포가 갖고 있는 유전 정보를 이용하여 자신의 운명을 결정함으로써 각 기관을 정확한 위치에 형성되게 하는 과정이 필수적이다. 세포 운명을 결정하는 다양한 방법이 존재하지만, 가장 간단한 방법은 어떤 특정 형태로 분화하게 하는 형태 발생 물질(morphogen)의 농도 구배(concentration gradient)를 이용하는 것이다. 형태 발생 물질은 세포나 특정 조직으로부터 분비되는 단백질로서 대부분의 경우에 그 단백질의 농도 구배에 따라 주변의 세포 운명이 결정된다. 예를 들어 뇌의 발생 초기 형태인 신경관의 위쪽에서 아래쪽으로 지붕판 세포, 사이 신경 세포, 운동 신경 세포, 신경 세포, 바닥판 세포가 순서대로 발생하게 되는데, 이러한 서로 다른 세포로의 예정된 분화는 신경관 아래쪽에 있는 척색에서 분비되는 형태 발생 물질인 Shh의 농도 구배에 의해 결정된다(〈그림 1〉). 척색에서 Shh가 분비되기 때문에 척색으로부터 멀어질수록 Shh의 농도가 점차 낮아지게 되어서, 그 농도의 높고 낮음에 따라 척색 근처의 신경관에 있는 세포는 바닥판 세포로, 그 다음 세포는 신경 세포 및 운동 신경 세포로 세포 운명이 결정된다.

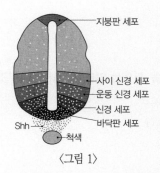

〈그림 1〉

한 개체의 세포가 모두 동일한 유전자를 갖고 있음에도 불

구하고 서로 다른 세포 운명을 택하게 되는 것은 농도 구배에 대응하여 활성화되는 전사 인자의 종류가 다른 것으로 설명할 수 있다. 전사 인자는 유전 정보를 갖고 있는 DNA의 특이적인 염기 서열을 인식하여 특정 부분의 DNA로부터 mRNA를 만드는 작용을 하고, 이 mRNA의 정보를 바탕으로 단백질이 만들어진다. 예를 들어 Shh의 농도가 특정 *역치 이상이 되면 A 전사 인자가 활성화되고 역치 이하인 경우는 B 전사 인자가 활성화되면, A 전사 인자에 의해 바닥판 세포의 형성에 필요한 mRNA와 단백질이 합성되고, B 전사 인자에 의해 운동 신경 세포로 분화하는 데 필요한 mRNA와 단백질이 만들어지게 되어 서로 다른 세포 운명이 결정될 수 있는 것이다.

하지만 최근의 연구 결과에 의하면 일부의 형태 발생 물질이 단순한 확산에 의하여 농도 구배를 형성하지 않고 특정 형태의 매개체를 통하여 이동한다는 사실이 보고되었다. 가령 초파리 배아의 특정 발생 단계에서 합성되는 Wg라는 형태 발생 물질은 합성되는 장소를 기점으로 앞쪽으로만 비대칭적으로 전달된다(〈그림 2-1〉). 만약 단순한 확산에 의해 농도 구배가 형성된다면 Wg 형태 발생 물질이 합성되는 곳의 앞쪽 및 뒤쪽으로 농도 구배가 형성될 것을 예상할 수 있지만 (〈그림 2-2〉), 실제로 〈그림 2-1〉에서 보이는 바와 같이 Wg가 뒤쪽으로는 이동하지 않고 앞쪽으로만 분포하는 현상이 관찰되었다.

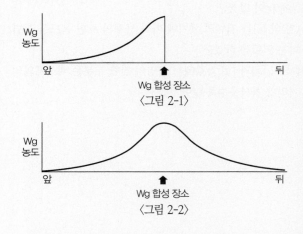

〈그림 2-1〉

〈그림 2-2〉

여러 가지 실험 결과를 바탕으로 초파리 배아에서 이러한

비대칭적인 전달을 설명하는 모델로서 아래와 같은 가설이 제시되었다.

(1) 수용체에 의한 전달: 형태 발생 물질을 분비하는 세포 옆에 있는 세포의 표면에 있는 수용체가 형태 발생 물질을 인식하고 그 다음 세포의 수용체에 형태 발생 물질을 넘겨준다고 보는 가설이다. 이때 수용체의 양이 이미 비대칭적으로 분포하고 있다면 수용체에 부착된 형태 발생 물질의 농도 구배가 이루어질 수 있다.
(2) 세포막에 둘러싸인 소낭의 흡수에 의한 전달: 형태 발생 물질을 분비하는 세포에서 형태 발생 물질이 소낭, 즉 작은 주머니에 싸여 앞쪽의 세포로만 단계적으로 전달된다고 보는 가설이다. 이 과정에서 형태 발생 물질의 일부만이 다음 세포로 전달되면 비대칭적 농도 구배가 이루어질 수 있다.

우리 몸을 구성하는 각 기관의 세포 조성이 다르고 서로 다른 발생 단계에서 각 세포가 처해 있는 환경이 다르므로 위에서 제시한 형태 발생 물질 농도 구배의 형성을 한 가지 모델로만 설명하는 것은 불가능하다. 특정 발생 단계에서는 단순한 확산에 의해서 농도 구배를 형성하고, 다른 환경이나 발생 단계에서는 위에서 기술한 비대칭적 이동에 의해 형태 발생 물질의 농도 구배가 형성된다고 설명하는 것이 타당하다. 하지만 어떤 방법에 의해서든지 형태 발생 물질의 농도 구배의 형성은 각각의 농도에 따른 서로 다른 유전자의 발현을 촉진함으로써 다양한 세포 및 기관의 형성 결정에 기여한다.

＊역치: 생물체가 자극에 대한 반응을 일으키는 데 필요한 최소한도의 자극의 세기를 나타내는 수치

01
윗글의 내용과 일치하지 <u>않는</u> 것은?

① 단순 확산으로 전달되는 형태 발생 물질의 농도는 형태 발생 물질 분비 조직과의 물리적 거리에 반비례한다.
② 구형의 수정란도 성체가 될 때 형태 발생 물질의 도움으로 신체 구조의 전후 좌우가 비대칭적으로 형성될 수 있다.
③ 모든 세포는 동일한 유전자를 가지고 있지만 특정 전사 인자의 활성화 여부에 따라 서로 다른 단백질을 만들어 낸다.
④ 형태 발생 물질의 비대칭적 전달을 위해서는 형태 발생 물질 분비 조직의 주변 세포에 있는 수용체 또는 소낭의 역할이 필요하다.
⑤ 형태 발생 물질은 척색이 있는 동물의 발생에서는 단순 확산의 형태로, 초파리와 같은 무척추 동물의 발생에서는 비대칭적 확산의 형태로 주로 쓰인다.

02
윗글의 내용에 부합하는 것만을 〈보기〉에서 고른 것은?

| 보기 |

ㄱ. 신경관을 이루는 세포들의 운명이 결정되기 전에 척색을 제거하면 바닥판 세포가 형성되지 않을 것이다.
ㄴ. 신경관을 이루는 세포들의 운명이 결정되기 전에 척색을 다른 위치로 이동하면 그 위치와 가장 가까운 곳에서 지붕판 세포가 생길 것이다.
ㄷ. 분화되지 않은 신경관에 있는 세포들을, 바닥판 세포를 형성하는 Shh의 역치보다 높은 농도의 Shh와 함께 배양하면 사이 신경 세포보다 바닥판 세포가 더 많이 형성될 것이다.
ㄹ. 운동 신경 세포를 결정짓는 Shh 농도의 역치는 사이 신경 세포를 결정짓는 Shh 농도의 역치보다 낮을 것이다.

① ㄱ, ㄷ   ② ㄱ, ㄹ   ③ ㄴ, ㄷ
④ ㄴ, ㄹ   ⑤ ㄷ, ㄹ

03

윗글을 고려할 때, 초파리 배아의 발생 과정에 관한 이해로 적절한 것은?

① Wg 수용체의 비대칭적 분포는 Wg의 농도 구배에 기인한다.

② Wg를 발현하는 세포로부터 앞쪽으로 멀어질수록 Wg 수용체의 농도는 높다.

③ 소낭에 의해 전달되는 Wg의 양은 Wg를 발현하는 세포에서 멀어질수록 많다.

④ Wg 합성 장소에서 앞쪽과 뒤쪽으로 같은 거리만큼 떨어진 두 세포에서 만들어지는 mRNA는 동일하다.

⑤ Wg 수용체 유전자 또는 소낭을 통해 Wg 수송을 촉진하는 유전자는 Wg 합성 장소 앞쪽에서 발현한다.

04

윗글과 〈보기〉의 실험 결과를 참고하여 내린 결론으로 적절한 것은? [3점]

┤ 보기 ├

세포의 운명이 결정되는 시기에 특정 염기 서열을 가진 RNA를 세포에 주입하면, 전사 인자가 활성화되어도 RNA가 특정 세포의 mRNA 형성을 방해해 세포 형성에 필요한 단백질 합성이 일어나지 않는다. 이를 RNA 간섭 기술이라 한다.

초파리 배아의 형태 발생 물질인 Wg가 농도 구배되는 앞쪽 부분에 RNA 간섭 기술을 이용하여 RNA를 주입하였더니, RNA를 주입한 세포는 정상적으로 분화된 세포에 비해 앞쪽의 세포 발생이 현저하게 줄어들었다.

① 주입된 RNA에 의해 소낭에 싸인 Wg가 앞쪽의 세포로 원활하게 이동하지 못했다.

② 주입된 RNA가 Wg의 농도를 약하게 만들어 세포 형성에 필요한 단백질이 합성되지 않았다.

③ 주입된 RNA가 세포 표면의 수용체를 교란시켜 그 다음 세포의 수용체에 Wg를 넘겨주지 못했다.

④ Wg는 정상적으로 구배되었지만 주입된 RNA가 특정 세포의 DNA로부터 mRNA 형성을 방해했다.

⑤ Wg는 정상적으로 구배되었지만 주입된 RNA가 Wg의 활성화를 방해하여 단백질이 합성되지 않았다.

05

윗글과 〈보기〉를 참고하여 보인 반응으로 적절하지 않은 것은?

┤ 보기 ├

다음은 어떤 척추동물의 세포 발생 초기 형태의 위치를 임의로 그린 것이다. 아래 그림에서 형태 발생 물질은 척색으로부터 단순 확산하며, 그림에 제시된 ㉮~㉰는 서로 다른 운명을 가진 세포이다.

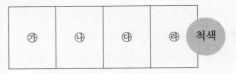

① 형태 발생 물질의 농도는 ㉮에 비해 ㉰의 역치가 높게 나타나겠군.

② ㉯와 ㉰는 전사 인자가 다르게 나타나므로 서로 다른 mRNA 정보를 가지겠군.

③ ㉰의 형태 발생 물질의 농도를 ㉱와 동일하게 만들면 ㉰에서도 ㉱에서 활성화되는 전사 인자가 나타나겠군.

④ ㉮~㉱의 유전자는 모두 동일하지만, 서로 다른 특정 부분의 DNA를 바탕으로 mRNA와 단백질이 합성되겠군.

⑤ ㉮~㉱에서 형태 발생 물질의 농도 차이가 나는 이유는 형태 발생 물질을 전달하는 매개체가 비대칭적으로 분포하기 때문이겠군.

[06 ~ 10] 다음 글을 읽고 물음에 답하시오.

우리는 정치 과정에서 정치 세력이 충돌하는 교착 상태를 종종 보게 된다. 교착이란 행정부와 의회가 각각 정책 변화를 원함에도 불구하고 ㉠양자의 선호가 일치하지 않는 상태로 인해 입법에 실패하여 기존 정책이 그대로 유지되기까지의 정치 과정을 가리킨다. 교착이 ⓐ일어나는 주요 원인으로는 통치 형태의 주요 특징이 지적되었다.

대통령제에서 대통령과 의회가 따로 선출되고 고정된 임기 안에 서로 불신임의 대상이 되지 않는다는 점과 대통령이 내각 운영에서 전권을 발휘한다는 점은 대통령과 의회 간의 마찰을 유발하는 조건이 된다. 특히 법안 발의권 등 대통령의 입법 권한이 강할수록 대통령이 의회와 마찰할 가능성이 커진다. 교착은 단점 정부보다는 분점 정부일 때, 즉 대통령의 소속 당이 의회에서 과반 의석을 얻지 못했을 때 많이 발생한다.

한편 의회 다수당이 내각을 구성하며 의회가 내각에 대한 불신임권을 가지는 내각제에서는 교착의 발생이 훨씬 줄어든다. 가령 다수당이 과반 의석을 얻지 못해도, 다른 소수당과 연립 정부를 구성하여 의회의 과반을 형성하거나, 총리와 내각이 의회 다수파에 의해 교체되거나, 총리가 의회를 해산하고 조기 총선을 치러 새 내각을 구성한다면 교착을 피할 수 있다. 내각제가 제대로 작동하기 위해서는 연립 정부 구성과 해체 등의 과정에서 대체로 정당 기율이 강할 것이 요구된다.

대통령제에서의 교착을 해소하기 위해 제도적 변형을 시도한 것으로 프랑스의 이원 집정부제가 있다. 이원 집정부제는 고정된 임기의 대통령을 직접 선거로 선출한다는 점에서 대통령제와 같지만, 대통령의 소속 당이 의회의 과반을 갖지 못하면 대통령은 의회에서 선출된 야당 대표를 총리로 임명하고 총리가 정국 운영을 주도한다는 점이 다르다. 동거 정부라 불리는 이 경우에 정부는 내각제처럼 운영된다. 단, 대통령과 총리 사이의 권한을 둘러싼 분쟁으로 교착이 발생하기도 한다. 반대로 단점 정부의 경우에는 대통령제와 유사하게 운영된다. 의회는 원내 양당제를 유도하는 결선 투표제로 구성된다.

대통령제에서 정당 체계와 선거 제도는 교착에 영향을 준다. 정당 체계에서 비례 대표제는 다당제를 유도하는데, 다당제는 의회 다수파 형성을 어렵게 한다. 양원제에서는 상원 다수당과 하원 다수당 중 하나가 대통령의 소속 당과 다를 때 분점 정부가 ⓑ나타난다. 정당의 기율을 강하게 하는 제도적 장치가 있거나 정당이 이념적으로 양극화될 때도 분점 정부 상황에서는 대통령이 의회 과반의 지지를 확보하기 어려울 수 있다. 한편 의회와 대통령 선거를 동시에 실시하는 경우, 대통령 당선 유력 후보의 후광 효과가 일어나 분점 정부의 발생 가능성을 낮추는 효과가 ⓒ생긴다. 아울러 분점 정부라도 야당이 대통령의 거부권을 막을 수 있는 의석수를 확보하고 있다면 교착이 발생하지 않을 수 있다.

다양한 의회 제도 또한 교착에 영향을 ⓓ미친다. 의사 진

행을 촉진하는 의장의 권한이 강하다면, 분점 정부 상황에서는 대통령의 거부권 행사 가능성으로 인해 교착이 발생할 수 있다. 그리고 교섭 단체 제도처럼 원내 다수당과 소수당 간의 합의를 강조하는 제도가 있으면 심지어 단점 정부 상황이라고 해도 교착이 생길 수 있다. 이는 다수당이 강행하려는 의제를 소수당이 지연시킬 수 있기 때문이다. 또 소수당이 입법 지연을 목적으로 활용하는 필리버스터(의사 진행 방해 발언)도 교착을 발생시킬 수 있다. 필리버스터의 종결에 요구되는 의결 정족수까지 높게 규정되어 있으면, 교착은 잘 해소되지 않는다. 그밖에 사회적 합의가 어려운 쟁점이 법안으로 ⓔ다루어질 경우도 교착이 일어날 확률이 높다.

대통령제 아래 분점 정부 상황의 교착을 완화하는 제도적 방안으로는 남미 국가들의 경험처럼 연립 정부를 구성하는 것도 있다. 대통령제를 내각제처럼 운영하려는 이 대안은 소수파 대통령이 야당들과의 협상을 통해 공동 내각을 구성하여 의회 과반의 지지를 확보할 수 있다는 점에 착안한 것이다. 이 경우 정당의 기율이 강하다면 협상 과정에서 이탈자를 줄일 수 있으며, 대통령의 강한 권한도 연립 정부의 유지에 긍정적 역할을 할 수 있다. 이 과정에서 비례 대표제를 의회 선거에, 결선 투표제를 대통령 선거에 각각 적용해 동시에 선거를 치르면, 연립 정부 구성이 쉬워진다는 연구 결과도 있다. 두 선거를 같은 시기에 치르면 정당 난립을 억제하는 효과가 있고, 대통령 선거가 결선 투표로 갈 때 일차 선거와 결선 투표 시기 사이에 연립 내각을 구성하기 위한 정당 간 협상이 활발하게 일어날 수 있기 때문이다.

한편 교착 완화를 위해 미국처럼 대통령이 야당 의원들을 설득하여 법안마다 과반의 지지를 확보하는 방안도 있다. 이는 정당의 기율이 약하고 의회 선거 제도가 단순 다수 소선거구제일 때 주로 적용된다. 이런 경우에는 의회가 양당제로 구성되고 의원들의 정치적 자율성이 높으므로 대통령이 의원들을 설득하기 쉬워진다. 특히 대통령의 입법 권한이 약하기 때문에 대통령은 의회에 로비할 필요성을 더 느끼게 된다. 이 방법들은 대통령이 의회에서 새로운 과반의 지지를 얻는 데 목적이 있다.

06

윗글에서 ㉠을 해결하기 위한 시도로 적절하지 **않은** 것은?

① 대통령제에서 대통령이 의회 다수당과 연립 정부를 구성하려는 경우
② 대통령제에서 대통령이 의회 과반의 지지를 얻으려고 의회에 로비를 하려는 경우
③ 내각제에서 총리가 소수당과 연립 정부를 구성하려는 경우
④ 내각제에서 총리가 조기 총선을 요구해 새로운 내각을 구성하려는 경우
⑤ 이원 집정부제에서 동거 정부일 때 대통령이 정국을 주도하려는 경우

07

윗글의 내용상 대통령제에서 정치 환경의 변화에 대한 설명으로 적절한 것은?

① 다수당이지만 필리버스터를 종결할 만큼 의석을 차지하지 못한 야당에 소속된 의장이 갈등 법안을 본회의에 직권 상정하면, 교착이 완화될 것이다.
② 비례 대표제를 채택한 의회 선거를 대통령 선거와 동시에 치르면, 시기를 달리해 두 선거를 치를 때보다 분점 정부가 발생할 확률이 낮아질 것이다.
③ 양원제 의회를 모두 비례 대표제로 구성하면, 단순 다수 소선거구제로 구성할 때보다 분점 정부가 발생할 확률이 낮아질 것이다.
④ 야당이 대통령의 거부권 행사를 무력화할 만큼의 의석을 가진다면, 교착이 악화될 것이다.
⑤ 양극화된 정당 체계에서 교섭 단체 간의 합의 요건을 강화하면, 교착이 완화될 것이다.

08

윗글을 바탕으로 〈보기〉에 대해 보인 반응으로 적절한 것은?

[3점]

┤ 보기 ├

다음은 대통령제인 어느 나라의 각 정당별 의석수와 문화 융성 정책에 대한 정당별 견해 차이이다.

	의석수	문화 융성 정책에 대한 견해 차이
A당 (여당)	65명	사회적 영향력이나 규모가 큰 문화 관련 재단을 집중적으로 지원한다.
B당 (야당)	158명	열악한 환경의 소규모 문화 관련 재단에 대한 지원을 강화한다.
C당 (야당)	57명	다양한 문화가 자리 잡을 수 있도록 열악한 환경의 문화 사업을 지원한다.
D당 (야당)	20명	문화 관련 재단들의 자율적인 경쟁에 대한 지원을 강화한다.

＊국회의 총 재적 의원은 300명이다.
＊국회의 교섭 단체 구성이 가능한 의석수는 20명이다.
＊각 정당의 기율은 매우 강하다.
＊대통령이 법안에 대해 거부권을 행사하면, 국회는 재적 의원 과반수 출석에 출석 의원 3분의 2의 찬성이라는 의결을 거쳐야 대통령이 거부권을 행사한 법안을 통과시킬 수 있다.

① A당이 여당이므로 분점 정부 상황이 되어 교착이 일어날 가능성이 크겠군.
② B당과 C당이 연합해도 대통령이 거부권을 행사한다면 교착이 일어날 가능성이 크겠군.
③ 대통령이 C당과 D당의 국회의원을 설득하여 정책에 대한 교착 상태를 완화할 수 있겠군.
④ A당과 D당이 교섭 단체 제도를 활용하여 B당이 강행하려는 의제를 지연시킨다면 교착이 일어날 수 있겠군.
⑤ A~D당의 의석 분포와 정책 차이를 볼 때, 대통령의 입법 권한을 현재보다 강화시켜야 교착을 줄일 수 있겠군.

09
윗글을 바탕으로 〈보기〉에 대해 추론한 것으로 적절한 것은?

| 보기 |

행정부와 의회 간의 빈번한 교착으로 정치 불안이 심각한 상태인 A국의 정치학자 K가 ㉮~㉰의 제도를 설계하여 제안했다. 현재 대통령제 국가인 A국은 양당제로 분점 정부 상태이다. 대통령은 법안 발의권 등 강한 권한을 지니고 있다. 대통령은 결선 투표제로 선출한다. 의회는 단순 다수 소선거구제로 구성한다. 정당의 기율은 강하다.

	대통령의 입법 권한	의회 선거 제도	정당 기율 관련 법제
㉮	축소	결선 투표제로 변경	유지
㉯	유지	비례 대표제로 변경	유지
㉰	축소	유지	약화

① K는 ㉮를 설계하면서 미국식 대통령제를 염두에 두었을 것이다.
② K는 ㉮를 설계하면서 프랑스식 이원 집정부제를 염두에 두었을 것이다.
③ K는 ㉯를 설계하면서 미국식 대통령제를 염두에 두었을 것이다.
④ K는 ㉰를 설계하면서 남미식 대통령제를 염두에 두었을 것이다.
⑤ K는 ㉰를 설계하면서 프랑스식 이원 집정부제를 염두에 두었을 것이다.

10
ⓐ~ⓔ와 같은 의미로 사용된 것은?

① ⓐ: 관객들의 박수 소리가 강당에 일어났다.
② ⓑ: 그들에게 기적이 나타났다고 볼 수 있다.
③ ⓒ: 외국인처럼 생긴 그녀의 얼굴에 당황했다.
④ ⓓ: 시험 성적이 내 기대에 못 미쳐서 속상했다.
⑤ ⓔ: 면세점에서는 면세품을 전문적으로 다룬다.

[11 ~ 15] 다음 글을 읽고 물음에 답하시오.

15세기 이탈리아 건축가 브루넬레스키에 의해 창안된 르네상스 선 원근법은 단순히 멀리 있는 것을 작게, 가까이 있는 것을 크게 그리는 초보적인 원근 표현 방식을 ⓐ탈피하여 원근법을 기하학적인 기초 위에서 과학적인 방법으로 체계화시킨 일종의 공식이다. 선 원근법은 3차원의 대상물들을 입체적으로 표현하고, 대상들이 이루는 공간 내에서의 원근을 표현하기 위해 소실점의 개념을 ⓑ도입하였다. 길게 뻗어 나가는 철로나 가로수, 도로 등과 같이 평행하게 보이는 두 선은 저 멀리 시야가 끝나는 수평선에서 하나의 점으로 만나게 되는데 이 점이 바로 소실점이다.

물체의 주요 면을 화면과 ⓒ평행하게 설정하는 선 원근법에서는 시점과 화면 사이의 거리나 각도가 극단적인 경우에 왜곡 현상이 두드러지게 된다. 이 때문에 선 원근법의 초기 단계부터 화가들은 화면의 크기에 따라서 적절한 거리와 위치에 시점을 선정하려고 노력하였다. 바로크 시기에 이르러 예술가들은 이러한 왜곡 현상을 바로잡아야 할 장애로 받아들이지 않고 아나모르포시스(anamorphosis)라는 독립된 회화 기법으로 발달시켰다.

아나모르포시스, 즉 왜상은 시점의 부적절한 거리와 위치를 활용한 기법으로, 사물의 형상을 극도로 왜곡하여 표현한 것이어서 정면에서 보게 되면 무엇을 그린 것인지 알기 어렵다. 특정한 시점, 즉 관람자의 눈이 위치하는 거리와 각도가 특정한 조건을 만족시킬 때에만 비로소 화가가 본래 의도했던 이미지가 적절하게 나타난다. 따라서 아나모르포시스 기법에서 시선의 각도는 특별히 중요한 의미를 갖는다. 감상자가 자신의 위치를 이리저리 바꾸어 보거나 거울을 활용하여 그림을 보면 비로소 화가가 표현하고자 했던 본래 이미지가 나타나는 것이다. 화가가 왜상의 형태로 감추어 놓은 이미지는 감상자의 참여 없이는 드러나지 않는 것이어서, 감상자는 화가의 숨겨진 생각을 파악하기 위해 그림의 감상에 능동적으로 참여하게 된다.

이러한 아나모르포시스에서 나타나는 왜상의 종류에는 사각 왜상과 반사 왜상이 있다. 감상자가 특정한 지점에서 화면을 보았을 때 바른 형상으로 보이는 왜상을 사각 왜상이라고 한다. 또한, 왜상의 주변에 원통형 거울을 놓았을 때 거울의 반사를 통해 형태가 제대로 보이는 왜상은 반사 왜상에 해당한다. 사각 왜상은 감상법의 측면에서만 본다면 앞서 설명한 르네상스 시기의 회화를 감상하는 방법과 큰 차이가 없다는 견해도 있다. 그러나 선 원근법이 수학적인 합리성과 일관성을 위해서 화가와 관객의 시점을 물리적으로 구속한 반면에, 17세기 아나모르포시스 이론은 외부 세계가 인식의 주체로서의 자아라는 존재를 구심점으로 해서 재구축된, 인위적으로 ⓓ조정된 세계라는 점에서 차이를 지닌다.

17세기 유럽 사회는 교회와 통치 계급의 이해관계가 맞물려서 불안정한 정치적 상황을 만들어 내고 있었으며, 사회적 계층 사이의 갈등 구조 역시 이전과는 다른 양상으로 ⓔ전개되었다. 외부 세계의 재현을 왜곡과 변형이라는 역설적인 방법을 통해서 추구하는 아나모르포시스 회화의 발전과 수용의 과정 역시 이러한 맥락에서 이해되어야 한다. 화면의 이미지를 실제 대상으로 착각하도록 만드는 재현 방식인 선 원근법이 르네상스 시대의 합리주의 전통을 대변한다면, 그 부산물인 아나모르포시스는 주류 사회가 지향하는 객관성과 합리성 대신 왜곡과 시점의 전환을 유도했던 바로크 시대의 사회, 문화적 변이 현상이라고 할 수 있는 것이다.

17세기 미술가와 학자들에게 있어서 아나모르포시스는 중요한 상징적 의미를 지닌 주제였다. 특히 작은 형제회 수사이자 수학자였던 니세론은 아나모르포시스 기법이 자연의 원리를 인간에게 보여 주는 하나의 실제적 예라고 주장했다. 즉 신이 창조한 자연 세계는 인간들에게 다양한 측면과 현상으로서 비춰지기 때문에 일종의 카오스처럼 여겨질 수 있으나, 그 안에 정신적인 질서가 숨겨져 있어서 올바른 관점을 찾아내는 관찰자는 숨겨진 진실을 알아볼 수 있다는 것이다.

니세론과 동료 신학자들은 이처럼 일상적 현상에 얽매여서 신의 진리를 간과하는 현실을 경고하기 위해서 아나모르포시스 기법을 활용했는데, 이는 신학자 엠마누엘 메냥의 프레스코 화 ㉠〈파올라의 성 프란체스코〉에서 잘 드러난다. 수도원 벽면을 따라서 펼쳐진 긴 벽화는 정면에서 보면 험준한 산과 황량한 들판으로 둘러싸인 만 위로 배가 떠 있는 풍경화지만, 화면 왼쪽 구석에 붙어 서서 바라보는 관람자의 눈에는 두 손을 모은 채 하늘을 올려다보고 있는 성인의 모습이 온전하게 나타나기 때문이다.

18세기 이후에는 아나모르포시스가 눈속임 효과를 불러일으키는 대중적인 여흥 거리로 취급되는 경향이 강해졌다. 하지만 정면이라는 고정된 위치에서 그림을 수동적으로 보기만 해 왔던 감상자가, 왜상을 감상하는 과정에서 상을 바르게 보는 데 적극적으로 참여하여 화가의 의도와 주제를 찾아내는 능동적 존재가 된다는 점에서 그 의의를 찾을 수 있다.

11
윗글에 대한 설명으로 가장 적절한 것은?

① 대상의 발전 과정을 설명하고 긍정적 전망을 제시하고 있다.

② 화제에 대한 상반된 입장을 소개한 후 절충안을 제시하고 있다.

③ 대상이 지닌 문제점을 밝히고 그에 대한 해결 방안을 모색하고 있다.

④ 대상의 개념을 정의하고 시대적 변화 과정을 제시하여 이해를 돕고 있다.

⑤ 화제와 관련한 통념을 제시하고 전문가의 견해를 근거로 이를 반박하고 있다.

12
윗글에서 알 수 있는 내용으로 적절하지 않은 것은?

① 아나모르포시스는 선 원근법이 지닌 한계점을 수용하여 이를 발전시킨 회화 기법이다.

② 아나모르포시스의 발전과 수용 과정은 당대 사회, 문화적 배경과 밀접한 관련을 맺고 있다.

③ 선 원근법이 창안되기 전까지는 대상이 놓인 위치에 따라 크기를 달리하여 원근을 표현하였다.

④ 사각 왜상은 감상 시점에 제약을 받는다는 점에서 르네상스 시기의 회화 감상법과 공통점을 지닌다.

⑤ 아나모르포시스는 감상 시점에 따라 수많은 이미지가 나타나기에 감상자의 능동적인 참여가 중시된다.

13

〈보기〉를 참고하여 윗글을 이해한 내용으로 가장 적절한 것은?

[3점]

┤ 보기 ├

동양화와 서양화에 적용된 원근법의 차이는 자연을 보는 동서양의 철학의 차이에서 비롯된다. 과학적 세계관을 바탕으로 한 서양화는 사실성을 중시하여 대상과 똑같이 그리기 위해 노력한다. 그러나 인간이 자연의 일부분이라는 세계관을 바탕으로 한 동양화는 대상의 사실적 표현보다는 자연에 담긴 정신과 인간과의 조화를 표현하는 것을 중시했다. 이러한 철학의 차이는 시점의 차이로 나타났으며, 시점의 차이는 형식의 차이를 만들어 냈다.

서양화는 보통 가로와 세로의 비율이 3 : 2 정도로 눈으로 보는 것과 비슷하다. 그러나 동양화는 그림이 반드시 현실과 똑같을 필요가 없다고 생각하기 때문에 그 비율이 20배 이상 차이가 나기도 한다. 때문에 산수화에는 오히려 역원근법의 표현이 많다. 배경인 산이나 바위의 크기를 크게 그리고, 가까이 있는 사람은 점처럼 작게 표현하는 것이다. 이를 통해 대자연의 숭고미와 함께 아름다운 산수에 노닐고 싶은 마음을 표현했다.

① 아나모르포시스 기법은 사실성을 중시하는 서양화의 특징을 잘 보여 주는 사례이군.

② 선 원근법 이전에 활용된 초보적인 원근 표현 방식은 동양화의 역원근법과 그 원리가 유사하군.

③ 선 원근법은 현실과 유사하게 보일 수 있도록 화면 크기를 제약했다는 점에서 서양화의 특징을 잘 보여 주는군.

④ 그림을 통해 감상자에게 종교적 깨달음을 주고자 했다는 점에서 아나모르포시스와 동양화는 공통점을 지니는군.

⑤ 그림 속 대상이 반드시 현실과 똑같을 필요가 없다고 생각했다는 점에서 아나모르포시스와 동양화는 공통점을 지니는군.

14

〈보기〉는 ㉠을 시점을 달리하여 본 모습이다. 윗글을 바탕으로 〈보기〉를 감상한 것으로 적절하지 <u>않은</u> 것은?

┤ 보기 ├

㉮ 정면에서 본 모습　　　　㉯ 왼쪽 측면에서 본 모습

① ㉮는 왜곡과 변형이라는 역설적인 방법을 통해서 인간의 내면세계를 재현한 것이군.

② ㉯에서 자연의 원리와 신의 진리를 보여 주고자 한 화가의 숨겨진 목적이 드러나는군.

③ ㉮에서만 감상한 관람자는 산과 들판으로 둘러싸인 만 위로 배가 떠 있는 풍경화라고 생각했겠군.

④ ㉮와 ㉯는 특정한 지점에서 보았을 때 숨겨진 형상이 보이므로 사각 왜상의 예로 제시할 수 있겠군.

⑤ ㉮와 ㉯의 차이를 통해 아나모르포시스에서 시선의 각도가 중요한 의미를 지니고 있음을 확인할 수 있겠군.

15

문맥상 ⓐ~ⓔ와 바꿔 쓸 말로 적절하지 <u>않은</u> 것은?

① ⓐ : 벗어나서

② ⓑ : 끌어 들였다

③ ⓒ : 나란하게

④ ⓓ : 두드러진

⑤ ⓔ : 나타났다

[01 ~ 05] 다음 글을 읽고 물음에 답하시오.

19세기에 독립된 학문으로 출발한 미술사학은 작품의 형식 분석에 몰입하거나 도상 해석학을 이용해 작품의 상징을 파악했다. 이러한 작업은 작품의 의미와 조형적 특징을 이해하는 데 도움을 주었을 뿐만 아니라, 선대부터 대가로 평가된 작가들의 배타적 지위를 공고히 하거나 새로운 걸작을 발견하고 재조명하는 데 유용한 이론적 뒷받침을 할 수 있었다는 점에서 이후 미술사 연구의 주류를 이루게 되었다. 라파엘로의 ㉠〈작은 의자 위의 성모〉(1514)에 등장하는 성모와 아기 예수, 세례자 요한을 기독교적 도상에 따라 이해하고, 그 주제를 담아내는 형식—안정된 구도, 그림에 활력을 주는 삼원색의 대비, 적색과 녹색의 보색 대비 등—의 완벽함을 밝힘으로써 작가와 작품의 미술사적 의의를 서술하는 것이 그 한 예가 될 수 있을 것이다. 그렇다면 이러한 방식은 현대 미술 작품의 해석과 평가에도 유용한 것일까?

심장이 몸 밖으로 드러난 채 가는 핏줄로 연결되어 있는 두 여인을 그린 프리다 칼로의 ㉡〈2인의 프리다〉(1939)를 살펴보자. 왼편의 여인은 오른손에 가위를 쥔 채 지혈을 하고 있다. 오른편 여인은 한 소년이 그려진 동그란 형태의 작은 물건을 왼손에 쥐고 있는데, 숨긴 듯 그려진 이 소년은 남편 리베라의 모습이다. 전통적인 도상 해석학은 이 그림의 의미 파악에 별다른 도움을 주지 못한다. 전통적인 성화 속의 피 흘리는 양이 예수 그리스도의 희생으로, 17세기 정물화 속의 양초와 해골이 인생의 덧없음으로 해석될 수 있도록 도와주었던 관례적인 상징체계는 이 그림 속의 요소들과는 깊은 관련이 없어 보이기 때문이다. 이러한 해석의 난점을 풀기 위해 어떤 미술사학자는 정신 분석학의 이론을 빌려와, 칼로가 무의식적으로 남편 리베라를 아버지로 대체하였고, 그런 심리적 과정이 그의 자화상 속에 드러난다고 해석하였다. 기이한 분위기와 생경한 색채로 인해 초현실주의적인 그림으로 주목을 받았던 칼로의 작품은 이와 같은 새로운 해석에 의해 그 가치에 대한 평가가 높아지고 있다.

칼로의 경우에서 알 수 있듯이 현대 미술가들이 과거의 전통적 주제나 상징체계에 의거해 그림을 그리지 않는다는 점으로 볼 때, 도상 해석학이 한계를 지닌다는 사실은 분명해 보인다. 고상한 주제나 지적 유희를 즐겼던 미술 후원자의 주문에 따라 그림을 그리던 방식에서 벗어나 화가 자신의 자유로운 상상력과 의지에 따라 그림을 그리게 된 현대 미술의 흐름을 고려한다면 미술사를 바라보는 미술사가들의 태도도 자연히 바뀌어야 했다.

새로운 미술 환경에 맞는 미술사학의 관점과 이론을 모색하는 일군의 이론가들이 1980년대에 등장하기 시작했는데, 그들의 경향은 ㉮'신미술사학'이라고 불린다. 신미술사학의 대표적인 연구자 중의 한 명인 프리치오시는 탈구조주의 철학에 기초하여, 기존의 미술사학을 지배했던 주도적인 이데올로기, 즉 미술사는 예술적 천재에 대한 찬양과 미적 보편성에 전념해야 한다는 믿음을 반성한다. 한편 다른 이론가들은 기존의 미술사의 주체가 서양 백인 남성이었다는 점과 방법론이 도상 해석학과 형식 분석에 제한되었다는 점을 반성한다. 이에 따라 신미술사가들은 여성 미술가, 흑인 미술가 등으로 표상되는 사회 계급, 젠더, 섹슈얼리티라는 다층적 정체성에 대한 관심을 표명하고 마르크스주의, 페미니즘, 정신 분석학 등 다양한 방법론을 자신의 것으로 적극 수용하고 있다.

이러한 관점과 기준의 다양화는 동시대의 그림뿐 아니라 과거의 미술에 대해서도 새로운 해석과 가치 평가를 가능케 한다. ㉯[그려질 당시 크게 주목받지 못했던 젠틸레스키의 ㉢〈유디트〉(1620)가 재평가되는 것도 신미술사학의 방법론을 통해서이다.] '유디트'는 서양 미술사에 많이 등장하는 주제 중의 하나인데, 이스라엘을 침공한 아시리아 장수 홀로페르네스, 나라를 지키기 위해 그의 목을 베는 젊은 미망인 유디트와 하녀가 등장한다. 젠틸레스키의 그림에서는 죽음에 저항하는 남자와 목적을 이루려는 두 여인의 동작과 표정이 명암과 색채 대비를 통해 사실적으로 생생하게 표현되었다. 가치 있는 주제를 극적인 방식으로 표현했음에도 좋은 평가를 받지 못했던 이 작품은 페미니즘의 관점을 통해 폭넓게 이해되었고 그에 따라 새로운 평가를 받게 되었다. 이처럼 신미술사학은 미술을 역사와 사회 상황 같은 다양한 맥락과 굳게 연대시킴으로써 우리에게 풍요로운 작품 해석과 평가의 가능성을 제공한다.

01

윗글에 비추어 볼 때, 기존의 미술사학에 대한 신미술사학의 비판으로 적절하지 <u>않은</u> 것은?

① 미적 가치의 기준이 상대적이라고 전제함으로써, 다양한 방법론을 수용하기 어렵다.

② 예술적 천재에 대한 믿음에 근거함으로써, 계급, 젠더, 섹슈얼리티 등 다층적 정체성에 대한 해석이 어렵다.

③ 작품의 해석에서 상징을 고정된 의미로 풀이함으로써, 전통적 상징체계를 따르지 않는 현대 미술 작품의 해석에 어려움이 많다.

④ 작품 생산의 다양한 외적 요인들을 고려하지 않음으로써, 화가의 내면세계나 작품의 사회적 맥락 등에 대한 고려가 필요한 작품의 이해와 해석이 어렵다.

⑤ 주제를 담아내는 형식의 완벽성을 중요한 평가 기준으로 삼음으로써, 자유로운 상상력 등 형식 이외의 가치 역시 중시하는 현대 미술가를 평가하기 어렵다.

02

㉠~㉢에 대한 윗글의 서술을 설명한 것으로 옳지 <u>않은</u> 것은?

① ㉠에 대한 서술에는 종교적 도상이 언급되어 있다.

② ㉡에 대한 서술에는 작가의 사적인 삶이 언급되어 있다.

③ ㉠, ㉡에 대한 서술에는 작품에 대한 당시의 반응이 언급되어 있다.

④ ㉡, ㉢에 대한 서술에는 해석이 필요한 남성의 존재가 언급되어 있다.

⑤ ㉠, ㉡, ㉢에 대한 서술에는 색채의 효과가 언급되어 있다.

03

〈보기〉는 윗글에 나타난 '칼로'의 그림을 ㉮의 관점으로 해석하고 있다. 이에 대한 설명으로 적절한 것은? [3점]

┤ 보기 ├

프리다 칼로, 〈2인의 프리다〉

프리다 칼로는 남편과의 이혼으로 인한 자신의 감정을 〈2인의 프리다〉에서 상이한 두 개의 심장과 의상을 통해 드러내고 있다. 왼쪽의 유럽식 흰색 드레스를 입은 여인은 이혼한 현재의 자신을, 오른쪽의 전통 멕시코 의상을 입은 여인은 이혼 전 남편으로부터 사랑과 존경을 받던 시절의 자신을 의미한다. 오른쪽의 건강한 심장은 왼쪽의 찢어진 레이스 사이로 드러난 병든 심장에 연결되어 피를 공급하고 있지만 오른손에 든 집게로 지혈이 되지 않아 흰색 드레스에 얼룩을 만들고 있다. 이는 죽음을 의미하며, 이를 통해 남편이 없는 삶은 칼로에겐 죽음과도 같다는 것을 표현하고 있다.

① 칼로는 관례적 상징체계를 통해 이별로 고통받는 자신의 처지를 표현하고자 하였군.

② 칼로는 사랑의 기쁨, 이혼의 슬픔과 같은 전통적 주제를 바탕으로 여성 미술가의 정체성을 드러내고자 하였군.

③ 칼로는 찢어진 옷 밖으로 드러난 심장을 통해 남편을 잃은 상실감과 같은 자신의 심리를 그림 속에 표현하고자 하였군.

④ 칼로는 심장과 의상에 의미를 부여하는 것과 같은 색다른 형식 분석을 그림에 도입함으로써 작품의 가치를 높이고자 하였군.

⑤ 칼로는 남편을 세상에 없어서는 안 될 존재로 표현함으로써 여인의 정절과 영원한 사랑이라는 고상한 주제를 표현하고자 하였군.

04

〈보기〉를 통해 ㉮에 대해 추론할 때, 적절하지 않은 것은?

> ┤ 보기 ├
>
> 서양 미술사에서 '유디트'는 연약한 여인이 나라를 구한다는 교훈적인 측면과 함께, 유디트의 아름다움이 주는 시각적 즐거움, 미색의 탐닉이 불러올 파국에 대한 경계라는 측면에서 남성 미술 애호가들이 즐겨 주문한 주제였다. 수많은 화가들이 그린 '유디트' 중에서 카라바조의 〈유디트〉(1598)가 많은 주목을 받았는데, 화가는 이 그림에서 유디트를 소녀로 묘사하여 그 아름다움을 부각시키고 있다.
>
> 여성은 남성의 벗은 몸을 볼 수 없다는 당시 사회 통념 때문에 정규 미술 학교 교육을 받을 수 없었던 젠틸레스키는 타고난 재능을 거의 독학에 가까운 노력을 통해 발현할 수 있었다. 그녀는 카라바조의 〈유디트〉에 등장하는 인물들의 비현실적인 자세와 구도를 비판하며 보다 현장감 넘치는 그림을 그렸다. 당시 기록에 의하면, 젠틸레스키의 〈유디트〉에 등장하는 주인공은 화가 자신이며, 그녀를 겁탈한 개인 교사가 홀로페르네스로 그려졌다고 한다.

① 당시의 미술 애호가들은 젠틸레스키의 그림에 등장하는 여성 이미지가 이상화되지 않았다는 점에서 저평가했을 것이다.

② 당시 미술계는 남성의 벗은 몸을 볼 수 없었던 젠틸레스키가 홀로페르네스의 신체 표현에 서툴렀기 때문에 저평가했을 것이다.

③ 당시 미술계는 정규 미술 교육도 받지 못한 여성인 젠틸레스키가 주목받던 선배 화가 카라바조의 방식을 따르지 않았기 때문에 저평가했을 것이다.

④ 페미니스트 연구자들은 젠틸레스키의 그림으로부터 능동적인 여성상을 읽을 수 있기 때문에 높이 평가했을 것이다.

⑤ 페미니즘적 미술 비평은 젠틸레스키의 그림이 여성 화가의 자화상이고 그녀의 아픈 상처가 이 그림의 창작 동인이 되었다는 점 때문에 새롭게 평가했을 것이다.

05

윗글에 대한 이해로 가장 적절한 것은?

① 도상 해석학은 도상에 따라 작품을 이해하는 탈구조주의 철학을 바탕으로 작품을 해석하였다.

② 현대 미술가들의 그림 그리는 방식의 변화는 미술사가들이 다양한 관점과 기준으로 작품을 해석하도록 인식을 변화시켰다.

③ 신미술사학에서는 미술 작품을 구도, 색채 효과와 같은 개별적인 형식 요소로 나누어 봄으로써 작품의 의미를 파악하고자 하였다.

④ 신미술사학의 작품 접근 방법은 현대 미술의 자유분방한 미적 사고를 해석하는 데는 효과적이지만 과거 미술 작품의 분석에는 한계를 드러내었다.

⑤ 19세기 미술사학은 서양 백인 남성 위주의 미술사 연구로부터 탈피하여 여성 미술가, 흑인 미술가와 같은 다양한 계층으로 미술사의 주체를 확대시켰다.

[06 ~ 10] 다음 글을 읽고 물음에 답하시오.

자본 구조가 기업의 가치와 무관하다는 명제로 표현되는 ㉠모딜리아니 - 밀러 이론은 완전 자본 시장 가정, 곧 자본 시장에 불완전성을 가져올 수 있는 모든 마찰 요인이 전혀 없다는 가정에 기초한 자본 구조 이론이다. 이 이론에 따르면, 기업의 영업 이익에 대한 법인세 등의 세금이 없고 거래 비용이 없으며 모든 기업이 완전히 동일한 정도로 위험에 처해 있다면, 기업의 가치는 기업 내부 여유 자금이나 주식 같은 자기 자본을 활용하든지 부채 같은 타인 자본을 활용하든지 간에 어떤 영향도 받지 않는다. 모딜리아니 - 밀러 이론은 현실적으로 타당한 이론을 제시했다기보다는 현대 자본 구조 이론의 출발점을 제시하였다는 데 중요한 의미가 있다.

모딜리아니 - 밀러 이론이 제시된 이후, 완전 자본 시장 가정의 비현실성에 ⓐ주안점을 두어 세금, 기업의 파산에 따른 처리 비용(파산 비용), 경영자와 투자자, ⓑ채권자 같은 경제 주체들 사이의 정보량의 차이(정보 비대칭) 등을 감안하는 자본 구조 이론들이 발전해 왔다. 불완전 자본 시장을 가정하는 이러한 이론들 중에는 ㉮상충 이론과 ㉯자본 조달 순서 이론이 있다.

상충 이론이란 부채의 사용에 따른 편익과 비용을 비교하여 기업의 최적 자본 구조를 결정하는 이론이다. 이러한 편익과 비용을 구성하는 요인들에는 여러 가지가 있지만, 그중 편익으로는 법인세 감세 효과만을, 비용으로는 파산 비용만 있는 경우를 가정하여 이 이론을 설명해 볼 수 있다. 여기서 법인세 감세 효과란 부채에 대한 이자가 비용으로 처리됨으로써 얻게 되는 세금 이득을 가리킨다. 이렇게 가정할 경우 상충 이론은 부채의 사용이 증가함에 따라 법인세 감세 효과에 의해 기업의 가치가 증가하는 반면, 기대 파산 비용도 증가함으로써 기업의 가치가 감소하는 효과도 나타난다고 본다. 이 상반된 효과를 계산하여 기업의 가치를 가장 크게 하는 부채 비율 곧 최적 부채 비율이 결정되는 것이다.

이와는 달리 자본 조달 순서 이론은 정보 비대칭의 정도가 작은 순서에 따라 자본 조달이 순차적으로 이루어진다고 설명한다. 이 이론에 따르면, 기업들은 투자가 필요할 경우 내부 여유 자금을 우선적으로 쓰며, 그 자금이 투자액에 미달될 경우에 외부 자금을 조달하게 되고, 외부 자금을 조달해야 할 때에도 정보 비대칭의 문제로 주식의 발행보다 부채의 사용을 선호한다는 것이다.

상충 이론과 자본 조달 순서 이론은 기업들의 부채 비율 결정과 관련된 이론적 예측을 제공한다. 기업 규모와 관련하여 상충 이론은 기업 규모가 클 경우 부채 비율이 높을 것이라고 예측한다. 대기업은 소규모 기업에 비해 사업 다각화의 정도가 높아 파산할 위험이 낮으므로 기대 파산 비용도 낮아서 부채 수용 능력이 높은데다가 법인세 감세 효과를 극대화하기 위해서도 더 많은 부채를 ⓒ차입하려 할 것이기 때문이다. 그러나 자본 조달 순서 이론은 기업 규모가 클 경우 부채 비율이 낮을 것이라고 예측한다. 기업 규모가 클 경우 기업 회계가 투명해지는 등 투자자들에게 정보 비대칭으로 발생하는 문제가 적기 때문에 금융 중개 기관을 이용하여 자본을 조달하기보다는 주식 시장을 통해 자본을 조달할 것이기 때문이다. 성장성이 높은 기업들에 대하여, 상충 이론은 법인세 감세 효과보다는 기대 파산 비용이 더 크기 때문에 부채 비율이 낮을 것이라고 예측하는 반면, 자본 조달 순서 이론은 성장성이 높을수록 더 많은 투자가 필요할 것이므로 부채 비율이 높

을 것이라고 예측한다.

불완전 자본 시장을 가정하는 자본 구조 이론들이 모딜리아니 - 밀러 이론을 비판한 것에 대하여 밀러는 모딜리아니 - 밀러 이론을 수정·보완하는 자신의 이론을 제시하였다. 그는 자본 구조의 설명에 있어 파산 비용이 미치는 영향이 미약하여 이를 고려할 필요가 없다고 보았다. 이와 함께 법인세의 감세 효과가 기업의 자본 구조 결정에 크게 반영되지는 않는다는 점에 ⓓ착안하여 자본 구조 결정에 세금이 미치는 효과에 대한 재정립을 시도하였다. 현실에서는 법인세뿐만 아니라 기업에 투자한 채권자들이 받는 이자 소득에 대해서도 소득세가 부과되는데, 이러한 소득세는 채권자의 자산 투자에 영향을 미침으로써 기업의 자금 조달에도 영향을 미칠 수 있다. 밀러는 이러한 현실을 반영하고 채권 시장에서 투자자들의 수요 ⓔ행태와 기업들의 공급 행태를 정형화하여 경제 전체의 ㉰최적 자본 구조 결정 이론을 제시하였다. ㉤밀러의 이론에 의하면, 경제 전체의 자본 구조가 최적일 경우에는 법인세율과 이자 소득세율이 정확히 일치함으로써 개별 기업의 입장에서 보면 타인 자본의 사용으로 인한 기업 가치의 변화는 없다. 결국 기업의 최적 자본 구조는 결정될 수 없고 자본 구조와 기업의 가치는 무관하다는 것이다.

06
윗글의 내용과 일치하는 것은?

① 경제 주체들 사이의 정보 비대칭만으로는 자본 시장의 불완전성을 논할 수 없다.
② 자본 구조 이론은 기업의 가치가 부채 비율에 미치는 영향을 연구하는 이론이다.
③ 자본 조달 순서 이론에 의하면, 기업은 내부 여유 자금, 주식, 부채의 순으로 투자 자금을 조달한다.
④ 상충 이론과 자본 조달 순서 이론은 기업 규모가 부채 비율에 미치는 효과와 관련하여 상반된 해석을 한다.
⑤ 불완전 자본 시장을 가정하는 자본 구조 이론들은 모딜리아니 - 밀러 이론이 가진 결론의 비현실성은 비판했지만 이론적 전제에는 동의했다.

77

07

㉠과 ㉡의 관계를 설명한 것 중 가장 적절한 것은?

① 파산 비용이 없다고 가정한 ㉠의 한계를 극복하기 위해 ㉡은 파산 비용을 반영하였다.

② 개별 기업을 연구 대상으로 삼은 ㉠과 같은 입장에서 ㉡은 기업의 최적 자본 구조를 분석하였다.

③ 기업의 가치 산정에 법인세만을 고려한 ㉠의 한계를 극복하기 위해 ㉡은 법인세 외에 소득세도 고려하였다.

④ 현실 설명력이 제한적이었던 ㉠의 한계를 극복하기 위해 ㉡은 기업의 가치 산정에 타인 자본의 영향이 크다고 보았다.

⑤ 자본 시장의 마찰 요인을 고려한 ㉡은 자본 구조와 기업의 가치가 무관하다는 ㉠의 명제를 재확인하였다.

08

윗글을 바탕으로 〈보기〉의 상황을 이해한 내용으로 가장 적절한 것은?

> ┤ 보기 ├
>
> 기업 평가 전문가 A씨는 상충 이론에 따라 B 기업의 재무 구조를 평가해 주려고 한다. B 기업은 자기 자본 대비 타인 자본 비율이 높으며 기업 규모가 작으나 성장성이 높은 기업이다. 최근에 B 기업은 신기술을 개발하여 생산 시설을 늘려야 하는 상황이다.

① A씨는 B 기업의 규모가 작기 때문에 부채 비율이 높은 것이라고 평가할 것이다.

② A씨는 B 기업의 이자 비용에 따른 법인세 감세 효과는 별로 없을 것이라고 평가할 것이다.

③ A씨는 B 기업의 높은 자기 자본 대비 타인 자본 비율이 그 기업의 가치에 영향을 미칠 것이라고 평가할 것이다.

④ A씨는 B 기업이 기대 파산 비용은 낮고 투자로부터 기대되는 수익은 매우 높기 때문에 투자 가치가 높다고 평가할 것이다.

⑤ A씨는 B 기업의 생산 시설 확충을 위한 투자 자금은 자기 자본보다 타인 자본으로 조달하는 것이 더 낫다고 평가할 것이다.

09

㉮~㉱의 관점에서 〈보기〉를 평가한 내용으로 적절하지 않은 것은? [3점]

> ┤ 보기 ├
>
> • 자동차, 전자, 반도체, 통신, 유통 등의 계열사를 거느린 대기업 '갑'은 올해에도 1조 원을 외부에서 차입하기로 결정하였다.
> • 무인 자동차 필수 부품의 생산 기술을 보유한 중소기업 '을'은 무인 자동차 시대를 맞이하면서 기업의 성장성이 높아지는 추세이다.

① ㉮는 '갑'이 1조 원의 부채 도입을 결정한 것을 법인세 감세 효과를 극대화하기 위한 것이라고 평가하겠군.

② ㉮는 '갑'은 규모로 인한 기대 파산 비용이 커서 부채 비율이 높고, '을'은 성장에 따른 기대 파산 비용이 작아서 부채 비율이 낮을 것이라고 평가하겠군.

③ ㉯는 성장성이 높은 '을'이 외부 자금을 조달하여 더 많은 투자를 하는 경영 전략을 세울 것이라고 평가하겠군.

④ ㉯는 '갑'은 경영의 투명성이 높기 때문에 '을'에 비해 투자자들과 정보 비대칭으로 인해 일어나는 문제가 적을 것이라고 평가하겠군.

⑤ ㉱는 경제 전체의 자본 구조가 최적일 경우에는 '갑'과 '을'이 외부 자금을 활용하더라도 기업의 가치에는 변화가 없을 것이라고 평가하겠군.

10

ⓐ~ⓔ의 사전적 의미로 적절하지 않은 것은?

① ⓐ : 특히 중점을 두어 살피는 점. 또는 중심이 되는 목표점

② ⓑ : 특정인에게 일정한 빚을 받아 낼 권리를 가진 사람

③ ⓒ : 돈이나 물건을 꾸어 들임

④ ⓓ : 어떤 일을 주의하여 봄. 또는 어떤 문제를 해결하기 위한 실마리를 잡음

⑤ ⓔ : 사람이 의지를 가지고 하는 짓

[11 ~ 15] 다음 글을 읽고 물음에 답하시오.

'개념'은 특정한 사물이나 사건, 상징적인 대상들의 공통된 속성을 추상화하여 종합화한 보편적 관념을 말한다. 일반적으로 개념은 내포(內包)와 외연(外延)으로 구성된다. 여기서 내포는 개념이 적용되는 범위에 속하는 여러 사물이 공통적으로 가지고 있는 어떤 필연적 성질 전체를 가리킨다. 예를 들어 생물이라는 말의 경우 '생명을 가지고 생활 현상을 영위하는 존재'가 내포가 된다. 반면 외연은 그 개념이 ⓐ지시할 수 있는 대상 전체의 범위를 가리킨다. 생물이라는 말의 외연은 생물이라는 개념이 지시할 수 있는 대상 전체, 곧 동물, 식물 등이 된다. 만약 내포의 범위를 '움직이는~'이라는 성질을 더하여 '동물'이라는 개념으로 ⓑ한정한다면 내포는 그만큼 증가하지만 외연은 감소한다.

만약 여러 가지 정보를 토대로 물체나 사건의 정체를 판단하다 보면 별개의 대상들을 같은 이름으로 부르는 일이 일어나기도 한다. 즉 옆집에서 시끄럽게 짖어대는 것이나 아기가 갖고 있는 동물 인형도 모두 '개'라고 부른다면, 둘 다 '개'라는 개념이 포함하고 있는 속성들을 공유하는 것으로 판단하고 '개'의 범주에 포함시킨 것으로 볼 수 있다. 이때 '범주'는 같은 성질을 가진 부류나 범위를 의미한다. 그리고 특정한 사례가 특정한 범주의 구성원인지의 여부를 결정하는 것, 특정한 개념이 다른 개념의 부분 집합인지를 결정하는 것을 '범주화'라고 한다.

범주화는 인간이 사물과 현상을 변별하고, 이해하고, 추론하고, 기억하는 데 많은 도움을 준다. 만일 사람이 새로운 경험을 할 때마다 그 경험을 개별적인 속성에 기초해서 독특한 것으로 지각한다면 엄청나게 다양한 경험에 ⓒ압도당할 것이며, 접하는 것들의 대부분을 기억할 수 없을 것이다. 또한, 사람이 접하는 모든 대상들을 그 이전에 경험한 어떤 것과도 같지 않은 속성을 지닌 개별적인 것으로 인식한다면 경험에 의미를 부여할 수 없게 된다. 그러므로 범주화는 주위에서 일어나는 사물이나 현상들을 의미 있는 단위로 분할하여 그 사물이나 현상들과 관련 있는 이후의 일들을 예상할 수 있게 하는 기능을 한다고 볼 수 있다.

그렇다면 어떤 방식으로 범주화가 가능한 것일까? ㉠고전적 견해는 어떤 개념에 속한 사례들이 모두 기준 속성 또는

정의 속성들을 공유한다고 본다. 예컨대, '변이 네 개', '폐쇄 도형', '평면 도형'이라는 각 속성은 사각형이기 위해 반드시 필요하며 세 속성의 집합은 사각형을 정의하는 데 충분하므로, 세 속성의 집합을 필요충분조건으로 ⓓ간주하는 것이다. 그리고 필요, 충분 속성을 모두 가지고 있으면 똑같이 사각형이기 때문에 고전적 견해에서는 어떤 사례가 그 범주의 더 좋은 예나 나쁜 예일 수 없고 동등한 지위를 갖는다고 본다. 그러나 고전적 견해에서 주장하는 바와 달리 범주에 속한 사례들 중에서 어떤 사례는 그 범주의 더 좋은 예로, 그리고 다른 사례는 덜 좋은 예로 평가되는 경우도 있다. 어엿한 사각형의 속성을 모두 가지고 있으면서도 정사각형, 직사각형은 전자에 해당하는 전형적인 사각형이지만, 등변 사다리꼴, 마름모는 후자에 해당하는 경우로 볼 수 있기 때문이다.

이러한 입장에서 등장한 ㉡유사성 기반 견해는 유사한 대상들은 동일한 범주에 속하며, 유사하지 않은 대상들은 서로 다른 범주에 속하는 경향이 있다고 한다. 즉 대상들이 유사하기 때문에 동일 범주로 묶이는 것이며, 개념의 속성들이 존재하는 정도가 확률적으로 결정된다고 한다. 이러한 견해에 해당하는 '원형 모형'에 따르면, 평균적인 속성들의 추상적 집합체인 '원형'에 의해 범주화된다고 본다. 특정 개념에 속하는 사례들을 경험한 후, 그 사례들을 가장 잘 대표할 수 있는 원형이 추상화되어 그 개념의 표상으로 저장된다는 것이다. 어떤 것을 '사과'라고 부를 수도 있고 보다 일반적인 범주인 '과일'이나 보다 구체적인 범주인 '홍옥'이라고 부를 수 있는 경우, 하나의 대상에 가장 흔히 사용되는 수준을 기본 수준이라고 한다면 기본 수준은 상위 수준이나 하위 수준보다 변별력이 더 큰 것으로 본다. 그러나 유사성 기반 견해에서 말하는 유사성이 지극히 가변적이기 때문에 이것을 범주화의 원인으로 보기 어렵다는 주장도 만만치 않게 ⓔ제기되고 있다.

최근의 ㉢설명 기반 견해는 범주화가 단순히 기억 속의 표상과 속성들의 전형성 정도를 비교하는 것에 국한되는 것이 아니라, 범주 체제화에 관한 지식을 이용하여 분류를 정당화하고 어떤 사례들이 왜 같은 범주로 묶이는가를 설명하는 과정이라고 본다. 즉 '아이, 애완동물, 사진첩, 현금, 보석' 등과 같이 지각적 공통점이 없는 사례들도 '집에 불이 났을 때 꺼낼 물건'이라는 필요나 지식에 의해 형성되는 범주로 묶을 수 있듯이, 범주화에서는 기능적, 인과적 설명의 역할이 중요하

다는 것이다. 즉 서로 다른 대상들이 어떻게 상호 작용하는가에 대한 지식을 통해서 속성들을 선택하고 가중치를 부여할 수 있을 때 비로소 개념적 지식이 이해될 수 있다는 것이다. 그러나 설명 기반 견해는 개념이 추론과 분리해서는 이해될 수 없으며 불변적인 표상으로 간주되어서는 안 된다고 보는 입장이므로, 지식 간의 차이가 모호해지며 개념 연구가 복잡해진다는 문제점을 안고 있다.

11

윗글을 통해 알 수 있는 내용으로 적절하지 <u>않은</u> 것은?

① 범주화 과정은 개념의 내포보다는 외연과 관련이 깊다.

② 범주화는 경험과 기억 활동이 선행되어야 가능한 사고 과정이다.

③ 개의 종류를 '진돗개'와 '치와와'라고 다르게 부르는 것은 서로 공유하지 않는 속성이 있기 때문이다.

④ 범주화의 과정에 대한 견해들은 인간의 지식 체계를 일관된 방식으로 해석할 수 있다는 점을 보여 준다.

⑤ 범주화의 과정이 이루어지지 않는다면 의미 있는 단위로 분류되지 않은 경험들에 의해 인간의 사고 체계는 제대로 기능하기 어려울 것이다.

12

윗글을 참고하여 〈보기〉를 해석한 내용으로 적절하지 <u>않은</u> 것은?

─┤ 보기 ├─

ㄱ. A는 곤충이 다리가 세 쌍이며 거미는 다리가 네 쌍이라는 것을 몰랐다. 그래서 거미를 보고 거미와 곤충의 유사한 모습에만 주목해 거미가 곤충에 속한다고 말했다. 곤충과 거미의 차이점을 알고 있는 B는 그 말을 듣고 거미는 곤충이 아니라고 A에게 알려 주었다.

ㄴ. 유아들과 청소년들을 대상으로 사과, 개, 장미, 소, 국화, 포도 그림을 보여 주며 어떤 그림을 봤는지를 외워 보라고 했다. 유아들은 그림들 간의 관계를 고려하지 않고 외운 반면, 청소년들은 그림들을 '과일', '꽃', '가축'으로 나누어 외웠다.

ㄷ. C는 수업 시간에 영상물을 통해 기도가 막혔을 때의 응급 처치 방법을 배웠다. 친구들과 저녁 식사를 하던 중 한 친구가 갑자기 목을 부여잡고 제대로 숨을 쉬지 못하는 상황이 발생하자, C는 영상물에서 본 상황과 유사하다고 생각하여 응급 처치를 시행하였다. 그 덕분에 그 친구는 무사했다.

① ㄱ에서 A는 거미가 지니고 있는 곤충과의 유사한 모습에 주목하여 범주화했겠군.

② ㄱ에서 B는 거미의 개념과 관련해 곤충과 구별되는 거미의 속성을 이해하고 있었기 때문에 A가 잘못 범주화한 것을 바로잡아 줄 수 있었겠군.

③ ㄴ에서 그림의 개수가 더 많아지면 '유아들'이 제시된 그림들을 모두 기억하는 데 겪는 어려움이 더 커질 수 있겠군.

④ ㄴ에서 '청소년들'은 '사과, 개, 장미, 소, 국화, 포도' 각각의 그림 속 대상이 지닌 독특한 고유의 특성에 주목해 외웠겠군.

⑤ ㄷ에서 C는 '친구'가 숨을 못 쉬게 된 것을 기도가 막혔을 때의 증상으로 범주화했기 때문에 영상물을 본 경험으로부터 도움을 받을 수 있었겠군.

13

⊙~ⓒ의 관점에서 〈보기〉에 대해 주장할 수 있는 내용으로 적절하지 <u>않은</u> 것은? [3점]

┌─────────────────────────────── 보기 ┐

[귀납 추론의 예]

┌──────────────────────────────────┐
│ ㉮ 비둘기는 날개가 있고 알을 낳고 다리가 두 개이다. │
└──────────────────────────────────┘
↓
┌──────────────────────────────────┐
│ ㉯ 펭귄은 날개가 있고 알을 낳고 다리가 두 개이다. │
└──────────────────────────────────┘
↓
┌──────────────────────────────────┐
│ ㉰ 날개가 있고 알을 낳고 다리가 두 개인 것은 새이다. │
└──────────────────────────────────┘
↓
┌──────────────────────────────────┐
│ ㉱ 비둘기와 펭귄은 새이다. │
└──────────────────────────────────┘

① ⊙은 ㉰에서 '날개가 있음', '알을 낳음', '다리가 두 개임' 이라는 세 속성이 '새'를 정의하는 필요충분조건이기 때문에, 이러한 속성을 모두 가지고 있으면 필연적으로 '새'의 범주에 포함된다고 주장할 것이다.

② ⓒ은 ㉮와 ㉯를 통해 '비둘기'와 '펭귄' 중에서 '새'의 원형에 더 가까운 사례가 무엇인지 비교하면서, '새'는 기본 수준인 '비둘기'보다 상위 수준이므로 변별력이 더 큰 개념이라고 주장할 것이다.

③ ⓒ은 '난다'라는 속성은 '새'의 많은 사례들이 가지고 있는 대표적 속성이므로, '난다'라는 대표적 속성까지 고려하여 보면 '비둘기'가 '펭귄'보다 '새'의 범주에 더 좋은 사례가 된다고 주장할 것이다.

④ ⓒ은 ㉰에서 '날개가 있고 알을 낳고 다리가 두 개'인 속성과는 무관하거나 별도의 지각적 공통점이 없어도, '비둘기'와 '펭귄'은 '새'가 아닌 새로운 범주에 해당하는 사례가 될 수 있다고 주장할 것이다.

⑤ ⓒ은 애니메이션에 등장하는 '펭귄' 캐릭터에 익숙한 유치원생들이 ㉱에서 '비둘기'보다 '펭귄'이 더 전형적인 '새'라고 말하는 것을 본다면, 범주화에서 속성들의 전형성을 비교하는 것의 문제점을 주장할 것이다.

14

윗글에 제시된 정보들의 관계를 파악한 것으로 적절하지 <u>않은</u> 것은?

① 개념의 내포와 외연은 한쪽이 증가하면 다른 한쪽은 감소하는 관계를 갖는다.

② 범주와 범주에 속하는 구체적 사례들은 집합과 부분 집합의 관계를 갖는다.

③ 고전적 견해에 의하면 개념에 속하는 사례들은 서로 대등적 관계를 갖는다.

④ 유사성 기반 견해에 의하면 개념에 속하는 사례들은 서로 가변적 관계를 갖는다.

⑤ 설명 기반 견해에 의하면 개념에 속하는 사례들은 서로 확률적 관계를 갖는다.

15

ⓐ~ⓔ와 바꿔 쓸 수 있는 말로 적절하지 <u>않은</u> 것은?

① ⓐ : 가리킬

② ⓑ : 좁힌다면

③ ⓒ : 이끌릴

④ ⓓ : 여기는

⑤ ⓔ : 일어나고

09회 실전 모의고사

제한 시간: **22** 분 **30** 초
풀이 시간: 분 초

[01 ~ 05] 다음 글을 읽고 물음에 답하시오.

우리는 초상화보다는 초상 사진이 더 사실적이라고 느낀다. 회화에 비해 사진이 더 사실적이라고 생각하는 이유는 사진이 기계적 장치에 의해 대상을 정확히 재현할 수 있기 때문이다. 하지만 초점이나 노출을 조절하여 대상을 변형시킨 사진도 있다. 이런 경우에도 사진이 사실성을 갖고 있다고 볼 수 있을지에 대해 여러 사진 미학 이론에서 다양한 논의를 ⓐ펼쳤다. 이런 논의를 이해하기 위해서는 사진기의 주요 장치인 초점 조절 장치, 조리개, 셔터 등의 특성을 이해할 필요가 있다.

초점 조절 장치는 렌즈와 필름 사이의 거리를 조절하여 피사체의 상을 필름 면에 맺게 한다. 이 장치에는 렌즈와 관련한 광학 원리가 적용된다. 사진기 렌즈는 중심보다 가장자리가 더 많이 굽은 볼록 렌즈인데, 렌즈 면이 굽을수록 더 많이 굴절되므로 *광축에 평행으로 입사한 빛들은 광축의 한 점에 ⓑ모인다. 렌즈의 중심부터 빛이 모이는 점까지의 거리를 초점 거리(f)라고 한다. 렌즈의 초점 거리는 렌즈를 제작할 때 결정되므로 렌즈마다 고유한 초점 거리를 갖는다. 하지만 렌즈의 중심과 피사체 사이의 거리인 물체 거리(o)가 달라지면 특별한 경우를 제외하고는 렌즈의 중심과 상이 맺히는 지점 사이의 거리인 상 거리(i)가 달라진다.

물체 거리(o)와 상 거리(i)가 렌즈의 초점 거리(f)와 어떻게 연결되는지는 $\frac{1}{o}+\frac{1}{i}=\frac{1}{f}$ 로 표현될 수 있는데, 이를 렌즈 공식이라 한다. 렌즈 공식을 활용하면 i를 구할 수 있다. 아래 〈그림〉처럼 f가 20㎝인 렌즈가 있다고 하자.

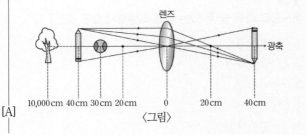

[A]

10,000cm 40cm 30cm 20cm 0 20cm 40cm
〈그림〉

피사체인 연필의 o가 40㎝인 경우에 연필의 i는 40㎝가 된다. o가 10,000㎝인 나무의 i는 어떻게 될까? o가 f보다 100배 이상 크면 물체가 무한대의 거리에 있는 것과 마찬가지로 작용한다. 따라서 $\frac{1}{o}$이 매우 작아서 무시할 수 있으므로 나무의 i는 f와 거의 같다. 만약 o가 f보다 작으면 피사체의 빛이 퍼져서 모이지 않아 렌즈 뒤에는 상이 맺히지 않는다. 렌즈 공식을 활용하면 상의 크기도 파악할 수 있다. 상의 크기를 피사체의 크기로 나눈 값은 i를 o로 나눈 값과 같다. 그러므로 이 값과 피사체의 크기를 알면 상의 크기도 알 수 있다.

조리개와 셔터는 노출을 결정한다. 노출은 필름에 입사되는 빛의 양이다. 노출이 과하면 사진이 허옇게 번져 나오고, 노출이 부족하면 사진이 어둡게 된다. 조리개 값과 셔터 속도로 노출 정도를 결정할 수 있다. 조리개는 렌즈 바로 뒤에 있는 구멍으로, 그 면적을 늘리거나 ⓒ줄일 수 있도록 만들어져 있다. 조리개 조절 장치에 기록되어 있는 1.4, 2, 2.8, 4, 5.6, 8, 11 등의 수치들은 렌즈의 초점 거리(f)를 조리개의 지름으로 나눈 값인데, 이를 조리개 값이라 한다. 조리개 값을 작은 수로 바꿀 때마다 조리개 지름은 약 1.4배 커져 조리개 면적이 약 2배 넓어진다. 따라서 빛의 양도 약 2배 증가한다. 한편 셔터는 촬영 순간 열렸다 닫혀서 빛의 양을 조절한다. 셔터 속도는 1, 2, 4, … 등으로 표시된다. 이는 셔터가 열려 있는 시간이 1/1초, 1/2초, 1/4초, … 등임을 뜻한다. 셔터 속도가 2배 빨라지면 노출 시간 역시 2배 짧아지므로 빛의 양이 2배 감소한다. 따라서 사진가는 조리개와 셔터를 활용하여 의도적으로 빛의 양을 조절할 수 있다.

조리개와 셔터에는 다른 기능도 있다. 조리개는 사진의 심도에 영향을 ⓓ미친다. 심도란 상이 필름에서 적절하게 초점이 맞는 물체 거리의 범위라고 할 수 있다. 조리개 지름이 작아지면 광축에 가까운 빛만 입사되어 초점이 맞는 물체 거리의 범위가 넓은데, 이를 심도가 깊다고 표현한다. 반대로 조리개 지름이 커지면 초점이 맞는 물체 거리의 범위는 좁다. 따라서 무엇을 어떻게 ⓔ찍을 것인지를 결정하는 데 있어 심도는 중요한 요소이다. 셔터 속도는 피사체의 움직임을 어떻게 구현할지 결정하는 기능을 한다. 빠른 셔터 속도는 움직이는 피사체를 정지 동작으로 나타낼 수 있다. 노출 시간이 짧아 피사체의 잔상이 필름 위에 남을 가능성이 적어지기 때문이다. 반면에 느린 셔터 속도를 사용하면 움직임을 암시하는 사진을 얻을 수 있다. 이때 움직이는 피사체는 흘러가듯이 표현된다.

이와 같은 사진기 장치들의 특성은 대상을 사진으로 정확하게 재현할 수도, 의도적으로 변형할 수도 있게 한다. 대상을 변형시킨 사진 역시 사실성을 갖고 있다고 볼 것인지에 대해 ㉠바쟁은 사진은 기계 장치에 의해 만들어지므로 사실성을 띤다고 본다. 조리개와 셔터 등의 요소에서 인간의 주관이 개입되는 측면을 인정하더라도 기계적 방식으로 대상을 기록한다는 본질은 변하지 않는다는 것이다. ㉡월든은 사진은 우리가 육안으로 직접 보았을 법한 대로 대상을 묘사한다고 보고, 그런 의미에서만 사진이 사실성을 갖는다고 생각한다. 사진이 기계에 의존하여 대상을 정확히 재현한다는 점을 중시한 것이다. 그래서 그림은 그 대상의 가시적 특징을 추가하거나 누락할 수 있지만 사진은 그렇게 하기 어렵기 때문에 그림과 달리 사진이 사실성을 띤다고 주장한다. 최근에는 ㉢또 다른 견해도 제시되고 있다. 이에 따르면 사진은 대상에서 나온 빛 이미지의 자취를 기계 장치로 기록한 것이다. 발자국이 대상의 실재를 함축하듯 사진은 그 대상의 실재를 함축한다. 그런 의미에서 모든 사진은 사실성을 갖는다고 본다. 그렇다면 발자국은 사진과 동일한가? 이 견해에 의하면 사진은 대상 자체의 자취가 아니라 대상에서 나오는 빛 이미지의 자취를 기록한다는 점에서 발자국과 구별된다. 또한 사진의 사실성은 사진이 대상을 정확히 재현하는지 여부와는 무관하다고 본다. 사진 형성 과정에 사진가가 적극 개입한 사진이건 우연히 찍힌 사진이건 빛 이미지의 자취라는 점에서는 모두 사실성을 띤다는 것이다.

*광축: 렌즈의 중심과 초점을 연결한 선

01
윗글에 대한 설명으로 가장 적절한 것은?
① 사진기의 역사를 소개하고, 사진기를 다룰 때 유의해야 할 점을 설명하고 있다.
② 사진의 사실성을 소개하고, 이를 뒷받침하는 사진 기술의 발전 과정을 밝히고 있다.
③ 사진기의 주요 장치를 설명하고, 사진의 사실성에 대한 여러 사진 미학 이론의 입장을 제시하고 있다.
④ 사진기의 여러 기능을 설명하고, 사진이 대상의 실제 모습을 드러내는 데 한계가 있음을 강조하고 있다.
⑤ 사진에서 초점과 노출이 중요한 이유를 제시하고, 사진 미학이 사진기 발달에 끼친 영향을 설명하고 있다.

02
[A]를 읽고 〈그림〉을 이해한 내용으로 적절하지 않은 것은?
① f가 10㎝인 렌즈를 사용하면 연필의 i는 더 작아진다.
② 공의 실제 크기가 10㎝라면 그 상의 크기는 실제보다 더 커진다.
③ 공의 상이 렌즈 뒤에 맺히려면 공의 o는 20㎝보다 더 커져야 한다.
④ 연필의 위치가 공의 위치로 바뀐다면 연필의 i는 커지고 o는 작아진다.
⑤ 〈그림〉과 동일한 상황에서 f만 50㎝로 바뀐다면 나무의 i는 f와 달라진다.

03

윗글을 바탕으로 〈보기〉와 관련해 보인 반응으로 가장 적절한 것은? [3점]

┤ 보기 ├

조리개 값은 2.8, 셔터 속도는 1000으로 각각 설정하여 피사체를 촬영하였다. 그리고 그 사진을 본 후, (가), (나)를 조절해 보았다. (단, 렌즈나 필름 감도, 삼각대 등 다른 요소는 고려하지 않음.)

(가) 조리개 조절 장치   (나) 셔터 속도 조절 장치

① 피사체만 선명하게 촬영하려 했지만 주변 사물까지 선명하게 보였다면, (나)는 고정하고 (가)를 2.8보다 큰 수로 조절해 심도를 깊게 하여 피사체만 선명하게 보이도록 해야겠어.

② 맑은 날 촬영하여 피사체가 허옇게 번져 보였다면, (가)를 4로, (나)를 2000으로 조절해 입사하는 빛의 양을 두 배로 늘려 상이 허옇게 보이는 현상을 막아야겠어.

③ 해질 무렵 촬영하여 피사체가 어둡게 보였다면, (가)는 고정하고 (나)를 1000보다 더 작은 수로 조절해 입사하는 빛의 양을 줄여 상을 밝게 보이도록 해야겠어.

④ 피사체가 매우 빨리 움직여 잔상이 생겼다면, (가)는 2.8보다 작은 수로, (나)는 1000보다 더 큰 수로 조절해 밝기는 유지하며 잔상이 나타나지 않도록 해야겠어.

⑤ 초점이 맞는 물체 거리의 범위가 넓어 보였다면, (가)는 고정하고 (나)를 2000으로 조절해 초점이 맞는 물체 거리의 범위를 좁혀야겠어.

04

〈보기〉의 사진에 대한 ㉠~㉢의 의견을 추론한 것으로 적절하지 **않은** 것은?

┤ 보기 ├

영희는 발자국이 일렬로 찍힌 눈길을 사진에 담고 싶었다. 하지만 눈 때문에 빛이 반사되고, 길에 찍힌 다른 발자국들과 뒤섞여서 발자국을 일렬로 사진에 담기가 어려웠다. 그래서 영희는 공터에 자신의 발자국을 찍어 일렬로 만들었다. 그리고 조리개와 셔터 속도를 조절하여 빛의 반사를 줄이고, 줌(zoom) 기능을 사용하여 그 부분만 프레임을 잡아서 위의 사진을 찍었다.

① ㉠ : 〈보기〉의 사진은 줌(zoom) 기능을 사용하여 연출되었지만 사진기로 찍은 것이므로 사실성을 띤다고 볼 수 있습니다.

② ㉡ : 〈보기〉의 사진이 연출되었다고 해도 눈 위에 난 발자국 자체의 가시적 특징을 보여 주고 있으므로 사실성을 띤다고 볼 수 있습니다.

③ ㉢ : 〈보기〉의 사진을 찍으며 영희가 직접 개입한 부분이 있더라도 대상에서 나오는 빛 이미지의 자취를 담고 있으므로 사실성을 띤다고 볼 수 있습니다.

④ ㉠, ㉡ : 〈보기〉의 사진은 기계를 이용하여 발자국을 기록했다는 측면에서 사실성을 띤다고 볼 수 있습니다.

⑤ ㉡, ㉢ : 〈보기〉의 사진은 영희의 주관적인 요소가 개입되어 있지만 발자국이라는 대상 자체를 정확하게 재현했다는 측면에서 사실성을 띤다고 볼 수 있습니다.

05

문맥상 ⓐ~ⓔ와 가장 가까운 의미로 쓰인 것은?

① ⓐ : 독수리가 창공에서 날개를 펼쳤다.
② ⓑ : 올해는 동아리 신입 회원이 세 명밖에 모이지 않았다.
③ ⓒ : 사무실 평수를 줄여 휴게실을 만들었다.
④ ⓓ : 선수가 결승점에 못 미쳐서 넘어지고 말았다.
⑤ ⓔ : 종이 위에 연필로 선을 긋고 점을 찍었다.

[06 ~ 10] 다음 글을 읽고 물음에 답하시오.

일반적이고 추상적인 형태의 법을 개별 사례에 적용하려 한다면 이른바 해석을 통해 법의 의미 내용을 구체화하는 작업이 필요하다. 어떤 새로운 사례가 특정한 법의 규율을 ㉠받는지 판단하기 위해서는 선례들, 즉 이미 의심의 여지없이 그 법의 규율을 받는 것으로 인정된 사례들과 비교해 볼 필요가 있는데, 그러한 비교 사례들을 제공할 뿐 아니라 구체적으로 어떤 비교 관점이 중요한지를 결정하는 것도 바로 해석의 몫이다.

넓은 의미에서는 법이 명료한 개념들로 쓰인 경우에 벌어지는 가장 단순한 법의 적용조차도 해석의 결과라 할 수 있지만, 일반적으로 문제 되는 것은 법이 불확정적인 개념이나 근본적으로 규범적인 개념, 혹은 재량적 판단을 허용하는 개념 등을 포함하고 있어 그것의 적용이 법문의 가능한 의미 범위 내에서 이루어지고 있는지 여부가 다투어질 경우이다. 그러한 범위 내에서 이루어지는 해석적 시도는 당연히 허용되지만, 그것을 넘어선 시도에 대해서는 과연 그 같은 시도가 정당화될 수 있는지를 따로 살펴봐야 한다.

하지만 언어가 가지는 의미는 고정되어 있는 것이 아니기 때문에, 애초에 법문의 가능한 의미 범위라는 것은 존재하지 않는다고 볼 수도 있다. 따라서 그것을 기준선으로 삼아, 당연히 허용되는 '법의 발견'과 별도의 정당화를 요하는 이른바 '법의 형성'을 구분 짓는 태도 또한 논란으로부터 자유롭다고 말할 수는 없다. 더욱이 가장 단순한 것에서 매우 논쟁적인 것까지 모든 법의 적용이 해석적 시도의 결과라는 공통점을 지니고 있는 한, 기준선의 어느 쪽에서 이루어지는 것이든 법의 의미 내용을 구체화하려는 활동의 본질에는 차이가 없을 것이다.

예컨대 법의 발견과 형성 과정에서 동일하게 법의 축소와 확장을 두고 고민하게 된다. 이를 통해서 특정 사례에 그 법의 손길이 미치는지 여부가 결정될 것이기 때문이다. 다만 그것이 법문의 가능한 의미 범위 내에서 이루어지는 경우와, *법의 흠결을 보충하기 위해 불가피하게 그 범위를 넘어서는 경우의 구분에 좀 더 주목하는 견해가 있을 뿐이다. 이렇게 보면 결국 법의 적용을 위한 해석적 시도란 법문의 가능한 의미 범위 안팎에서 법을 줄이거나 늘림으로써 그것이 특정 사례를 규율하는지 여부를 정하려는 것이라 할 수 있다.

흥미로운 점은 ㉮법의 축소와 확장이라는 개념마저 그다지 분명한 것이 아니라는 데 있다. 특히 형벌 법규와 관련해서는 가벌성의 범위가 줄어들거나 늘어나는 것을 가리킬 경우가 있는가 하면, 법규의 적용 범위가 좁아지거나 넓어지는 것을 지칭할 경우도 있다. 혹은 법문의 의미와 관련하여 언어적으로 매우 엄격하게 새기는 것을 축소로 보는가 하면, 명시되지 않은 요건을 덧붙이게 되는 탓에 확장이라 일컫기도 한다. 한편 이른바 법의 실질적 의미에 비추어 시민적 자유와 권리에 제약을 가하거나 법적인 원칙에 예외를 두는 것을 축소로 표현하기도 하며, 학설에 따라서는 입법자의 의사나 법 그 자체의 목적과 비교함으로써 축소와 확장을 판정하기도 한다.

가령 법은 단순히 '자수를 하면 형을 면제한다'라고만 정하고 있는데, 이를 '범행이 발각된 후에 수사기관에 자진 출두하는 것은 자수에 해당하지 않는다'라고 새기는 경우를 생각해 보자. 그러한 해석적 시도는 가벌성을 넓힌다는 점에서는 확장이지만, 법규의 적용 범위를 좁힌다는 점에서는 축소에 해당한다. 한편 자수의 일차적이고도 엄격한 의미는 '범행 발각 전'의 그것만을 뜻한다고 할 수 있다면, 그와 같은 측면에서는 법문의 의미를 축소하는 것이지만, 형의 면제 요건으로 단순히 자수 이외에 '범행 발각 전'이라고 하는 명시되지 않은 요소를 추가하여 법문의 의미를 파악하고 있는 점에서는 확장이다. 나아가 형의 면제 기회가 줄어드는 만큼 시민적 자유의 제약을 초래한다는 점에서는 축소이지만, 자수를 통한 형의 면제가 어디까지나 자신의 행위 결과에 대하여 책임을 져야 한다는 대원칙의 예외에 불과하다면, 그와 같은 예외의 폭을 줄이고 원칙으로 수렴한다는 점에서는 확장이라 말할 수 있다.

이렇듯 법의 해석과 적용을 인도하는 주요 개념들, 즉 법문의 가능한 의미 범위 및 그 안팎에서 시도되는 법의 축소와 확장은 대체로 정체가 불분명할 뿐 아니라 그 존재론적 기초를 의심받기도 하지만, 여전히 많은 학설과 판례가 이들의 도구적 가치를 긍정하고 있다. 그것은 규범적 정당성과 실천적 유용성을 함께 추구하는 법의 논리가 법적 사고의 과정 자체에 남긴 유산인 것이다.

＊법의 흠결: 법으로 규율되어야 할 사항에 관하여 법이 존재하지 않는 것

06

해석에 관한 윗글의 입장과 일치하는 것은?

① 법의 발견과 법의 형성 사이에 본질적인 차이는 없다.

② 법의 해석은 법의 흠결을 보충하는 활동에서 비롯한다.

③ 법문의 가능한 의미 범위를 넘어선 해석적 시도는 정당화 될 수 없다.

④ 법문이 명료한 개념들로만 쓰인 경우라면 해석이 개입할 여지가 없다.

⑤ 법이 재량적 판단을 허용하는 개념을 도입함으로써 해석 적 논란을 차단할 수 있다.

07

윗글을 바탕으로 〈보기〉의 견해를 평가한 것으로 적절하지 않은 것은? [3점]

┤ 보기 ├

　엄밀히 말해서 모든 면에서 동일한 두 사례란 있을 수 없다. 다양한 사례들은 서로 어떤 면에서는 유사하지만, 다른 면에서는 그렇지 않다. 따라서 법관이 참조하는 과거의 유사 사례들 중 해결해야 할 새로운 사례와 동일한 사례는 어떤 것도 없으며, 심지어 제한적인 유사성 탓에 서로 상반된 해결 지침을 제시하기 일쑤다. 법관의 역할이란 결국 어느 유사 사례가 관련성이 더 높은지를 정하는 데 있으며, 사례 비교를 통한 법의 구체화란 과거의 유사 사례들로부터 새로운 사례에 적용할 지혜를 빌리는 일일 뿐이다. 진정한 의미에서 법관을 구속하는 선례는 없으며, 법의 해석이라는 것은 실상 유추에 불과한 것이다.

① 법의 발견에 대해 추가적 정당화를 요구하고 있다.

② 법관의 임의적인 법 적용을 사실상 허용하고 있다.

③ 규범 대 사례의 관계를 사례 대 사례의 관계로 대체하고 있다.

④ 선례로 확립된 사례들과 단순한 참조 사례들을 구별하지 않고 있다.

⑤ 참조 사례들 간의 차이가 법적으로 의미가 있을지 판단하는 것은 해석의 몫임을 간과하고 있다.

08

〈보기〉의 ⓐ에서 ⓑ로의 변화에 대하여 ㉮를 판단할 때, 적절하지 않은 것은?

┤ 보기 ├

　"공공연히 사실을 적시하여 사람의 명예를 훼손한 자도, 오로지 공익을 위해 진실한 내용만을 적시했다면 처벌하지 않는다."라는 법은 ⓐ언론의 공익적인 활동을 보호하려는 취지로 제정·적용되었으나, ⓑ이후 점차 일반 시민들에게도 적용되는 것으로 해석되어 왔다.

① 가벌성의 범위를 기준으로 삼으면, 처벌의 대상이 줄어든다는 점에서 법의 축소라고 할 수 있다.

② 시민적 자유의 제약 가능성을 기준으로 삼으면, 시민이 누리는 표현의 자유를 제한한다는 점에서 법의 축소라고 할 수 있다.

③ 법규의 적용 범위를 기준으로 삼으면, 언론에서 일반 시민으로 적용 범위가 넓어진다는 점에서 법의 확장이라고 할 수 있다.

④ 입법자가 의도했던 법의 외연을 기준으로 삼으면, 법의 보호를 받는 대상이 늘어난다는 점에서 법의 확장이라고 할 수 있다.

⑤ 법문에 명시된 요건을 기준으로 삼으면, 명시되지 않은 부가 조건이 더 이상 적용되지 않는다는 점에서 법의 축소라고 할 수 있다.

09

윗글의 내용에 대한 이해로 적절하지 않은 것은?

① 특정 사례에 적용된 법문의 의미 범위가 모호할 경우 법 해석에 대한 문제가 발생할 수 있다.

② 언어가 가지는 본질적인 애매성 때문에 '법의 발견'과 '법의 형성'에 대한 논의에서도 논란이 발생할 수 있다.

③ 추상적인 형태의 법을 구체화하기 위해서는 사례를 적용하여 근본적으로 규범적인 개념으로 정리해야 한다.

④ 법의 해석과 적용의 근거가 되는 주요 개념들조차 그 기준이나 근거가 불분명하여 존재론적 기초를 의심받기도 한다.

⑤ 법의 의미를 구체화하려는 활동의 본질은 규범적 정당성과 실천적 유용성을 함께 추구하는 법의 논리가 적용된 결과이다.

10

문맥상 의미가 ㉠과 가장 가까운 것은?

① 우리 막내는 언제나 귀염을 <u>받고</u> 자랐다.

② 남편은 부인이 보내온 편지를 <u>받고</u> 눈물을 흘렸다.

③ 그는 면접관들로부터 최고 등급을 <u>받아</u> 합격하였다.

④ 연말까지 세금을 납부하라는 국세청의 통고를 <u>받았다</u>.

⑤ 그들은 봄의 따스한 햇살을 <u>받으며</u> 한참을 앉아 있었다.

[11 ~ 15] 다음 글을 읽고 물음에 답하시오.

동물은 쾌락, 고통 등을 느낄 수 있는 만큼 그들도 윤리적으로 대우해야 한다는 주장이 ㉠동물 감정론이다. 한편 ㉡동물 권리론에 따르면 동물도 생명권, 고통받지 않을 권리 등을 지닌 존재인 만큼 그들도 윤리적으로 대우해야 한다. 하지만 동물도 윤리적 대상으로 고려해야 한다는 두 이론을 극단적으로 전개하면 새로운 윤리적 문제가 발생한다. ㉢포식에 관련한 비판은 그러한 문제를 지적하는 대표적인 입장이다.

[A] 인간은 동물을 음식, 의류 등으로 이용해 왔지만, 인간만이 동물에게 고통을 주며 권리를 침해한 것은 아니다. 야생의 포식 동물 또한 피식 동물을 잔인하게 잡아먹는다. 피식 동물이 느끼는 고통은 도살에서 동물이 느끼는 고통보다 훨씬 클 수도 있다. 동물의 권리에 대한 침해 문제 또한 마찬가지로 설명할 수 있다. 인간의 육식이나 실험 등이 고통 유발이나 권리 침해 때문에 그르다면, 야생 동물의 포식이 피식 동물의 고통을 유발하거나 그 권리를 침해하는 것 또한 그르다고 해야 할 것이다. 그른 것은 바로잡아야 한다는 점에서 인간의 육식 등은 막아야 하는 것일 수 있다. 그렇다 해도 동물의 포식까지 막아야 한다고 하는 것은 터무니없다. 예컨대 사자가 얼룩말을 잡아먹지 못하도록 일일이 막는 것은 우선 우리의 능력을 벗어난다. 설령 가능해도 그렇게 하는 것은 자연 질서를 깨뜨리므로 올바르지 않다. 동물 감정론과 동물 권리론이 야생 동물의 포식을 방지해야 한다는 과도한 의무까지 함축할 수 있다는 점만으로도 그 이론을 비판할 충분한 이유가 된다.

동물 감정론은 윤리 결과주의에 근거한다. 이것은 행동의 올바름과 그름 등은 행동의 결과에 의거하여 평가되어야 한다는 입장이다. 전형적 윤리 결과주의인 ㉮공리주의에 따르면 행동의 효용, 곧 행동이 쾌락을 극대화하는지의 여부가 그 평가에서 가장 주요한 기준이 된다. 이때 효용은 발생할 것으로 기대되는 고통의 총량을 차감한 쾌락의 총량에 의해 계산한다. 동물 감정론이 포식 방지와 같은 의무를 부과한다는 지적에 대한 공리주의자의 응답은 다음과 같다. 포식 동물의 제거 등을 통해 피식 동물을 보호함으로써 얻을 수 있는 쾌락의 총량보다 이러한 생태계의 변화를 통해 유발될 고통의 총량이 훨씬 클 것이다. 따라서 동물을 이유 없이 죽이거나 학대하지 않는 것으로 인간이 해야 할 바를 다한 것이며 동물의 행동까지 규제해야 할 의무는 없다.

하지만 공리주의를 동원한 동물 감정론은 포식 방지가 인간의 의무가 될 수 없음을 증명하는 데 성공하지 못한다. 기술 발전 등으로 인해 포식에 대한 인간의 개입이 더욱 수월해지고, 그로 인해 기대할 수 있는 쾌락의 총량이 고통의 총량보다 실제 더 커질 수 있기 때문이다. 쾌락 총량의 극대화를 기치로 내건 동물 감정론에서의 효용 계산으로 포식 방지의 의무가 산출될 수도 있다.

한편 동물 권리론은 행동의 평가가 '의무의 수행' 등 행동 그 자체의 성격에 의거해야 한다는 윤리 비결과주의를 근거로 내세운다. 전형적 윤리 비결과주의인 ⓑ의무론에 따르면 행위의 도덕성은 행위자의 의무가 적절히 수행되었는지의 여부에 따라 결정된다. 동물 권리론이 포식 방지와 같은 의무를 부과한다는 지적에 대한 의무론자의 응답은 다음과 같다. 도덕 행위자는 자신의 행동을 조절하고 설명할 수 있는 능력을 지닌 반면, 포식 동물과 같은 도덕 수동자는 그런 능력이 결여된 존재이다. 의무를 지니려면 그렇게 할 수 있는 능력을 지녀야 한다. 도덕 수동자는 도덕에 맞춰 자신의 행동을 조절할 수 없으므로 그런 의무를 지니지 않는 것이다. 인간의 육식에서나 동물의 포식에서도 동물의 권리가 침해된 것이기는 마찬가지다. 그러나 동물은 자신의 행동을 조절할 능력을 갖지 않기에 다른 동물을 잡아먹지 않을 의무도 없다. 결국 사자가 얼룩말을 잡아 포식하는 것을 막을 인간의 의무 또한 없다는 것이다.

하지만 의무론을 동원한 동물 권리론은 포식에 관련한 비판을 오해했다는 문제점을 갖는다. 포식 방지에 대한 비판의 핵심은 사자가 사슴을 잡아먹는다고 할 때 우리가 그것을 그만두게 할 의무가 있는지의 문제이지, 사자가 그만두어야 할 의무가 있는지의 여부는 아니기 때문이다. 그저 재미로 고양이를 괴롭히는 아이는 도덕 수동자이니 그 행동을 멈춰야 할 의무가 없다고 하더라도 과연 그 부모 또한 이를 막을 의무가 없다고 하겠는가?

11

㉠~㉢에 대한 설명으로 가장 적절한 것은?

① ㉠에서는 동물의 포식 때문에 생겨나는 야생의 고통은 효용 계산에서 무시해도 된다고 본다.
② ㉡에서는 인간이 동물에 대해 의무가 있는지를 판단할 때 인간의 도덕 행위자 여부를 고려해야 한다고 본다.
③ ㉢에서는 인간의 육식은 그르지만 야생 동물의 포식은 그르지 않다고 본다.
④ ㉠과 ㉡에서는 모두 동물에게 포식 금지의 의무가 있다고 본다.
⑤ ㉠과 ㉢에서는 모두 포식을 방지하는 행동이 그른 까닭을 생명 공동체의 안정성 파괴에서 찾는다.

12

윗글을 바탕으로 추론할 때, 적절한 것만을 〈보기〉에서 있는 대로 고른 것은? [3점]

─── 보기 ├──

ㄱ. 공리주의에 따르면, 포식 동물의 제거로 늘어날 쾌락의 총량이 고통의 총량보다 커지면 포식 동물을 제거해야 할 것이다.
ㄴ. 공리주의에 따르면, 동물에 대한 윤리적 대우의 범위는 야생에 개입할 수 있는 인간의 기술 발전 수준에 반비례할 것이다.
ㄷ. 의무론에 따르면, 인간에게 피식 동물을 구출할 수 있는 능력이 있다면 인간은 반드시 그렇게 할 의무가 있을 것이다.
ㄹ. 의무론에 따르면, 동물을 대하는 인간 행동의 올바름, 그름 등은 결과가 아닌 행동 그 자체의 성질에서 찾을 수 있을 것이다.

① ㄱ, ㄴ　　　② ㄱ, ㄹ　　　③ ㄴ, ㄷ
④ ㄱ, ㄷ, ㄹ　　⑤ ㄴ, ㄷ, ㄹ

13

문제점의 내용으로 가장 적절한 것은?

① 도덕 수동자에게는 책임이 없다는 사실로부터 도덕 행위자에게도 도덕 수동자의 행동에 대한 책임이 없다고 단정했다.

② 어린 아이가 도덕 수동자라는 사실로부터 어린 아이에게는 도덕적 책임을 물을 수 없다고 단정했다.

③ 포식 동물도 어린 아이와 마찬가지로 행동 조절 능력을 결여한 도덕 수동자라는 점을 간과했다.

④ 야생에서의 권리 침해가 인간 세계에서의 그것에 비해 더욱 잔인하다는 점을 간과했다.

⑤ 피식 동물도 인간과 마찬가지로 쾌락과 고통을 느끼는 능력이 있다는 점을 간과했다.

14

〈보기〉의 **생태주의자**의 입장에서 [A]에 대해 보일 반응으로 가장 적절한 것은?

| 보기 |

생태주의는 인간을 생태계의 일부로 보고 인간과 자연이 유기적 관계로 연결되어 있다고 강조한다. 이에 따라 인간의 존립 기반인 자연과 생태계가 항상적인 생명 부양 체계를 유지할 수 있도록 보호하는 데 주력하고, 이를 실현하기 위해 사회 전체의 제도와 법을 근본적으로 바꾸고자 한다. **생태주의자**는 바로 이 과정에서 생태계의 안정성 유지를 위해 생물 종의 다양성을 보존할 것을 주장한다. 그래서 이들은 동물 개체 하나하나가 아니라 생태계 전체와 야생 동식물 종의 보호에 주력한다. 또한 동물들이 인간에 의해 불필요한 고통을 겪지 않도록 하는 데 적극적이다.

① 생태계의 항상성과 안정성 유지를 위해 인간도 생태계의 일부가 되도록 노력하는 것이 중요합니다.

② 생명체의 기반인 자연과 생태계가 유지될 수 있도록 동물의 포식을 방지하는 새로운 법안을 마련해야 합니다.

③ 인간과 자연의 유기적 관계성에 근거하여 고통받지 않을 권리를 지니는 하나하나의 동물들을 구출해야 합니다.

④ 불필요한 포식 논쟁에 연연하기보다 생물 종의 다양성을 보호하기 위한 근본적 제도를 마련하는 것이 중요합니다.

⑤ 인간의 편리를 위해 동물에게 심각한 고통을 주는 행위를 중단하고 자연이 아닌 인간 스스로의 존립 기반을 찾아야 합니다.

15

윗글의 ㉮, ㉯와 〈보기〉의 ㉰의 견해를 비교한 내용으로 가장 적절한 것은?

| 보기 |

㉰덕(德) 윤리학자들은 도덕 규칙 대신에 덕(德)을 윤리적 행위의 근원으로 보았다. 그들은 정직의 덕을 완전하게 가진 자는 그렇지 못한 자에 비해 주어진 상황에 맞게 욕망과의 충돌 없이 정직한 행위를 한다고 보았다. 또한 온전한 의미의 덕은 실천적 지혜를 품고 있는데, 이러한 실천적 지혜는 다양한 상황에 부합하는 올바른 결과를 만들어 낸다고 여겼다. 즉 온전한 의미의 덕을 지닌 사람들은 윤리적으로도 옳은 행동을 하게 되며, 이것이 대다수 사람들의 도덕적 직관에 부합하는 보편성이 인정되는 결과를 가져온다는 점을 중요시하였다.

① ㉮와 ㉰는 윤리적 도덕의식에 따른 행위가 항상 최상의 결과를 가져온다고 생각한다.

② ㉮와 ㉰는 윤리적 행위의 근원에 대해 설명하고 있다는 점에서 공통점을 지니고 있다.

③ ㉯와 ㉰는 행위가 만들어 낸 결과에 상관없이 행위의 동기가 무엇인가를 더욱 강조하는 윤리 체계이다.

④ ㉯와 ㉰는 보편적이고 일반적인 도덕 규칙을 기준으로 주어진 상황을 판단하는 것을 중요하게 생각한다.

⑤ ㉮, ㉯와 달리 ㉰는 온전한 의미의 덕이 품고 있는 실천적 지혜가 행위자의 도덕성을 결정한다고 생각한다.

[01 ~ 05] 다음 글을 읽고 물음에 답하시오.

'멜로드라마'는 18세기 프랑스에서 대중의 관심을 끄는 통속적 이야기를 화려한 볼거리와 음악을 통해 보여 주는 대중 연극에서 시작된 것으로 알려져 있다. 초기 멜로드라마에서는 대개 사악한 봉건 귀족에게 핍박받는 선하되 약한 부르주아의 이야기가 부르주아의 관점에서 전개되었다. 하지만 사회적 모순을 적극적으로 타개하는 데에는 이르지 못한 채 다만 비약이나 우연 같은 의외성에 기대어 부르주아의 덕행과 순결함이 어떻게든 승리하도록 만들려고 했다.

19세기 자본주의 발달과 더불어 멜로드라마의 인물 구도에는 변화가 생겼다. 봉건 귀족의 자리는 악하되 강한 인물이 대신하고 그에 의해 고통받는 선량하지만 가난한 사람이 주인공으로 등장하였다. 이에 따라 멜로드라마에서는 가족의 위기, 불가능한 사랑, 방해받는 모성, 불가피한 이별 등으로 주인공이 고통을 겪다가 행복해지는 과정이 다루어졌고, 선악 대립보다는 파토스(pathos)의 조성이 부각되었다. 곧 약자가 겪는 고통과 슬픔을 과장되게 보여 주면서 감성을 자극하는 것이 주된 관심사가 되었던 것이다. 하지만 사회 어디에도 말할 수 없었던 약자들의 고통과 슬픔이 표출되었다는 점에서 보면, 이러한 파토스의 과잉은 그 나름의 의의를 지녔다고 할 만하다.

20세기에 들어서 멜로드라마는 영화로 중심을 옮겨 갔다. 영화는 클로즈업을 통해 관객들이 인물에 감정 이입을 하게 하기 쉬웠고, 통속성과 스펙터클을 만들어 내기에도 적절했으며, 음악을 통해 과잉된 정서를 표현하기에 효과적이었기 때문이다. 멜로드라마 영화는 악인에게 괴롭힘을 당하는 약자로부터가 아니라 사회적 모순에 따른 억압적 상황에서 고통받는 약자, 특히 여성들로부터 파토스를 이끌어 냈다. 이들은 가부장제나 계층적인 차이로 고통받으면서도 허락되지 않은 삶의 지평을 갈망하는 '어찌할 수 없음'의 상황에 놓인 존재들이다. 일례로 비더의 ㉠〈스텔라 달라스〉(1937)에는 상류 계급의 문화 장벽을 넘지 못하고 남편과 헤어져야 했던 하층민 여성이 주인공으로 등장한다. 그녀는 딸을 곁에 두고 싶어 하면서도 딸이 더 나은 삶을 누리기 바라는 가운데 마음 깊이 고통을 겪는다. 이러한 어찌할 수 없는 상황에서 그녀가 결국 딸을 상류층의 전남편에게 보내는 선택을 하는 것은 희생적 모성이라는 이데올로기와 타협한 것이라고 할 수 있겠지만, 딸의 결혼식을 창밖에서 바라보던 어머니가 입가에 미소를 띤 채 눈물을 흘리는 마지막 장면에서 관객들은 고통 어린 만족을 선택한 모성에 공감의 눈물을 흘리게 된다.

1950년대에 할리우드는 '가족 멜로드라마'라는 또 다른 멜로드라마의 흐름을 만들어 냈다. 이제 멜로드라마는 통속적 서사의 틀을 유지하면서도 사회적 갈등의 축도와도 같은 미국 중산층 핵가족에 주목하게 되는데, 그것은 가족이 자본이나 가부장제 같은 사회 권력이 작동하는 무대이기 때문이다. 예컨대 서크의 ㉡〈천국이 허락한 모든 것〉(1955)은 유복한 과부와 연하의 정원사의 사랑과 시련, 그리고 재회의 과정을 보여 주는데, 여기에는 그들의 결합을 반대하는 자식들이 가족의 이름으로 등장한다. 이제 가족은 더 이상 애틋한 유대의 단위가 아니라 개인의 삶을 관리하는 제도가 된다. 따라서 자식들의 반대로 사랑을 포기했던 그녀가 거듭된 우연 끝에 병상의 정원사와 재회하게 되는 결말은 의미심장하다.

가족 멜로드라마로서 이 영화는 시대의 변화 속에서 지속되어 온 멜로드라마의 주요한 특징들을 담고 있으면서도 멜로드라마의 또 다른 가능성을 열어 놓았다고 할 수 있다. 사회적 모순에 눈 감은 채 주인공의 성공에 안도하는 기존의 '행복한 결말'과는 구별되는 '행복하지 않은 해피 엔딩'을 경험하게 한다는 점에서 그렇다. 서크는 여전히 근본적인 갈등이 해소되지 않은 결말에 관객들이 주목하게 하여, 자신들이 보고 있는 것이 '만들어진 현실'이며 행복한 결말은 인위적인 허구 안에서만 가능하다는 것을 생각하게 하고자 했다. 고도로 표현적인 미장센(장면화)을 통해 여주인공이 누리는 삶의 풍요로움이 오히려 중산층의 지배적 가치와 규범으로 인한 억압과 소외의 상황임을 드러냈던 것이다.

멜로드라마는 '부적절한 리얼리즘'이니 '여성용 최루물'이니 하는 등의 비하하는 말로 언급되곤 한다. 하지만 서크의 영화에서처럼 멜로드라마는 사회적 약자의 말할 수 없는 슬품과 이루어질 수 없는 꿈을 전달하는 서사이면서 사회적 모순에 대한 아이러니한 반응으로도 읽힐 수 있다. ⓐ현실에 종속되면서도 그 현실을 넘어서려는 절박한 요구는 영화라는 재현 체계 속에서 대중들과 끊임없이 교감하면서 멜로드라마를 생산하도록 했다는 것이다.

01
'멜로드라마'에 대한 진술로 적절하지 않은 것은?

① 갈등을 낳은 사회적 모순을 적극적으로 극복하려는 내용은 없었다.

② 통속성이 점차 사라졌고 정서 표출보다는 현실 묘사에 치중하게 되었다.

③ 영화에 나타난 가정이나 개인의 문제는 사회적 문제가 전환되어 표현된 것이다.

④ 작위적인 서사를 통해 인물이 처한 문제를 해소하려는 방향으로 이야기가 전개되었다.

⑤ 인물들의 선악 대립이 차츰 약해지고 사회적 상황으로 인한 고통과 희생의 파토스가 형상화되었다.

02
㉠과 ㉡에 대한 이해로 적절하지 않은 것은? [3점]

① ㉠과 ㉡ 모두 음악을 사용하여 인물의 고통과 슬픔을 극적으로 표현했을 것이다.

② ㉠은 ㉡에 비해 관객들이 여성 인물과 자신을 동일시하는 정도가 더 강했을 것이다.

③ ㉠에 비해 ㉡은 결말에서 관객들에게 더 능동적인 감상을 이끌어 내려 했을 것이다.

④ ㉠과 ㉡ 모두 현실적 억압에도 불구하고 소망을 성취하고자 하는 약자를 그렸을 것이다.

⑤ ㉠과 ㉡ 모두 위기에 빠진 중산층 가족의 가치 회복이라는 주제 의식을 담았을 것이다.

03
ⓐ에 주목하여 한국의 대표적인 멜로드라마를 감상한 것으로 가장 적절한 것은?

① 〈장한몽〉에서 돈 많은 악인 김중배로 인해 심순애가 변심하고 가난한 애인 이수일이 정신적인 파탄에 이르는 모습은 돈과 사랑을 대립적으로 생각했던 당시 사람들의 가치관을 보여 준다.

② 〈검사와 여선생〉에서 살인범의 누명을 쓴 여선생 앞에 검사가 된 제자가 나타나 사건을 해결하지만, 작품의 초점은 세상 누구에게도 호소하지 못한 약자의 사정을 보여 주는 데 있다.

③ 〈자유 부인〉에서 사회 활동을 갈망했던 가정주부 오선영이 고작 할 수 있었던 것은 춤바람이 났다가 집으로 돌아오는 것이었지만, 실상 이 춤바람은 권위적인 가부장제에 대한 반발로도 볼 수 있다.

④ 〈미워도 다시 한 번〉에서 사랑하는 아이를 친아버지의 집으로 보내야 하는 어머니와 어머니 곁에 있고 싶지만 떠나야 하는 아이가 처한 상황은 인간 운명의 어찌할 수 없음을 보여 준다.

⑤ 〈별들의 고향〉에서 도시에 진입했다가 이기적인 남성들에 의해 버림받고 점점 타락해 가는 경아라는 여성은 도시화와 산업화로 인한 인간 소외를 사실적으로 보여 준다.

[04 ~ 07] 다음 글을 읽고 물음에 답하시오.

'상표'란 자기의 업무에 관련된 상품을 타인의 상품과 식별되도록 하기 위해 사용하는 기호나 문자, 도형 등의 표장(標章)을 말한다. 상표법에 따르면, '상품'이란 그 자체가 교환 가치를 가지고 독립된 상거래의 목적물이 되는 물품을 말하며, '서비스'란 서비스 업자가 유상으로 서비스업을 하는 경우에만 적용되는데, 최근 상표법의 개정을 통하여 '상표'에 '서비스표'를 포함하여 ⓐ기술하고 있다. 상표가 제품에 쓰이는 표장이고 서비스표는 서비스 업종에 쓰이는 표장이라는 차이가 있지만, 어떤 표장이 상표 또는 서비스표로 등록받아 배타적 독점권을 보호받기 위해서는 우선 그 표장이 자기의 상품(서비스업)과 타인의 그것을 구별해 주는 식별력이 있다고 인정받아야 한다.

상표로 인정받고 등록하거나 보호받을 수 있는 것에 한계는 거의 존재하지 않지만, 상표법 33조 '상표 등록의 요건'에 의하면 상품의 보통 명칭만으로 된 상표나 그 상품에 대하여 관용하는 상표는 기본적으로 식별력이 인정되지 않는다. 보통 명칭이란 사과, 소금 등 통상 그 상품을 지칭하는 것으로, 일반적인 약칭, 속칭, 기타의 명칭을 말한다. 그리고 이것은 거래계 동종 업자뿐 아니라 실제 거래상 일반 소비자들에서도 사용되고 있어야 한다. 등록받은 상표가 사용자들에게 반복적으로 사용되면서 식별력을 잃어 보통 명칭화되면, 이를 특정인에게 독점시키는 것은 공익적인 차원에서 부당하기 때문에 상표 등록을 받을 수 없다. 관용하는 상표란 특정인의 상표였던 것이지만 상표권자가 상표 관리를 허술히 하여 동종 업자들이 자유롭고 관용적으로 사용하게 된 것이다. 관용 상표인지 여부는 지정 상품과의 관계를 고려하여, 보통 명칭과는 달리 동종 업자를 기준으로 상표 등록 여부 결정시에 국내 상품 거래 실정을 고려하여 판단한다. 그러나 보통 명칭이라 하더라도 문자의 의미를 ⓑ직감할 수 없을 정도로 도안화된 경우, 또는 다른 식별력 있는 문자나 도형 등과 결합되어 전체적으로 식별력이 인정되는 경우에는 상표로 등록받을 수 있고, 관용 표장도 다른 식별력이 있는 표장과 결합될 경우에는 상표로 등록받을 수 있다.

상품의 산지 · 품질 · 원재료 · 효능 · 용도 · 수량 · 가격 · 생산 방법 · 가공 방법 · 사용 방법 등을 나타내는 기술적 표장만으로 된 상표 역시 등록을 받을 수 없다. 이러한 표장만으로는 그 상품의 출처가 식별될 수 없으며, 경쟁 업자도 자기 상품의 특성을 나타내기 위해 이러한 표장을 자유로이 사용할 수 있어야 하기 때문이다. 그리고 국가명이나 대도시명 등의 현저한 지리

적 명칭만으로 된 상표, '김'이나 '이', '박'과 같이 흔히 있는 성(性) 또는 법인명 등 흔히 있는 명칭만으로 된 상표, 누구의 업무에 관련된 상품을 표시하는 것인가를 식별할 수 없는 것(일반적인 구호, 광고 문구, 유행어처럼 사용하게 된 방송 프로그램 명칭이나 영화, 노래의 제목 등인 경우 등) 또는 간단하고 흔히 있는 표장만으로 된 상표 등도 식별력이 인정되지 않는다. 그러나 현저한 지리적 명칭과 기술적 표장에 해당하는 상품의 산지, 그 지리적 표시를 사용할 수 있는 상품을 생산, 제조, 가공하는 자만으로 구성된 법인이 직접 사용할 경우 단체 표장으로 상표 등록을 받을 수 있다.

식별력이 인정되지 않는 표장이라 하더라도, 그러한 표장들을 결합하여 새로운 관념을 ⓒ형성하는 경우에는 상표 등록을 받을 수 있다. 또한, 보통 명칭 표장이나 관용 표장이 아니라면, '사용에 의한 식별력'이 인정될 경우 상표 등록을 받을 수 있다. 상표 등록을 출원하기 전부터 그 상표를 사용한 결과 수요자 간에 특정인의 상품을 표시하는 것으로 식별할 수 있게 된 경우, 그것은 이미 상표로서 기능하고 있을 뿐만 아니라 더 이상 경쟁 업자들의 자유 사용을 보장할 필요가 없기 때문이다. 이러한 상표의 등록을 허용함으로써 부정 경쟁을 목적으로 한 제3자의 상표 사용을 막아 상표권자의 신용을 보호하고, 수요자들이 상품의 출처를 혼동하지 않게 하는 것이 상표법의 본래 목적에 ⓓ부합한다고 보는 것이다.

㉠식별력이 인정되는 상표라도 등록받을 수 없는 상표들이 있는데, 국가나 국제기관의 명칭과 같은 공공 표장은 특정인의 전유물이 될 수 없으므로 상표 등록을 받을 수 없다. 이 밖에 먼저 출원된 타인의 등록 상표와 동일 또는 유사하여 수요자에게 누구의 상품인지에 대한 혼동을 일으킬 수 있는 상표 등도 등록을 받을 수 없다.

상표법은 다른 지식 재산권과는 달리 창작물 자체를 보호하지 않는다. 이유는 상표의 본질이 창작이 아닌 선택이기 때문이다. 즉 타인의 발명이나 디자인을 무턱대고 따라 하면 침해가 성립될 수 있지만, 타인의 상표를 단순히 따라 한다고 해서 침해가 성립되지 않는다. 상표법은 단순히 상표를 구성하는 문자나 모양을 보호하는 것이 아니라, 상표에 들어 있는 상표권자의 신용을 보호하는 것이기 때문이다. 결국 상표법의 목적은 상표 사용자의 업무상의 신용 유지를 ⓔ도모한다는 사익의 실현뿐만 아니라, 수요자의 이익 보호라는 공익의 실현에 있다고 할 수 있다.

▶ 정답과 해설 **69**쪽

04

윗글의 내용에 대한 설명으로 적절하지 <u>않은</u> 것은?

① 제품에 쓰이는 표장의 상표 또는 서비스표를 출원하여 등록받아야 배타적 독점권을 보호받을 수 있다.

② 관용하는 상표는 동종 업자를 기준으로 식별력의 인정 여부를 판단한다는 점에서 보통 명칭의 경우와 다르다.

③ 기술적 표장만으로 된 상표를 등록받을 수 없는 이유는 그 것이 상품의 특성을 나타내는 표시여서 누구라도 사용할 수 있어야 하기 때문이다.

④ 상표 출원 전부터 어떤 상표를 사용한 결과 수요자 간에 특정인의 상품을 표시하는 경우로 볼 수 있으면 사용에 의한 식별력은 인정하지 않는다.

⑤ 먼저 출원된 타인의 등록 상표가 있으면 그와 동일 또는 유사하여 수요자에게 누구의 상품인지에 대한 혼동을 일으킬 수 있는 상표는 등록을 제한한다.

05

윗글을 바탕으로 할 때, 상표의 등록 가능성에 대한 반응으로 가장 적절한 것은?

① 방송을 통하여 유행어처럼 널리 알려진 노래 제목은 식별력이 인정되지 않는 경우이기 때문에, 새로운 관념을 형성하더라도 상표로 등록받을 수 없겠어.

② '5000원 SALE'이라는 표장은 상품의 수량·가격·용도 등을 표시한 기술적 표장에 해당되지만, 식별력이 없는 문자를 결합하였으므로 상표로 등록받을 수 있겠어.

③ 일반 소비자들에 의해 접착용 셀로판테이프가 '스카치테이프'라고 보통 명칭화되었지만, 이것을 문자의 의미를 직감할 수 없을 정도로 도안화하면 상표로 등록받을 수 있겠어.

④ 음식점에 '가든'이라는 명칭을 동종 업자들이 자유롭고 관용적으로 사용하게 된 것은 이미 널리 알려져 있으므로, 국내의 상품 거래 실정을 고려하여 상표로 등록받을 수 있겠어.

⑤ 현저한 지리적 명칭에 해당하는 '서울'이라는 표장은, 이 지리적 표시를 사용할 수 있는 상품을 생산하는 자만으로 법인을 구성하여 직접 출원하였더라도 상표로 등록받을 수 없겠어.

06

㉠을 고려할 때, 〈보기〉의 ㉮에 들어갈 내용으로 가장 적절한 것은? [3점]

┌─────────────────────── 보기 ┐

가방 제조 업체인 A사는 '하늘다람쥐' 형상의 그림과 영문으로 'bluram'이라는 문자가 결합된 상표를 등록했다. 그 후 '하늘다람쥐'라는 상품명으로 가방을 만들어 왔는데, 신발 제조 업체인 B사가 하늘다람쥐의 꼬리를 더 크게 그린 그림과 함께 'bluram' 문자를 결합한 상표를 신발에 부착하자 A사가 B사에 소송을 제기하게 되었다. 이에 B사는 상표 디자인을 다르게 하여 식별력이 인정되는 표장을 사용한 것이라며 반박하였다.

재판부는 업종이 다르면 상표 출원이 가능하지만 그렇지 않으면 등록이 인정되지 않는다며, 원고 A사의 가방 업종과 피고 B사의 신발 업종을 동일한 업종으로 판단하고, (㉮   )

└────────────────────────────┘

① 널리 인식된 타인의 상표와 동일하거나 유사한 것을 사용하여 현저하게 원고의 경제적 손실을 야기하였다고 볼 수 있으므로 원고 승소 판결을 내렸다.

② 먼저 출원된 타인의 등록 상표와 동일 또는 유사하더라도 사용에 의한 식별력이 인정되는 경우에 해당한다고 볼 수 있으므로 피고 승소 판결을 내렸다.

③ 사용한 문자의 호칭과 뜻이 동일하더라도 그림과 디자인이 다르면 타인의 상표를 단순히 따라한다고 해서 침해가 성립되지 않으므로 피고 승소 판결을 내렸다.

④ 두 기업의 상표가 별도의 상품에 부착되더라도 일반 소비자나 거래자로 하여금 오인과 혼동을 일으킬 가능성이 있다고 볼 수 있으므로 원고 승소 판결을 내렸다.

⑤ '하늘다람쥐'는 관용 표장에 해당하여 식별력이 인정되지 않지만 영문 표기와 결합하여 다른 식별력이 인정되는 표장과 결합한 경우이므로 원고 승소 판결을 내렸다.

07

문맥상 ⓐ~ⓔ와 바꿔 쓰기에 적절하지 <u>않은</u> 것은?

① ⓐ: 적고   ② ⓑ: 알   ③ ⓒ: 이루는
④ ⓓ: 맞는다고   ⑤ ⓔ: 알린다는

이 교재의 저작권은 (주)꿈을담는틀에 있으므로 복사나 복제를 금합니다. **93**

[08 ~ 12] **다음 글을 읽고 물음에 답하시오.**

철학은 모든 학문 중에서도 최고의 지위를 지닌 제일 학문이라고 자처해 왔다. 이러한 자신감의 근저에는 철학적 앎이 최고의 확실성을 지니는 것이라는 확신이 깔려 있다. 그러나 철학의 자기도취는 종종 철학 자체 안에서도 도전에 직면하거니와, 특히 회의주의가 그 도전의 중심에 있다. 궁극적 진리의 인식이 소명인 철학에서 의심을 생명으로 하는 회의주의가 수행하는 역할은 무엇일까?

철학사 초기에 나타난 고르기아스의 세 명제는 회의주의의 고전적 전형이다. 그에 따르면 첫째, 존재하는 것은 아무것도 없으며, 둘째, 어떤 것이 존재하더라도 우리는 그것을 알 수 없으며, 셋째, 어떤 것을 알더라도 우리는 그 앎을 타인에게 전달할 수 없다. 반지성주의 성향의 사람에게 이 극단적 견해는 꽤 매력적으로 보일 수 있다. 그러나 거기에는 치명적 모순이 있다. 즉 고르기아스는 첫째, 극단적 회의의 주체인 자신이 존재함을, 둘째, 아무것도 알 수 없음을 자신이 알고 있음을, 셋째, 아무것도 전달될 수 없다는 것에 대한 자신의 앎을 타인에게 전달하고 있음을 부정할 수는 없다. 그는 자신이 절대적으로 부정하고자 하는 것을 부정하는 즉시 오히려 자신의 주장을 부정하게 되는 자가당착에 ⓐ빠진 것이다.

현대의 경우 극단적 회의주의는 알베르트의 '가류주의 (可謬主義)'에서 전형적으로 나타난다. 그는 특히 모든 철학적 명제의 생명을 좌우하는 '최종적 정당화'의 가능성을 원천 봉쇄함으로써, 최초의 자명한 명제에서 다른 명제들을 도출시켜 나가는 철학적 지식 체계를 무의미한 것으로 만들고자 한다. 그가 무기로 삼는 것은 뮌히하우젠 트릴레마 (Münchhausen-Trilemma)이다. 이 트릴레마는 말을 타고 가다가 수렁에 빠진 뮌히하우젠 남작이 자신의 머리채를 위로 잡아당겨 빠져나오려 했다는 우화를 빗댄 것이다. 알베르트에 따르면 모든 하위 명제들을 정당화할 수 있는 근거가 되는 최초의 확실한 명제를 설정하려는 시도는 다음 세 오류 중 하나를 반드시 범하게 되므로 궁극적으로 실패한다.

- 무한 소급: 한 주장을 정당화하는 근거로 다른 상위 명제를 설정하지만, 이 제2의 명제는 제3의 명제를, 제3의 명제는 제4의 명제를 요청할 수밖에 없게 되는 식으로 상위 명제에 대한 요구가 끝도 없이 이어지기 때문에, 최종적 정당화는 원칙적으로 불가능하다.

[A]
- 순환 논증: 한 주장을 정당화하는 근거로 제2의 명제를 끌어들이지만, 이 제2의 명제를 다시 제1의 명제를 통해 정당화하고자 하므로 이 역시 최종적 정당화로 볼 수 없다.
- 절차 단절: 계속되는 정당화 요구의 충족이 불가능하므로, 정당화 과정의 한 특정 단계에서 모든 논의를 중지시키고 하나의 명제를 절대 도전할 수 없는 도그마로 설정한다. 이는 합리적 논변의 지속을 단절하는 것이므로 최종적 정당화로 볼 수 없다.

이 트릴레마의 위력은 실로 막강해서 그것을 견딜 수 있는 철학적 정당화는 일견 불가능한 것처럼 보인다. 그러나 모든 명제의 불확실성을 절대화하는 알베르트 역시 치명적 오류를 범하고 있음이 드러난다. 즉 그는 이 트릴레마의 '절대적 정당성'에 '최종적으로 근거'하여 자신의 주장을 '확실한' 것이라고 말함으로써 자신의 '명시적 주장'과 '함축적 행위' 사이에서 발생하는 불화, 즉 '수행적 모순'에 빠지게 되는 것이다.

수행적 모순의 발견은 뮌히하우젠 트릴레마에 빠지지 않으면서도 최종적 정당화가 가능함을 보여 주고 있는데, 여기에 사용된 증명 방식이 바로 '귀류법적 증명'이다. 이 증명 방식은 명제 p의 모순 명제인 $\sim p$가 언명되는 순간 $\sim p$는 자신을 부정할 수밖에 없음을 밝힘으로써 p의 타당성을 우회적으로 증명한다. 즉 '확실한 인식은 없다'라는 알베르트의 명시적 주장은 '확실한 인식은 없다는 인식은 확실하다'라는 주장을 함축하므로, 그가 부정하려 한 '확실한 인식은 있다'라는 명제를 이미 전제하고 있는 것이다. 이러한 증명 방식을 통해 우리는 가류주의적 회의에 맞서 확실한 명제들을 설정할 수 있는 가능성을 확보한다.

회의주의는 극단적으로 치달을 경우 오히려 자기 파괴로 귀결되므로 그 자체가 철학의 궁극적 사조가 될 수는 없다. 그러나 자칫 독단론에 빠지기 쉬운 철학에 대해 회의주의는 생산적 역할을 하기도 한다. 왜냐하면 회의주의의 강력한 도전은 철학으로 하여금 거기에 맞설 수 있을 만큼 강한 면역력을 갖춘 정당화 논리를 개발하도록 함으로써 철학의 건강성을 높이는 데 기여하기 때문이다.

08

윗글의 내용과 일치하는 것은?

① '가류주의'는 '수행적 모순'의 문제점을 비판한다.

② '가류주의'는 '최종적 정당화'가 가능하다고 본다.

③ '최종적 정당화'는 '수행적 모순' 때문에 어렵다.

④ '귀류법적 증명'은 '최종적 정당화'의 가능성을 보여 준다.

⑤ '귀류법적 증명'은 '수행적 모순'을 범하고 있다.

09

윗글의 핵심 주장으로 가장 적절한 것은?

① 회의주의는 철학의 이념을 잘 구현하고 있다.

② 철학사에 등장한 회의주의는 모두 논박될 수 있다.

③ 회의주의는 철학을 혼란에 빠뜨리므로 부정되어야 한다.

④ 회의주의는 역설적 진리를 담고 있기 때문에 정당한 것으로 수용되어야 한다.

⑤ 회의주의는 극단적일 경우 오류이지만 철학 이론의 발전에 기여한 측면도 있다.

10

〈보기〉의 ㄱ, ㄴ을 [A]의 개념으로 바르게 나타낸 것은?

┌─────────────── 보기 ┐

ㄱ. 우리의 마음에는 '완전한 존재'라는 확실한 개념이 있다. 그런데 '완전한 존재'가 개념적으로만 존재한다면 완전한 것이 아니다. 따라서 '완전한 존재'인 신은 개념적으로만 존재하는 것이 아니라 실제로도 존재한다. 그리고 이러한 신의 존재가 우리 마음속에 있는 '완전한 존재'라는 개념의 확실성을 보장해 준다.

ㄴ. 식물이라도 함부로 죽여서는 안 된다. 식물도 생명체이고, 모든 생명체는 '삶에의 의지'가 있기 때문이다. 그리고 '삶에의 의지'를 가지는 존재는 소중하며, 이러한 존재를 소중히 다루어야 한다는 것은 절대적인 자연의 이법(理法)이기 때문이다.

└──────────────────────┘

	ㄱ	ㄴ
①	무한 소급	순환 논증
②	무한 소급	절차 단절
③	순환 논증	무한 소급
④	순환 논증	절차 단절
⑤	절차 단절	무한 소급

11

윗글을 바탕으로 〈보기〉를 이해한 것으로 적절하지 않은 것은? [3점]

┌─────────────── 보기 ┐

데카르트는 조금이라도 의심이 가능한 명제라면 어떤 것이라도 일단 그릇된 것으로 간주하는 '방법적 회의'를 통해 의심할 수 있는 이유를 더 이상 찾을 수 없을 때까지 의심하였다. 그리고 데카르트는 "나는 생각한다. 그러므로 나는 존재한다."라고 하며, 마침내 "현재 생각하고 있는 '나'는 실존한다."라는 도저히 의심할 수 없는 하나의 지식에 도달하였다.

└──────────────────────┘

① 고르기아스는 "나는 생각한다. 그러므로 나는 존재한다."라는 데카르트의 말을 인정하지 않겠군.

② 알베르트는 무한 소급의 오류를 통해 데카르트의 '방법적 회의'에 대한 최종적 정당화가 가능하다고 보겠군.

③ 고르기아스는 데카르트가 "현재 생각하고 있는 '나'는 실존한다."라는 사실을 알았다고 하더라도 다른 사람이 그 사실을 알 수는 없다고 보겠군.

④ 데카르트는 '방법적 회의'를 통해 궁극적 진리를 부정하는 회의주의에 맞서 면역력을 갖춘 정당화 논리를 개발하기 위해 노력했다고 볼 수 있겠군.

⑤ 귀류법적 증명에 의하면, 데카르트는 "현재 생각하고 있는 '나'는 존재하지 않는다."라는 자신의 존재에 대한 부정을 통해, 즉각적으로 생각하고 있는 자신이 존재함을 우회적으로 증명할 수 있다고 보겠군.

12

ⓐ의 문맥적 의미와 가장 가까운 것은?

① 지도자는 궁지에 빠졌다.

② 그 환자는 혼수상태에 빠졌다.

③ 사기꾼의 꾐에 빠져 재산을 다 날렸다.

④ 앞니가 빠진 아이의 모습이 귀여워 보였다.

⑤ 이 정도 실력이면 어디에 내놓아도 빠지지 않는다.

[13 ~ 15] 다음 글을 읽고 물음에 답하시오.

용언은 어간과 어미로 이루어진다. 일반적으로 용언이 활용할 때 변하지 않는 부분을 어간이라 하고 변하는 부분을 어미라 한다. ㉠용언은 서술어뿐 아니라 주어, 목적어, 관형어, 부사어 등 여러 문장 성분으로 쓰이면서 다양한 문법적 기능을 한다. 이러한 문법적 기능은 주로 어미에 의하여 나타나게 되므로 국어 문법 연구에서 어미의 특성을 이해하는 것은 매우 중요하다.

어미의 특성을 이해하기 위해서는 어미를 그와 유사한 것들과 함께 살펴볼 필요가 있다. 먼저, 조사와 비교해 볼 때 어미와 조사는 모두 홀로 쓰일 수 없다는 공통점이 있다. 그런데 ㉡어미는 항상 어간과 결합하여 쓰이므로 그 선행 요소인 어간도 독립적으로 쓰일 수 없다. 이러한 점을 고려하여 학교 문법에서는 어미를 단어로 인정하지 않고 그에 따라 별도의 품사로 설정하지 않는다. 따라서 '어간 + 어미' 전체가 한 단어로 취급된다. 이에 반해 조사는 홀로 쓰이지는 못하지만 ㉢조사의 앞에 결합하는 요소(주로 체언)가 단독으로 쓰일 수 있고 문맥에 따라 조사의 생략도 가능하므로 선행 요소와 분리되기가 쉽다. 이 점을 고려하여 조사는 단어로 인정하여 별도의 품사로 설정한다.

홀로 쓰이지 못한다는 공통점은 어미와 접미사 사이에서도 발견된다. 더욱이 접미사 중에는 어간 뒤에 결합하는 것들이 있어 어미와 혼동을 불러일으키기도 한다. 그러나 어미와 접미사는 새로운 단어를 생성하는지 여부로 구별될 수 있다. '읽었고, 읽겠습니다, 읽었느냐, ……'와 같이 용언 어간 '읽-'에 어떤 어미들이 결합하더라도 그것은 '읽다'라는 한 단어의 활용형일 뿐 새로운 단어가 만들어지는 것은 아니다. 활용형들은 별도의 단어가 아니므로 일일이 사전에 등재하지 않으며, 활용형 중 어간에 평서형 종결 어미 '-다'를 결합한 것을 기본형이라 하여 이것만을 사전에 표제어로 등재한다. 이에 반해 접미사는 어미와 달리 새로운 단어를 파생시키며 이 단어는 사전에 등재한다. ㉣파생된 단어의 품사가 파생 이전과 달라지는 경우도 있다. 가령 동사 어간 '먹-'에 사동 접미사 '-이-'가 결합하면 '먹이다'라는 새로운 동사가 만들어지는데, 이때는 파생 전과 후가 모두 동사여서 품사가 바뀌지 않는다. 하지만 명사 파생 접미사 '-이'가 결합하면 '먹이'라는 명사가 되어 품사가 바뀐다. 또한 ㉤어미는 대부분의 용언 어간과 결합할 수 있는 데 비해 접미사는 결합할 수 있는 대상이 제한된다는 점에서도 차이를 보인다.

13
윗글의 설명 방식으로 가장 적절한 것은?

① 여러 대상의 역사적 변천 과정을 설명하고 있다.
② 어려운 개념들을 익숙한 대상에 비유하여 설명하고 있다.
③ 전문가의 견해를 인용하여 대상의 특성을 설명하고 있다.
④ 대상과 관련한 다양한 이견들을 대립시켜 설명하고 있다.
⑤ 중심 대상과 다른 대상들의 공통점과 차이점을 대비하여 설명하고 있다.

14
윗글을 통해 알 수 있는 내용으로 적절하지 않은 것은?

① 용언은 어간에 어미가 결합해야만 문장 성분이 될 수 있다.
② 어미는 조사와 마찬가지로 선행 요소와 분리되어 쓰일 수 있다.
③ 어미는 학교 문법에서 품사로 분류되지 않는다.
④ 용언은 특정한 어미가 결합한 활용형만 사전에 표제어로 등재한다.
⑤ 어미는 접미사와 달리 새로운 단어를 파생시키지 않는다.

15
〈보기〉의 ⓐ~ⓔ를 ㉠~㉤의 예로 들어 설명할 때, 적절하지 않은 것은?

┤ 보기 ├

지훈 : 어제 집 앞에서 ⓐ지나가는 선우를 ⓑ만났어. ⓒ병원에 가는 길이라고 하더라. 많이 좋아졌대.
수진 : 정말? 이제 마음이 ⓓ놓이네. 계속 ⓔ걱정하고 있었거든.

① ⓐ : 문장 내에서 '선우'를 꾸며 주는 관형어로 기능하고 있으므로 ㉠의 예로 들 수 있다.
② ⓑ : 어간인 '만나-'와 어미인 '-았-', '-어'가 모두 문장 내에서 독립적으로 쓰일 수 없으므로 ㉡의 예로 들 수 있다.
③ ⓒ : 조사 '에'는 생략 가능하므로 ㉢의 예로 들 수 있다.
④ ⓓ : 동사 어간 '놓이-'는 '놓-'에 피동 접미사 '-이-'가 결합하여 만들어진 것이므로 ㉣의 예로 들 수 있다.
⑤ ⓔ : '걱정하-'에 어미 '-고'가 결합한 '걱정하고'는 쓰일 수 있으나 피동 접미사 '-이-'가 결합한 '걱정하이-'는 쓰일 수 없으므로 ㉤의 예로 들 수 있다.

[01 ~ 05] 다음 글을 읽고 물음에 답하시오.

세상은 변화를 겪는다. 사람이 그렇게 여기는 이유는 시간이 흐른다고 생각하기 때문이다. 그런데 4차원주의자는 시간이 흐르지 않는다고 주장한다. 시간이 흐르지 않는다면, 과거, 현재, 미래는 똑같이 존재할 것이다. 이러한 견해를 가진 사람을 ㉠영원주의자라고 한다. 시간의 흐름 여부에 대한 인식의 차이는 과거, 현재, 미래에 대한 개념 혹은 표상의 차이를 가져온다. 영원주의자들에게 매 순간은 시간의 퍼즐을 이루는 하나의 조각처럼 이미 주어져 있다. 영원주의자에게 시제는 특별한 의미를 가지지 않으며, 과거, 현재, 미래 사이에는 앞 또는 뒤라는 관계만이 존재한다. 현재는 과거의 뒤이고 동시에 미래의 앞일 뿐이다. 영원주의 세계에서 한 사람은 각 시간 단계를 가지는데, 그 사람이 없던 수염을 기르면 이는 시간의 흐름에 따른 변화가 아니다. 외모의 차이는 단지 그 사람의 서로 다른 단계 사이의 차이일 뿐이다. 반면에 3차원주의자는 시간이 흐른다는 견해를 내세운다. 시간이 흐른다면, 과거, 현재, 미래 시제는 모두 다른 의미나 표상을 지닌다. 이러한 생각을 지니는 이들 중에 오직 현재만이 존재한다고 보는 사람이 바로 현재주의자이다. 그들에게는 이미 지나간 과거와 아직 ⓐ도래하지 않은 미래는 존재하지 않으므로, 지금 주어진 현재만이 존재한다.

시간 여행은 시간에 관한 견해가 첨예하게 대립하는 주제이다. 현재주의자에 따르면, 현재에서 과거, 미래의 특정 시점을 찾아가는 것은 영원주의자의 생각처럼 시간 퍼즐의 여러 조각 중 하나를 찾아가는 것이 아니다. ㉡현재주의자 중에 다수는 시간 여행이 불가능하다고 주장한다. 누군가가 시간 여행을 하려면 과거나 미래로 이동할 수 있어야 하지만, 이미 흘러간 과거와 아직 오지 않은 미래는 실재하지 않는다. 이를 도착지 비존재의 문제라고 할 수 있다.

현재주의자 중에도 시간 여행이 가능하다고 보는 사람이 있다. 과거로의 시간 여행을 시작하는 현재 시점 T_n에서 과거의 특정 시점 T_{n-1}은 실재가 아니다. 그러나 시간 여행자가 T_{n-1}에 도착할 때 그 시점은 그에게 현재가 되어 존재하지 않

을까? 하지만 이는 과거를 마치 현재인 양 여기게 하는 속임수라고 보는 사람도 있다. 과거 시점 T_{n-1}에 도착한다면, 과거는 이제 현재가 된다. 그러나 시간 여행의 가능성을 따질 때 우리가 관심을 가지는 현재는 애초에 출발하는 시점인 T_n이지 과거의 도착지인 T_{n-1}이 아니다. 만일 T_{n-1}이 현재가 된다는 것이 중요하다면, T_{n-1}에 도착한 사람에게 T_n은 이제 미래가 된다는 것 역시 중요하다. 그런데 현재주의자는 미래의 비존재를 주장하므로, T_{n-1}에 도착한 시간 여행자는 존재하지 않는 미래에서 출발하여 현재에 도착한 셈이다. 이것이 바로 출발지 비존재의 문제이다. 결국 3차원주의 세계에서 시간 여행이 가능하다는 점을 보여 주려면 출발지 비존재의 문제를 ⓑ해소해야 한다.

시간 여행의 가능성을 믿는 3차원주의자는 '출발지 비존재'를 '출발지 미결정'으로 보게 되면 문제가 해소된다고 주장할 수 있다. 시간 여행자가 과거 T_{n-1}에 도착하는 순간, 그는 실재하지 않는 미래로부터 현재로 이동한 것이 아니라 미결정된 미래로부터 현재로 이동한 것이 된다. 그렇다고 하더라도 출발지 비존재의 문제와 마찬가지로, 미래는 아직 존재하지 않기에 전혀 결정되지 않았으며 아직 결정되지 않은 것이 다른 어떤 것의 원인이 될 수 없으므로 시간 여행은 여전히 불가능하다는 비판에 ⓒ직면할 수 있다. 그러나 T_{n-1}에 도착하는 사건의 원인이 T_n에서의 출발이라는 점을 ⓓ고려한다면, T_{n-1}에 도착하는 순간 미래 사건이 되는 시간 여행은 도착 시점에서 이미 결정된 사건으로 여겨질 수 있다. 즉 미래는 계속 미결정된 것이 아니라, 시간 여행 여부에 따라 미결정되었다고도 할 수 있고 결정되었다고도 할 수 있다. 이에 ㉢조건부 결정론자는 출발지 미결정의 문제가 해소되어 시간 여행에 걸림돌이 없다고 주장한다. 그러나 시간 여행이 3차원주의와 양립할 수 없음을 ⓔ고수하는 이들은 출발지 비존재의 문제를 출발지 미결정의 문제로 대체하여 이를 해소하는 전략을 받아들이지 않을 것이다.

01

윗글에 대한 이해로 가장 적절한 것은?

① 4차원주의자들이 볼 때, 전후 관계를 형성하는 과거, 현재, 미래는 동시에 존재할 수 없다.

② 시간이 흐르지 않는다는 것은 시간이 멈춰 있다는 것이므로 과거, 현재, 미래라는 개념 자체가 존재할 수 없다.

③ 과거는 실재하지 않고 현재만이 있다고 보는 사람들 중에 대부분은 현재에서 과거로 가는 시간 여행이 가능하다고 본다.

④ 시간의 흐름 속에서 '현재 → 과거'로의 시간 여행은 출발지, 즉 실재하는 현재가 원인이 되므로 시간 여행의 시작과 함께 과거도 실재하게 된다.

⑤ 현재만이 존재한다고 믿는 3차원주의자가 시간 여행을 통해 과거에 도착하면, 도착지인 과거가 현재가 되고 출발지는 존재하지 않게 되는 모순이 생긴다.

02

㉠~㉢에 관한 설명으로 가장 적절한 것은?

① ㉠과 ㉡은 모두 미래가 이미 결정되어 있는 시간이라고 본다.

② ㉠과 ㉡은 모두 시간 여행에서 과거에 도착하는 순간 출발지는 더 이상 존재하지 않는다고 본다.

③ ㉠과 ㉢은 모두 과거로 출발하는 시간 여행이 가능하다고 본다.

④ ㉡과 달리 ㉢은 시제가 특별한 의미를 가지지 않는다고 본다.

⑤ ㉢과 달리 ㉡은 시간 여행에 필요한 도착지가 존재한다고 본다.

03

윗글에서 추론한 내용으로 적절하지 않은 것은?

① 3차원주의자 중에는 과거를 거슬러 올라갈 수 없는 시간으로 여기는 사람이 있을 것이다.

② 현재주의자는 누군가의 외모가 변한 것을 보면 이는 시간이 흘렀기 때문이라고 생각할 것이다.

③ 4차원주의자는 도래하지 않은 시간으로부터 이미 지나간 시간으로 시간의 흐름을 거슬러 올라갈 수 있다고 생각할 것이다.

④ 시간 여행이 가능하다고 믿는 3차원주의자는 출발지 미결정의 문제가 해결되면 출발지 비존재의 문제가 해소된다고 생각할 것이다.

⑤ 시간 여행의 가능성을 부인하는 3차원주의자는 우리가 미래에 도착하는 순간 도착지가 생겨난다는 주장에 대해, 그 경우에도 출발지 비존재의 문제가 남아 있다고 비판할 것이다.

04

윗글을 바탕으로 〈보기〉를 설명할 때, 적절하지 <u>않은</u> 것은?

[3점]

─┤ 보기 ├─

밴드 결성 전, 존 레논은 자신이 유명한 가수가 될 것이라는 예언을 듣는다. 자신의 미래가 궁금해진 레논은 마침 타임머신 실험 소식을 듣고 10년 후의 미래로 가고자 자원하였다. 10년 후, 그의 밴드는 유명해지고 데뷔 이전 머리가 짧았던 그는 긴 머리를 가지게 된다. 만일 10년 후로의 시간 여행이 가능하다면, 미래를 방문한 무명의 레논은 장발의 록 스타인 자신을 직접 보게 될 것이다. 그러나 이는 '동일한 것은 서로 구별될 수 없다.'라는 ㉮원리에 위배된다. 즉 '동일한 사람이 무명이면서 동시에 스타이다.'라는 ㉯논리적 모순이 발생하는 것이다. 이 문제가 해소되지 않으면 레논은 10년 후로 시간 여행을 할 수 없다.

① 시간 여행의 도착지가 존재하지 않는다는 논리에 따를 경우, ㉮에 위배되는 사건은 아예 일어나지 않겠군.

② 레논의 서로 다른 단계 중에 현재 단계가 뒤의 단계를 방문할 수 있다고 가정하면, 영원주의자에게 ㉯는 문제가 되지 않겠군.

③ 조건부 결정론자의 논리에 따를 경우, 레논이 미래에 도착하면 자신의 10년 후 모습을 직접 보기 이전이라도 도착 순간에 이미 출발지 비존재의 문제가 해소되겠군.

④ 미래에 도착하는 시점의 레논과 미래에 있던 레논이 동일한 외모를 가질 수 있다고 가정하면, 현재주의자는 ㉮에 위배되는 일이 발생하지 않았다고 주장할 수 있겠군.

⑤ 두 사람이 만나는 시간은 제3의 관찰자가 볼 때는 동시인 것처럼 보이지만 각자의 시간 흐름에서는 동시가 아니라고 가정하면, 현재주의자 중에는 ㉯가 해소될 수 있다고 보는 사람도 있겠군.

05

ⓐ~ⓔ의 사전적 의미로 적절하지 <u>않은</u> 것은?

① ⓐ: 어떤 시기나 기회가 닥쳐옴

② ⓑ: 어려운 일이나 문제가 되는 상태를 해결하여 없애 버림

③ ⓒ: 사상이나 감정, 세력 따위가 한창 무르익거나 높아짐

④ ⓓ: 생각하고 헤아려 봄

⑤ ⓔ: 차지한 것이나 어떤 입장을 굳게 지킴

[06 ~ 10] 다음 글을 읽고 물음에 답하시오.

한 가닥의 DNA는 아데닌(A), 구아닌(G), 시토신(C), 티민(T)의 네 종류의 염기를 가지고 있는 뉴클레오티드가 선형적으로 이어진 사슬로 볼 수 있다. 보통의 경우 〈그림 1〉과 같이 두 가닥의 DNA가 염기들 간 수소 결합으로 서로 붙어 있는 상태로 존재하는데, 이를 '이중 나선 구조'라 부른다. 이때 A는 T와, G는 C와 상보적으로 ⓐ결합한다. 온도를 높이면 두 가닥 사이의 결합이 끊어져서 각각 한 가닥으로 된다.

GGAAGGCC
CCTTCCGG
〈그림 1〉 염기들 간 상보적 결합의 예

정보 과학의 관점에서는 DNA도 정보를 표현하는 ⓑ수단으로 볼 수 있다. 한 가닥의 DNA 염기 서열을 4진 코드로 이

루어진 특정 정보로 해석할 수 있기 때문이다. 즉, 'A', 'G', 'C', 'T'만을 써서 순서가 정해진 연속된 n개의 빈칸을 채울 때, 총 4^n개의 정보를 표현할 수 있고 이 중 특정 연속체를 한 가지 정보로 해석할 수 있다.

DNA로 정보를 표현한 후, DNA 분자들 간 화학 반응을 이용하면 연산도 가능하다. 1994년 미국의 정보 과학자 에이들먼은 《사이언스》에 DNA를 이용한 연산에 대한 논문을 발표했고, 이로써 'DNA 컴퓨팅'이라는 분야가 열리게 되었다. 이 논문에서 에이들먼이 해결한 것은 정점(예: 도시)과 간선(예: 도시 간 도로)으로 이루어진 그래프에서 시작 정점과 도착 정점이 주어졌을 때 모든 정점을 한 번씩만 지나는 경로를 찾는 문제, 즉 '해밀턴 경로 문제(HPP)'였다. HPP는 정점의 수가 많아질수록 가능한 경로의 수가 급격하게 증가하기 때문에 소위 '어려운 문제'에 속한다.

DNA 컴퓨팅의 기본 전략은, 주어진 문제를 DNA를 써서 나타내고 이를 이용한 화학 반응을 ⓒ수행하여 답의 가능성이 있는 모든 후보를 생성한 후, 생화학적인 실험 기법을 사용하여 문제 조건을 만족하는 답을 찾아내는 것이다. 에이들먼이 HPP를 해결한 방법을 〈그림 2〉의 그래프를 통해 단순화하여 설명하면 다음과 같다. 〈그림 2〉는 V0이 시작 정점, V4가 도착 정점이고 화살표로 간선의 방향을 표시한 그래프를 보여 준다. 즉, V0에서 V1로는 갈 수 있으나 역방향으로는 갈 수 없다. 먼저 그래프의 각 정점을 8개의 염기로 이루어진 한 가닥 DNA 염기 서열로 표현한다. 그리고 각 간선을 그 간선이 연결하는 정점의 염기 서열로부터 취하여 표현한다. 즉, V0(〈CCTTGGAA〉)에서 출발하여 V1(〈GGCCAATT〉)에 도달하는 간선의 경우는 V0의 뒤쪽 절반과 V1의 앞쪽 절반을 이어 붙인 염기 서열 〈GGAAGGCC〉의 상보적 코드 〈CCTTCCGG〉로 나타낸다. 이렇게 6개의 간선 각각을 DNA 코드로 표현한다.

이제 DNA 합성 기술을 사용하여 이들 코드를 종류별로 다량 합성한다. 이들을 하나의 시험관에 넣고 서로 반응을 시키면 DNA 가닥의 상보적 결합에 의한 이중 나선이 형성되는데, 이것을 ㉠'혼성화 반응(hybridization)'이라 한다. 혼성화 반응의 결과로 경로, 즉 정점들의 연속체가 생성된다. 시험관 안에는 코드별로 막대한 수의 DNA 분자들이 있기 때문에, 이들 사이의 이러한 상호 작용은 대규모로 일어난다. ㉡이상적인 실험을 가정한다면, 혼성화 반응을 통해 〈그림 2〉 그래프의 가능한 모든 경로에 대응하는 DNA 분자들이 생성된다. 경로의 예로 (V0, V1), (V1, V2), (V0, V1, V2) 등이 있다. 이와 같이 생성된 경로들로부터 해밀턴 경로를 찾아 나가는 절차는 다음과 같다.

[1단계] V0에서 시작하고 V4에서 끝나는지 검사한 후, 그렇지 않은 경로는 제거한다.
[2단계] 경로에 포함된 정점의 개수가 5인지 검사한 후, 그렇지 않은 경로는 제거한다.
[3단계] 경로에 모든 정점이 포함되었는지 검사한다.
[4단계] 지금까지의 과정을 통해 취한 경로들이 문제에 대한 답이라고 결정한다.

에이들먼은 각 단계를 적절한 분자 생물학 기법으로 ⓓ구현했다. 그런데 DNA 분자들 간 화학 반응은 시험관 내에서 한꺼번에 순간적으로 일어난다는 특성을 갖고 있다. 요컨대 에이들먼은 기존 컴퓨터의 순차적 연산 방식과는 달리, 대규모 병렬 처리 방식을 통해 HPP의 해결 방법을 ⓔ제시한 것이다. 이로써 DNA 컴퓨팅은 기존의 소프트웨어 알고리즘이나 하드웨어 기술로는 불가능했던 문제들의 해결에 대한 잠재적인 가능성을 보여 주었다.

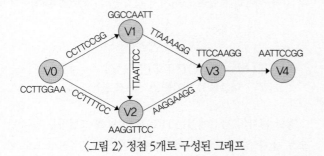

〈그림 2〉 정점 5개로 구성된 그래프

06

DNA 컴퓨팅에 대한 설명으로 적절하지 <u>않은</u> 것은?

① 창시자는 미국의 정보 과학자 에이들먼이다.

② DNA로 정보를 표현하고 이를 이용하여 연산을 하는 것이다.

③ 기본적인 해법은 가능한 모든 경우를 생성한 후, 여기서 답이 되는 것만을 찾아내는 것이다.

④ 기존 컴퓨터 기술의 발상을 전환하여 분자 생물학적인 방법으로 접근함으로써 정보 처리 방식의 개선을 모색했다.

⑤ DNA 컴퓨팅을 이용하여 HPP를 풀 때, 간선을 나타내는 DNA의 염기 개수는 정점을 나타내는 DNA의 염기 개수의 두 배다.

07

㉠에 대한 이해로 가장 적절한 것은?

① ㉠은 기존 컴퓨터의 연산 방식과는 다르게 순차적인 방식으로 진행될 것이다.

② ㉠의 상호 작용은 대규모로 일어나므로 반응을 촉진시키기 위해서는 온도를 높여야 할 것이다.

③ ㉠에서는 DNA 가닥들이 상보성을 지닌 경우에만 염기들의 수소 결합을 통해 이중 나선이 형성될 것이다.

④ ㉠을 통해 생성되는 DNA 분자의 수는 HPP에 제시된 정점의 수와 비례하고 간선의 수와는 반비례할 것이다.

⑤ ㉠에서 생성된 정점의 연속체들이 에이들먼의 해법 [1~2단계]를 거치고 나면 정점의 개수가 다른 것들이 남을 것이다.

08

㉡에 대한 설명으로 적절하지 <u>않은</u> 것은?

① (V1, V2, V3, V4)는 정점이 네 개이지만, 에이들먼의 해법 [1단계]에서 걸러진다.

② V3에서 V4로 가는 간선으로 한 가닥의 DNA 〈TTCCTTAA〉가 필요하다.

③ 정점을 두 개 이상 포함하고 있는 경로는 두 가닥 DNA로 나타내어진다.

④ 정점을 세 개 포함하고 있는 경로는 모두 네 개이다.

⑤ 해밀턴 경로는 (V0, V1, V2, V3, V4)뿐이다.

09

〈보기〉의 ⒜에 대한 설명으로 적절한 것만을 있는 대로 고른 것은? [3점]

> ┤ 보기 ├
>
> DNA 컴퓨팅의 실용화를 위해서는 여러 기술적인 문제점들을 해결해야 한다. 그중 하나는 정보 처리의 정확도다. DNA 컴퓨팅은 화학 반응에 기반을 두는데, ⒜<u>반응 과정상 오류</u>가 발생할 경우 그릇된 연산을 수행하게 된다.
>
> ㄱ. ⒜가 발생하지 않는다면, 〈그림 2〉 그래프에서는 에이들먼의 [3단계]가 불필요하다.
>
> ㄴ. 혼성화 반응에서 엉뚱한 분자들이 서로 붙는 것을 방지할 수 있도록 DNA 코드를 설계하는 것은 ⒜를 최소화하기 위한 방법이다.
>
> ㄷ. DNA 컴퓨팅의 원리를 적용한 소프트웨어를 개발하면, ⒜를 방지하면서도 대규모 병렬 처리를 통한 문제 해결이 기존 컴퓨터에서 가능하다.

① ㄱ   ② ㄴ   ③ ㄱ, ㄴ

④ ㄱ, ㄷ   ⑤ ㄴ, ㄷ

10

ⓐ~ⓔ를 사용하여 만든 문장으로 적절하지 않은 것은?

① ⓐ: 물은 산소와 수소의 결합으로 이루어진다.

② ⓑ: 석탄과 같은 광물을 수송하는 수단으로는 철도가 대표적이다.

③ ⓒ: 지역구를 방문하는 국회 의원을 여러 명의 보좌관이 수행하였다.

④ ⓓ: 입법, 사법, 행정의 분리는 견제 균형의 원리를 구현한 것이다.

⑤ ⓔ: 장시간 회의를 했지만 근본적인 해결책은 아무도 제시하지 못했다.

[11 ~ 15] 다음 글을 읽고 물음에 답하시오.

여유 자금을 기업에 투자할 때는 투자하고자 하는 기업의 가치를 정확히 파악할 필요가 있다. 이를 위해서는 재무제표를 바탕으로 기업의 재무 상태와 경영 성과를 평가할 수 있는 재무 비율 분석이 필수적이다. 재무제표는 기업의 경영에 따른 재무 상태를 파악하기 위해 회계 원칙에 따라 간단하게 표시한 재무 보고서를 말한다. 재무제표는 재무 상태표와 포괄 손익 계산서, 현금 흐름표, 자본 변동표 등으로 구성되어 있다. 이 중에서 특정 시점의 기업의 재무 상태를 확인하기 위해서는 재무 상태표를 활용할 수 있고, 일정 기간의 기업의 수익 규모와 수익성을 확인하기 위해서는 매출액과 당기 순이익이 제시된 포괄 손익 계산서를 활용할 수 있다.

기업의 재무 상태는 자산과 부채, 그리고 기업의 자산에서 모든 부채를 차감한 후의 잔여 지분인 *자본을 통해 알 수 있다. 자산은 현금과 토지, 건물 등과 같이 기업이 소유하고 있는 유형·무형의 재산을 말한다. 부채란 갚아야 할 돈으로 흔히 말하는 빚이다. 자본은 주주가 출자한 자본금과 자본 거래 및 영업 활동을 통해 발생하여 축적된 이익 등으로 구성된다. 기업이 자산을 활용해 발생시킨 매출액에서 매출 원가 및 기타 비용 전부를 차감하면 당기 순이익을 알 수 있다.

재무제표에 표시된 숫자들은 숫자 그 자체보다는, 다른 숫자들과 어떤 관계에 있는지 또는 기간별로 그 숫자들이 어떻게 변했는지를 파악할 때 중요한 의미를 갖는다. 따라서 투자자들은 기업의 재무 상태를 파악하기 위해 재무제표에 표시된 숫자들을 활용하여 필요한 정보들을 얻을 수 있는 재무 비율 분석을 해야 한다. 재무 비율 분석 중 널리 쓰이는 비율로 ㉠'자기 자본 순이익률(ROE)'이 있다. 자기 자본 순이익률은 주주가 투자한 자기 자본에 대한 투자의 효율성을 보여 주는 지표로 당기 순이익을 평균 자기 자본으로 나눈 후 백분율로 환산하면 구할 수 있다. 미국의 화학 기업인 듀퐁은 자기 자본 순이익률을 활용하여 재무제표를 보다 체계적으로 분석하는 방법인 '듀퐁 ROE 분해'를 창안했다. 듀퐁 ROE 분해에 따르면 자기 자본 순이익률은 매출액 순이익률과 자산 회전율 그리고 재무 레버리지를 곱한 값과도 같으므로 이 세 가지로 분해하여 각각의 재무 비율을 파악하면 기업의 수익성, 효율성, 안정성을 구체적으로 알 수 있다.

듀퐁 ROE 분해 중 '매출액 순이익률'은 매출액 대비 당기 순이익이 얼마인지를 파악하기 위해 당기 순이익을 매출액으로 나눈 수익성 지표이다. 만약 1,000만 원어치 물건을 팔아서 재료비, 인건비, 임차료, 전기료 등을 다 제하고 최종적으로 남은 돈이 120만 원이라면 매출액 순이익률은 12%가 되는 것이다. 이는 기업의 한 회계 기간 동안의 매출액 중 당기 순이익의 비중을 보여 주어서 산업별 평균값이나 다른 기업과 비교해 보면 자신이 투자한 기업이 수익을 제대로 내고 있는지를 판단할 수 있다.

듀퐁 ROE 분해 중 '자산 회전율'은 매출액을 평균 총자산으로 나눈 값으로 자산의 효율성 지표이다. 자산 회전율이 높으면 기업의 자산이 효율적으로 이용되고 있음을 의미한다. 예를 들어, 기업 A와 B 모두 매출액이 1,000만 원이고 A와 B의 평균 총자산이 각각 1,000만 원과 400만 원이라고 한다면 동일한 매출을 올리기 위해 필요한 자산이 B는 400만 원에 불과한 반면, A는 B의 2.5배인 1,000만 원이다. 따라서 A와 B의 자산 회전율은 각각 1과 2.5로 B가 A에 비해 자산의 이용이 2.5배 효율적이었음을 의미한다.

듀퐁 ROE 분해 중 '재무 레버리지'는 평균 총자산을 평균 자기 자본으로 나눈 비율로 안정성 지표이다. 재무 레버리지가 높아지면 기업의 안정성은 낮아진다. 특히 경기가 좋지 않을 때에 재무 레버리지가 높을 경우 그 기업은 금리 인상에 따른 재무적인 어려움을 겪을 가능성이 높아진다. 따라서 자기 자본 순이익률이 상승한 기업에 투자를 고려하고 있는 경우에는 그 이유가 높은 재무 레버리지에 의한 것은 아닌지 주의할 필요가 있다. 따라서 자신이 투자하고자 하는 기업의 재무 레버리지를 산업별 평균값 또는 다른 기업과 비교하여 기업의 안정성을 판단해 보아야 한다.

A기업의 매출액 순이익률(%)이 10이고 자산 회전율(회)이 2, 재무 레버리지가 2라고 한다면 A기업의 자기 자본 순이익률은 40%(10×2×2)가 된다. 따라서 듀퐁 ROE 분해는 다른 기업과 자기 자본 순이익률을 비교하거나 각 기업을 수익성, 효율성, 안정성 등의 항목으로 나누어 평가할 수 있기 때문에 투자자뿐만 아니라 기업 내부에도 경영 성과와 재무 상태를 파악할 수 있는 정보를 제공한다는 장점이 있다. 하지만 기업의 경영 환경과 경기 상황 등에 따라 재무 비율에 대한 의미가 달라질 수 있으므로 경제 여건 등을 감안하여 적절하게 활용하여야 한다.

＊**자본**: 기업의 소유주인 주주들만의 자산, 즉 순자산을 회계 용어로 자본이라고 부르며, 타인 자본인 부채와 구분하여 자기 자본이라고도 함.

11
윗글에 대한 설명으로 가장 적절한 것은?

① 재무제표의 개념을 제시한 후 기업의 재무 상태를 분석하는 방법을 예를 들어 소개하고 있다.
② 재무제표를 작성하기 위한 회계 원칙을 밝히고, 재무 비율 분석이 갖는 한계점을 드러내고 있다.
③ 듀퐁사가 ROE 분해를 창안한 과정을 제시하고 이를 통해 재무 비율 분석의 의의를 고찰하고 있다.
④ 듀퐁 ROE 분해의 효용성에 의문을 제기하고, 이를 보완할 수 있는 재무 비율 분석 방법을 제시하고 있다.
⑤ 재무제표를 투자의 방식에 따라 유형별로 분류하고, 기업의 가치를 평가하는 기준의 변화에 대해 설명하고 있다.

12
윗글에 대한 이해로 적절하지 않은 것은?

① 평균 자기 자본에 비해 평균 총자산이 월등히 큰 기업은 안정성 측면에서 낮은 평가를 받을 수 있다.
② 매출액에서 매출 원가 및 기타 비용 일체를 뺀 금액을 매출액으로 나눈 값이 크면 수익성이 높다고 할 수 있다.
③ 재무 상태표, 포괄 손익 계산서, 현금 흐름표, 자본 변동표 등을 활용하면 기업의 경영에 따른 재무 상태를 파악할 수 있다.
④ 투자자들은 재무제표에 표시된 숫자들을 바탕으로 재무 비율을 분석함으로써 그 기업의 수익성, 효율성, 안정성을 파악할 수 있다.
⑤ 특정 기업의 매출액 순이익률이 높고 자산 회전율이 타사에 비해 높으며 재무 레버리지가 낮으면 경기 변화에 관계없이 투자자는 안심하고 그 기업에 투자할 수 있다.

13
㉠에 대한 설명으로 적절하지 않은 것은?

① ㉠은 매출액 순이익률, 자산 회전율, 재무 레버리지를 곱하여 얻을 수 있다.
② 다른 조건이 동일할 때, 자산의 이용이 효율적일수록 ㉠이 높아질 수 있다.
③ ㉠이 상승했더라도 재무 레버리지가 높은 기업은 투자에 유의할 필요가 있다.
④ 다른 조건이나 금액에 대한 변동 없이 매출 원가를 낮추면 ㉠이 높아지게 된다.
⑤ 다른 조건이 동일할 때, 부채가 늘고 당기 순이익이 그대로면 ㉠이 낮아지게 된다.

[14 ~ 15] 〈보기〉는 재무제표의 일부를 정리한 것이다. 〈보기〉를 참고하여 물음에 답하시오.

		A기업	B기업	
구분	과목	2018년	2017년	2018년
재무 상태표	평균 총자산	200	100	200
	부채	100	50	150
	평균 자기 자본	100	50	50
포괄 손익 계산서	매출액	500	100	400
	당기 순이익	20	10	20
매출액 순이익률(%)		ⓐ	10	5
자산 회전율(회)		ⓑ	1	2
재무 레버리지		ⓒ	2	4
자기 자본 순이익률(%)		ⓓ	20	40

(단위: 억 원)

＊ 회계 기간은 매년 1월 1일부터 12월 31일까지이며, 보고 기간은 매년 12월 31일임.
＊ 재무제표 수치 이외에 어떤 외적 요인도 고려하지 않음.

14

다음은 A기업의 경영 성과에 관한 회의 기록이다. 적절하지 않은 것은?

김 과장: ⓐ에 해당하는 값은 당기 순이익을 매출액으로 나눈 지표이므로 4%입니다. ……………………… ①

최 대리: ⓐ에 해당하는 값이 2018년의 B기업보다 낮은 상황인데, 그 이유는 매출액이 B기업보다 높기 때문입니다. …………………………………… ②

민 부장: ⓑ에 해당하는 값을 보면, 2018년의 우리 기업은 2018년의 B기업보다 자산이 2배 효율적으로 운영되고 있는 상황입니다. ……………………… ③

박 사원: ⓒ에 해당하는 값은 2로, 2018년의 B기업에 비해 안정적입니다. 산업별 평균값이나 다른 기업과도 비교해 보겠습니다. …………………………… ④

정 사장: 2018년 재무제표를 보니, 우리 기업의 ⓓ에 해당하는 값은 2017년의 B기업과 같군요. ……………… ⑤

15

윗글을 참고하여 〈보기〉를 이해한 내용으로 가장 적절한 것은? [3점]

① 2018년의 B기업은 2017년에 비해 매출액에서 매출 원가 및 기타 비용을 전부 차감한 금액이 감소하였다.

② 2018년의 B기업은 2017년에 비해 주주가 투자한 자기 자본에 대한 투자의 효율성을 나타내는 비율이 감소하였다.

③ B기업에 투자하고 있는 투자자가 안정성 지표만을 중시한다면 2019년에는 B기업에 대한 투자를 늘리려고 할 것이다.

④ B기업에 투자하고 있는 투자자가 수익성 지표만을 중시한다면 2019년에는 B기업에 대한 투자를 줄이려고 할 것이다.

⑤ B기업에 투자하고 있는 투자자가 자산의 효율적 이용만을 중시한다면 2019년에는 B기업에 대한 투자를 줄이려고 할 것이다.

수능 기출 완성

밥 먹듯이 매일 매일 국어 공부

밥 시리즈의 새로운 학습 시스템

'밥 시리즈'의 학습 방법을 확인하고 공부 방향 설정 ▶ 권장 학습 플랜을 참고하여 자신만의 학습 계획 수립 ▶ 학습 방법과 학습 플랜에 맞추어 밥 먹듯이 꾸준하게 국어 공부 ▶ 수능 국어 1등급을 달성

▶ 수능 국어 1등급 달성을 위한 '3독 3해 학습법' 제시   ▶ 문학, 비문학 독서, 문법, 어휘 등 국어의 전 영역 학습   ▶ 문제 접근 방법과 해결 전략을 알려 주는 자세하고 친절한 해설

처음 시작하는 밥 비문학
- 예비 고등학생의 국어 실력 향상을 위한 친절한 안내
- 전국연합 학력평가 기출문제
- 독해력과 문제 해결력 향상 프로그램

밥 비문학
- 수능, 평가원 모의평가, 전국연합 학력평가 기출문제
- 신유형 긴 지문에 대한 해법
- 독해력과 문제 해결력 향상 프로그램

밥 특급 어휘력
- 빈출 어휘, 다의어·동음이의어, 관용어·속담, 개념어, 한자 성어
- 어휘력 향상을 위한 4단계 학습 시스템
- 내신&수능 필수 어휘와 기출문제로 어휘력 완성

밥 문학
- 수능, 평가원 모의평가, 전국연합 학력평가 기출문제
- 출제 작품과 핵심 개념에 대한 자세한 해설
- 작품 감상력과 문제 해결력 향상 프로그램

밥 문법·어휘
- 수능, 평가원 모의평가, 전국연합 학력평가 및 내신 기출문제
- 문법 핵심 이론과 어휘 출제 유형, 수능과 내신 기출문제를 한번에 완성
- 복습을 위한 학습 장치 '문법 갈무리' 제공

국어는 꿈틀 시리즈

초단기간에 끝내는 단기 특강 교재

국어는 꿈틀

수능이 수능을 진 경향을 있는 대비할 수 있는 실전 교재

수능을 각 영역별로 학습할 수 있는 영역별 교재

통합 수능 실전 대비	기본편	종합편
통합 수능 영역별 대비	문학	비문학 독서	언어와 매체(문법)·화법과 작문
단 기 특 강	단기 문학	단기 종합

최근 경향을 보여 주는 기출 문제 국어 실력을 높여 주는 실전 문제

두 배의 학습 효과로 수능 고득점 도전

● 통합형 수능 실전 대비를 위한 최적의 구성
● 극대화된 학습 효과를 이끌어 내는 '기출+실전'의 구성
● EBS·교과서 수록 지문, 평가원·교육청 출제 지문 및 최신 출제 유형의 분석과 반영

2021 수능 국어 **고득점** 전략서

고난도 신유형

비문학 긴 지문

정답과 해설

정답과 해설

정답

비문학 긴 지문 대표 기출 문제
▶ 본문 8~16쪽

01 ①	02 ③	03 ④	04 ⑤	05 ⑤
06 ③	07 ③	08 ④	09 ⑤	10 ②
11 ①	12 ④	13 ④	14 ③	15 ①
16 ⑤	17 ②	18 ④		

01회 실전 모의고사
▶ 본문 18~25쪽

01 ④	02 ③	03 ②	04 ①	05 ①
06 ②	07 ④	08 ③	09 ④	10 ①
11 ③	12 ⑤	13 ②	14 ②	15 ③

02회 실전 모의고사
▶ 본문 26~33쪽

01 ③	02 ②	03 ③	04 ①	05 ③
06 ⑤	07 ②	08 ⑤	09 ③	10 ②
11 ⑤	12 ④	13 ⑤	14 ③	15 ④

03회 실전 모의고사
▶ 본문 34~41쪽

01 ④	02 ⑤	03 ⑤	04 ④	05 ②
06 ②	07 ⑤	08 ①	09 ②	10 ①
11 ①	12 ①	13 ④	14 ①	15 ③

04회 실전 모의고사
▶ 본문 42~49쪽

01 ③	02 ①	03 ③	04 ④	05 ⑤
06 ④	07 ⑤	08 ②	09 ⑤	10 ⑤
11 ③	12 ④	13 ④	14 ③	15 ②

05회 실전 모의고사
▶ 본문 50~57쪽

01 ③	02 ②	03 ⑤	04 ②	05 ④
06 ⑤	07 ④	08 ④	09 ③	10 ④
11 ②	12 ③	13 ①	14 ③	15 ④

06회 실전 모의고사
▶ 본문 58~65쪽

01 ②	02 ⑤	03 ④	04 ②	05 ④
06 ①	07 ④	08 ⑤	09 ③	10 ④
11 ③	12 ⑤	13 ②	14 ②	15 ③

07회 실전 모의고사
▶ 본문 66~73쪽

01 ⑤	02 ①	03 ⑤	04 ④	05 ⑤
06 ⑤	07 ②	08 ④	09 ②	10 ②
11 ④	12 ⑤	13 ⑤	14 ①	15 ④

08회 실전 모의고사
▶ 본문 74~81쪽

01 ①	02 ③	03 ③	04 ②	05 ②
06 ④	07 ⑤	08 ③	09 ②	10 ⑤
11 ④	12 ④	13 ②	14 ③	15 ③

09회 실전 모의고사
▶ 본문 82~89쪽

01 ③	02 ⑤	03 ④	04 ⑤	05 ③
06 ①	07 ①	08 ②	09 ③	10 ①
11 ②	12 ④	13 ①	14 ④	15 ②

10회 실전 모의고사
▶ 본문 90~96쪽

01 ②	02 ⑤	03 ③	04 ④	05 ④
06 ④	07 ⑤	08 ④	09 ⑤	10 ④
11 ②	12 ①	13 ⑤	14 ②	15 ④

2021 수능 대비 최종 모의고사
▶ 본문 97~104쪽

01 ⑤	02 ③	03 ③	04 ④	05 ②
06 ⑤	07 ③	08 ④	09 ③	10 ③
11 ①	12 ⑤	13 ⑤	14 ③	15 ④

은 전개 방식으로 가장 적절하다.

😞 **오답인 이유**

② 2문단을 보면 BIS 비율 규제가 제정된 것은 예금자와 금융 시스템을 보호하기 위해 바젤 위원회가 도입한 것이라고 설명하였다. 하지만 국제 사회의 규범을 감독 권한의 발생 원인에 따라 분류하고 있지 않다.

③ 2문단을 보면 BIS 비율 규제의 필요성은 제시되어 있으나, 국제 사회에 수용되는 규범의 필요성을 상반된 관점에서 논증하고 있지 않다.

④ 2문단을 보면 바젤 기준을 설명하고 있지만, 이와 관련된 국내법의 특징이나 국제 사회에 받아들여지는 규범의 장단점을 설명하고 있지 않다.

⑤ 1문단을 보면 바젤 기준의 설정 주체는 국제 결제 은행 산하의 바젤 위원회라고 하였다. 따라서 국제적 기준의 설정 주체가 바뀐 사례를 서술하고 있지 않다. 또한 국제 사회에서 규범 설정 주체가 지닌 특징을 분석하고 있지 않다.

사회
▶ 본문 8~10쪽

| 01 ① | 02 ③ | 03 ④ | 04 ⑤ | 05 ⑤ | 06 ③ |

BIS 비율 규제의 변화 양상과 국제적 기준의 규범성

• **주제**: BIS 비율 규제와 관련한 바젤 협약의 변천과 국제 사회에 작용하는 국제적 기준의 규범성

• **해제**: 이 글은 국제법에서 국가나 국제기구들이 지켜야 할 구체적인 권리와 의무를 창출하는 규범인 조약, 조약 체결과 관계없이 국제 사회 일반이 받아들여 지키고 있는 보편적인 규범인 국제 관습법을 대비하여 권고적 효력만 있을 뿐 법적 구속력이 없는 국제기구 결정의 사례인 BIS 비율 규제를 설명하고 있다. BIS 비율은 바젤 위원회에서 예금자와 금융 시스템 보호를 위해 도입하였다. 그리고 '바젤 I', '바젤 II', '바젤 III' 협약을 거치며 보완되었고, 위험 가중 자산 대비 자기 자본의 비율로 결정된다. 바젤 위원회는 초국가적 감독 권한이 없고, 위원회의 결정도 법적 구속력이 없다. 그러나 재무 건전성을 국제 금융 시장에 보여 주어야 할 필요성 때문에 국제기구의 결정에 형식적으로 구속을 받지 않는 국가에서까지 자발적으로 받아들여 바젤 기준을 시행하고 있다.

• **문단별 핵심 내용**

1문단	국제법처럼 규범적 성격이 나타나는 바젤 위원회의 BIS 비율 규제
2문단	예금자와 금융 시스템 보호를 위한 BIS 비율의 공식
3문단	BIS 비율의 위험 가중 자산이 수정된 바젤 II 협약
4문단	BIS 비율의 자기 자본에 단기후순위 채무가 제외된 바젤 III 협약
5문단	바젤 위원회 가입 전부터 BIS 비율을 도입하여 시행한 우리 금융 당국
6문단	자발적으로 받아들여 시행되는 말랑말랑한 법의 모습을 한 바젤 기준

---

01 답 ①
| 2020학년도 수능 |

😊 **정답인 이유**

이 글은 국제 결제 은행 산하의 바젤 위원회가 도입한 BIS 비율 규제의 내용을 '바젤 I, II, III' 협약의 변화 양상을 통해 서술하고 있다. 바젤 기준은 조약이나 국제 관습법과 달리 권고적 효력만 있을 뿐 법적 구속력이 없지만, 수많은 국가에서 채택하여 제도화하고 있다고 하였다. 따라서 이를 통해 바젤 기준과 같은 특정한 국제적 기준이 국제 사회에 작용하는 규범성을 설명하고 있다는 것

---

02 답 ③
| 2020학년도 수능 |

😊 **정답인 이유**

1문단을 보면 조약이나 국제 관습법은 위반에 대한 제재를 통해 국제법의 효력을 확보하는 데 주안점을 두고 있는데, 이를 '딱딱한 법'이라 부른다고 하였다. 그리고 BIS 비율 규제와 같은 국제적 기준은 권고적 효력만 있을 뿐 법적 구속력은 없으나, 신뢰가 형성하는 구속력에 따라 규범적 성격이 나타난다고 하였다. 그리고 6문단을 보면 이러한 것을 '말랑말랑한 법'이라고 하였다. 따라서 제재보다는 신뢰로써 법적 구속력을 확보하는 데 주안점을 두는 것은 '딱딱한 법'이 아니라 BIS 비율 규제와 같은 '말랑말랑한 법'이라는 것을 알 수 있다.

😞 **오답인 이유**

① 1문단을 보면 조약은 국가나 국제기구들이 그들 사이에 지켜야 할 구체적인 권리와 의무를 명시적으로 합의하여 창출하는 규범이라고 하였으므로 적절하다.

② 2~4문단을 보면 바젤 I, II, III 협약이 발표되면서 기존 바젤 협약의 기준이 바뀌는 경우를 자세히 설명하였다. 그리고 4문단을 보면 새롭게 발표되는 이전 협약에 들어 있는 관련 기준을 개정하는 효과가 있다고 하였으므로 적절하다.

④ 5문단을 보면 바젤 기준에 따름으로써 은행이 믿을 만하다는 징표를 보여 주지 않으면 재무 건전성을 의심받게 되는 불이익을 받을 수 있다고 하였다. 그리고 6문단을 보면 이러한 불이익을 입지 않기 위해 국제기구의 구속을 받지 않는 국가에서까지 자발적

으로 바젤 기준을 받아들여 준수하고 있는 것을 알 수 있다.

⑤ 5문단을 보면 바젤 기준은 법적 구속력이 없으나 수많은 국가에서 바젤 기준을 법제화하여 따르고 있다고 하였다. 이것은 바젤 기준을 법제화함으로써 자국 은행이 믿을 만하다는 징표를 국제 금융 시장에 보여 주고, 재무 건전성을 인정받기 위해서임을 알 수 있다.

03 🖹 ④

😀 정답인 이유

2문단을 보면 바젤 Ⅰ 협약에서 시장 위험의 측정 방식은 감독 기관의 승인하에 은행의 선택에 따라 사용할 수 있게 했다고 하였고, 이는 바젤 Ⅱ 협약에도 적용될 것이다. 그리고 3문단을 보면 바젤 Ⅱ 협약에서 신용 위험 측정 방식 중 내부 모형은 은행이 선택한 위험 측정 방식을 감독 기관의 승인하에 그 은행이 사용할 수 있도록 하는 것이라고 하였다. 따라서 바젤 Ⅱ 협약에서 시장 위험의 측정 방식과 마찬가지로 감독 기관의 승인하에 선택하여 사용할 수 있는 신용 위험의 측정 방식이 있다는 것은 적절하다.

😞 오답인 이유

① 2문단을 보면 바젤 Ⅰ 협약에서 회사채의 위험 가중치는 100%로 획일적으로 부여되었다고 하였다. 즉 보유하고 있는 회사채의 신용도가 낮아지더라도 위험 가중치는 동일하기 때문에 위험 가중 자산도 동일할 것이다. 따라서 BIS 비율 또한 낮아지지 않을 것임을 알 수 있다.

② 3문단을 보면 바젤 Ⅱ 협약에서 감독 기관은 필요시 위험 가중 자산에 대한 자기 자본의 최저 비율이 규제 비율을 초과하도록 자국 은행에 요구할 수 있게 하였음을 알 수 있다. 따라서 각국의 은행들이 준수해야 하는 위험 가중 자산 대비 자기 자본의 최저 비율은 감독 기관의 요구에 따라 서로 다를 수 있다.

③ 3문단을 보면 바젤 Ⅱ 협약의 신용 위험 측정 방식 중 표준 모형에서는 신용도에 따라 OECD 국가의 국채는 0%에서 150%까지, 회사채는 20%에서 150%까지 위험 가중치를 구분하여 신용도가 높을수록 낮게 부과한다고 하였다. 따라서 OECD 국가의 국채를 매각한 뒤 이를 회사채에 투자할 때, 위험 가중치가 낮은 국채를 매각하여 위험 가중치가 높은 회사채에 투자한다면 위험 가중 자산이 커지고 BIS 비율은 낮아질 것이다.

⑤ 2문단을 보면 바젤 Ⅲ 협약에서는 자기 자본에서 단기후순위 채무가 제외되었다고 하였으므로, 자기 자본은 기본 자본+보완 자본이 된다. 그리고 4문단을 보면 바젤 Ⅲ 협약에서 위험 가중 자산에 대한 기본 자본의 비율이 최소 6%가 되게 보완되었다고 하였다. 이때 보완 자본의 비율이 2%가 되지 않더라도, 기본 자본

의 비율이 6%를 초과하고 기본 자본과 보완 자본의 비율의 합이 8% 이상이어야 보완된 BIS 비율 규제를 충족시킬 수 있다.

04 🖹 ⑤

😀 정답인 이유

4문단을 보면 바젤 Ⅲ 협약에서는 위험 가중 자산에 대한 기본 자본의 비율이 최소 6%가 되어야 한다고 하였다. 2문단을 보고 알 수 있는 〈보기〉의 갑 은행의 위험 가중 자산은 국채 300억 원+시장 위험에 따른 가중 자산 400억 원이므로 모두 합하면 총 1000억 원이고, 기본 자본은 50억 원이다. 이때 갑 은행의 위험 가중 자산에 대한 기본 자본의 비율을 구하면 $\frac{50}{1000}\times100(\%){=}5(\%)$이므로, 보완 자본이 10억 원 증액되더라도 바젤 Ⅲ 협약에서 보완된 기준을 충족할 수 없을 것이다.

😞 오답인 이유

① 2문단을 보면 바젤 위원회에서는 BIS 규제 비율을 8%로 제시하였다. 〈보기〉의 갑 은행의 BIS 비율을 바젤 Ⅱ 협약의 표준 모형에 따라 구하면 다음과 같다.

$$\frac{\text{기본 자본 50억 원+보완 자본 20억 원+단기후순위 채무 40억 원}}{\text{국채 300억 원+회사채 300억 원+시장 위험에 따른 위험 가중 자산 400억 원}}$$
$${=}\frac{110}{1000}\times100(\%){=}11(\%)$$이므로, 갑 은행이 공시한 BIS 비율은 바젤 위원회가 제시한 규제 비율인 8%를 상회한다는 것을 알 수 있다.

② 3문단을 보면 바젤 Ⅱ 협약에서 회사채는 20%에서 150%까지 위험 가중치를 구분하여 신용도가 높을수록 낮게 부과한다고 하였다. 〈보기〉의 갑 은행은 회사채의 위험 가중치가 50%라고 하였는데, 위험 가중치가 20%였다면 위험 가중 자산이 그만큼 줄어들 것이다. 따라서 2문단을 보면 BIS 비율을 구하는 공식에서 분모인 위험 가중 자산이 줄어들기 때문에 현재 공시된 비율보다 BIS 비율이 더 높아질 것이다.

③ 2문단을 보면 위험 가중 자산은 보유 자산에 각 자산의 신용 위험에 대한 위험 가중치를 곱한 값들의 합으로 구한다고 하였다. 〈보기〉의 갑 은행의 국채와 회사채의 위험 가중 자산은 동일하게 300억 원인데, 이것은 다음과 같이 나타낼 수 있다.

– 국채의 실제 규모×국채의 위험 가중치=300억 원
– 회사채의 실제 규모×회사채의 위험 가중치(50%)=300억 원

따라서 국채의 실제 규모가 회사채의 실제 규모보다 컸는데 위험 가중 자산이 300억 원으로 동일했다면, 국채의 위험 가중치가 회사채의 위험 가중치인 50%보다 더 낮았을 것임을 알 수 있다.

④ 2문단을 보면 바젤 Ⅰ 협약에서 회사채의 위험 가중치는 100%가 획일적으로 부여되었다고 하였다. 그리고 〈보기〉의 갑 은행의

회사채에 반영된 위험 가중치는 50%이므로, 이에 따른 위험 가중 자산이 300억 원이다. 따라서 바젤Ⅰ 협약의 기준으로 위험 가중 자산을 산출한다면 위험 가중치는 50%에서 100%로 2배가 되므로, 회사채는 300억 원의 2배인 600억 원이 될 것이다.

05 답 ⑤

| 2020학년도 수능 |

😊 정답인 이유
6문단을 보면 말랑말랑한 법의 모습(㉠)은 국제기구의 결정에 형식적으로 구속을 받지 않는 국가에서까지 자발적으로 받아들여 시행하고 있는 것이라고 하였다. 따라서 바젤 위원회 회원이 없는 국가에서 바젤 기준을 제도화하여 국내에서 효력이 발생하도록 하는 것은, 바젤 위원회의 결정에 구속을 받지 않는 국가에서 자발적으로 시행하는 것이므로 말랑말랑한 법의 모습(㉠)에 해당하는 사례로 가장 적절하다.

😕 오답인 이유
① 6문단을 보면 바젤 위원회가 국제 금융 현실에 맞지 않게 된 바젤 기준을 개정하는 것은, 국제기구가 결정을 수정하는 것이다. 따라서 국제기구의 결정에 형식적으로 구속을 받지 않는 국가에서 자발적으로 받아들여 시행하는 말랑말랑한 법의 모습(㉠)의 사례로 적절하지 않다.
② 6문단을 보면 바젤 위원회가 가입 회원이 없는 국가에 바젤 기준을 준수하도록 요청하는 것은, 국제기구의 결정에 형식적으로 구속을 받지 않는 국가에서 자발적으로 받아들여 시행하는 말랑말랑한 법의 모습(㉠)의 사례로 볼 수 없다.
③ 6문단을 보면 바젤 위원회 회원의 국가가 준수 의무가 있는 바젤 기준을 지키지 않는 것은 말랑말랑한 법의 모습(㉠)과 관련이 없다.
④ 6문단을 보면 바젤 위원회 회원의 국가가 바젤 기준의 준수 의무를 이행하는 것은 바젤 위원회 헌장에서 부과한 의무를 따르는 것이다. 따라서 국제기구의 결정에 형식적으로 구속을 받지 않는 국가에서 자발적으로 받아들여 시행하는 말랑말랑한 법의 모습(㉠)의 사례로 적절하지 않다.

06 답 ③

| 2020학년도 수능 |

😊 정답인 이유
ⓒ의 '발을 들이다'는 재무 건전성을 의심받는 은행은 국제 금융 시장에 들어가지 못할 수도 있다는 뜻으로 사용되었다. 바젤 위원회에 가입하는 것은 금융 시장에 들어가는 것과는 다른 의미이다. 따라서 '바젤 위원회에 가입하다'는 바꿔 쓰기에 적절하지 않다.

😕 오답인 이유
① ⓐ의 '고려하다'는 자산의 유형과 신용도를 모두 반영하여 계산하도록 한다는 의미로 쓰였으므로, '반영하여 산출하다'와 바꿔 쓸 수 있다.
② ⓑ의 '규제 비율을 초과하다'는 바젤 위원회의 규제 비율인 8%를 넘도록 한다는 의미로 쓰였으므로, '8%가 넘다'와 바꿔 쓸 수 있다.
④ ⓓ의 '법적 구속력이 없다'는 경제 관련 국제기구에서 어떤 결정을 하였을 경우, 이 결정 사항 자체는 권고적 효력만 있을 뿐이라는 의미로 쓰였으므로, '권고적 효력이 있을 뿐이다'와 바꿔 쓸 수 있다.
⑤ ⓔ의 '딱딱하게 응고되다'는 바젤 기준이 말랑말랑한 법의 모습이었다가 조약이나 국제 관습법처럼 딱딱한 법이 될 수도 있다는 의미로 쓰였으므로, '조약이나 국제 관습법이 되다'와 바꿔 쓸 수 있다.

과학·인문

▶ 본문 11~13쪽

07 ③	08 ④	09 ⑤	10 ②	11 ①	12 ④

개체성의 조건과 공생 발생설에 따른 진핵생물의 발생

- **주제**: 공생 발생설에 따른 진핵생물의 발생 과정과 미토콘드리아의 개체성 판단
- **해제**: 이 글은 상이한 시기에 존재하는 두 대상을 동일한 개체로 판단하는 조건인 개체성의 조건을 제시하고, 두 원핵생물 간의 공생 관계가 지속되면서 진핵세포를 가진 진핵생물이 탄생했다는 공생 발생설 또는 세포 내 공생설에 대해 설명하고 있다. 상이한 시기에 존재하는 두 대상을 동일한 개체로 판단하는 조건은 두 대상 사이의 인과성이 강하다는 것이다. 개체성에 대한 철학적 질문은 생물학에서도 중요한 연구 주제가 되는데, 대표적인 것이 미토콘드리아의 개체성에 관한 것이다. 공생 발생설은 세포 소기관인 미토콘드리아가 원래는 박테리아의 일종인 원생 미토콘드리아로 독립된 생명체였고, 고세균의 세포 안에서 고세균과 원생 미토콘드리아의 내부 공생이 지속되다가 진핵세포가 발생하였다고 설명한다. 미토콘드리아와 진핵세포 간의 유기적 상호 작용이 매우 강하다는 것으로 이들을 공생 관계로 보기 어려우며, 과거에 독립된 생명체로서 개체성을 지니고 있었던 원생 미토콘드리아가 진핵세포의 세포 소기관이 됨으로써 개체성을 잃게 된 것으로 이해할 수 있다.
- **문단별 핵심 내용**

1문단	개체성의 조건인 강한 유기적 상호 작용
2문단	상이한 시기의 두 대상을 동일한 개체로 판단하는 조건인 강한 인과성

07 답 ③

😊 정답인 이유

1문단을 보면, 이 글은 어떤 부분들이 모여 하나의 대상을 이룰 때 그 대상을 하나의 개체라고 부를 수 있는 개체성의 조건으로 강한 유기적 상호 작용을 들었다. 그리고 2문단에서는 두 대상 사이의 강한 인과성을 제시하였다. 또한 이를 바탕으로 3~6문단을 보면 원래 박테리아의 한 종류였던 원생 미토콘드리아가 고세균의 세포 안에서 내부 공생을 하다가, 개체성을 잃고 진핵세포의 세포 소기관인 미토콘드리아가 되었다는 것을 공생 발생설을 중심으로 설명하고 있다.

😣 오답인 이유

① 1문단을 보면 자동차, 바닷물, 일란성 쌍둥이의 예, 그리고 2문단을 보면 '나'와 '나의 후손'의 예를 제시하여 개체성을 설명하였다. 하지만 공생 발생설에 대한 다양한 견해를 비교하고 있는 것은 아니다.
② 1, 2문단을 보면 개체성의 조건을 제시하였지만 개체에 대한 정의를 제시한 것은 아니다. 그리고 3문단을 보면 세포의 특징과 구성 요소를 설명하였지만 세포의 생물학적 개념이 확립되는 과정을 서술하고 있는 것은 아니다.
④ 이 글은 개체의 유형을 분류하지 않았다. 또한 세포의 소기관이 분화되는 과정이 아닌, 원생 미토콘드리아가 내부 공생을 하다가 세포 소기관인 미토콘드리아가 되는 과정을 공생 발생설을 중심으로 설명하고 있다.
⑤ 1, 2문단을 보면 개체와 관련된 개념들을 설명하며 개체성의 조건을 제시하였다. 그러나 세포가 하나의 개체로 변화하는 과정을 서술한 것이 아니라, 두 원핵생물이 결합하여 진핵세포를 가진 진핵생물이 탄생하는 과정을 공생 발생설을 중심으로 설명하고 있다.

08 답 ④

😊 정답인 이유

6문단을 보면 미토콘드리아에서 일어나는 대사 과정에 필요한 단백질은 세포핵의 DNA로부터 합성된다고 하였고, 3문단을 보면 미토콘드리아는 진핵세포의 세포질에 있는 막으로 둘러싸인 세포 소기관이라고 하였다. 따라서 미토콘드리아의 대사 과정에 필요한 단백질은 세포핵의 DNA로부터 합성되어, 세포질에서 미토콘드리아로 이동한다는 것을 알 수 있다.

😣 오답인 이유

① 1문단을 보면 부분들 사이의 유사성은 개체성의 조건이 될 수 없다고 하였다.
② 1문단을 보면 개체를 구성하는 부분들은 외부 존재가 개체에 영향을 주는 것과는 비교할 수 없이 강한 방식으로 서로 영향을 주고받는다고 하였다. 따라서 바닷물을 개체라고 말하기 어려운 이유는 바닷물을 이루는 부분들의 유기적 상호 작용이 약하기 때문임을 알 수 있다.
③ 5문단을 보면 새로운 미토콘드리아는 이미 존재하는 미토콘드리아의 '이분 분열'을 통해서만 만들어진다고 하였다.
⑤ 2문단을 보면 개체성의 조건에 대한 설명에서 '나'와 '나의 후손'은 다른 개체들 사이에 비해 더 강한 인과성으로 연결되어 있다고 하였다. 그리고 5문단을 보면 공생 발생설에 따르면 고세균은 세포질에 핵이 생겨 진핵세포가 되고, 원생 미토콘드리아는 세포 소기관인 미토콘드리아가 되어 진핵생물이 탄생했다고 하였다. 따라서 고세균의 후손을 진핵세포로 볼 수 있으므로, 원생 미토콘드리아보다 고세균이 진핵세포와 더 강한 인과성으로 연결되어 있다는 것을 알 수 있다.

09 답 ⑤

😊 정답인 이유

4문단을 보면 ㉠은 미토콘드리아가 과거에 독립된 생명체였다는 것을 쉽게 믿을 수 없었기 때문이라고 하였다. 그러다가 전자 현미경이 등장한 뒤 미토콘드리아 안에 세포핵의 DNA와는 다른 DNA가 있으며 단백질을 합성하는 자신만의 리보솜을 가지고 있다는 사실이 밝혀지면서 공생 발생설이 부각되었다고 하였다. 따라서 이전에는 미토콘드리아가 자신의 유전 정보를 전달할 수 있는 DNA를 가지고 있다는 것을 알지 못했기 때문에 생물학계로부터 공생 발생설이 인정받지 못했다는 것을 알 수 있다.

😣 오답인 이유

① 4문단을 보면 공생 발생설이 제기되었을 때 미토콘드리아의 기능과 구조는 이미 알려져 있었다고 하였고, 3문단을 보면 진핵세포의 세포 소기관이 미토콘드리아라고 하였다. 따라서 진핵세포가 세포 소기관을 가지고 있다는 사실을 알지 못했다는 것은 적절하지 않으며, 이는 ㉠의 이유로도 적절하지 않다.
② 4문단을 보면 전통적인 유전학은 한 생명체가 세대를 이어 가

는 과정 중에 돌연변이와 자연 선택이 일어나고, 이로 인해 종이 진화하고 분화한다고 보는 것이라고 하였다. 공생 발생설은 당시의 이러한 유전학 이론에 어긋난다. 따라서 공생 발생설이 당시의 유전학 이론에 어긋난다는 근거가 부족했다는 것은 ㉠의 이유로 적절하지 않다.

③ 4문단을 보면 공생 발생설이 제기되었을 때 생명체 간 내부 공생의 사례는 이미 알려졌다고 하였다. 따라서 한 생명체가 다른 생명체의 세포 속에서 살 수 있다는 근거가 부족했다는 것은 ㉠의 이유로 적절하지 않다.

④ 4문단을 보면 공생 발생설이 제기되었을 때 미토콘드리아의 기능과 구조는 이미 알려져 있었다고 하였다. 따라서 미토콘드리아가 진핵세포의 활동에 중요한 기능을 한다는 사실을 알지 못했다는 것은 적절하지 않으며, 이는 ㉠의 이유로도 적절하지 않다.

10 답 ②

😊 정답인 이유

ㄱ. 3문단을 보면 세포는 고유한 유전 정보가 담긴 DNA를 가지고, 4문단을 보면 미토콘드리아 안에는 세포핵의 DNA와는 다른 DNA가 있다고 하였다. 그리고 5문단을 보면 박테리아와 마찬가지로 새로운 미토콘드리아는 이미 존재하는 미토콘드리아의 '이분 분열'을 통해서만 만들어진다고 하였다.

ㄹ. 3문단을 보면 진핵세포의 세포질에는 막으로 둘러싸인 여러 종류의 세포 소기관이 있다고 하였다. 그리고 5문단을 보면 미토콘드리아의 막에는 박테리아의 세포막에 있는 카디오리핀이 존재한다고 하였다. 따라서 ㄱ과 ㄹ의 세포 소기관은 미토콘드리아처럼 박테리아로부터 비롯되었다고 판단할 수 있다.

😞 오답인 이유

①, ③, ⑤ ㄷ. 3문단을 보면 진핵세포의 세포질에는 막으로 둘러싸인 세포 소기관이 있다고 하였다. 또한 5문단을 보면 미토콘드리아의 막에는 진핵 세포막의 수송 단백질과는 다른 종류의 수송 단백질인 포린이 존재한다는 것이 미토콘드리아가 원래 박테리아의 한 종류였다는 근거라고 하였다. 따라서 ㄷ의 세포 소기관의 막에 단순히 수송 단백질이 있는 것을 확인한 것은, 세포 소기관이 박테리아로부터 비롯되었다고 판단할 수 있는 것으로 적절하지 않다.

④ ㄴ. 5문단을 보면 미토콘드리아의 리보솜은 진핵세포의 리보솜보다 박테리아의 리보솜과 더 유사하다고 하였다. 따라서 ㄴ의 세포 소기관이 진핵세포의 리보솜을 가지고 있다는 것은 세포 소기관이 박테리아로부터 비롯되었다고 판단할 수 있는 것으로 적절하지 않다.

11 답 ①

😊 정답인 이유

〈보기〉를 보면 개체 간 공생 관계의 예를 설명하고 있다. 6문단을 보면 미토콘드리아가 개체성을 잃고 진핵세포의 세포 소기관이 되었다고 보는 근거는 진핵세포가 자신을 복제하여 증식할 때 미토콘드리아도 함께 복제하여 증식시키기 때문이라고 하였다. 따라서 〈보기〉의 '아메바의 세포질에서 서식하는 박테리아'는 스스로 복제하여 증식할 수 있었다고 하였으므로 '아메바'의 세포 소기관으로 볼 수 없다. 즉 둘 사이의 관계는 공생 관계이다. 또한 두 생명체가 서로 떨어져 살 수 없더라도 각자의 개체성을 잃을 정도로 유기적 상호 작용이 강하지 않다면 그 둘은 공생 관계에 있다고 본다고 하였다. 따라서 〈보기〉의 '아메바의 세포질에서 서식하는 박테리아'가 죽으면 '아메바'가 죽는다고 하더라도, 이것을 박테리아와 '아메바'의 공생 관계를 부정할 수 있는 근거로 볼 수 없다.

😞 오답인 이유

② 〈보기〉를 보면 '복어'와 '체내에서 서식하는 미생물'은 독소를 생산하고 서식처를 제공받는 공생 관계이다. 하지만 1문단을 보면 '복어'와의 유기적 상호 작용이 강해진다면 복어의 '체내에서 서식하는 미생물'은 개체성을 잃을 수 있게 될 것이다.

③ 〈보기〉를 보면 '복어'와 '독소를 생산하는 미생물'은 독소를 생산하고 서식처를 제공받는 공생 관계이다. 따라서 '독소를 생산하는 미생물'이 개체성을 잃지 않았기 때문에 '복어'의 세포가 증식할 때 '독소를 생산하는 미생물'의 DNA도 함께 증식하지는 않을 것이다.

④ 6문단을 보면 미토콘드리아가 개체성을 잃고 세포 소기관이 되었다고 보는 근거는 미토콘드리아의 유전자의 많은 부분이 세포핵의 DNA로 옮겨 가 미토콘드리아의 DNA가 현저히 짧아졌기 때문이라고 하였다. 따라서 〈보기〉의 '아메바의 세포질에서 서식하는 박테리아'가 개체성을 잃었다면 박테리아의 유전자의 많은 부분이 아메바의 세포핵의 DNA로 옮겨 가, 박테리아의 DNA의 길이는 짧아졌을 것이다.

⑤ 〈보기〉를 보면 '복어'와 '체내에서 서식하는 미생물'은 독소를 생산하고 서식처를 제공받는 공생 관계이다. 한편 아메바에게는 무해하지만 박테리아에게는 치명적인 항생제를 아메바에게 투여하면 박테리아와 함께 아메바도 죽었다는 것에서 박테리아가 개체성을 잃었다고 판단하기 쉽다. 그러나 〈보기〉에서 '아메바의 세포질에서 서식하는 박테리아'는 스스로 복제하여 증식할 수 있었다고 하였다. 그리고 4문단을 보면 서로 다른 생명체가 함께 살아가는 것을 공생 관계라고 하였다. 따라서 '아메바'와 '아메바의 세포질에서 서식하는 박테리아' 둘 사이의 유기적 상호 작용이 개체성을 잃을 만큼 강하지 않았기 때문에 공생 관계에 있다고 볼 수 있다.

12 답 ④

☺ 정답인 이유

ⓓ의 '밝혀지다'는 '드러나지 않거나 알려지지 않은 사실, 내용, 생각 따위가 드러나 알려지다'의 의미이다. 하지만 ④의 '조명(照明)되다'는 '어떤 대상이 일정한 관점으로 바라보이다'의 의미이다. 따라서 ⓓ와 바꿔 쓰기에 적절하지 않다.

☹ 오답인 이유

① ⓐ의 '이루다'는 '몇 가지 부분이나 요소들을 모아서 일정한 전체를 짜 이루다'라는 의미의 '구성(構成)하다'와 바꿔 쓸 수 있다.
② ⓑ의 '있다'는 '현실에 실재하다'라는 의미의 '존재(存在)하다'와 바꿔 쓸 수 있다.
③ ⓒ의 '가지다'는 '가지고 있거나 간직하고 있다'라는 의미의 '보유(保有)하다'와 바꿔 쓸 수 있다.
⑤ ⓔ의 '만들어지다'는 '사물이 생겨나다'라는 의미의 '생성(生成)되다'와 바꿔 쓸 수 있다.

예술·인문

▶ 본문 13~16쪽

| 13 ④ | 14 ③ | 15 ① | 16 ⑤ | 17 ② | 18 ④ |

역사와 영화의 관계

• 주제: 역사 서술의 사료로서 영화가 지닌 가능성
• 해제: 이 글은 역사 연구에서 사료의 의미와 사료로서 영화의 특성을 통해 영화와 역사의 관계를 설명하였고, 역사 서술에 대하여 영화가 지닌 가능성을 말하고 있다. 역사가는 과거의 사실과 직접 만나는 것이 아니라 사료를 매개로 과거와 만난다고 하였다. 하지만 사료는 과거를 그대로 재현하는 것은 아니기 때문에 불완전하여 새로운 사료를 발굴하기 위한 노력이 필요하고, 문헌 사료의 언어에 비해 도상적·지표적 기호로서의 특성을 지닌 영화를 사료로 파악하는 경향이 나타났다. 이렇게 하여 영화라는 매체로 역사를 해석하고 평가하는 '역사에 대한 영화적 독해'를 할 수 있고, 영화에 담겨 있는 역사적 흔적과 맥락을 검토하는 것으로 '영화에 대한 역사적 독해'를 할 수 있다. 영화는 역사 속에서 주변화된 집단의 묻혀 있던 목소리를 표현해 내고, '아래로부터의 역사'의 형성에 기여한다는 점에서 역사 서술의 한 주체가 될 수 있는 가능성이 있다.

• 문단별 핵심 내용

1문단	사료를 매개로 과거와 만나는 역사가와 새로운 사료 발굴을 위한 노력
2문단	역사학에서 영화를 통한 역사 서술에 대한 관심과 영화의 도상적, 지표적 특징
3문단	역사에 대한 영화적 독해와 영화에 대한 역사적 독해

13 답 ④

☺ 정답인 이유

1문단을 보면 역사가가 사료를 매개로 과거와 만나 서술하는 역사학의 특성을 밝혔고, 2문단에서는 영화에 대해 도상적·지표적 기호로서 사료의 특성을 지니고 있음을 서술하였다. 그리고 3문단을 보면 '역사에 대한 영화적 독해', '영화에 대한 역사적 독해'를 설명하였고 4문단을 보면 허구의 이야기를 연구에 활용하는 역사가를 서술하였다. 마지막으로 5문단을 보면 영화는 '아래로부터의 역사'의 형성에 기여하며, 역사 서술의 한 주체가 된다는 역사 서술로의 가능성을 제시하고 있다.

☹ 오답인 이유

① 이 글은 역사의 개념을 밝히지 않았다. 그리고 3문단을 보면 '역사에 대한 영화적 독해'와 '영화에 대한 역사적 독해'를 설명했지만, 영화와 역사 간의 공통점과 차이점을 비교하지는 않았다.
② 5문단을 보면 사료로서 영화의 의의를 설명했으나, 이 글에 영화의 변천 과정을 통시적으로 밝힌 부분은 나타나 있지 않다.
③ 이 글을 보면 역사에 대한 서로 다른 견해를 대조하지 않았다. 그리고 사료로서 영화가 지닌 한계를 비판한 것이 아니라, 5문단을 보면 영화가 역사 서술의 한 주체가 될 수 있음을 밝히면서 역사 서술로서 영화가 지닌 가능성을 제시하였다.
⑤ 이 글을 보면 다양한 영화의 유형별 장단점을 분석하지 않았다. 또한 역사 서술로서 영화가 지닌 가능성을 제시하고 있으나, 영화가 역사 서술의 대안이 될 수 있는지에 대해서는 평가하지 않았다.

14 답 ③

☺ 정답인 이유

1문단을 보면 역사가들은 새로운 사료를 발굴하기 위해 노력하고, 알려지지 않았던 사료를 찾아내기도 하지만 기존의 사료를 새로운 방향에서 파악하는 것도 사료의 발굴이라고 하였다.

☹ 오답인 이유

① 1문단을 보면 미시사 연구에서 일기, 편지 등의 서사적 자료에 주목했다고 하였다. 따라서 일기, 편지와 같은 개인적 기록도 사료로 활용하기에 적절하다는 것을 알 수 있다.
② 1문단을 보면 역사가가 과거의 사실과 직접 만나는 것은 불가능하고, 역사가는 사료를 매개로 과거와 만난다고 하였다. 따라서

역사가가 활용하는 공식적 문헌 사료는 과거와 만나는 매개임을 알 수 있다.

④ 2문단을 보면 문헌 사료의 언어는 대개 지시 대상과 물리적·논리적 연관이 없는 추상화된 상징적 기호이고, 영화의 이미지는 지표적 기호이기도 하다고 하였다. 따라서 문헌 사료의 언어가 다큐멘터리 영화의 이미지에 비해 지시 대상에 대한 지표성이 강하다는 이해는 적절하지 않다.

⑤ 2문단을 보면 문헌 사료의 언어는 추상화된 상징적 기호라고 하였고, 영화의 이미지는 닮은꼴로 사물을 지시하는 도상적 기호가 된다고 하였다. 따라서 카메라를 매개로 얻어진 영화의 이미지가 상징적 기호라는 이해는 적절하지 않다.

15 답 ①
| 2020학년도 9월 모의평가 |

😊 정답인 이유
4문단을 보면 ㉮는 역사가가 허구의 이야기 속에서 그 안에 반영된 시대적 상황을 발견하여 사료로 삼으려는 경우이고, ㉯는 허구의 이야기를 활용하여 사료에 기반한 역사적 서술을 보완하는 경우이다. 〈보기〉의 사례를 살펴보자.

ㄱ. 조선 후기 유행했던 판소리에 나타난 음식 문화의 실상을 파악하는 것이므로, 허구의 이야기 속에서 그 안에 반영된 시대적 상황을 발견하여 사료로 삼으려는 ㉮의 사례로 적절하다.

ㄷ. 중국 명나라 때의 다양한 소설들에서 상업 활동과 관련된 내용을 모아 상거래 관행을 연구하는 것이므로, 허구의 이야기 속에서 그 안에 반영된 시대적 상황을 발견하여 사료로 삼으려는 ㉮의 사례로 적절하다.

ㄹ. 17세기의 사건 기록에서 찾아낸 한 평범한 여성의 삶에 대한 역사서를 쓰면서 설화집의 여러 곳에서 문장을 가져오는 것은, 허구의 이야기를 활용하여 사료에 기반한 역사적 서술을 보완하는 ㉯의 사례로 적절하다.

😟 오답인 이유
②, ③, ④, ⑤ ㄴ. 경전의 일부 어휘가 후대에 첨가되었을 가능성을 검토하는 것은 역사가가 허구의 이야기 속에서 그 안에 반영된 시대적 상황을 발견하여 사료로 삼거나, 허구의 이야기를 활용하여 사료에 기반한 역사적 서술을 보완하는 사례로 적절하지 않다.

16 답 ⑤
| 2020학년도 9월 모의평가 |

😊 정답인 이유
㉠에 나타난 역사가의 관점을 보면 '자료에 기록된 사실이 허구일지도 모른다는 의심을 버리지 않고 이를 확인하고자 한다.'라고 하

였다. 그리고 5문단을 보면 [A]에서는 평범한 사람들의 회고나 증언, 구전 등의 비공식적 사료를 토대로 만들어진 영화가 '아래로부터의 역사'의 형성에 기여한다고 설명하고 있다. 따라서 ㉠에 나타난 역사가는 자료에 기록된 사실을 의심하고 확인해야 한다는 입장이므로, [A]에서 영화의 사료로 사용된 기억이나 구술 증언 등의 비공식적 사료도 거짓이거나 변형될 가능성이 있기 때문에 다른 자료와 비교하여 검증한 후에 사료로 사용해야 한다고 비판한 내용은 적절하다.

😟 오답인 이유
① 4문단을 보면 ㉠의 관점을 가진 역사가는 영화는 허구의 이야기이므로 사료로서의 가능성이 낮다고 볼 것이다. 따라서 영화가 많은 사실 정보를 담고 있기 때문에 사료로서의 가능성을 가지고 있다는 것은 ㉠에 나타난 역사가의 관점에서 [A]를 비판한 내용으로 적절하지 않다.

② 5문단을 보면 [A]에서 영화는 하층 계급처럼 역사 속에서 주변화된 집단의 묻혀 있던 목소리를 표현해 낸다고 하였으므로, 하층 계급의 역사를 서술하기 위해서는 영화와 같이 허구를 포함하는 서사적 자료에 주목해야 한다. 그러나 4문단을 보면 ㉠의 관점을 가진 역사가는 영화와 같이 허구를 포함하는 서사적 자료가 아니라 사실에 입각한 자료에 주목할 것이므로, [A]를 비판한 내용으로 적절하지 않다.

③ 5문단을 보면 영화는 늘 공식 역사의 대척점에 있는 것은 아니며, 공식 역사의 입장에서 지배적 이데올로기를 선전하는 수단으로 활용된다는 것은 [A]를 비판하는 내용으로 적절하다. 그러나 4문단을 보면 자료에 기록된 사실이 허구일지도 모른다는 의심을 가지고 이를 확인하고자 한다는 ㉠의 관점에서 비판한 내용으로는 적절하지 않다.

④ 5문단을 보면 [A]에서 영화는 역사 속에서 주변화된 집단의 묻혀 있던 목소리를 표현하여 '아래로부터의 역사'의 형성에 기여한다고 하였다. 그리고 주변화된 집단의 목소리는 그 집단의 이해관계를 반영하기 때문에 주관적인 역사 서술이라고 볼 수도 있다. 그러나 4문단을 보면 ㉠은 역사가는 자료에 기록된 사실이 허구일지도 모른다는 의심을 버리지 않고 이를 확인하고자 한다는 입장이므로, 이러한 관점에서 비판한 내용으로는 적절하지 않다.

17 답 ②
| 2020학년도 9월 모의평가 |

😊 정답인 이유
3문단을 보면 영화에 대한 역사적 독해는 영화에 담겨 있는 역사적 흔적과 맥락을 검토하는 것과 연관된다고 하였다. 또한 제작 당시 대중이 공유하던 집단적 무의식과 같은 가려진 역사를 끌어내

기도 한다고 하였다. 〈보기〉에서 「서머스비」는 미국 근대사를 긍정적으로 평가하고자 하는 대중의 욕망을 반영했다고 하였는데, 이것은 대중이 공유하던 집단적 무의식이 반영된 영화에 대한 역사적 독해로 볼 수 있다. 따라서 〈보기〉의 「서머스비」에서는 영화에 대한 역사적 독해를 시도하기 어렵겠다는 것은 〈보기〉를 이해한 내용으로 적절하지 않다.

오답인 이유

① 3문단을 보면 영화에 대한 역사적 독해는 제작 당시 대중이 공유하던 집단적 무의식과 같은 가려진 역사를 끌어내기도 한다고 하였다. 따라서 〈보기〉의 「서머스비」에 반영된 미국 근대사를 긍정적으로 평가하려는 대중의 욕망은 이와 같은 당시 사회의 집단적 무의식에 해당한다는 것은 〈보기〉를 이해한 내용으로 적절하다.

③ 3문단을 보면 영화인은 자기 나름의 시선을 서사와 표현 기법으로 녹여 내어 역사를 비평할 수 있다고 하였다. 따라서 〈보기〉의 「마르탱 게르의 귀향」은 실제 사건의 재판 기록을 토대로 제작됐지만, 그 속에도 역사에 대한 영화인 나름의 시선이 표현 기법으로 나타났겠다는 것은 〈보기〉를 이해한 내용으로 적절하다.

④ 3문단을 보면 역사를 소재로 한 역사 영화는 역사적 고증에 충실한 개연적 역사 서술 방식을 취할 수 있다고 하였다. 따라서 〈보기〉의 영화 「마르탱 게르의 귀향」은 16세기 중엽의 재판 기록을 토대로 당시 생활상을 있는 그대로 복원하는 데 치중하였으므로, 개연적 역사 서술 방식에 가깝겠다는 것은 〈보기〉를 이해한 내용으로 적절하다.

⑤ 1문단을 보면 미시사 연구에서 평범한 사람들의 삶의 모습을 중점적으로 다루었으며, 재판 기록 등의 '서사적' 자료에 주목했다고 하였다. 〈보기〉의 역사서 「마르탱 게르의 귀향」은 동명의 영화 제작 이후 재판 기록을 포함한 다양한 문서들을 근거로 출간했다고 하였으므로, 미시사 연구의 방식을 취했다고 볼 수 있다는 것은 〈보기〉를 이해한 내용으로 적절하다.

18 답 ④

| 2020학년도 9월 모의평가 |

정답인 이유

ⓓ의 '이루다'는 '몇 가지 부분이나 요소들을 모아 일정한 성질이나 모양을 가진 존재가 되게 하다'의 의미이다. 하지만 ④의 '결합(結合)하다'는 '둘 이상의 사물이나 사람이 서로 관계를 맺어 하나가 되다'의 의미이다. 따라서 ⓓ와 바꿔 쓰기에 적절하지 않다.

01회 실전 모의고사

인문

▶ 본문 18~20쪽

01 ④	02 ③	03 ②	04 ①	05 ①

온톨로지의 정의와 이해

- 주제: 온톨로지의 정의와 관계, 표현 언어
- 해제: 온톨로지란 "관심 영역 내 공유된 개념화에 대한 형식적이고 명시적인 명세"를 의미하며, 특정 영역의 지식을 기계가 읽고 처리할 수 있게 모델링해서 구성원들의 지식 공유 및 재사용을 가능하게 하는 것이다. 온톨로지의 '개념'은 어떤 공통된 속성들을 공유하는 '개체들'의 집합이고, 개념은 관계를 통해 다른 개념들과 연결되는데, 필수적인 관계는 개념 간의 계층 구조를 형성하는 상속 관계이다. 상속 관계에서 하위 개념은 상위 개념의 모든 속성을 물려받으며, 널리 사용되는 또 다른 관계로는 부분-전체 관계가 있다. 온톨로지 언어 표현은 일차 술어 논리에 기초를 두고 있는데, 일차 술어 논리에 각종 제약을 두어 표현력을 줄이는 대신 취급을 용이하도록 했다. 일반인은 사용이 너무 어려워 의학과 같이 전문 지식에 대한 정교한 논리적 표현이 필요한 영역에서 OWL이 사용된다. 이 밖에 인간의 모든 지식을 담고자 하는 대규모 온톨로지와 지식 공학자 소와의 온톨로지 등이 있다.
- 문단별 핵심 내용

1문단	온톨로지의 정의와 특성
2문단	온톨로지의 상속 관계와 부분–전체 관계
3문단	온톨로지 표현 언어인 일차 술어 논리의 특징
4문단	'웹 온톨로지 언어' OWL의 특징과 사용되는 예
5문단	Cyc와 지식 공학자 소와의 온톨로지

01 답 ④

| 2019학년도 LEET |

정답인 이유

2문단을 보면 온톨로지의 '개념'은 어떤 공통된 속성들을 공유하는 '개체들'의 집합이고, 개체는 세상에 존재하는 구체적인 개별자라고 하였다. 그리고 개념 간의 계층 구조를 형성하는 것이 상속 관계라고 하였으므로, 개념과 개념이 상속 관계에 의해 연결된다고 볼 수 있다. 따라서 온톨로지의 개념은 어떤 공통된 속성들을 공유하는 개체들의 집합이고, 그 개념에 속한 개체들은 각각의 구체적인 개별자로 볼 수 있기 때문에 이들은 상속 관계에 의해 연결된 것으로 볼 수 없다.

오답인 이유

① 1문단을 보면 구성원들의 지식 공유 및 재사용을 가능하게 하는 것이 온톨로지라고 하였으므로 적절하다.

② 1문단을 보면 온톨로지를 "관심 영역 내 공유된 개념화에 대한 형식적이고 명시적인 명세"라고 정의하였으므로, 온톨로지는 대상 체계의 개념 구조를 명시적으로 드러내고자 한다는 것을 알 수 있다.

③ 1문단을 보면 온톨로지의 정의 중 '형식적'은 기계가 읽고 처리할 수 있는 형태로 온톨로지를 표현해야 한다는 것이라고 하였으므로, 온톨로지는 기계가 처리할 수 있는 형태로 표현되어야 한다는 것은 적절하다.

⑤ 1문단을 보면 온톨로지의 정의 중 '공유된'은 관련된 사람들의 합의에 의한 것이라는 것을 뜻한다고 하였다. 그리고 4문단을 보면 의료 영역은 여러 그룹에서 각기 목적에 맞는 온톨로지를 발전시켜 왔다고 하였다. 즉 관련된 사람들의 합의에 의한 것이라면, 동일한 영역에서도 종사자들의 관심과 필요에 따라 서로 다른 온톨로지가 구축될 수 있음을 알 수 있다.

02 정답 ③

😀 정답인 이유

3문단을 보면 '웹 온톨로지 언어' OWL에는 Lite, DL, Full의 세 가지 버전이 있는데, 후자로 갈수록 표현력이 커지며 OWL DL까지는 계산학적 완전성과 결정 가능성이 보장된다고 하였다. 따라서 〈보기〉의 ㄷ에서 계산학적 완전성에 대한 보장 없이 최대의 표현력을 활용하여 온톨로지 구축을 원하는 사용자는 OWL Lite보다는 표현력이 큰 OWL Full을 사용할 것이라는 추론은 적절하다.

😓 오답인 이유

ㄱ. 3문단을 보면 온톨로지 표현 언어는 일차 술어 논리에 각종 제약을 두어 표현력을 줄이는 대신 취급을 용이하도록 한 것이 대부분이라고 하였다. 그 예로 '웹 온톨로지 언어' OWL에는 Lite, DL, Full의 세 가지 버전이 있는데, 후자로 갈수록 표현력이 커진다고 하였다. 이것은 서로 다른 온톨로지 언어의 표현력이 다른 경우이므로, 동일한 온톨로지를 서로 다른 두 개의 언어로 각각 표현하기 위해서는 이들 언어의 표현력이 동등해야 한다는 추론은 적절하지 않다.

ㄴ. 2문단을 보면 온톨로지에서 개념은 관계를 통해 다른 개념들과 연결되는데, 개념 간의 계층 구조를 형성하는 상속 관계에서 하위 개념은 상위 개념의 모든 속성을 물려받는다고 하였다. 〈보기〉의 ㄴ에 제시된 일차 술어 논리 표현 "모든 x에 대해, x가 빵이면 x는 장미이다."에서 '빵'이 상위 개념이고 '장미'가 하위 개념이라면 '장미'는 '빵'의 모든 속성을 물려받아야 하는데, '장미'는 '빵'의 모든 속성을 물려받지 않음을 알 수 있다. 따라서 ㄴ의 '빵'과 '장미'의 관계가 상속 관계라는 추론은 적절하지 않다.

03 정답 ②

😀 정답인 이유

〈보기〉에 제시된 소와의 상위 수준 온톨로지를 나타낸 그림에서 ⊤는 세상에 존재하는 모든 것들의 집합이라고 하였으므로, 이 개념은 존재하는 모든 속성을 다 가지고 있음을 알 수 있다. 2문단을 보면 상속 관계에서 하위 개념은 상위 개념의 모든 속성을 물려받는다고 하였다. 이에 따라 〈보기〉의 ⊥는 'Object'부터 'Purpose'까지의 하위 개념이므로 상위 개념인 'Object'부터 'Purpose'까지의 모든 속성을 물려받을 것이다. 또한 〈보기〉에서 상속 관계는 추이성을 갖는다고 하였으므로, ⊥는 〈보기〉에 제시된 온톨로지 그림의 상위 개념들이 가진 모든 속성을 갖는 개념이라는 것을 알 수 있다. 다만 〈보기〉에서 ⊥는 공집합을 뜻한다고 하였으므로, ⊥에 속하는 개체는 존재하지 않지만 ⊥는 모든 속성을 가진 개념이라고 볼 수 있다.

😓 오답인 이유

① 〈보기〉에서 원초적 개념은 "'Independent'와 'Relative'와 'Mediating', 'Physical'과 'Abstract', 'Continuant'와 'Occurrent'"라고 하였다. 여기에서 상위 개념으로 원초적 개념을 갖는 개념은 원초적 개념과 선이 연결된 개념을 의미한다. 그림에서 살펴보면 원초적 개념의 하위 개념과 바로 연결된 선이 단 1개인 것은 없다. 그리고 원초적 개념과 연결된 선이 2개인 하위 개념은 'Actuality, Form, Prehension, Proposition, Nexus, Intention'이므로 모두 6개임을 알 수 있다.

③ 〈보기〉의 그림에서 'Continuant'와 바로 연결된 하위 개념과 'Occurrent'와 바로 연결된 하위 개념은 서로 겹치지 않지만, 그 아래 공통 하위 개념인 ⊥를 갖는다. 따라서 'Continuant'와 'Occurrent'의 공통 하위 개념은 ⊥뿐인 것을 알 수 있다. 그리고 ⊥는 공집합을 뜻한다고 하였으므로, 'Continuant'와 'Occurrent'의 속성을 모두 갖는 개체는 존재하지 않는다는 것은 적절하다.

④ 〈보기〉의 그림에서 'Object'는 'Actuality'의 하위 개념이고 또한 'Continuant'의 하위 개념이다. 따라서 상위 개념인 'Actuality'와 'Continuant'의 속성을 모두 물려받는다는 것은 적절하다.

⑤ 〈보기〉의 그림에서 'Process'는 'Actuality'의 하위 개념이고 'Actuality'는 'Physical'의 하위 개념이다. 이때 상속 관계는 추이성을 갖는다고 하였다. 따라서 하위 개념 'Process'는 상위 개념 'Actuality'와 상속 관계를 맺고, 하위 개념 'Actuality'는 상위 개념 'Physical'과 상속 관계를 맺으므로, 상속 관계의 추이성에 따라 하위 개념 'Process'는 상위 개념 'Physical'과 상속 관계를 맺는다. 그러므로 'Process'가 'Physical'의 하위 개념이라는 것은 적절하다.

04 달 ①

😊 정답인 이유

ㄱ. 2문단을 보면 온톨로지에는 개념들 간 논리적 특성들이 기록된다고 하였고, 관계를 포함한 다양한 논리적 특성들을 기록할 수 있다고 하였다. 즉 〈보기 1〉의 온톨로지에서 '동음이의 관계'는 '사과 a'와 '사과 b'라는 두 개념 간의 논리적 특성을, '유의 관계'는 '사과 b'와 '사죄'라는 두 개념 간의 논리적 특성을, '반의 관계'는 '화해'와 '갈등'이라는 두 개념 간의 논리적 특성을 기록한 것으로 이해할 수 있다. 따라서 ㄱ은 적절한 반응에 해당한다.

😞 오답인 이유

ㄴ. 2문단을 보면 온톨로지에서 '개념'은 어떤 공통된 속성들을 공유하는 '개체들'의 집합이고, 개체는 세상에 존재하는 구체적인 개별자이며, 상속 관계에서 하위 개념은 상위 개념의 모든 속성을 물려받는다고 하였다. 이를 참고하면 〈보기 1〉의 '부사'와 '홍옥'은 '사과 a'와 상속 관계로 연결되어 있으므로, 상위 개념인 '사과 a'의 속성을 물려받은 하위 개념에 해당한다. 따라서 '부사'와 '홍옥'은 '사과 a'의 속성을 공유하는 '개체들'의 집합으로 볼 수 있다. 즉 '부사'와 '홍옥'은 사과의 품종 중 하나이며, 2문단의 '스누피'와 같은 특정한 개체인 어떤 부사 한 알, 어떤 홍옥 한 알이 아니다. 따라서 〈보기 1〉에 제시된 '부사'나 '홍옥'을 '사과 a'의 '개별자'로 볼 수 없다.

ㄷ. 새로운 '개념'이 추가되었을 때 개념들의 관계가 어떻게 수정되어야 하는지는 이 글에 제시되어 있지 않다. 또한 〈보기 1〉의 '사과 b'에 연결되는 '용서'라는 '개념'을 추가하더라도 '사과 b'와 '사죄'의 관계인 '유의 관계'가 변하는 것은 아니다.

ㄹ. 3문단을 보면 '웹 온톨로지 언어' OWL에는 Lite, DL, Full의 세 가지 버전이 있는데, 후자로 갈수록 표현력이 커진다고 하였다. 그리고 OWL DL까지는 계산학적 완전성과 결정 가능성이 보장되며, 이는 OWL DL로 표현된 온톨로지에서는 유한한 시간 내에 항상 해를 찾을 수 있음을 뜻하는 것이라고 하였다. 따라서 '사과 a'나 '사과 b'만을 정확하게 검색하기 위해서는 일차 술어 논리를 활용하여 표현력을 최대한 키우는 것이 중요하다는 것은 적절하지 않다. 표현력을 최대한 키웠다는 것은 OWL Full을 사용했다는 의미이므로 정확한 검색이 보장되지 않기 때문이다.

05 달 ①

😊 정답인 이유

ⓐ는 '어떤 사실 따위를 인정하고 용납하거나 이해하고 수용하다.'의 의미로 사용되었지만, ①은 '조직체나 가정 따위에서 어떤 사람을 구성원으로 들어오게 하다.'의 의미로 사용되었다.

😞 오답인 이유

② ②와 ⓑ 모두 '어떤 형상을 이루다.'의 의미로 사용되었다.

③ ③과 ⓒ 모두 '기계나 기구 따위를 사용하다.'의 의미로 사용되었다.

④ ④와 ⓓ 모두 '일의 규모, 범위, 정도, 힘 따위가 대단하거나 강해지다.'의 의미로 사용되었다.

⑤ ⑤와 ⓔ 모두 '어떤 내용이나 사상을 그림, 글, 말, 표정 따위 속에 포함하거나 반영하다.'의 의미로 사용되었다.

과학

▶ 본문 20~22쪽

06 ②	07 ④	08 ③	09 ④	10 ①

연료 분사에 의한 우주선 궤도 운동의 변화

- **주제:** 연료 분사에 의한 우주선 궤도 운동의 변화로 알아보는 여러 가지 과학적 원리
- **해제:** 이 글은 우주선이 연료를 분사하여 추진력을 얻어 목표물과 랑데부를 하는 원리를 설명하고 있다. 우주선은 연료를 분사하여 분사 방향의 반대쪽으로 추진력을 얻는다. 우주선은 속력과 관련된 운동 에너지(K)와 중력 위치 에너지(U)를 가지는데, 운동 에너지와 중력 위치 에너지의 합인 역학적 에너지(E)는 $E=K+U$로 표현된다. 역학적 에너지가 보존될 때, 궤도 운동하는 우주선이 지구 중심에서 멀어지면 속력이 느려지고 가까워지면 속력이 빨라진다. 우주선이 연료를 후방 분사하여 운동 에너지가 증가하면 우주선은 큰 타원 궤도로 진입하고, 전방 분사하여 운동 에너지가 감소하면 우주선은 작은 타원 궤도로 진입하게 된다. 우주선이 후방 분사를 하거나 전방 분사를 하면 목표물과의 거리는 더 멀어지므로, 랑데부에 성공하려면 우주선을 우리의 직관과 반대로 조종해야 한다.

- **문단별 핵심 내용**

1문단	제미니 4호 우주선의 랑데부 시도와 실패 과정
2문단	연료 분사 방향의 반대쪽으로 추진력을 얻는 우주선의 원리
3문단	속도와 관련된 운동 에너지와 중력 위치 에너지
4문단	전방 분사와 후방 분사에 따라 달라지는 우주선의 타원 궤도
5문단	분사 후 우주선의 속력 변화와 목표물과의 거리 변화
6문단	우주선 랑데부 성공의 원리

06 달 ②

😊 정답인 이유

4문단을 보면 궤도 운동하는 우주선이 지구 중심에서 멀어지면 속력이 느려지고 가까워지면 속력이 빠르게 된다고 하였다. 우주

선이 지구 중심에서 멀어진다는 것은 원 궤도의 지름이 커진다는 의미이므로, 원 궤도의 지름이 클수록 우주선의 속력이 느려진다는 것을 알 수 있다. 따라서 원 궤도의 지름이 클수록 우주선의 속력이 더 빨라진다는 것은 적절하지 않다.

😟 **오답인 이유**

① 2문단을 보면 우주선이 연료를 분사하여 분사 방향의 반대쪽으로 추진력을 얻는 것을 뉴턴의 제3법칙인 '두 물체가 서로에게 작용하는 힘은 항상 크기가 같고, 방향은 반대이다.'로 설명하였다. 따라서 뉴턴의 제3법칙을 우주선 추진의 원리 중 하나로 볼 수 있다.

③ 4문단을 보면 궤도 운동하는 우주선의 역학적 에너지는 크기가 일정하게 보존된다고 하였다. 따라서 운동 에너지가 변화하여 타원 궤도로 진입하여 타원 궤도 운동 중인 우주선도 역학적 에너지가 보존될 것임을 알 수 있다.

④ 2문단을 보면 뉴턴의 제2법칙은 '같은 크기의 힘을 물체에 가했을 때, 물체의 질량과 가속도는 반비례한다.'라고 하였다. 그리고 우주선이 연료를 분사하여 추진력을 얻을 때, 우주선에 비해 연료 기체의 질량이 작더라도 연료 기체를 고속 분사하면 우주선이 충분한 가속도를 얻는다고 하였다. 따라서 우주선이 분사하는 연료 기체는 우주선보다 가속도가 크다는 것을 알 수 있다.

⑤ 4문단을 보면 우주선의 궤도는 연료 분사로 속력을 조절하여 바꿀 수 있다고 하였는데, 전방 분사하면 운동 에너지가 감소하고 작은 타원 궤도로 진입하여 우주선은 기존보다 지구에 더 가까워진다고 하였다. 그리고 3문단에서 궤도를 한 바퀴 도는 데 걸리는 시간인 주기는 궤도의 지름이 클수록 더 길다고 하였다. 따라서 원 궤도에 있는 우주선이 속력을 늦추면 운동 에너지가 감소하여 지구에 기존보다 더 가까워져 궤도의 지름이 작아질 것이고, 이에 따라 회전 주기가 짧아질 것임을 알 수 있다.

07 답 ④

| 수능 예상 문제 |

😄 **정답인 이유**

엘리베이터가 올라갈 때 철수가 몸이 무거워지는 느낌을 받은 것은 철수에게 처음의 정지 상태를 그대로 유지하려는 관성력이 작용했기 때문이다. 이는 뉴턴의 제1법칙인 관성의 법칙에 해당한다. 따라서 이는 ㉠이나 ㉡으로 설명할 수 없는 사례이다.

😟 **오답인 이유**

① 야구공과 야구 방망이의 작용과 반작용의 크기는 같지만 ㉡'뉴턴의 제2법칙'에 의해 가속도는 달라진다. 즉, 야구공은 야구 방망이와 야구 방망이를 쥐고 있는 사람에 비해 질량이 작으므로 가속도가 크게 붙어 멀리 날아간다.

② 같은 크기의 힘을 물체에 가했을 때, 물체의 질량과 가속도는 반비례한다는 ㉡'뉴턴의 제2법칙'과 관련이 있다.

③ 영수에게 밀려난 지호에게는 작용이, 지호를 밀어낸 영수에게는 반작용이 일어난 경우이므로 ㉠'뉴턴의 제3법칙'에 해당한다.

⑤ 풍선에 가득 차 있던 공기가 공기 주입구로 빠져나가면서 만들어진 힘은 작용에, 그 힘에 의해 풍선이 허공으로 날아간 것은 반작용에 해당하므로 이는 ㉠'뉴턴의 제3법칙'에 해당한다.

08 답 ③

| 2020학년도 LEET |

😄 **정답인 이유**

4, 5문단에서 설명한 우주선의 연료 분사에 따른 운동 에너지와 중력 위치 에너지의 변화를 표로 나타내면 다음과 같다.

후방 분사	운동 에너지 ↑ (역학적 에너지 ↑)	큰 타원 궤도 (중력 위치 에너지 ↑)	속력 ↓
전방 분사	운동 에너지 ↓ (역학적 에너지 ↓)	작은 타원 궤도 (중력 위치 에너지 ↓)	속력 ↑

ㄱ. 4문단을 보면 원 궤도에 있는 우주선이 후방 분사하여 운동 에너지를 증가시키면, 그만큼 역학적 에너지도 증가하여 우주선은 기존의 원 궤도보다 지구로부터 더 멀리 도달할 수 있는 큰 타원 궤도로 진입한다고 하였다. 따라서 〈보기〉의 제미니 4호가 원 궤도상에서 후방 분사를 한 경우라면 후방 분사 이후의 궤도는 지구로부터 더 멀어질 수 있다는 것은 적절하다.

ㄷ. 4문단을 보면 원 궤도에 있는 우주선이 접선 방향으로 후방 분사하면 역학적 에너지가 증가하여 우주선은 지구로부터 더 멀리 도달할 수 있는 큰 타원 궤도로 진입한다고 하였다. 그리고 우주선이 지구에 가까울수록 중력 위치 에너지는 작아지고, 멀수록 중력 위치 에너지는 커진다고 하였다. 따라서 원 궤도에 있는 우주선이 궤도의 접선 방향 분사로 역학적 에너지를 증가시키면 큰 타원 궤도로 진입하게 되므로, 진입한 궤도에서 우주선의 최대 중력 위치 에너지가 커진다는 것은 적절하다.

😟 **오답인 이유**

ㄴ. 5문단을 보면 우주선이 후방 분사를 하면 큰 타원 궤도로 진입하게 되고, 분사가 끝나면 속력이 주기적으로 변화한다고 하였다. 반대로 전방 분사를 하면 작은 타원 궤도로 진입한 우주선의 속력은 원 궤도에서보다 더 느려진 진입 속력과 더 빨라진 최대 속력 사이에서 변화한다고 하였다. 따라서 타원 궤도에 있는 우주선은 속력 변화에 따라 운동 에너지 크기가 변화하고 지구와의 거리 변화에 따라 중력 위치 에너지 크기도 변화하기 때문에, 운동 에너지 크기와 중력 위치 에너지 크기가 일정하게 유지된다는 것은 적절하지 않다.

09 답 ④

😊 정답인 이유
〈보기〉에서 우주선 X가 궤도 A로 진입한 경우는 4문단에서 우주선이 후방 분사하여 운동 에너지를 증가시켜 큰 타원 궤도로 진입한 경우로 볼 수 있다. 5문단을 보면 후방 분사를 하여 큰 타원 궤도로 진입하면 속력이 주기적으로 변화한다고 하였다. 이렇게 우주선의 속력이 변화하면 운동 에너지도 함께 변화할 것이다. 따라서 〈보기〉의 우주선 X가 궤도 A로 진입하여 지구를 한 바퀴 도는 동안 계속 원 궤도로 움직이는 우주선 Y와 같은 운동 에너지를 가지는 궤도상의 지점은 우주선 X의 속력 변화에 따라 달라질 것이므로, 하나만 나타난다고 볼 수 없다.

😟 오답인 이유
① 5문단을 보면 우주선이 전방 분사를 하면 우주선의 속력은 원 궤도에서보다 더 느려진 진입 속력과 더 빨라진 최대 속력 사이에서 변화한다고 하였다. 따라서 〈보기〉에서 전방 분사한 우주선 X는 진입한 궤도에서 최대 속력이 더 빨라지므로, 최대 운동 에너지는 계속 원 궤도로 움직이는 우주선 Y보다 더 크다는 것을 알 수 있다.

② 〈보기〉에서 우주선 X가 궤도 A로 진입한 경우는 4문단에서 우주선이 후방 분사하여 운동 에너지를 증가시켜 큰 타원 궤도로 진입한 경우로 볼 수 있고, 궤도 B로 진입한 경우는 우주선이 전방 분사하여 운동 에너지가 감소하여 작은 타원 궤도로 진입한 경우로 볼 수 있다. 우주선이 지구와 멀어질수록 중력 위치 에너지는 커진다고 하였으므로, 큰 타원 궤도인 궤도 A에서 우주선 X의 최소 중력 위치 에너지는 작은 타원 궤도인 궤도 B에서의 최소 중력 위치 에너지보다 크다는 것을 알 수 있다.

③ 4문단을 보면 우주선이 후방 분사하여 운동 에너지를 증가시키면 기존의 원 궤도보다 지구로부터 더 멀리 도달할 수 있는 큰 타원 궤도로 진입하게 된다고 하였다. 우주선이 지구와 멀어질수록 중력 위치 에너지는 커진다고 하였으므로, 후방 분사한 이후의 우주선 X의 중력 위치 에너지는 커질 것이다. 따라서 후방 분사한 이후의 우주선 X의 중력 위치 에너지의 최솟값은 연료를 분사하기 전의 원 궤도로 움직이는 우주선 Y의 중력 위치 에너지와 같다는 것을 알 수 있다.

⑤ 〈보기〉에서 우주선 X가 궤도 A로 진입한 경우는 4문단에서 우주선이 후방 분사하여 큰 타원 궤도로 진입한 경우로 볼 수 있고, 궤도 B로 진입한 경우는 우주선이 전방 분사하여 작은 타원 궤도로 진입한 경우로 볼 수 있다. 이때 우주선 X와 우주선 Y는 궤도의 주기에 따라 거리가 달라질 것이다. 둘 사이에서 가능한 거리 중 최댓값은, 4문단에 제시된 〈그림〉을 보면 우주선 X가 작은 타원 궤도인 궤도 B로 진입한 경우가 큰 타원 궤도인 궤도 A로 진입한 경우보다 작을 것임을 알 수 있다.

10 답 ①

😊 정답인 이유
①과 ㉮ 모두 '권리나 결과·재산 따위를 차지하거나 획득하다.'의 의미, 즉 '어떠한 결과를 획득하다.'라는 의미로 사용되었다.

😟 오답인 이유
② '거저 주는 것을 받아 가지다.'의 의미로 사용되었다.
③ '집이나 방 따위를 빌리다.'의 의미로 사용되었다.
④ '구하거나 찾아서 가지다.'의 의미로 사용되었다.
⑤ '긍정적인 태도·반응·상태 따위를 가지거나 누리게 되다.'의 의미로 사용되었다.

사회·기술
▶ 본문 23~25쪽

| 11 ③ | 12 ⑤ | 13 ② | 14 ② | 15 ③ |

연관성 분석 방법과 측도

- **주제:** 많은 양의 자료를 유용하게 분석하기 위한 연관성 분석 방법과 연관성 측도
- **해제:** 많은 양의 자료에서 유용한 정보를 찾아 활용하기 위한 분석 기법으로 널리 쓰이는 것이 연관성 분석이다. 연관성 측도의 기본은 발생 빈도로, 주요 측도에는 지지도, 신뢰도, 향상도가 있다. 지지도는 전체 거래에 대해서 조건과 결과에 있는 품목들이 함께 구매되는 경향이고, 신뢰도는 조건의 구매가 발생하였을 때 결과의 구매가 일어날 확률이다. 향상도는 조건이 일어났을 때 결과가 일어날 확률이 얼마나 더 향상되는지를 알려 주는 측도이며, 신뢰도를 기대 신뢰도로 나눈 값이다. 이와 같은 연관성 분석은 결과가 명확하고 유용한 연관 규칙의 형태로 주어지는 장점이 있다. 연관성 분석의 문제를 해결하기 위한 방법으로 최소 지지도 가지치기가 있다. 한편 연관성 분석은 사건들의 발생 순서를 고려하지 않지만, 시차 연관성 분석을 하면 선후 사건들 사이의 연관성을 추론할 수도 있다.

- **문단별 핵심 내용**

1문단	연관성 분석의 의미와 연관 규칙의 표현 방법
2문단	연관성 측도 ① – 지지도를 구하는 방법과 예
3문단	연관성 측도 ② – 신뢰도를 구하는 방법과 예
4문단	연관성 측도 ③ – 향상도를 구하는 방법과 예
5문단	연관성 분석의 문제를 해결하기 위한 최소 지지도 가지치기
6문단	시차 연관성 분석의 의미와 특징

11 답 ③

🙂 정답인 이유

이 글은 많은 양의 정보들을 분석할 때 유용하게 쓰이는 분석 기법인 연관성 분석의 방법과 연관성 측도를 설명하고 있다. 연관성 분석의 문제점을 해결하기 위한 최소 지지도 가지치기를 소개하고, 선후 사건들 사이의 연관성을 추론하는 시차 연관성 분석도 설명하고 있다. 그러나 연관성 분석이 시대에 따라 변천하게 된 과정을 설명하고 있는 것은 아니다.

🙁 오답인 이유

① 2~4문단을 보면 연관성 분석에 쓰이는 측도인 지지도, 신뢰도, 향상도를 구하는 방법을 예를 들어 설명하고 있다.

② 6문단을 보면 선후 사건들 사이의 연관성을 추론하는 시차 연관성 분석의 특징과 분석에 필요한 요소들을 설명하고 있다.

④ 5문단을 보면 연관성 분석은 분석하려는 품목의 수가 늘어나면 연관 규칙이 기하급수적으로 늘어나는 문제가 발생하는데, 이를 해결하기 위한 방법으로 최소 지지도 가지치기를 제시하고 있다.

⑤ 1문단을 보면 현대 사회에서 정보 통신 기술의 발달로 매일 엄청난 자료가 생성되면서, 이러한 자료에서 유용한 정보를 찾아 활용하기 위해 다양한 분석 기법이 쓰이게 되었다는 배경을 설명하고 있다.

12 답 ⑤

🙂 정답인 이유

ㄷ. 2문단을 보면 ⓐ'지지도'는 전체 거래에 대해서 조건(X)과 결과(Y)에 있는 품목들이 함께 구매되는 경향이라고 하였다. 따라서 ⓐ'지지도'를 X에 대한 구매가 발생하였을 때 Y가 함께 구매되는 경향으로 볼 수 없다.

ㄹ. 4문단을 보면 ⓒ'향상도'는 조건(X)이 일어났을 때 결과(Y)가 일어날 확률이 얼마나 향상되는지를 알려 주는 측도라고 하였다. 그런데 ⓒ'향상도'는 ⓑ'신뢰도'를 기대 신뢰도로 나눈 값이며, 기대 신뢰도란 'X→Y'에서 Y를 포함하는 거래의 수를 전체 거래의 수로 나눈 값이라고 하였으므로, ⓒ'향상도'가 X와 Y를 모두 구매하는 거래의 수로 ⓑ'신뢰도'를 나눈 값에 해당한다는 설명은 적절하지 않다.

ㅁ. 4문단을 보면 ⓒ'향상도'가 1보다 작은 경우 이를 높이기 위한 방법으로 음의 연관 규칙을 활용하는 방법이 제시되어 있는데, 이것은 결과에 '이다' 대신에 '아니다'를 쓰는 것이므로 'X→Y'의 연관 규칙을 'Y→X'로 전환하는 것과는 관련이 없다. 또 5문단을 보면 분석 대상에서 ⓐ'지지도'가 낮은 품목들을 찾아 제거하는 최소 지지도 가지치기는 연관성 분석의 문제점을 해결하기 위한 방

법이므로 ⓒ'향상도'를 높이기 위한 방법으로 적절하지 않다.

🙁 오답인 이유

ㄱ. 2문단을 보면 ⓐ'지지도'가 높다는 것은 동시 구매가 많이 일어난다는 것을 의미한다고 하였고, 3문단을 보면 ⓑ'신뢰도'가 높다는 것은 조건(X)의 구매가 발생한 경우에 결과(Y)의 구매가 많이 일어남을 의미한다고 하였으므로 적절하다.

ㄴ. 2문단을 보면 ⓐ'지지도'는 X와 Y를 모두 구매하는 거래의 수를 전체 거래의 수로 나눈 값이라고 하였고, 3문단을 보면 ⓑ'신뢰도'는 X와 Y를 모두 구매하는 거래의 수를 X를 구매하는 거래의 수로 나눈 값이라고 하였으므로 적절하다.

13 답 ②

🙂 정답인 이유

3문단을 보면 신뢰도는 조건의 구매가 발생하였을 때 결과의 구매가 일어날 확률이라고 하였다. 그리고 'X→Y'의 신뢰도는 X와 Y를 모두 구매하는 거래의 수를 X를 구매하는 거래의 수로 나눈 값이라고 하였다. 〈표〉에서 '휴지→우유'의 신뢰도를 구하면 휴지와 우유를 모두 구매하는 거래의 수는 2, 휴지를 구매하는 거래의 수는 2이므로, 신뢰도는 2/2(100%)이다. 이때 신뢰도가 100%인 것은 '휴지'를 구매한 모든 경우에 '우유'를 구매한 것을 의미한다. 또한 '우유'를 구매한 경우에 '휴지'를 구매한 경우, 즉 '우유→휴지'의 신뢰도는 2/4(50%)이므로, '우유'를 구매한 모든 경우에 '휴지'를 구매했다는 것은 적절하지 않다.

🙁 오답인 이유

① 2문단을 보면 'X→Y'의 지지도는 X와 Y를 모두 구매하는 거래의 수를 전체 거래의 수로 나눈 값으로, 지지도가 높다는 것은 동시 구매가 많이 일어난다는 것을 의미한다고 하였다. 〈표〉에서 '빵→생수'의 지지도는 2/5이고 '빵→휴지'의 지지도는 1/5이므로 '빵→생수'의 지지도가 '빵→휴지'의 지지도보다 높다. 이것은 '빵'과 '생수'를 함께 구매한 경우가 '빵'과 '휴지'를 함께 구매한 경우보다 많다는 것을 의미한다.

③ 3문단을 보면 'X→Y'의 신뢰도는 X와 Y를 모두 구매하는 거래의 수를 X를 구매하는 거래의 수로 나눈 값이라고 하였다. 〈표〉에서 '생수→빵'의 신뢰도는 2/3이고, '생수→우유'의 신뢰도도 2/3이다. '생수→휴지'의 신뢰도는 1/3이므로, '생수→빵'과 '생수→우유'의 신뢰도가 '생수→휴지'의 신뢰도보다 높다는 것은 적절하다.

④ 2문단을 보면 'X→Y'의 지지도는 X와 Y를 모두 구매하는 거래의 수를 전체 거래의 수로 나눈 값이라고 하였다. 〈표〉에서 '우유→생수'의 지지도는 2/5이고, '생수→우유'의 지지도도 2/5이

므로 지지도가 서로 같다.

⑤ 3문단을 보면 'X→Y'의 신뢰도는 X와 Y를 모두 구매하는 거래의 수를 X를 구매하는 거래의 수로 나눈 값이라고 하였다. 〈표〉에서 '빵→세제'의 신뢰도는 2/4이고, '세제→빵'의 신뢰도는 2/2이므로 신뢰도가 서로 다르다.

14 답 ②

😀 정답인 이유
6문단을 보면 ㉠'시차 연관성 분석'은 순차적으로 일어나는 사건들을 나열한 시계열 자료를 분석하여 선후 사건들 사이의 연관성을 추론하는 것이라고 하였다.

ㄱ. 병원에서 □□ 질환을 앓은 환자들을 추적하여 이들 가운데 이전에 ○○ 질환을 앓은 경우가 많다는 사실을 알아낸 것은, 환자들이 예전에 앓은 질환과 이후에 앓은 질환의 연관성을 추론한 것이다. 따라서 ㉠을 활용한 예로 적절하다.

ㄷ. 백화점에서 고객들의 소비 성향을 분석하여 TV를 산 고객들이 재방문하여 고성능 스피커를 사는 경향이 있음을 알아낸 것은, 고객들이 예전에 구입한 제품과 이후에 구입한 제품의 연관성을 추론한 것이다. 따라서 ㉠을 활용한 예로 적절하다.

ㄹ. 온라인 쇼핑몰 운영자가 회원들의 웹 페이지 방문 순서를 분석하여 일정한 규칙을 발견한 것은, 회원들이 웹 페이지에 방문하여 쇼핑몰을 이용하는 순서의 연관성을 추론한 것이다. 따라서 ㉠을 활용한 예로 적절하다.

😞 오답인 이유
ㄴ. 대형 유통 업체에서 라면과 계란의 판매대를 붙여 놓았을 때와 멀리 떼어 놓았을 때의 판매량을 비교하여 분석한 것은, 판매대 사이의 거리에 따라 나타나는 판매량을 비교한 것이지 선후 사건들 사이의 연관성을 분석한 것이 아니므로 ㉠의 예로 적절하지 않다.

15 답 ③

😀 정답인 이유
〈보기〉의 연관 규칙에서 ㉯의 향상도는 1보다 크고 ㉰의 향상도는 1보다 작다. [A]를 보면 어떤 연관 규칙에 대하여 향상도가 1보다 크면 마케팅 전략을 세우는 데 유용하게 활용된다고 하였다. 즉 ㉯는 마케팅 전략을 세우는 데 유용하게 활용된다고 볼 수 있다. 반면 ㉰의 연관 규칙은 향상도가 1보다 작기 때문에 마케팅 전략에 바로 적용하기는 어렵다고 볼 수 있다. 그러나 [A]의 '음의 연관 규칙'을 활용하여 ㉰의 향상도를 다시 구해 보면, 신뢰도는 80%, 기대 신뢰도는 54%이므로 ㉰의 향상도는 1.481이 된다. 따라서 ㉰의 연관 규칙도 마케팅 전략을 세우는 데 활용할 수 있음을 알 수 있다.

😞 오답인 이유
① 〈보기〉에서 ㉮와 ㉯의 향상도가 모두 1보다 큼을 알 수 있다. [A]를 보면 'X→Y'에서 향상도가 1보다 크다는 것은 X를 구매했을 때 Y를 구매할 확률이, 전체 거래에서 Y를 구매할 확률보다 크다는 것이라고 하였으므로 적절하다.

② [A]를 보면 'X→Y'에서 향상도가 1이라는 것은 X와 Y의 구매가 서로 독립적이라는 의미이며, 'X→Y'에서 향상도가 1보다 크다는 것은 X를 구매했을 때 Y를 구매할 확률이 전체 거래에서 Y를 구매할 확률보다 크다는 것이라고 하였다. 이는 ㉰와 같이 향상도가 1일 때는 A와 C의 구매가 독립적으로 이루어진다는 의미이며, ㉮와 같이 향상도가 1보다 큰 경우는 A를 구매했을 때 B를 구매할 확률이 전체 거래에서 B를 구매할 확률보다 크다는 의미이다. 따라서 A 옆에는 C보다 B를 배치하는 것이 유리하다는 것은 적절하다.

④ [A]를 참고하여 ㉰의 연관 규칙을 음의 연관 규칙으로 바꾸면 신뢰도는 62%, 기대 신뢰도는 53%가 된다. 따라서 ㉰의 향상도는 1.169가 되어 ㉰의 향상도인 1보다 커지므로 적절하다.

⑤ 〈보기〉에서 ㉰와 ㉱의 향상도가 모두 1보다 작음을 알 수 있다. [A]를 보면 'X→Y'에서 향상도가 1보다 작다는 것은 X를 구매했을 때 Y를 구매할 확률이 전체 거래에서 Y를 구매할 확률보다 작다는 것이라고 하였으므로 적절하다.

사회

▶ 본문 26~28쪽

| 01 ③ | 02 ② | 03 ③ | 04 ① | 05 ③ |

대의 민주주의에서 정당의 기능 변화

• **주제**: 20세기 이후 정당 체계에서 발생한 정당 기능의 변화와 특징
• **해제**: 대의 민주주의에서 대표적인 정당 모형은 책임 정당 정부 이론을 뒷받침하며 당원 중심의 운영 구조를 지향하는 대중 정당 모형이었다. 그러나 20세기 중반 이후 산업 구조와 계층 구조가 다변화되면서 정당은 이러한 기능과 역할에 변화를 겪게 되었다. 전체 유권자 집단에 호소하는 포괄 정당, 외부 선거 전문가로 당료를 구성하는 선거 전문가 정당, 공적인 정치 자원의 과점을 통해 소수 정당의 활동을 어렵게 하는 카르텔 정당, 포스트 카르텔 정당, 네트워크 정당 등의 체계가 나타나며 고전적 의미의 정당 기능은 약화되었다. 이러한 상황에서도 20세기 중반 이후 정당 체계가 일반 이념을 매개로 하여 책임 정당 정치를 여전히 구현하고 있다는 주장도 나타나지만, 정당의 전통적 기능과 역할을 복원하여 책임 정당 정치를 강화해야 한다는 주장이 제기되고 있다.

• **문단별 핵심 내용**

1문단	책임 정당 정부 이론과 대중 정당 모형 소개
2문단	대중 정당의 기능과 이러한 기능의 변화
3문단	포괄 정당 체계의 등장 배경과 특징
4문단	카르텔 정당 체계의 등장 배경과 특징
5문단	정당의 변화 과정에서 나타난 특징
6문단	정당의 개혁 조치와 고전적 정당 기능의 약화
7문단	이념적 대표성으로 구현된 책임 정당 정치
8문단	책임 정당 정치를 강화해야 한다는 주장

01 답 ③

| 2016학년도 LEET |

😀 정답인 이유

2문단을 보면 대중 정당의 출현 이후 갖추어진 정당의 기능을 정부 속의 정당 기능, 유권자 속의 정당 기능, 조직으로서의 정당 기능으로 나누어 설명하였다. 여기서 조직으로서의 정당 기능은 당원을 확충하고 정치 엘리트를 충원하고 교육하는 조직으로서의 기능이다. 그러나 5~6문단을 보면 20세기 중반 이후 정당이 변화되는 과정에서 정치 엘리트들의 자율성은 증대되었고, 당원 수가 감소하면서 선출권자나 후보들을 정당 밖에서 충원했다고 하였다. 따라서 조직으로서의 정당 기능은 약화되었음을 알 수 있다.

😟 오답인 이유

① 2문단을 보면 정부 속의 정당 기능은 의회의 정책 결정과 행정부의 정책 집행을 통제하는 기능이다. 5문단을 보면 정당 지도부의 권력이 강화되어 정부 내 자신의 당에 소속된 정치인들에 대한 통제력이 증가되었다고 했으므로, 정부 속의 정당 기능은 강화되었음을 알 수 있다.

② 2문단을 보면 지지자들의 이익을 집약하고 표출하는 것이 유권자 속의 정당 기능이다. 그런데 3문단을 보면 20세기 이후 정당 체계는 특정 계층이 아니라 전체 유권자 집단에 호소하여 표를 구하는 포괄 정당 체계로 변화되었다고 하였다. 따라서 유권자 속의 정당 기능은 약화되었음을 알 수 있다.

④ 1문단을 보면 유럽에서 정당은 산업화 시기 생성된 노동과 자본 간의 갈등을 중심으로 다양한 사회 경제적 균열을 이용하여 유권자들을 조직하고 동원하였다고 하였다. 그러나 7문단을 보면 최근의 정당들은 구체적인 계급, 계층 집단을 조직하고 동원하지 않는다는 연구 결과가 나타났다고 하였다. 따라서 유권자를 정치적으로 동원하는 기능은 약화되었음을 알 수 있다.

⑤ 7문단을 보면 최근의 정당들이 일반 이념을 매개로 유권자들을 대표하는 기능을 강화했음을 보여 준다고 하였다. 따라서 유권자의 일반 이념을 대표하는 기능은 강화되었음을 알 수 있다.

02 답 ②

| 2016학년도 LEET |

😀 정답인 이유

ㄴ. B당이 선거 보조금의 50%를 전체 의석의 30% 이상의 의석을 지닌 정당에게 우선적으로 배분하자고 한 것은 거대 정당에 유리한 제안이다. B당의 이러한 제안에 따른다면 전체 의석의 30% 이상의 의석을 지닌 정당은 선거 보조금의 50%와 의석수에 비례한 선거 보조금을 모두 배분받게 되므로, 전체 의석의 30% 미만의 의석을 지닌 정당보다 선거 보조금을 더 많이 지급받게 된다. 따라서 이는 4문단에 나타난 것처럼, 공적인 정치 자원의 과점을 통해 신생 혹은 소수 정당의 정치 활동을 어렵게 하는 카르텔 정당 모형으로 설명할 수 있다.

😟 오답인 이유

ㄱ. 진보적인 노선이었던 A당이 총선 패배 후 중도 유권자도 지지할 수 있는 노선으로 변경한 것은 보다 광범위한 유권자 집단의 지지를 획득하고자 한 사례이다. 따라서 이는 선거 전문가 정당 모형이 아니라 3문단의 포괄 정당 모형으로 설명할 수 있다.

ㄷ. C당이 국민 참여 경선제를 도입한 사례는 공직 후보 선출권을 일반 국민에게 개방하는 전략이므로, 네트워크 정당 모형이 아니라 6문단의 포스트 카르텔 정당 모형으로 설명할 수 있다.

03 답 ③

😊 정답인 이유

㉠은 '카르텔 정당 체계'이므로, 이를 중심으로 살펴보자.

ⓐ: 5문단을 보면 카르텔화와 같은 정당의 변화 과정에서, 평당원의 권력이 약화되고 당원 수는 감소하여 정당은 지지 계층 및 집단과의 유대를 잃어가기 시작했다고 하였다. 따라서 정당과 국민들의 거리도 멀어지게 된다는 것을 알 수 있다.

ⓑ: 4문단을 보면 카르텔 정당 체계에서는 기성 정당들이 자신의 기득권을 유지하기 위해 공적인 정치 자원을 과점하는 경우가 많다고 하였다. 그리고 다양한 정치 관계법은 기성 정당의 기득권 체계를 유지하는 대표적인 수단으로 활용된다고 하였다. 따라서 ㉠에서는 정당들이 올바른 정책에 대한 관심보다 정당 자체의 생존에 더 관심을 갖게 된다는 것을 알 수 있다.

ⓔ: 5문단을 보면 카르텔 정당 체계에서는 정당 지도부의 권력이 강화되어 정부 내 자신의 당에 소속된 정치인들에 대한 통제력이 증가한다고 하였으므로 적절하다.

😞 오답인 이유

ⓒ: 4문단을 보면 카르텔 정당 체계에서는 기성 정당들이 다양한 정치 관계법을 이용하여 공적인 정치 자원을 과점하고 신생 혹은 소수 정당의 원내 진입이나 정치 활동을 어렵게 한다고 하였다. 그리고 다양한 정치 관계법은 카르텔 정당 체계를 유지하기 위한 수단으로 활용되었다고 하였다. 그러나 이를 통해 거대 정당들 사이의 갈등이 심화된다는 것은 확인할 수 없다. 오히려 거대 정당들은 자신들의 기득권을 유지하기 위해 불필요한 갈등을 줄이려고 할 것으로 추론할 수 있다.

ⓓ: 4문단을 보면 다수 대표제는 비례 대표제에 비해 득표 대비 의석 비율을 거대 정당에 유리하도록 만든 것이라고 하였다. 즉 같은 수의 득표를 얻었다고 해도 비례 대표제보다 다수 대표제가 거대 정당에 유리한 것이다. 따라서 거대 정당들은 다수 대표제 방식의 선거는 투표율이 높고 낮음에 크게 상관없이 자신들에게 유리한 조건이므로, 선거에서 투표율이 낮아지는 것에 대해 경계하지는 않을 것이라고 추론할 수 있다.

04 답 ①

😊 정답인 이유

㉡은 정당의 전통적인 기능과 역할을 복원하여 책임 정당 정치를 강화해야 한다는 주장이다. 이는 광범위한 유권자가 아니라 특정 집단의 지지를 바탕으로 당원 중심의 운영 구조를 지향하는 대중 정당 모형을 지지하는 주장이다. ①에서 당원의 자격과 권한을 강화하는 것은 대중 정당 모형에 해당한다. 그런데 당원의 자격과

권한을 강화하면 탈산업화 시대에 다변화된 계층적 이해를 제대로 대표하지 못한다는 주장은 ㉡에 대한 비판에 해당한다. 따라서 ㉡의 주장으로 적절하지 않다.

😞 오답인 이유

② 공직 후보 선출권을 일반 시민들에게 개방하는 것은 포스트 카르텔 정당 전략이다. ㉡은 당내 교육 과정을 통해 정치 엘리트를 충원하는 것을 지지하는 입장이므로, 포스트 카르텔 정당 전략에 반대할 것이다.

③ 신생 정당의 원내 진입을 제한하는 것은 4문단에서 언급한 카르텔 정당 체계이다. ㉡은 지지자들의 이익을 집약하고 표출하는 기능을 강화해야 한다는 입장이므로, 대의제를 통해 이익을 집약하고 표출할 수 없는 유권자들을 발생시키는 카르텔 정당 체계에 반대할 것이다.

④ 유권자의 일반 이념을 대표하고 정당의 외연을 과도하게 확장하려는 것은 3문단에서 언급한 포괄 정당 체계이다. ㉡은 정당이 자신의 지지 계급과 계층을 대표해야 한다는 입장이다. 따라서 당의 계층적 정체성을 약화시킨다는 이유로 포괄 정당 체계에 반대할 것이다.

⑤ 온라인 공간에서 인지적 시민들과 유대를 강화하는 것은 6문단에서 언급한 네트워크 정당 전략이다. ㉡은 당원 중심의 운영 구조를 지향하는 대중 정당 모형을 지지하는 입장이다. 따라서 당의 근간을 이루는 당원 확충에 어려움을 겪게 된다는 이유로 네트워크 정당 전략에 반대할 것이다.

05 답 ③

😊 정답인 이유

[가]에서는 기존의 정치적 동원이 소셜 네트워크와 같은 온라인 공간을 활용한 시민들의 자기 조직적 참여로 대체되고 있으며, 이에 따라 포스트 카르텔 정당 전략이나 네트워크 정당 전략이 나타나고 있다고 하였다. 〈보기〉는 정치적 거래 비용 때문에 시민들이 정당의 정책에 무관심하거나 정당 참여를 꺼리고 있다는 내용이다. 그러므로 [가]를 바탕으로 할 때 정치적 거래 비용을 줄일 수 있는 방안으로는, 온라인 네트워크를 활용한 정당 체계를 구현하는 정책이 바람직하다. 온라인 네트워크를 활용하면 물리적, 시간적 비용을 절약할 수 있기 때문이다.

😞 오답인 이유

① [가]에서는 시민들의 정당 참여를 늘리기 위한 방안으로 정당의 후보 선출권을 일반 시민에게 개방하는 포스트 카르텔 정당 전략이 등장했다고 하였다. 그러나 이를 통해 〈보기〉의 정치적 거래 비용을 줄일 수 있다는 근거를 찾을 수 없다.

② [가]에서는 정당의 당원들이 수행하는 정치적 영향력은 소셜 네트워크 내 시민들의 자기 조직적 참여로 대체되었다고 하였다. 따라서 정당의 당원들이 수행하는 정치적 영향력을 강화한다는 것은 [가]의 내용과 다르다. 또한, 이를 통해 〈보기〉의 정치적 거래 비용을 줄일 수 있는지도 알 수 없다.

④ [가]에서 인지적 시민은 정치에 관심은 높지만 정당과는 거리를 두는 시민들이라고 하였다. 따라서 [가]를 바탕으로 할 때 인지적 시민들은 거래 비용을 지불할 의사가 높지 않다고 볼 수 있으므로, 이러한 시민들을 주축으로 새로운 정당 체계를 만드는 것은 매우 어려울 것이다. 그리고 이를 통해 〈보기〉의 정치적 거래 비용을 줄일 수 있는지도 알 수 없다.

⑤ [가]에서는 고전적 의미의 정당 기능이 약화되었다고 하였다. 따라서 정당들이 시민들에게 필요한 전문적인 정책을 직접 제시한다는 것은 [가]의 내용과 다르다. 또한, 이를 통해 〈보기〉의 정치적 거래 비용을 줄일 수 있다는 근거를 찾을 수 없다.

예술

▶ 본문 28~30쪽

06 ⑤	07 ②	08 ⑤	09 ③	10 ②

선법 음악과 조성 음악
- **주제**: 선법 음악에서 조성 음악으로의 변화 과정
- **해제**: 중세와 르네상스 시대에는 수평적인 선율을 중시하는 선법 음악이 발달했는데, 중세 시대에는 완전하게 어울리는 음정을 주로 사용하다가 르네상스 시대에는 불완전 음정을 더 적극적으로 사용하면서 자연스러운 음향을 표현하게 되었다. 그러다가 화음의 개념이 출현하게 되면서 르네상스 시대 이후에는 수평적인 선율보다 수직적인 화음을 중시하는 조성 음악이 발달하게 되었다.
- **문단별 핵심 내용**

1문단	음악의 기본적인 요소에 대한 이해의 필요성
2문단	음정의 개념과 협화도
3문단	중세와 르네상스 시대의 선법 음악
4문단	중세의 선법 음악과 르네상스 시대의 선법 음악의 차이점
5문단	화음의 개념과 특징
6문단	화음의 개념에 근거해서 발달한 조성 음악
7문단	조성 음악의 화성과 화성 진행

06 답 ⑤

| 2011학년도 LEET |

😀 정답인 이유

6문단을 보면 조성 음악은 화음의 개념에 근거해서 발달했으며,

이러한 구조에서는 선율이 화음에 근거하여 만들어지기 때문에 수평적인 선율 안에 화음의 구성음들이 내재한다고 하였다. 따라서 선율 안에 화음의 구성음들이 내재해 있으므로, 화음의 개념에 근거한 선율에서는 곡의 주요 3화음을 알 수 있다.

🙁 오답인 이유

① 2문단에서는 음정과 두 음이 어울리는 정도인 협화도에 대해 설명하였다. 완전 음정 〈도-도〉가 '한 음의 중복'이라면 완전1도이고, 한 옥타브 차이라면 완전8도이다. 그리고 완전 음정 〈도-솔〉은 완전5도이다. 그리고 완전1도, 완전8도, 완전5도, 완전4도의 순으로 협화적이라고 했으므로, 완전 음정 〈도-도〉가 완전 음정 〈도-솔〉보다 더 협화적임을 알 수 있다.

② 4문단을 보면 중세의 선법 음악에서는 완전 음정만을 협화 음정으로 강조하면서 불완전 음정과 불협화 음정을 장식적으로만 사용하다가, 르네상스 시대에 이르러 불완전 음정을 더 적극적으로 사용하기 시작했다고 하였다. 따라서 르네상스 시대보다 중세 시대에 협화적인 음정을 더 많이 사용하였음을 알 수 있다.

③ 4문단을 보면 악보 (가)는 7도의 불협화적인 음향이 매우 협화적인 음향인 8도로 진행하기 전에 적당히 협화적인 음향을 거치는 단계를 보여 준다. 이는 '2도-3도-1도'의 진행에서도 확인할 수 있는데, '2도(불협화 음정)-3도(불완전 음정)-1도(완전 음정)'으로 단계적으로 진행됨을 알 수 있다.

④ 5문단을 보면 화음의 맨 아래 음인 근음 위에 쌓는 3도 음정이 장3도인지 단3도인지에 따라 화음의 성격이 각각 장3화음, 단3화음으로 구별된다고 하였다.

07 답 ②

| 2011학년도 LEET |

😀 정답인 이유

3문단을 보면 선법 음악에서는 대위적 개념에 근거하여 두 개 이상의 선율이 각각 독립성을 유지했다고 하였다. 그런데 6문단을 보면 조성 음악에서는 복합층으로 노래하던 다성부의 구조가 쇠퇴하는 대신 선율과 화성으로 구성된 구조가 등장했다고 하였다. 따라서 수평적인 선율보다 수직적인 화음을 중시하는 조성 음악에서는 선율들의 개별적인 독립성이 선법 음악에서보다 쇠퇴했음을 알 수 있다.

🙁 오답인 이유

① 5문단에서는 음의 결합을 두 음에서 세 음으로 확장한 '화음'의 개념을 설명하였다. 그리고 6문단을 보면 조성 음악은 화음에 근거해서 발달했다고 하였다. 이를 통해 선법 음악은 두 음을 결합하는 음정에 근거하였고, 조성 음악은 세 음을 결합하는 화음에 근거하였음을 알 수 있다. 따라서 음의 재료가 협화적 음정에

서 불협화적 음정으로 바뀐 것이 아니다.

③ 3문단을 보면 선법 음악에서는 수평적인 선율을 중시했고, 6문단을 보면 조성 음악에서는 수직적인 화음을 중시했음을 알 수 있다.

④ 7문단을 보면 조성 음악에서는 5도 관계에 놓인 세 화음이 화성적 맥락을 형성하는 근본적인 역할을 한다는 것을 알 수 있다.

⑤ 7문단을 보면 조성 음악에서는 "화성은 선율의 결과이다."라는 사고가 아니라, 화성은 화음들이 조화롭게 연결되어 만들어 내는 맥락이라는 사고가 발달하면서 선율과 화성으로 구성된 구조를 사용하였음을 알 수 있다.

08 답 ⑤

😀 정답인 이유

7문단의 화음에 대한 설명과 악보 (나)를 바탕으로 으뜸화음, 딸림화음, 버금딸림화음과 7화음의 음정을 알아보자.

화음	근음(중심음)	3화음	7화음
으뜸화음	도	도-미-솔	도-미-솔-시
딸림화음	솔	솔-시-레	솔-시-레-파
버금딸림화음	파	파-라-도	파-라-도-미

〈조건〉에서 선율은 '도'를 으뜸음으로 하며 한 마디에는 하나의 화음을 사용한다고 하였다. 즉 〈보기〉의 곡은 각각의 마디가 한 화음으로 이루어져 있으며, 이 화음은 '도'를 으뜸음으로 하는 화음임을 알 수 있다. 이를 바탕으로 ㉠, ㉡, ㉢의 화음을 살펴보자. ㉠은 '솔-도-도'의 음정으로 이루어져 있으므로 으뜸화음에 해당한다. ㉡은 '도-라-도-파-미'의 음정으로 이루어져 있으므로 버금딸림 7화음이다. ㉢은 '레-솔-파'의 음정으로 이루어져 있으므로 딸림 7화음이다. 이를 바탕으로 보면 ㉠의 근음은 '도', ㉡의 근음은 '파', ㉢의 근음은 '솔'이다. 그러나 〈보기〉의 곡에서 각 마디의 첫 음은 ㉠이 '솔', ㉡이 '도', ㉢이 '레'이다. 따라서 〈보기〉의 곡에서 각 마디의 첫 음에 사용된 음은 그 마디에 사용된 화음의 근음이 아님을 알 수 있다.

😫 오답인 이유

① ㉠은 '솔-도-도'의 음정으로 이루어져 있으므로 으뜸화음에 해당한다. 그런데 으뜸화음은 '도-미-솔'로 이루어져 있으므로 ㉠에 '미'가 내재되어 있다고 볼 수 있다.

② ㉡은 '도-라-도-파-미'의 음정으로 이루어져 있으므로 '파-라-도-미'로 이루어진 버금딸림 7화음에 해당한다.

③ ㉢은 '레-솔-파'의 음정으로 이루어져 있으므로 '솔-시-레-파'로 이루어진 딸림 7화음에 해당한다.

④ 〈보기〉는 첫 마디가 으뜸화음으로 시작하여 마지막 마디도 '미-솔-솔-미-도'로 끝나므로 역시 '도-미-솔'로 이루어진 으뜸화음에 해당한다.

09 답 ③

😀 정답인 이유

6문단을 보면 조성 음악은 화음의 개념에 근거해서 발달한 것이라고 하였는데, 5문단을 보면 3화음에서는 맨 아래 음이 화음의 근음으로서 중요하다고 하였다. 그리고 7문단을 보면 으뜸음을 기준으로 5도 위가 딸림음, 5도 아래가 버금딸림음이 된다고 하였다. 따라서 조성 음악에는 이와 같이 음의 위계가 존재한다고 할 수 있다. 하지만 〈보기〉에서 무조 음악은 한 옥타브 안에 있는 12개의 음 각각에 동등한 위계를 두었다고 하였으므로, 무조 음악에는 음의 위계가 존재하지 않음을 알 수 있다.

😫 오답인 이유

① 3문단을 보면 선법 음악은 수직적인 음향보다는 수평적인 선율을 중시하는 음악이라고 하였다. 따라서 선법 음악에서 수직적인 음향을 중요시했다는 것은 적절하지 않다. 그리고 〈보기〉에서 무조 음악은 기본 음렬에 다양한 음렬을 변형 또는 반복해서 활용했다고 하였으므로 무조 음악에서 음렬의 변형과 반복을 중요시했다는 것은 적절하다.

② 4문단을 보면 선법 음악은 음정의 성질에 따라 불협화적인 음향이 '매우' 협화적인 음향으로 진행하기 전에 '적당히' 협화적인 음향을 거치도록 했다고 하였다. 따라서 선법 음악이 협화 음향 사용에 규칙을 두었다는 것은 적절하다. 그러나 〈보기〉의 무조 음악은 협화 음향보다는 날카로운 불협화 음향이 지배적으로 나타났다고 했을 뿐 불협화 음향 사용에 어떠한 규칙을 두었는지는 알 수 없다.

④ 6문단을 보면 조성 음악에서는 수평적인 선율 안에 화음의 구성음들이 '내재'한다고 하였다. 따라서 조성 음악은 선율 안에 화음의 구성음이 내재한다는 것은 적절하다. 그러나 〈보기〉에서는 무조 음악에서 기본 음렬을 만들고 다양한 음렬들을 변형 또는 반복하여 활용했다고만 하였을 뿐, 무조 음악의 기본 음렬 안에 다른 음렬들이 내재한다는 것은 알 수 없다.

⑤ 7문단을 보면 조성 음악에서 5도 관계에 놓인 세 화음이 화성적 맥락을 형성하는 근본적인 역할을 한다고 하였으므로, 조성 음악은 화성의 일정한 체계가 이루어지도록 작곡했다고 볼 수 있다. 그러나 〈보기〉에서 무조 음악은 기본 음렬과 다양한 음렬들을 자유롭게 변형 또는 반복해서 활용했다고 하였으므로, 무조 음악은 음렬의 일정한 체계가 이루어지도록 작곡한 것은 아니다.

10 답 ②

| 수능 예상 문제 |

🙂 정답인 이유

ⓑ'발달'의 사전적 의미는 '학문, 기술, 문명, 사회 따위의 현상이 보다 높은 수준에 이름'이다. '일이 어떤 방향으로 전개됨'을 뜻하는 말은 '발전'이다.

과학

▶ 본문 31~33쪽

11 ⑤	**12** ④	**13** ⑤	**14** ③	**15** ④

파동과 음파

- 주제: 매질에 따라 달라지는 파동의 변화 양상
- 해제: 이 글은 매질을 통해 진동이 전파되는 파동에 대해 설명하고 있다. 파동과 관련하여 마루, 골, 진폭, 파장, 진동수, 주기 등의 개념을 설명한 후에 파동이 매질을 따라 진행하다가 다른 매질을 만나게 되면 나타나는 현상을 제시하고 있다. 그리고 파동이 진행하다가 다른 매질을 만나서 반사되는 상황과 매질의 밀도 차이에 따라 입사 파동이 반사되거나 투과되는 상황을 나눠, 반사 파동의 양상을 제시하고 있다. 마지막으로 에너지 보존 법칙에 의해 반사 파동과 투과 파동의 에너지의 합은 입사 파동의 에너지와 같으나, 파동 에너지는 진폭의 제곱에 비례하므로 반사 파동의 진폭은 줄어든다고 설명하고 있다.
- 문단별 핵심 내용

1문단	파동의 개념 정의와 역학적 파동의 진행 방법
2문단	파동의 구성 요소 – 마루, 골, 진폭, 파장, 진동수, 주기
3문단	파동의 속도와 매질에 따라 바뀌는 파동의 양상
4문단	고정단과 자유단에서 달라지는 반사 파동의 변위
5문단	밀도가 달라지는 경계선에서의 반사 파동과 투과 파동
6문단	에너지 보존 법칙에 따른 파동의 에너지와 진폭의 변화

---

11 답 ⑤

| 2016학년도 3월 고3 전국연합 변형 |

🙂 정답인 이유

2문단을 보면 평형점 0을 기준으로 파동의 가장 높은 지점을 마루, 가장 낮은 지점을 골이라고 하였다. 또한, 평형점 0에서 마루나 골까지의 높이, 즉 진동하는 입자가 평형점에서 최대로 벗어난 거리를 진폭이라고 하였다. 따라서 진폭은 마루에서 골까지의 거리가 아니라 평형점 0에서 마루 혹은 평형점 0에서 골까지의 거리를 말한다.

🙁 오답인 이유

① 1문단을 보면 파동은 주기적 진동이 시간의 흐름에 따라 주위

로 멀리 퍼져 나가는 현상을 의미한다고 하였으므로 적절하다.

② 4문단을 보면 매질인 줄의 끝이 벽에 고정되어 있는 경우 반사된 파동은 위상이 180° 변한다고 하였다. 이는 입사하는 파동이 줄의 위쪽으로 힘을 가하면 벽은 뉴턴의 제3법칙에 의해 방향이 반대이고 크기가 같은 힘을 줄에 가하기 때문이라고 하였다. 따라서 매질의 상태에 따라 뉴턴의 법칙이 작용하여 반사 파동의 위상이 변할 수도 있다.

③ 6문단을 보면 에너지 보존 법칙에 따라 입사한 하나의 파동이 매질에서 반사 파동과 투과 파동으로 나누어질 때, 별도의 에너지 손실이 없다고 가정하면 그 에너지의 크기가 같다고 하였다. 그리고 3문단에서 파동은 진행하면서 매질에 흡수되어 에너지를 잃기도 한다고 하였다. 따라서 입사한 파동의 에너지는 반사한 파동, 투과한 파동, 그리고 매질에 흡수된 파동의 에너지의 합과 같다고 할 수 있다.

④ 3문단을 보면 파동은 파장과 진동수의 곱으로 나타내며, 파동의 속도가 일정하면 진동수가 높을수록 파장이 짧다고 하였다. 즉 진동수가 높을수록 마루에서 마루 또는 골에서 골까지의 거리가 짧은 것이므로 적절하다.

---

12 답 ④

| 수능 예상 문제 |

🙂 정답인 이유

〈보기〉의 ⓐ는 밀도가 낮은 줄이 밀도가 높은 줄에 연결되어 있는 경우이고, ⓑ는 밀도가 높은 줄이 밀도가 낮은 줄에 연결되어 있는 경우이다. 그런데 〈보기〉를 보면 ⓐ와 ⓑ에서 모두 투과 파동은 입사 파동의 방향과 같은 방향으로 위상의 변화 없이 진행된다. 따라서 ⓑ에서 파동이 진행할 때의 투과 파동이 ⓐ에서 파동이 진행할 때의 투과 파동과 위상이 다르다는 것은 적절하지 않다.

🙁 오답인 이유

① 6문단을 보면 별도의 에너지 손실이 없다고 가정했을 때 에너지 보존 법칙에 따라 반사 파동과 투과 파동이 갖는 에너지의 합은 원래 입사한 파동의 에너지와 같다고 하였다. 따라서 〈보기〉에서는 별도의 에너지 손실이 없다고 가정했으므로, ⓐ와 ⓑ에서 나타난 반사 파동과 투과 파동의 에너지의 합은 입사 파동의 에너지와 같음을 알 수 있다.

② 5문단을 보면 밀도가 낮은 줄을 지나 밀도가 높은 줄로 파동이 진행될 때 입사 파동 중 일부는 위상이 바뀌어 반사되고 다른 일부는 밀도가 높은 줄로 투과된다고 하였다. 반면 밀도가 높은 줄에서 진행되는 파동이 밀도가 낮은 줄을 만날 때 반사되는 파동은 위상이 바뀌지 않고 그대로 되돌아온다고 하였다. 마찬가지로 〈보기〉의 ⓐ에서 반사된 파동의 위상은 변하고 있고, ⓑ에서 반사

된 파동의 위상은 변하지 않고 진행됨을 알 수 있다.
③ 5문단을 보면 줄을 따라 파동이 입사될 때 경계에 도달하면 일부는 반사되고 일부는 투과된다고 하였다. 〈보기〉에서도 ⓐ와 ⓑ에 모두 파동을 입사시킬 때, 매질의 경계면에서 파동의 일부는 반사되어 반사 파동으로 되돌아오고 일부는 투과되어 투과 파동으로 진행됨을 알 수 있다.
⑤ ⓐ는 반사 파동의 위상이 위쪽에서 아래쪽으로 180˚ 변하고 있고, ⓑ는 반사 파동의 위상이 변하지 않았다. 4문단을 보면 파동이 반사될 때 파동의 위상이 180˚ 변하는 매질의 경계면을 고정단, 파동이 반사될 때 파동의 위상이 변하지 않는 매질의 경계면을 자유단이라고 하였으므로 적절하다.

13 ⬚ ⑤
| 2016학년도 3월 고3 전국연합 변형 |

😀 정답인 이유
〈보기〉의 그래프에서 ⓐ는 입사파의 세기를 기준으로 양수에서의 반사파, ⓑ는 태아에서의 반사파의 상대적인 양을 보여 준다고 하였다. 그래프를 보면 입사파를 기준으로 한 반사파의 상대적인 양이 ⓐ는 약 40% 정도, ⓑ는 약 80% 정도이므로, ⓑ가 ⓐ보다 반사파의 양이 더 많다고 볼 수 있다. 그리고 5문단을 보면 음파 저항이 클수록 반사 정도가 큰 경계를 형성한다고 하였는데, 이는 음파 저항이 클수록 반사되는 양이 많다는 의미이다. 따라서 ⓐ보다 반사 양이 많은 ⓑ에서의 음파 저항이 더 컸을 것이라고 판단할 수 있다.

😞 오답인 이유
① 6문단을 보면 입사한 파동의 에너지 중에서 일부분만 포함하는 반사 파동의 진폭은 줄어들게 된다고 하였다. 따라서 인체에서 반사된 초음파는 입사한 파동의 에너지와 진폭의 크기가 같은 것이 아니라 줄어들게 된다.
② 6문단을 보면 흡수와 같은 에너지 손실이 없다고 가정할 때, 에너지 보존 법칙에 따라 반사 파동과 투과 파동의 합은 원래 입사한 파동의 에너지와 같다고 하였다. 이를 바탕으로 할 때, 만약 〈보기〉에서 초음파가 인체에 흡수되지 않는다면 원래 입사한 초음파의 에너지는 반사 파동과 투과 파동의 에너지의 합과 같아질 것이다. 그러나 ⓐ와 ⓑ는 양수에서의 반사파와 태아에서의 반사파이므로 음파 저항에 따라 달리 나타난다. 즉 초음파가 인체에 흡수되지 않는다고 해도 ⓐ와 ⓑ의 양이 같아지는 것은 아니다.
③ 5문단을 보면 매질 간의 밀도 차가 클수록 반사 정도가 큰 경계를 형성한다고 하였다. 이는 매질 간의 밀도 차가 클수록 반사되는 파동의 양이 많다는 의미이다. 반대로 매질 간의 밀도가 균일하다면 반사되는 양이 적어지므로, ⓐ와 ⓑ의 상대적인 양이 감

소하게 될 것이다.
④ 3문단을 보면 음파의 경우 주파수가 높을수록 매질에 더 잘 흡수되어 멀리 진행하지 못한다고 하였다. 따라서 〈보기〉의 초음파 역시 더 높은 주파수로 설정한다면, 매질인 인체에 더 잘 흡수되기 때문에 더 많이 투과될 수 없을 것이다.

14 ⬚ ③
| 2016학년도 3월 고3 전국연합 변형 |

😀 정답인 이유
㉠은 파동의 반사에 대한 설명이고, ㉡은 투과를 설명하기 위한 예시이다. 그런데 ㉠은 진행하던 파동이 다른 매질을 만나면 그 경계면에서 일부가 되돌아오는 현상이라고 하였다. 그리고 ㉡은 밀도가 다른 매질의 경계에서 파동이 일부는 반사되지만, 일부는 계속 진행하는 현상을 설명하고 있다. 따라서 ㉠과 ㉡은 모두 매질의 경계에서 생겨나는 역학적 파동의 변화를 보여 주는 것이다.

😞 오답인 이유
① ㉠과 ㉡ 모두 매질의 변화에 따라 역학적 파동이 어떻게 변화하는지를 보여 주고 있는 것이지, 역학적 파동으로 인한 매질의 특성 변화를 보여 주고 있지 않다.
② 3문단을 보면 역학적 파동은 진행하면서 매질에 흡수되어 에너지를 잃기도 한다고 하였다. 따라서 ㉠과 ㉡ 모두 역학적 파동의 에너지가 증가한다고 볼 수 없다.
④ 6문단을 보면 파동의 에너지는 진폭의 제곱에 비례하므로 입사한 파동의 에너지 중에서 일부분만 포함하는 반사 파동의 진폭은 줄어들게 된다고 하였다. 이를 통해 투과 파동도 진폭이 줄어들게 될 것임을 알 수 있다. 따라서 ㉠과 ㉡ 모두 에너지의 증가 요인이 없으므로, 파동의 진폭이 커지는 요인과는 관련이 없다.
⑤ ㉠은 반사, ㉡은 투과를 설명하기 위한 것인데 두 가지 모두 매질을 따라 진행하는 역학적 파동의 변화 양상을 보여 주는 것이다.

15 ⬚ ④
| 수능 예상 문제 |

😀 정답인 이유
㉮의 '갖게'는 '자기 것으로 하다.'의 의미로 쓰였다. 이와 같은 의미로 쓰인 것은 ④이다.

😞 오답인 이유
① '생각, 태도, 사상 따위를 마음에 품다.'의 의미로 쓰였다.
② '모임을 치르다.'의 의미로 쓰였다.
③ '관계를 맺다.'의 의미로 쓰였다.
⑤ '앞에 오는 말이 수단이나 방법이 됨을 강조하여 나타낸다.'의 의미로 쓰였다.

인문
▶ 본문 34~36쪽

| 01 ④ | 02 ⑤ | 03 ⑤ | 04 ④ | 05 ② |

도덕 실재론과 정서주의

• 주제: 도덕적 행위의 옳고 그름에 대한 도덕 실재론과 정서주의의 입장

• 해제: 규범 윤리학에서 사용하는 개념과 원칙에 대해 다루는 메타 윤리학에서, 도덕 실재론과 정서주의는 '옳음'과 '옳지 않음'의 의미를 상반된 입장으로 이해한다. 도덕 실재론은 도덕적 진리를 참과 거짓으로 판정할 수 있다고 본다. 반면 정서주의는 어떤 도덕적 행위가 옳고 그르다는 성질은 객관적으로 존재하지 않는다고 보며, 구체적인 행위에 대한 승인 감정과 부인 감정의 표현으로 이해한다. 정서주의의 입장은 윤리적 행위의 동기 부여를 설명할 수 있고 도덕적 판단에 대한 대립을 피할 수 있게 하는 장점이 있다. 하지만 도덕적 판단도 감정처럼 바뀔 수 있다고 본다는 문제점이 있다.

• 문단별 핵심 내용

(가)	도덕 실재론과 정서주의의 상반된 주장
(나)	도덕적 판단과 도덕적 진리에 대한 도덕 실재론의 주장
(다)	도덕적 판단과 도덕적 진리에 대한 정서주의의 주장
(라)	도덕 실재론과 비교한 정서주의의 장점과 의의
(마)	정서주의에서 제기되는 문제점

---

01 답 ④
| 2016학년도 6월 모의평가 A형 |

😊 정답인 이유
(라)를 보면 정서주의가 도덕 실재론에 비해 도덕적 판단이 윤리적 행위를 하도록 동기를 부여하는 것에 대해 단순하게 설명할 수 있는 장점이 있다고 하였다. 또한, 정서주의는 도덕적 판단의 차이로 인한 극단적인 대립을 피할 수 있게 해 준다는 점에서 의의가 있다고 하였다. 따라서 (라)에서는 도덕 실재론의 장점과 의의가 아니라, 정서주의의 장점과 의의에 대해 설명하고 있다.

😞 오답인 이유
① (가)에서는 구체적 행위에 대한 도덕적 판단 문제를 다루는 규범 윤리학과 규범 윤리학에서 사용하는 개념과 원칙에 대해 다루는 메타 윤리학을 구별하고, 메타 윤리학의 두 견해인 도덕 실재론과 정서주의를 제시하고 있다.

② (나)에서는 도덕 실재론이 도덕적 판단과 도덕적 진리를 과학적 판단 및 과학적 진리와 마찬가지라고 본다고 소개하고 있다.

③ (다)에서는 정서주의가 도덕적 판단을 내리지만 도덕 실재론과 달리 과학적 진리와 같은 도덕적 진리는 없다는 입장을 보인다고 소개하고 있다.

⑤ (마)에서는 정서주의의 입장에 대해서 제기될 수 있는 세 가지 문제점을 나열하고 있다.

---

02 답 ⑤
| 2016학년도 6월 모의평가 A형 |

😊 정답인 이유
(다)를 보면 도덕적 판단이 승인 감정에 의해 '옳음'의 태도를 표현한다고 보는 것은 도덕 실재론이 아니라 정서주의의 입장이다. (나)를 보면 도덕 실재론에서는 도덕적 판단이 참 또는 거짓으로 판정할 수 있는 명제를 나타내고 참으로 판정된 명제가 곧 도덕적 진리라고 규정한다고 하였다.

😞 오답인 이유
① (가)를 보면 규범 윤리학에서 사용하는 개념과 원칙에 대해 다루는 것이 메타 윤리학이라고 하였다.

② (라)를 보면 정서주의에서는 도덕적 판단이 윤리적 행위를 하도록 동기를 부여하는 것에 대해 도덕 실재론보다 단순하게 설명할 수 있으며, 승인 감정이나 부인 감정이 윤리적 행위의 동기 부여까지 직접 연결된다고 본다고 하였다.

③ (다)를 보면 정서주의에서는 도덕 실재론과 달리 과학적 진리와 같은 도덕적 진리는 없다는 입장을 보인다고 하였다.

④ (가)를 보면 도덕 실재론과 정서주의는 '옳음'과 '옳지 않음'의 의미를 이해하는 방식에 대해 상반된 주장을 펼친다고 하였다.

---

03 답 ⑤
| 2016학년도 6월 모의평가 A형 |

😊 정답인 이유
㉠에서 감정은 아무 이유 없이 변할 수 있지만 도덕적 판단은 뚜렷한 근거 없이 바뀔 수 없다고 하였다. 이는 이유 없이 변할 수 있는 감정과 달리 도덕적 판단을 바꿀 때에는 뚜렷한 근거가 필요하다는 의미로 이해할 수 있다.

😞 오답인 이유
① 도덕적 판단은 뚜렷한 근거 없이 바뀔 수 없다고 하였으므로 적절하지 않다.

② 감정은 수시로 변한다고 할 수 있다. 그러나 도덕적 판단은 뚜렷한 근거 없이 바뀔 수 없다고 하였으므로, 도덕적 판단이 수시로 변한다는 것은 적절하지 않다.

③ 도덕적 판단이 바뀔 때에는 이유가 필요하지만 감정이 바뀔 때에는 이유가 필요 없다고 하였으므로 적절하지 않다.

④ 감정 없는 사람도 없고 도덕적 판단을 하지 않는 사람도 없다는

것은 이 글의 내용과 전혀 관련이 없는 진술이다.

04 ⊟ ④

| 2016학년도 6월 모의평가 A형 |

😀 정답인 이유

〈보기〉의 B는 도덕 실재론자이다. (나)를 보면 도덕 실재론에서는 도덕적 판단이 참 또는 거짓으로 판정할 수 있는 명제를 나타내고 참으로 판정된 명제가 곧 도덕적 진리라고 규정한다고 하였다. 따라서 도덕 실재론자인 B는 (ㄱ)과 (ㄴ) 중 하나는 '참', 하나는 '거짓'인 명제라고 생각할 것이다.

😕 오답인 이유

① 정서주의는 과학적 진리와 같은 도덕적 진리는 없다는 입장이므로, 정서주의자인 A는 예술적 진리가 존재하지 않는다고 생각할 것이다. 하지만 도덕 실재론에서는 참으로 판정된 명제가 곧 도덕적 진리라고 규정하고 있으므로, 도덕 실재론자인 B는 예술적 진리가 존재한다고 생각할 것이다.
② 정서주의에서는 도덕적으로 옳음이나 옳지 않음이라는 성질은 객관적으로 존재하지 않는다고 보고 있으므로, 정서주의자인 A는 '아름다움'이라는 성질이 객관적으로 실재한다고 생각하지 않을 것이다.
③ 정서주의에서는 도덕적 판단이 참 또는 거짓으로 판정되는 명제를 나타내지 않는다고 보고 있으므로, 정서주의자인 A는 (ㄱ)과 (ㄴ) 중 하나를 '참'인 명제라고 생각하지 않을 것이다.
⑤ 정서주의에서는 도덕적 진리는 없으며, 구체적인 행위에 대한 감정과 태도를 옳음과 옳지 않음이라고 보고 있다. 따라서 (ㄱ)과 (ㄴ)이 예술 작품 △△에 대한 감정과 태도를 표현한다고 생각하는 것은 도덕 실재론자인 B가 아니라 정서주의자인 A이다.

05 ⊟ ②

| 2016학년도 6월 모의평가 A형 |

😀 정답인 이유

'규정(規定)'의 사전적 의미는 '내용이나 성격, 의미 따위를 밝혀 정함'이다. '규칙에 의해 일정한 한도를 정함'은 '규제(規制)'의 사전적 의미에 해당한다.

😕 오답인 이유

① '판정(判定)'의 사전적 의미는 '판별하여 결정함'이다.
③ '합의(合意)'의 사전적 의미는 '서로 의견이 일치함'이다.
④ '제기(提起)'의 사전적 의미는 '의견이나 문제를 내어놓음'이다.
⑤ '배치(背馳)'의 사전적 의미는 '서로 반대로 되어 어그러지거나 어긋남'이다.

기술

| 06 ② | 07 ⑤ | 08 ① | 09 ② | 10 ① |

레이저 냉각의 원리

- **주제**: 원자의 운동 속도를 감소시키는 레이저 냉각 원리
- **해제**: 절대 온도 0K에 근접한 온도까지 물체의 온도를 낮출 수 있는 방법 중 하나인 레이저 냉각의 원리를 소개하는 글이다. 절대 온도는 원자들의 평균 운동 속도의 제곱에 비례하는데, 움직이는 원자에 레이저 빛을 쏘아 충돌시키면 원자의 속도가 줄어든다. 이러한 레이저 냉각에는 도플러 효과와 원자가 공명 진동수에 따라 빛을 선택적으로 흡수하는 성질을 이용한다. 즉 레이저 빛을 쏘면 원자에서 광자를 선택적으로 흡수하고 방출하는 과정을 반복하면서 원자의 평균 운동 속도가 줄어들어 원자 집단 전체의 온도가 내려가게 된다.
- **문단별 핵심 내용**

1문단	레이저 냉각에 대한 소개
2문단	레이저 냉각과 원자의 운동 속도의 관계
3문단	레이저 냉각을 이용한 원자의 운동 속도 감소 원리
4문단	도플러 효과의 개념과 원자의 레이저 빛의 진동수 감지 관계
5문단	원자가 빛을 선택적으로 흡수하는 원리
6문단	도플러 효과를 이용한 레이저 냉각의 원리와 과정

06 ⊟ ②

| 2016학년도 LEET |

😀 정답인 이유

이 글은 레이저 냉각을 사용하여 원자의 온도를 낮추는 원리를 설명하고 있다. 3문단을 보면 레이저를 이용해 원자의 온도를 내리는 것은 도플러 효과와 원자가 빛을 선택적으로 흡수하는 성질을 이용한다고 하였다. 그리고 6문단을 보면 원자에서 레이저 빛의 광자를 선택적으로 흡수하고 방출하는 과정이 반복되면 원자의 속도가 줄어들면서 원자의 평균 운동 속도가 줄고, 그에 따라 원자 집단 전체의 온도가 내려가게 된다고 하였다. 따라서 레이저 냉각은 광자를 선택적으로 흡수하는 원자의 성질을 이용하는 것임을 알 수 있다.

😕 오답인 이유

① 4문단을 보면 도플러 효과는 파동원과 관측자가 멀어질 때 파동의 진동수가 더 작게 감지되고, 파동원과 관측자가 가까워질 때 파동의 진동수가 더 크게 감지되는 현상이라고 하였다. 따라서 도플러 효과에 의해 레이저 빛에 다가가는 원자에게 레이저 빛의 진동수가 더 높게 감지되고, 레이저 빛에서 멀어지는 원자에게 레이저 빛의 진동수가 더 낮게 감지된다. 즉 움직이는 원자의 속도가 도플러 효과로 인해 더 크게 감지되는 것이 아니다.

③ 2문단을 보면 원자들의 평균 운동 속도를 감소시키면 그 원자 집단의 온도가 내려간다고 하였다. 즉 레이저 냉각은 빠르게 움직이는 원자에 레이저 빛을 쏘아 충돌시켜서 원자의 속도를 줄어들게 하여 원자의 온도를 내려가게 하는 것이다. 빛의 입자인 광자를 냉각시키는 것이 아니다.

④ 1문단을 보면 절대 온도 0K까지 물체의 온도를 낮출 수는 없지만 그에 근접한 온도를 얻을 수 있으며 그 방법 중 하나가 레이저 냉각이라고 하였다. 따라서 레이저 빛을 이용하여 원자의 온도를 낮춰서 원자 집단의 온도를 절대 온도 0K에 근접하게 할 수는 있지만, 절대 온도 0K에 도달하게 할 수는 없다.

⑤ 3문단을 보면 원자를 하나하나 따로 관측할 수 없고 각 원자의 운동 속도에 맞추어 각 원자와 충돌하는 광자의 운동량을 따로 제어할 수 없다고 하였다. 즉 개별 원자의 운동 상태를 파악하여 각각의 원자마다 적절한 진동수의 레이저 빛을 쏘는 것은 불가능함을 알 수 있다.

07 ⑤

정답인 이유
〈그림〉은 원자가 광자를 흡수할 때와 방출할 때, 원자 내부 전자의 에너지 준위를 보여 주고 있다. 4문단을 보면 도플러 효과에 의해 레이저 광원에 다가가는 원자에게 레이저 빛의 진동수는 원래의 진동수보다 더 높게 감지된다고 하였다. 그런데 5문단을 보면 원자는 모든 진동수의 빛을 흡수하는 것이 아니고 고유한 진동수, 즉 공명 진동수의 빛만을 흡수한다고 하였다. 따라서 다가오는 원자에 공명 진동수의 레이저 빛을 쏘면 도플러 효과에 의해 레이저 빛의 진동수가 원래의 공명 진동수보다 더 높게 감지될 것이므로, 원자가 광자를 흡수하지 못하게 된다. 그러므로 원자 내부의 전자가 E_1에서 E_2로 이동하지 않는다.

오답인 이유
① 6문단을 보면 불안정해진 원자는 ΔE에 해당하는 에너지를 갖는 광자를 방출하면서 전자를 E_2에서 E_1로 내려놓는다고 하였다. 따라서 E_2에서 E_1로 전자가 이동할 때 광자가 방출되는 것을 알 수 있다.

② 5문단을 보면 정지해 있는 특정한 원자는 고유한 진동수의 빛만을 흡수하는데, 이때 흡수된 광자의 에너지는 ΔE에 해당한다고 하였다.

③ 6문단을 보면 불안정해진 원자는 ΔE에 해당하는 에너지를 갖는 광자를 방출하면서 〈그림〉의 b처럼 전자를 E_2에서 E_1로 내려놓는다고 하였다. 이 과정을 반복하면서 원자가 일정하게 ΔE의 에너지를 갖는 광자를 방출하여 원자의 속도는 줄어들고, 그로 인

해 원자 집단 전체의 온도는 내려가게 된다고 하였다. 따라서 원자가 흡수했다가 방출하는 광자의 에너지는 ΔE로 일정함을 알 수 있다.

④ 5문단을 보면 원자의 공명 진동수와 일치하는 진동수를 갖는 광자는 원자에 흡수된다고 하였다. 그리고 이때 흡수된 광자의 에너지는 두 에너지 준위의 에너지 값의 차이인 ΔE의 에너지를 갖는다고 하였다.

08 ①

정답인 이유
〈보기〉의 소리굽쇠는 자신의 고유한 공명 진동수와 일치하는 소리를 가해 주어야만 공명한다고 하였다. 그리고 마주 향한 고정된 양쪽 스피커에서 진동수 498㎐의 음파를 발생시키고, 공명 진동수가 500㎐인 소리굽쇠를 중앙에서 오른쪽으로 v의 속도로 움직였더니 소리굽쇠가 공명했다고 하였다. 이는 4문단의 도플러 현상으로 설명할 수 있다. 공명 진동수가 500㎐인 소리굽쇠는 이보다 낮은 진동수인 498㎐의 음파에는 공명하지 않는다. 그러나 중앙의 소리굽쇠가 오른쪽으로 v의 속도로 움직이면서 오른쪽 스피커에 가까워지자, 도플러 현상에 의해 498㎐인 오른쪽 스피커 음파의 진동수를 원래보다 큰 500㎐로 감지하여 소리굽쇠가 공명한 것이다.

ㄱ. 소리굽쇠를 중앙에서 왼쪽으로 v의 속도로 움직이면, 소리굽쇠가 왼쪽 스피커에 가까워지면서 498㎐인 왼쪽 스피커 음파의 진동수를 원래보다 큰 진동수로 감지할 것이다. 즉 소리굽쇠의 공명 진동수와 소리굽쇠가 감지하는 왼쪽 스피커 음파의 진동수가 500㎐로 같아지므로 소리굽쇠가 공명할 것이다.

오답인 이유
ㄴ. 4문단을 보면 도플러 효과에서 원래의 진동수와 감지되는 진동수의 차이는 파동원과 관측자가 서로 가까워지거나 멀어지는 속도에 비례한다고 하였다. 만약 소리굽쇠가 오른쪽으로 $2v$의 속도로 움직인다면, 오른쪽 스피커에서 감지되는 진동수가 오른쪽으로 v의 속도로 움직였을 때보다 더 커질 것이다. 따라서 오른쪽 스피커 음파의 진동수가 소리굽쇠에 500㎐보다 더 크게 감지되므로 소리굽쇠는 공명하지 않을 것이다.

ㄷ. 왼쪽 스피커를 끄고 소리굽쇠를 왼쪽으로 v의 속도로 움직인다면 왼쪽 스피커에서 음파가 발생하지 않기 때문에 소리굽쇠는 공명하지 않는다. 또한, 이것은 오른쪽 스피커에서 v의 속도로 멀어지는 것이기 때문에, 오른쪽 스피커에서 발생하는 498㎐의 음파가 도플러 현상에 의해 소리굽쇠에 더 작게 감지되므로 500㎐의 공명 진동수를 가진 소리굽쇠는 공명하지 않을 것이다.

09 답 ②

| 2016학년도 LEET |

😊 정답인 이유

3문단을 보면 광자는 빛의 파장에 반비례하는 운동량을 가진다고 하였다. 〈보기〉에서 정지 상태의 루비듐 원자가 흡수하는 빛의 파장은 780㎚이고, 정지 상태의 리튬 원자가 흡수하는 빛의 파장은 670㎚이다. 그런데 광자의 운동량은 빛의 파장에 반비례한다고 했으므로, 파장이 더 짧은 리튬 원자가 흡수하는 광자의 운동량이 루비듐 원자가 흡수하는 광자의 운동량보다 크다.

😟 오답인 이유

① 5문단을 보면 정지해 있는 특정한 원자는 공명 진동수와 같은 빛만을 흡수한다고 하였다. 그리고 3문단을 보면 빛의 파장과 진동수는 반비례의 관계에 있다고 하였다. 루비듐 원자가 흡수하는 빛의 파장은 780㎚이고 리튬 원자가 흡수하는 빛의 파장은 670㎚이다. 따라서 리튬 원자의 파장이 더 짧으므로 리튬 원자의 공명 진동수가 루비듐 원자의 공명 진동수보다 크다.

③ 3문단에서 원자의 운동량은 속도와 질량의 곱이라고 하였다. 따라서 〈보기〉의 루비듐과 리튬이 같은 속도로 움직인다면, 리튬 원자의 질량이 6.94이고 루비듐 원자의 질량이 85.47이므로 리튬 원자의 운동량이 루비듐 원자의 운동량보다 작을 것이다.

④ 4문단을 보면 원래의 진동수와 감지되는 진동수의 차이는 가까워지거나 멀어지는 속도에 비례한다고 하였다. 따라서 루비듐 원자와 리튬 원자가 같은 속도로 움직인다면 레이저 빛의 원래의 진동수와 감지되는 진동수의 차이가 같을 것임을 알 수 있다. 그리고 3문단에서 빛의 파장과 진동수는 반비례 관계에 있다고 하였다. 〈보기〉에서 루비듐 원자가 흡수하는 빛의 파장이 리튬 원자가 흡수하는 빛의 파장보다 크므로, 루비듐 원자의 공명 진동수는 리튬 원자의 공명 진동수보다 작다. 따라서 루비듐 원자에 레이저 냉각을 일으키는 레이저 빛의 공명 진동수는 리튬 원자의 공명 진동수보다 작으므로 같은 속도의 리튬 원자에서는 냉각 효과가 없을 것이다.

⑤ 6문단을 보면 도플러 효과를 이용하여 레이저 냉각을 할 때, 레이저 빛의 진동수를 원자의 공명 진동수보다 작게 한다고 하였다. 따라서 리튬 원자에 레이저 냉각을 일으킬 때도 레이저 빛의 진동수를 리튬 원자의 진동수보다 작게 해야 한다. 그런데 빛의 파장과 진동수는 반비례의 관계이므로, 레이저 빛의 파장을 리튬 원자가 흡수하는 빛의 파장인 670㎚보다 더 큰 값으로 조정해야 그 진동수가 리튬 원자의 진동수보다 작을 것이다.

10 답 ①

| 수능 예상 문제 |

😊 정답인 이유

3문단을 보면 빛의 파장과 진동수는 반비례의 관계이며, 광자는 빛의 진동수에 비례하는 에너지를 갖는다고 하였다. 따라서 파장이 긴 ㉠을 사용하면 파장이 짧은 ㉠을 사용할 때보다 빛의 진동수와 광자 에너지의 크기가 작아짐을 알 수 있다.

😟 오답인 이유

② 3문단을 보면 원자를 하나하나 따로 관측할 수 없고 각 원자의 운동 속도에 맞추어 각 원자와 충돌하는 광자의 운동량을 따로 제어할 수 없다고 하였다. 그러므로 ㉡에 ㉠을 조사한다 해도 개별 원자들의 운동 속도가 동일하게 낮아지지 않음을 알 수 있다. 따라서 개별 원자 각각의 운동 속도가 동일하게 낮아지면서 절대 온도가 내려간다는 것은 적절하지 않다.

③ 3문단을 보면 레이저 빛은 햇빛과 같은 일반적인 빛과 달리 일정한 진동수의 광자로만 이루어져 있다고 하였다. 따라서 ㉠은 불규칙적인 진동수를 가진 광자 에너지가 아니라 일정한 진동수를 가진 광자 에너지이다.

④ 3문단을 보면 원자는 하나하나 따로 관측할 수 없고 각 원자의 운동 속도에 맞추어 각 원자와 충돌하는 광자의 운동량을 따로 제어할 수도 없기 때문에 이를 보완하기 위해 도플러 효과와 원자가 빛을 선택적으로 흡수하는 성질을 이용한다고 하였다. 따라서 ㉣에서 원자들의 평균 운동 속도에 맞추어 ㉠에서 나오는 광자의 운동량을 따로 제어하는 것은 불가능하다.

⑤ 4문단을 보면 레이저 광원에 다가가는 원자의 경우 레이저 빛의 진동수는 원래의 진동수보다 더 높게 감지되고, 레이저 광원에서 멀어지는 원자의 경우 레이저 빛의 진동수는 더 낮게 감지된다고 하였다. 이는 ㉠의 진동수를 직접 조절한다는 의미가 아니라 원자와 레이저 광원과의 거리에 따른 진동수의 차이를 활용한다는 의미이다. 따라서 ㉠의 진동수를 직접 조절하여 ㉤에서 원자가 밀려나지 않도록 해야 한다는 것은 적절하지 않다.

예술

▶ 본문 39~41쪽

| **11** ③ | **12** ① | **13** ④ | **14** ① | **15** ③ |

중세 시대 종교 건축 분야의 대표 양식

• 주제: 중세 시대 종교 건축 분야인 로마네스크 양식과 고딕 양식의 공통점과 차이점

• 해제: 이 글은 중세 시대에 발전한 로마네스크 양식과 고딕 양식을 설명하고 있다. 로마네스크 양식은 로마의 영향을 받아 나타났고, 고딕 양식은 로마네스크 양식이 변형을 거쳐 발전한 형태이다. 이 두 양식을 적용한 종교 건축물의 형태, 건축 양식 속 부조물의 특징, 건축 당대의 시기상 등으로 나누어 그

차이점을 설명하고 있다. 마지막으로 두 건축물에서 모두 초월적 세계에 대한 중세 사람들의 종교적 열망을 찾아볼 수 있다며 공통점을 제시하고 있다.

- **문단별 핵심 내용**

1문단	로마네스크 양식 건축물의 자재와 특징
2문단	고딕 양식 건축물의 구조와 특징
3문단	두 건축 양식 속 부조물의 차이점
4문단	두 건축 양식이 나타나게 된 사회상과 그 공통점

11 답 ③

😊 정답인 이유

2문단을 보면 로마네스크 양식이 변형을 거쳐 발전한 것이 고딕 양식이라고 하였다. 즉 로마네스크 양식을 발전시켜 천장의 무게를 좀 더 가볍게 만들고 창을 높게 내는 방식으로 변천한 것이 고딕 양식인 것이다. 따라서 로마네스크 양식이 고딕 양식을 발전시키며 변천했다고 볼 수 없다.

😟 오답인 이유

① 1문단을 보면 초기 기독교 시대의 건물은 대부분 목조였으나, 중세 시대 때 계속되었던 전쟁과 약탈로 인해 로마네스크 때부터는 내화성을 지닌 자재를 사용하게 된 것이라고 하였다. 즉 중세 시대의 전쟁과 약탈 때문에 초기 기독교 시대의 건축 자재인 목조에서 석조로 바뀌게 된 것이다.

② 4문단을 보면 사람들은 로마네스크 양식으로 지어진 웅장하면서도 어둡지만 엄숙한 분위기의 성당을 순례하며 신의 권위와 장엄함을 느꼈다고 하였다.

④ 3문단을 보면 로마네스크 양식에서의 부조는 건축 구조에 종속된 형태로서 기둥의 연장, 벽면의 연장으로서의 성격을 지녔다고 하였다. 반면 고딕 양식에서는 부조가 자연스러운 생명감을 가지며 사실 그대로 생생하게 표현되었다고 하였다. 이것은 고딕 조각이 건축 전체와 어울리지만 기둥과 완전히 분리된 하나의 개별 작품으로 인식되었음을 보여 주고 있다.

⑤ 1문단을 보면 로마네스크 양식에서는 아치 형태의 천장을 구성하는 석재의 무게 때문에 창문을 만들기 힘들었다고 하였다. 반면 2문단을 보면 고딕 양식은 포인티드 아치를 만들어 건물을 높게 세우고 큰 창문을 내었다고 하였다. 그리고 고딕 성당은 더 많은 빛을 받아들이기 위해 끊임없이 더 높은 곳을 지향하게 되었다고 하였다. 따라서 큰 창을 통해 쏟아지는 빛을 통해 신의 현현을 느꼈던 당대 사람들은 빛을 더 많이 받아들이고자 하였고, 이렇듯 신에게 더욱 가까이 가고자 하는 사람들의 열망은 고딕 성당이 더 높은 곳을 지향하는 구조로 설계되는 데 영향을 주었다고 볼 수 있다.

12 답 ①

😊 정답인 이유

2문단을 보면 궁륭을 구성하고 있는 석재가 아래쪽으로만 그 무게의 압력을 가하는 것이 아니라 양옆으로도 가하고 있어서, 포인티드 아치형이더라도 이 압력을 지탱하기엔 충분하지 않았다고 하였다. 이에 따라 고딕 양식에서는 성당의 벽을 바깥에서 떠받치기 위해 '버트레스'와 '플라잉 버트레스'를 만들어 건물을 지탱하도록 하였다. 즉 '플라잉 버트레스'는 석재의 압력이 아래쪽뿐만 아니라 양옆까지 가해지는 것을 지탱하기 위해 만든 것이다. 따라서 '플라잉 버트레스'가 석재의 압력을 양옆에서 위쪽으로 이동시켜 건물을 지탱하기 위해 만들었다는 것은 적절하지 않다.

😟 오답인 이유

② 2문단을 보면 성당의 벽을 바깥에서 떠받치기 위해 '버트레스'를 설치하였고, 이를 통해 높아진 건물을 지탱했다고 하였다.

③ 2문단을 보면 고딕 양식에서는 천장을 포인티드 아치로 설계함에 따라 천장이 높아지게 되었다고 하였다. 이에 따라 벽 옆면에 길고 큰 창인 '클리어스토리'를 뚫었고, 성당 안으로 많은 빛이 들어오게 되었다고 하였다.

④ 2문단을 보면 '스테인드글라스'는 창문이 많아지면서 창문의 시각적 역할이 증대됨에 따라 발달했다고 하였다. 그리고 다채로운 색채의 유리를 활용하여 빛을 굴절하여 투과시켜 신비감을 부각시켰다고 하였다. 따라서 '클리어스토리'에 여러 색채의 '스테인드글라스'를 시공한 것은 빛의 신비감을 부각시키기 위한 것이라고 볼 수 있다.

⑤ 2문단을 보면 '포인티드 아치'는 큰 하중을 견디면서도 건물을 훨씬 높이 세울 수 있게 설계되었다고 하였다. 이는 기존의 반원형의 아치 형태의 천장을 뾰족하게 솟아오른 형태로 변형했기 때문이다. 따라서 '포인티드 아치'는 천장이 뾰족하게 솟은 형태만큼 건물의 높이를 조절하는 기능을 하였다고 볼 수 있다.

13 답 ④

😊 정답인 이유

〈보기〉를 보면 고딕 양식은 끊임없이 수직을 지향하다 비례 법칙을 어기게 되었다고 하였다. 또한, 매너리즘은 비례 법칙을 거부하며 일탈과 변형을 추구했다고 하였고, 매너리즘 건물의 장식도 크기나 형태 등에서 규칙적이지 않은 형상을 나타냈다고 하였다. 하지만 3문단을 보면 고딕 조각에서는 비현실성이 사라지고 고대 그리스 조각에서의 자연스러운 생명감이 드러나기 시작했다고 하였다. 따라서 고딕 양식은 비례 법칙을 거스르기는 하였으나, 조각에서는 오히려 형상을 사실 그대로 생생하게 표현하고자 했음을 알 수 있다. 따라서 고딕 양식의 건축물에서 장식물의 크기나 형태가 비현실적인 형상을 나타냈다는 것은 적절하지 않다.

😖 오답인 이유

① 〈보기〉를 보면 매너리즘은 비례 법칙을 거부하며 일탈과 변형을 추구했다고 하였다. 또한, 4문단을 보면 고딕 성당은 빛을 통해 신의 현현을 느끼고 신에게 더욱 가까이 가고자 했던 열망에 따라 비례의 법칙을 거스르며 수직으로 솟아오른 큰 창을 만들고자 하였음을 알 수 있다.

② 〈보기〉를 보면 르네상스 양식은 비례 법칙을 어긴 고딕 양식에 반기를 들었다고 했으므로, 르네상스 양식은 고딕 양식이 비례 법칙을 어긴 점을 비판했다고 볼 수 있다. 또한, 매너리즘은 비례 법칙으로는 혼란한 사회상을 표현할 수 없다고 판단하여 일탈과 변형을 추구했으므로, 매너리즘의 입장에서는 르네상스 양식이 유럽 상황을 표현하는 데 한계가 있다고 비판했을 것이다.

③ 4문단을 보면 로마네스크 양식은 십자군 전쟁이 발발해 어수선한 사회 분위기 속에서 탄생했다고 하였다. 또한, 당시 사람들은 어둡지만 엄숙한 분위기의 성당에서 신의 권위와 장엄함을 느꼈다고 하였다. 따라서 로마네스크 성당이 십자군 전쟁으로 인한 혼란기 속에서의 신의 권위를 나타내고자 했다는 반응은 적절하다. 또한, 〈보기〉를 통해 당대 유럽은 종교 개혁으로 인한 충격과 부작용으로 혼란스러웠음을 알 수 있다. 이에 따라 비례 법칙으로는 혼란한 사회상을 표현할 수 없다는 판단으로 인해 매너리즘이 나타났으므로, 매너리즘 건축물이 종교 개혁으로 인한 충격과 부작용을 표현하려 한 것이라는 반응은 적절하다.

⑤ 2문단을 보면 로마네스크 건축가들은 천장의 무게를 가볍게 하고자 기둥들 사이를 가벼운 재료로 메우는 방법을 사용했는데, 이러한 로마네스크 양식이 발전한 것이 고딕 양식이라고 하였다. 따라서 고딕 양식은 천장의 무게에 대한 고민을 바탕으로 나타난 양식이라 할 수 있다. 또한, 〈보기〉에서 매너리즘은 르네상스 양식이 혼란한 사회상을 표현할 수 없다고 보고, 비례 법칙을 거부하며 일탈과 반항을 추구하며 만들어진 새로운 사조라고 하였다. 따라서 매너리즘은 혼란한 시대 현실을 표현하는 방법에 대한 고민을 바탕으로 새롭게 나타난 사조라고 할 수 있다.

14 답 ①

| 수능 예상 문제 |

😊 정답인 이유

〈보기〉의 (가) '피사 대성당'은 반원형 아치 형태의 천장으로 보아 로마네스크 양식이고, (나) '샤르트르 성당'은 포인티드 아치와 긴 창문으로 보아 고딕 양식임을 알 수 있다. 3문단을 보면 로마네스

크 조각이 기둥과 하나의 돌로 이루어진 것에 비해 고딕 조각은 기둥과 완전히 분리된 작품으로 제시됨으로써, 건축 전체와 어울리지만 조각이 건축의 일부분이라는 제약으로부터 자유로워진 형태로 인식되었다고 하였다. 따라서 (가)의 부조는 건축 구조에 종속된 형태로, (나)의 부조는 건축과 완전히 분리된 작품의 형태로 제시되었다는 이해는 적절하다.

😖 오답인 이유

② (가)는 로마네스크 양식이므로 어두움 속의 엄숙함을 통해, (나)는 고딕 양식이므로 긴 창문에서 쏟아지는 빛을 통해 사람들이 초월적 세계를 감각적으로 체험하고자 하였다고 보는 것이 적절하다.

③ 3문단을 보면 로마네스크 특유의 조각은 변형과 왜곡으로 격렬함과 역동성을 불러일으켰고, 고딕 조각에서는 고대 그리스 조각에서의 자연스러운 생명감이 드러나기 시작했다고 하였다. 하지만 고딕 조각은 자연주의적 묘사가 아니라 성서의 내용을 보다 실감나게 전달하기 위한 것이라고 하였다. 따라서 (나)의 조각이 자연주의적 묘사를 바탕으로 한 자연스러움과 생명감을 불러일으킨다는 설명은 적절하지 않다.

④ 4문단을 보면 로마네스크 양식과 고딕 양식에서 초월적 세계에 대한 중세 사람들의 종교적 열망을 읽어 낼 수 있다고 하였다. 즉 (가)와 (나) 모두 어수선했던 당대 사회의 분위기 속에서 사람들이 현실의 고통을 잊는 데 도움을 주었다고 볼 수 있다.

⑤ 1문단을 보면 벽과 천장의 석재 무게 때문에 기둥을 굵게 설계할 수밖에 없어 창문을 만들기 힘들었던 것은 고딕 양식인 (나)가 아니라 로마네스크 양식이었던 (가)이다.

15 답 ③

| 수능 예상 문제 |

😊 정답인 이유

ⓒ의 '잡다'는 '균형을 잡다.'와 같이 '어떤 상태를 유지하다.'의 의미이다. ③의 '어려운 시기일수록 중심을 잘 잡고 살아야 한다.'의 '잡다'도 이와 같은 의미로 사용되었다.

😖 오답인 이유

① '손을 움키고 놓지 않다.'의 의미이다.
② '자리, 방향, 날짜 따위를 정하다.'의 의미이다.
④ '계획, 의견 따위를 정하다.'의 의미이다.
⑤ '실마리, 요점, 단점 따위를 찾아내거나 알아내다.'의 의미이다.

01 ③	02 ①	03 ⑤	04 ④	05 ⑤

법과 선의 관계를 재규정한 칸트의 기획

- **주제**: 법의 입장에서 선을 재규정한 칸트의 정언 명령과 이에 대한 들뢰즈의 견해
- **해제**: 서양에서는 법은 선을 닮기 위한 수단이라는, 법과 선의 고전적인 관계가 자연법론의 형태로 정당화되었다. 그러나 자연법론이 보편성을 확보할 수 없음에 따라 자연법론의 위기가 발생하였고, 칸트는 도덕 법칙에 주목하여 법과 선의 관계를 재규정하였다. 그가 〈실천 이성 비판〉에서 선언한 정언 명령은 법에 대한 복종 그 자체를 선으로 규정하는 형식적 규칙이다. 들뢰즈는 이처럼 법의 실행을 판결과 집행으로 이해하는 칸트의 기획은 인간을 법에 대해 엄격히 복종하게 하여 죄의식에 시달리게 한다는 문제가 발생한다고 지적하였다.
- **문단별 핵심 내용**

1문단	법이 선을 닮기 위한 수단이었던 법과 선의 고전적 관계
2문단	자연법론의 위기를 극복하기 위한 칸트의 기획
3문단	칸트가 〈실천 이성 비판〉에서 제시한 정언 명령과 그 내용
4문단	법에 대한 복종 그 자체를 선으로 규정한 칸트에 대한 들뢰즈의 견해
5문단	칸트의 기획에 내재된 특수한 형태의 폭력성
6문단	우울증적 법의식을 초래하는 칸트의 기획
7문단	칸트의 기획에 대한 비판과 대안

---

01 답 ③
| 수능 예상 문제 |

😊 정답인 이유
이 글은 도덕 법칙에 주목하여 법과 선의 관계를 재규정한 칸트의 기획을 설명하고 있다. 먼저 칸트가 고전적 자연법론에 닥친 위기를 돌파하고자 정언 명령을 제시했다는 이론의 발생 배경을 밝히고 있다. 이어서 칸트의 기획에서 발생하는 우울증적 법의식의 문제에 대한 들뢰즈의 비판적 견해를 설명하고, 법의 실행을 다르게 이해해야 한다는 대안을 제시하고 있다.

😟 오답인 이유
① 칸트의 기획과 이에 대한 들뢰즈의 비판적 견해를 설명했을 뿐, 여러 유사한 이론들을 분석하고 해석하여 하나의 이론 아래 통합한 것은 아니다.
② 구체적인 사례가 제시되지 않았으며, 이에 대한 해결 방안을 언급하지 않았다.

④ 칸트의 기획에서 발생한 문제점의 원인을 분석했다고는 볼 수 있지만, 이와 관련하여 이 글에서 단계적인 해결책을 정립한 것은 아니다.
⑤ 칸트의 주장은 제시되었지만 예상되는 반증 사례를 검토하는 과정은 나타나지 않았다.

---

02 답 ①
| 2013학년도 LEET |

😊 정답인 이유
1~2문단을 보면 법과 선의 고전적인 관계는 전통적으로 존재의 본질과 연결된 자연법론의 형태로 정당화되었다고 하였다. 그리고 칸트는 이런 자연법론에 닥친 위기를 돌파하고자 법과 선의 관계를 재규정했다고 하였다. 또한, 4문단을 보면 칸트의 이러한 기획은 법의 입장에서 선을 규정하여 법과 선의 관계를 전도시키는 것이었다고 하였다. 따라서 칸트의 기획은 존재의 본질에 연결된 고전적 자연법론의 전통을 연장한 것이 아니라, 이를 재규정하고 법과 선의 관계를 전도시킨 것이라고 볼 수 있다.

😟 오답인 이유
② 1문단을 보면 법은 오랫동안 선에 비해 부차적이고 선을 닮기 위한 수단에 불과한 것으로 이해되었다고 하였다. 그러다가 4문단을 보면 칸트의 기획이 나옴에 따라 법은 더 이상 선에 의해 규정되지 않고 도리어 법의 입장에서 선을 규정하게 되었다고 하였다. 따라서 칸트의 기획이 나오기 전까지 법은 선과의 관계에서 독립적으로 정당화될 수 없었음을 알 수 있다.
③ 1문단을 보면 선의 이데아를 따르기 위해 현상계의 인간들이 할 수 있는 것은 선의 모방이었으며, 그 모방이 바로 법을 따르는 것이라고 하였다. 그리고 이것이 법과 선의 고전적인 관계라고 하였다. 따라서 법과 선의 고전적인 관계에서는 법에 복종하는 것이 선을 실현하기 위한 수단으로 여겨졌음을 알 수 있다.
④ 2문단을 보면 칸트는 인간의 실천 이성에 선험적으로 내재하는 도덕 법칙에 주목하여 법과 선의 관계를 재규정했다고 하였다. 그리고 3문단을 보면 칸트는 정언 명령을 제시했는데, 이것은 순수 형식의 표상으로 구체적인 행위를 지시하는 내용이 들어 있지 않다고 하였다. 따라서 칸트는 법의 근거를 객관적 실재가 아니라 선험적 도덕 법칙에서 찾았음을 알 수 있다.
⑤ 2문단을 보면 자연법론은 존재의 본질에 대해 동질적인 이해가 확보된 조건하에서만 유용할 수 있으며, 서로 다르고 모순적인 세계관들이 충돌하게 되면 그 내용을 포기해야만 하는 운명이라고 하였다. 따라서 이 글을 통해 볼 때, 자연법론의 위기는 보편성을 확보할 수 없게 만든 다양한 세계관들로 인해 촉발되었음을 알 수 있다.

03 답 ⑤

| 2013학년도 LEET |

😊 정답인 이유

3문단을 보면 칸트는 윤리적 행위를 규정하는 도덕 법칙으로 정언 명령을 제시했는데, 도덕 법칙이 명령으로 등장하는 까닭은 인간의 자연적 경향이 항상 선을 지향하고 있지는 않기 때문이라고 하였다. 따라서 칸트의 정언 명령이 인간의 본성이 선을 지향한다고 전제했다는 것은 적절하지 않다.

😣 오답인 이유

① 5문단을 보면 들뢰즈는 카프카의 소설을 예로 들어 법의 실행 문제를 제기하였다. 즉 인간은 법을 위반한 결과로 주어지는 형벌을 통해서 비로소 그 법을 구체적으로 알게 된다는 것이다. 따라서 들뢰즈의 관점에서는 칸트의 정언 명령에 의하면, 인간은 법적인 심판 구조 속에서 법의 위반 행위에 대한 형벌을 통해 사후적으로 심판을 받는다고 본 것이다.

② 4문단을 보면 들뢰즈는 칸트의 주장에서 법이 선의 주위를 맴돈다는 종래의 생각을 전도시켜 오히려 선이 법의 주위를 맴돌게 하려는 기획을 찾아냈다. 즉 들뢰즈의 관점에서는 칸트의 정언 명령에 의하면, 법은 더 이상 선에 의하여 규정되지 않고 법의 입장에서 선을 규정한다고 본 것이다.

③ 3문단을 보면 정언 명령은 순수 형식의 표상으로 그 속에는 구체적인 행위를 지시하는 내용이 전혀 들어 있지 않다고 하였다.

④ 6문단을 보면 칸트의 기획에서 정언 명령은 인간에게 선의지에 대한 무조건적인 추궁으로 받아들여지고, 인간은 자신의 선의지를 입증해야 한다는 강박 관념에 휩싸이게 된다고 하였다. 즉 들뢰즈의 관점에서 칸트의 정언 명령은 인간의 내면에서 정언 명령에 의해 선의지를 추궁하며 법을 명령하는 자와, 자신의 선의지를 입증하기 위해 그 명령을 따라야만 하는 자로 인간의 내면을 분열시키는 것이라고 할 수 있다.

04 답 ④

| 수능 예상 문제 |

😊 정답인 이유

7문단을 보면 들뢰즈는 칸트의 기획은 법에 대한 엄격한 복종을 통해 인간에게 죄의식을 증대시키는 과정인 동시에 인간의 자유의 토대인 인격적 자율을 훼손하는 과정이라고 비판하였다. 〈보기〉에서 노자 역시 공자가 말하는 '규범'은 각 개인에게 복종을 강요하는 수단이 될 소지가 크다고 생각하여 '인위적 규범의 틀'을 배제해야 한다고 하였다. 따라서 들뢰즈는 칸트의 기획이 법에 대한 엄격한 복종을 강요하는 수단이므로 노자가 말한 '인위적 규범의 틀'을 만들 수 있다고 생각할 것이다.

😣 오답인 이유

① 윤리적 행위를 규정하는 도덕 법칙이라는 측면에서 칸트의 '정언 명령'과 공자의 '올바른 규범'은 상통하는 것처럼 보인다. 그러나 칸트의 '정언 명령'은 구체적 내용이 없는 순수 형식의 표상이며 형식적 법칙만을 명령하는 것인 반면, 공자가 말한 '올바른 규범'은 사회가 만들어 놓은 구체적인 규범이다. 따라서 공자가 생각한 '올바른 규범'은 칸트의 '정언 명령'과 동일하지 않다.

② 칸트가 말한 '인간의 실천 이성'은 도덕 법칙이 선험적으로 내재되어 있는 것이다. 그러나 공자가 말한 '완벽한 인격'은 사회적 규범을 지키며 덕을 수양했을 때 만들어지는 후천적인 것에 해당한다. 따라서 칸트가 말한 '인간의 실천 이성'과 공자가 말한 '완벽한 인격'은 같은 개념으로 볼 수 없다.

③ 〈보기〉에서 공자는 사회가 만들어 놓은 '올바른 규범'을 통해 덕을 수양해야 한다고 하였고, 노자는 이 규범이 개인에게 복종을 강요하는 수단이 될 수 있다고 하였다. 7문단을 보면 들뢰즈는 정언 명령에 복종해야 한다는 칸트의 기획이 법에 대한 엄격한 복종을 통해 인간의 인격적 자율을 훼손하는 과정이라고 보았으므로, 〈보기〉에 드러난 노자의 입장과 상통한다. 따라서 들뢰즈는 공자의 주장에 동조하지 않을 것이다.

⑤ 5~7문단을 보면 들뢰즈는 칸트의 정언 명령을 어기지 않는 이상 인간은 자신의 죄가 무엇인지 알 수 없다고 하였다. 그리고 이로 인한 죄의식 때문에 법의 실행을 다르게 이해하기 전에는 우울증적 법의식에서 벗어날 수 없다고 하였다. 따라서 들뢰즈가 인위적 규범의 틀을 배제한 노자의 무위(無爲)를 통해 칸트의 기획에서 벗어날 수 있다고 생각할 수는 있다. 그러나 무위를 통해 인간 내면의 죄의식이 구체화된다고 생각하지는 않을 것이다.

05 답 ⑤

| 수능 예상 문제 |

😊 정답인 이유

㉠은 선보다 법에 복종하는 것 자체를 중시하는 입장이다. 〈보기〉의 ㉯에서 김 씨는 선의지보다 특별 재난법을 지키고 있으므로 ㉠의 태도를 드러낸 것으로 볼 수 있다. 그리고 ㉺에서 떡을 받은 동료는 친절에 보답하려는 양 씨의 선의지보다 부정 청탁 방지법을 중요시하여 양 씨를 고발했으므로 역시 ㉠의 태도를 드러낸 것이다. 따라서 ㉯와 ㉺는 일반적인 선의지보다 법 자체를 더 중시한 ㉠의 태도가 드러난 사례에 해당한다.

😣 오답인 이유

㉮ 판사인 최 씨는 강 씨의 딱한 사정을 참작하여 규정된 법을 적용하지 않고 사회봉사 명령과 집행 유예를 선고했다. 즉 최 씨는 법 자체를 지키는 것보다 강 씨의 상황에 맞는 법 적용을 중요시

하고 있으므로, ㉠의 사례에 해당하지 않는다.

㉻ 이 씨가 음주 운전하는 친구를 신고한 이유는 법을 지키기 위한 것보다 친구와 공공의 안전이 목적이었으므로, 법 자체를 지키는 것이 선이라는 ㉠의 사례에 해당하지 않는다.

과학

06 ④	07 ⑤	08 ②	09 ⑤	10 ⑤

남극 대륙의 빙붕

- 주제: 남극 대륙의 빙붕이 줄어드는 요인과 계산 방법
- 해제: 남극 대륙에는 많은 양의 얼음이 쌓여 있는데, 그중 얼음 덩어리인 빙상이 해안으로 밀려 내려가다가 육지에 걸친 채로 바다 위에 떠 있는 부분을 빙붕이라고 한다. 빙붕 바닥에서 얼음이 녹는 양(D 값)은 해수면 상승에 영향을 미치므로 이를 계산하기 위한 여러 가지 방법이 있다. 남극 대륙 중 상대적으로 수온이 높은 서남극 해역에 분포한 소형 빙붕들에서 D 값이 큰 것으로 조사되고 있다.

- 문단별 핵심 내용

1문단	빙붕의 개념과 빙붕 질량 변화의 중요성
2문단	빙붕 전체 질량의 변화량(E)을 결정하는 요인
3문단	빙붕의 얼음을 증가시키는 요인(A, B)과 감소시키는 요인(C, D)을 계산하는 방법
4문단	구역별로 다른 R 값(빙붕의 질량 감소 요인 중에서 D가 차지하는 비율) 분석
5문단	남극 전체의 D 값이 실제와 큰 오차가 발생하는 이유
6문단	빙붕의 단위 면적당 D 값인 S 값 분석

---

06 🔒 ④

| 2015학년도 LEET |

😀 정답인 이유

2문단을 보면 D는 빙붕의 바닥에서 녹는 질량이라고 하였다. 그리고 1문단을 보면 빙붕 바닥에서 얼음이 얼마나 녹아 없어지는가는 현장 조사가 제한적이기 때문에 잘 알려지지 않았다고 하였다. 그리고 3문단을 보면 D는 육지에서 내려와 빙붕이 되는 얼음의 질량(A)과 빙붕 위로 쌓이는 눈의 질량(B), 빙산으로 부서져 소멸되는 질량(C), 빙붕 전체 질량의 변화량(E)을 모두 고려하여 계산한다고 하였다. 따라서 D는 해수의 온도와 해수 속에서 녹는 얼음의 양을 직접 측정하여 구하는 것이 아니라, A, B, C, E를 모두 고려하여 간접적으로 구하는 것이다.

😟 오답인 이유

① A는 빙붕과 육지가 만나는 경계선에서 얼음의 유속과 두께를 측정하여 계산하는데, 얼음의 두께는 물 위에 떠 있는 얼음의 높이를 구한 후 해수와 얼음의 밀도 차에 따른 부력을 고려하여 계산한다고 하였다.

② B는 빙붕 표면에서 시추하여 얻은 얼음 코어와 기후 예측 모델을 통해 구한다고 했으므로, 빙붕에서 직접 채취한 시료를 이용하여 추정한 값으로 구할 수 있다.

③ C는 떨어져 나오는 빙산의 면적과 두께를 이용하여 측정할 수 있으나 빙산의 위치를 추적하기 어렵고 빙산이 빠르게 녹기 때문에 이 방법으로는 정확한 측정이 쉽지 않다고 하였다.

⑤ E는 빙붕의 면적과 두께를 통해 구한다고 했으므로, 빙붕의 두께 변화에 대한 정보를 얻어야 측정할 수 있다.

---

07 🔒 ⑤

| 2015학년도 LEET |

😀 정답인 이유

5문단을 보면 남극 전체 빙붕 면적의 91%를 차지하는 대형 빙붕에서 전체 D 값의 50%가 발생하며, 9%를 차지하는 소형 빙붕에서 나머지 50%가 발생한다고 하였다. 그런데 기존 연구 결과는 대형 빙붕들 위주로 조사한 데이터를 면적 비율에 따라 남극 전체에 적용하였기 때문에 실제와 큰 오차가 생겼다는 것이 ㉠의 내용이다. 따라서 대형 빙붕들 위주로 조사한 기존 데이터보다 소형 빙붕들과 관련된 데이터가 적용된 실제 데이터에서 D 값이 더 크게 나타날 것임을 알 수 있다. 그러나 4문단에 언급된 로스 빙붕은 대형 빙붕이라고 하였으므로 실제 값보다 R 값(남극 대륙 빙붕의 질량 감소 요인 중에서 D가 차지하는 비율)이 작게 파악되었다고 볼 수 없다.

😟 오답인 이유

① S 값은 빙붕의 단위 면적당 D 값이므로, D 값이 실제보다 작게 파악되는 오차가 발생했기 때문에 남극 전체의 S 값도 실제 값보다 작게 파악되었을 것이다.

② R 값은 남극 대륙 빙붕의 질량 감소 요인 중 D가 차지하는 비율을 말한다. 즉 D 값이 실제보다 작게 파악되는 오차가 발생했기 때문에 남극 전체의 R 값도 실제 값보다 작게 파악되었을 것이다.

③ 파인 아일랜드 빙붕은 소형 빙붕에 속하므로 ㉠처럼 대형 빙붕들 위주로 조사해 면적 비율에 따라 계산되었다면, 파인 아일랜드 빙붕의 R 값은 실제 값보다 작게 파악되었을 것이다.

④ 크로슨 빙붕은 소형 빙붕에 속하므로 ㉠처럼 대형 빙붕들 위주로 조사해 면적 비율에 따라 계산되었다면, 크로슨 빙붕의 S 값은 실제 값보다 작게 파악되었을 것이다.

08 답 ②

| 2015학년도 LEET |

🙂 정답인 이유

〈보기〉를 보면 서남극의 아문센 해는 해수가 빙붕을 녹이는 데 용이한 조건을 구비하고 있어 해수에 녹아 들어가는 빙붕의 양이 계속 많아질 전망이라고 하였다. 한편 5문단을 보면 남극 빙붕의 9% 면적을 차지하는 소형 빙붕들에서 남극 전체 D 값의 50%가 발생하는데, 이는 소형 빙붕들이 상대적으로 수온이 높은 서남극 해역에 많이 분포하고 있기 때문이라고 하였다. 따라서 서남극에 위치한 아문센 해에서는 빙붕이 녹아서 줄어드는 양이 많으므로, 빙붕의 두께가 줄어드는 속도가 남극 대륙의 평균값보다 클 것이라고 추측할 수 있다.

🙁 오답인 이유

① 5문단을 보면 소형 빙붕들이 상대적으로 수온이 높은 서남극 해역에 많이 분포하고 있다고 하였다. 따라서 〈보기〉에서 설명한 아문센 해는 서남극 해역에 있으므로, 아문센 해 인근의 해안에 대형 빙붕들이 많이 분포할 것이라는 추측은 적절하지 않다.

③ 〈보기〉에서는 아문센 해 인근의 빙붕의 녹는 양이 계속 많아질 전망이라고 하였다. 하지만 몇 세기에 걸쳐 해수면 상승을 일으킬 것이라고 했지, 수년 내에 인접한 빙상이 모두 녹아 없어질 것이라고 하지는 않았다.

④ 1문단을 보면 남극 대륙에는 모두 녹을 경우 해수면을 57미터 높일 정도의 얼음이 쌓여 있다고 하였다. 그리고 〈보기〉에서는 서남극에 모두 녹으면 해수면을 5미터 상승시킬 얼음이 분포한다고 하였다. 따라서 서남극의 얼음 양은 남극 대륙 얼음 양의 10%도 되지 않으므로, 서남극의 얼음 총량이 다른 남극 지역보다 많다는 추측은 적절하지 않다.

⑤ 3문단을 보면 빙산으로 부서져 소멸되는 질량(C)은 떨어져 나오는 빙산의 면적과 두께, 즉 양을 통해 측정할 수 있으나 정확한 측정이 어렵다고 하였다. 따라서 떨어져 나가는 빙산의 양을 통해 알 수 있는 것은 빙산으로 소멸되는 얼음의 질량이지 빙상의 이동 속도가 아니다.

09 답 ⑤

| 수능 예상 문제 |

🙂 정답인 이유

2문단을 보면 D는 빙붕의 바닥에서 녹는 얼음의 질량이라고 하였다. 또한, 〈보기〉의 (나)에서 '라르센 C 빙붕'에 수주 만에 균열이 생긴 것은 빙붕의 얼음이 녹았기 때문이므로, 빙붕의 단위 면적당 D 값인 S 값이 크게 증가했다고 볼 수 있다. 따라서 '라르센 C 빙붕'에 균열이 생긴 것은 빙붕 바닥에서 육지와 멀리 떨어진 곳의 S 값이 크게 감소했기 때문이라는 반응은 적절하지 않다.

🙁 오답인 이유

① 〈보기〉의 (가)에서 눈이나 얼음이 녹아 반사하는 빛의 양이 줄어들면 극지의 온도가 올라가고 이로 인해 얼음이 녹는 속도가 가속화되어 지구의 해수면이 상승한다고 하였다. 따라서 남극 전체 A, B의 질량이 감소한다면 눈이나 얼음의 질량이 감소하는 것이므로 지구 해수면 상승의 요인 중 하나가 될 수 있다.

② 〈보기〉의 (가)를 참고하면, 열팽창에 의해 현재보다 바닷물의 부피가 더 커진다면 바닷물의 온도가 상승한 것으로 볼 수 있다. 따라서 남극 전체의 빙산으로 부서져 소멸되는 질량(C)과 빙붕의 바닥에서 녹는 질량(D)도 늘어날 것이다.

③ 4문단을 보면 남극 대륙 빙붕의 질량 감소 요인 중에서 D가 차지하는 비율인 R 값은 빙붕이 위치한 지역과 빙붕의 크기에 따라 10%에서 90%에 이르는 극명한 차이를 보인다고 하였다. 그리고 6문단을 보면 빙붕의 단위 면적당 D 값인 S 값 역시 빙붕이 위치한 지역과 크기에 따라 달라짐을 확인할 수 있다. 한편 〈보기〉의 (가)에서 설명하고 있는 것처럼 열팽창에 의해 바닷물의 부피가 더 커진다면 바닷물의 온도가 상승한 것으로 볼 수 있다. 하지만 바닷물의 온도가 상승하더라도 빙붕이 위치한 지역과 빙붕의 크기에 따라 R 값이나 S 값은 여전히 다르게 나타날 것이다.

④ 2문단을 보면 빙붕에서 분리된 얼음 덩어리(빙산)의 질량이 C에 해당한다고 하였다. 따라서 〈보기〉의 (나)에서 '라르센 C 빙붕'의 얼음 덩어리가 분리된다면 '라르센 C 빙붕'의 C의 질량은 늘어날 것임을 알 수 있다.

10 답 ⑤

| 수능 예상 문제 |

🙂 정답인 이유

ⓔ의 '조사'는 '사물의 내용을 명확히 알기 위하여 자세히 살펴보거나 찾아봄'의 뜻으로 쓰였다. 그러나 ⑤의 '조사'는 '광선이나 방사선 따위를 쫌'이라는 의미이므로 ⓔ를 활용한 문장으로 적절하지 않다.

🙁 오답인 이유

① ⓐ와 ①의 '측정'은 모두 '일정한 양을 기준으로 하여 같은 종류의 다른 양의 크기를 잼'의 의미로 쓰였다.

② ⓑ와 ②의 '증가'는 모두 '양이나 수치가 늚'의 의미로 쓰였다.

③ ⓒ와 ③의 '생성'은 모두 '사물이 생겨남. 또는 사물이 생겨 이루어지게 함'의 의미로 쓰였다.

④ ⓓ와 ④의 '극명'은 모두 '매우 분명함'의 의미로 쓰였다.

사회

▶ 본문 **47~49**쪽

11 ③	12 ④	13 ④	14 ③	15 ②

기존의 형사 사법과 회복적 사법의 차이점

- **주제**: 기존의 형사 사법과 회복적 사법의 차이점과 회복적 사법의 의의
- **해제**: 이 글은 기존의 형사 사법과 회복적 사법의 차이점을 설명하고 있다. 기존의 형사 사법의 관점인 응보형론과 재사회화론은 가해자의 제재와 처벌에만 초점을 맞춰 진행되어 왔기에, 피해자와 지역 사회를 배제시킨다는 문제점이 있었다. 이와 달리 회복적 사법은 지역 사회와의 조화와 관계 회복에 초점을 두고, 피해자와 가해자의 대화와 합의를 통해 피해를 극복하고 공동체의 회복을 이루고자 한다. 현재 회복적 사법은 기존의 관점을 보완하는 정도로 적용되고 있으나, 가해자의 필요와 함께 피해자와 지역 사회의 요구에 초점을 맞춰 진행된다는 점에 의의가 있다.
- **문단별 핵심 내용**

1문단	회복적 사법의 개념과 실시된 배경
2문단	기존의 형사 사법(응보형론, 재사회화론)의 의미와 문제점
3문단	기존의 형사 사법과 다르게 피해자와 지역 사회를 바라보는 회복적 사법의 관점
4문단	회복적 사법을 통한 피해자와 지역 사회의 회복 및 정의 구현
5문단	우리나라의 회복적 사법 적용 범위 및 의의

11 답 ③

| 2015학년도 4월 고3 전국연합 A형 변형 |

😊 정답인 이유

1문단을 보면 1974년 캐나다에서 일어난 사건을 바탕으로 '피해자-가해자 화해' 프로그램이 만들어졌으며, 이것이 회복적 사법 관점의 첫 적용이라고 하였다. 이를 바탕으로 2문단에서 기존의 형사 사법을 응보형론과 재사회화론으로 나누어 그 문제점을 설명한 뒤, 3문단부터 회복적 사법이 범죄에 대해 가해자만이 아니라 범죄 당사자들과 지역 사회를 중심으로 공동체를 회복하는 방향으로 접근한다고 하였다. 그리고 5문단을 보면 우리나라에서는 회복적 사법이 기존의 관점을 보완하는 수준으로 진행되고 있으나, 피해자와 가해자 모두에게 초점을 맞춰 사법이 진행된다는 점에서 의의가 있다고 하였다. 따라서 이 글은 1문단에서 회복적 사법이 만들어지게 된 계기를 실제 사례를 통해 제시한 후에 2~4문단에서 기존 형사 사법과의 차이점을 보여 주고, 5문단에서 회복적 사법의 의의를 설명하고 있다.

😞 오답인 이유

① 회복적 사법이 나타나게 된 사건만 제시했을 뿐 그 발전 양상을 통시적(시간의 흐름)으로 서술하지는 않았다.

② 회복적 사법에 대한 평가가 시대에 따라 달라진 원인을 제시하고 있지는 않다.

④ 회복적 사법과 형사 사법의 역사적 변화 과정은 제시되지 않았고, 형사 사법의 가치를 설명한 부분은 없으므로 그 가치를 탐색했다는 말은 적절하지 않다.

⑤ 기존 형사 사법의 문제점과 이를 회복적 사법으로 보완하는 방법에 대해서만 서술하고 있으므로 각각의 사법에 대한 장·단점을 서술하고 보완책을 제시했다는 것은 적절하지 않다.

12 답 ④

| 수능 예상 문제 |

😊 정답인 이유

3문단을 보면 응보형론에 바탕을 둔 형사 사법에서는 범죄를 위법 행위로 보는 반면, 회복적 사법은 범죄를 인간관계를 파괴하는 행위로 보고 지역 사회 내의 소통을 통한 범죄 문제 해결에 초점을 둔다고 하였다. 이는 응보형론에서 '누가 범인인가'를 문제 삼아 제재와 처벌만 내세웠던 것과 달리, 회복적 사법은 '누가 피해를 보았는가'에 초점을 맞추며 지역 사회와의 관계 회복에 관심을 두고 문제를 해결하려 함을 알 수 있다. 따라서 회복적 사법이 지역 사회와의 재통합을 위한 문제 해결을 원한다는 것은 적절하다. 하지만 2문단을 보면 응보형론에서는 피해자와 지역 사회와의 관계 회복이 이루어지지 않아 결국 지역 사회와 피해자가 소외된다는 문제점이 생길 수 있다는 것일 뿐, 지역 사회와의 합의를 통해 문제 해결을 하려고 하는 것은 아니다.

😞 오답인 이유

① 4문단을 보면 회복적 사법에서는 지역 사회와의 조화와 관계 회복에 초점을 두면서 피해자와 가해자 등 공동체 구성원 모두가 자율적으로 참여한다고 하였다. 반면 2문단을 보면 응보형론에서는 국가가 피해자를 대신하면서 국가와 범죄 행위자에 집중한다고 하였다. 이는 응보형론에서는 국가와 가해자를 중심으로 사법 과정을 진행한다는 것이다.

② 4문단을 보면 회복적 사법은 타협, 조정, 피해 회복 등을 통해 피해자와 지역 사회에 끼친 손해를 회복하는 것에 관심을 둔다고 했으므로, 피해자와 가해자 간의 갈등을 해소하고 손해를 회복하고자 한다고 볼 수 있다. 반면 2문단을 보면 응보형론은 형벌의 종류와 분량도 범죄와 상응하여야 한다고 보는 이론으로 형벌 자체가 목적이라고 하였다. 따라서 가해자의 범죄를 규명하고 그에 맞는 처벌을 가하고자 한다고 볼 수 있다.

③ 4문단을 보면 회복적 사법에서는 지역 사회와의 조화와 관계 회복을 위해 대화와 합의를 한다고 하였다. 반면 3문단을 보면 응

보형론에 바탕을 둔 기존의 형사 사법에서는 피해자가 사법 기관이 내린 결론에 만족하지 못하더라도 이를 수용하게 된다고 하였다. 이를 통해 응보형론에서는 사법 기관 중심의 사법 처리가 진행됨을 알 수 있다.

⑤ 3문단을 보면 회복적 사법에서는 범죄를 개인 또는 인간관계를 파괴하는 행위로 본다고 하였다. 반면 기존의 형사 사법은 범죄를 국가에 대한 거역이고 위법 행위로 본다고 하였다. 즉 응보형론에서는 범죄를 규칙에 대한 침해로 인지한다는 의미이다.

13 답 ④
| 2015학년도 4월 고3 전국연합 A형 변형 |

😊 정답인 이유
〈보기〉에서 회복적 사법은 기존의 형사 사법과 달리 형벌을 집행하지 않고 진행할 수 있다고 하였다. 형벌 집행이 없기 때문에 가해자가 범죄자로 낙인찍히지 않고 피해자, 지역 사회와의 관계를 회복한 후 지역 사회로 복귀할 수 있다는 것은 회복적 사법 제도 운영의 긍정적 측면이라고 볼 수 있다. 따라서 ④는 〈보기〉에 나타난 회복적 사법 제도 운영의 문제점을 중심으로 반응한 판단이라고 볼 수 없다.

😔 오답인 이유
① 〈보기〉의 관점에 따르면 단순 벌금형 정도의 선고로 간단히 종결될 수 있는 사건도, 회복적 사법에서는 가해자에게 보호 관찰이나 사회봉사 명령이 선고될 수 있다. 이는 가해자에 대한 감시 체제가 강화되어 지나치게 통제하게 되는 결과라 볼 수 있다.
② 〈보기〉에서는 법원보다 피해자를 중시하는 것은 공공의 이익을 위한 객관적인 판단을 어렵게 만들 수 있다고 하였다. 즉 만약 피해자의 주관적인 의견을 더 우위에 두고 사법적 과정을 진행한다면 가해자에게 객관적인 형사 처벌이 이루어지기 어려울 수 있다.
③ 회복적 사법 프로그램에 의해 피해자와의 합의를 강요하는 것은 법원에서 유죄 판결이 나기 전임에도 불구하고 가해자를 유죄로 간주한 것이라고 볼 수 있다. 참고로 법원에서는 유죄 판결이 나기 전에 누구나 무죄로 추정하여 재판을 진행해야 한다. 따라서 회복적 사법에서는 가해자의 권리를 침해할 수 있다고 볼 수 있다.
⑤ 〈보기〉에서 가해자가 자신에게 내려질 형벌을 감형시킬 목적으로 회복적 사법 프로그램을 악용할 수 있다고 했으므로, 회복적 사법 본래의 목적을 달성하기 어렵다고 할 수 있다.

14 답 ③
| 수능 예상 문제 |

😊 정답인 이유
3문단을 보면 기존의 형사 사법에서 피해자는 사법 기관이 내린

결론에 만족하지 못하더라도 이를 수용하게 되는 현실적 한계를 겪어야 했다고 하였다. 따라서 ㉠에서 A는 B에 대한 사법 기관의 결과를 수용하게 될 것이다. 그러나 5문단을 보면 회복적 사법은 형사 사법을 보완하는 차원 정도로 적용된다고 하였다. 따라서 회복적 사법이 기존의 형사 사법을 대체하는 것은 아니므로, ㉡에서 〈보기〉의 A가 자신의 요구에 따라 B를 형사 사법 처리할 수 있다는 것은 적절하지 않다.

😔 오답인 이유
① 4문단을 보면 회복적 사법(㉡)은 피해자도 범죄 해결의 중심이 되어 가해자와 대화와 합의를 하게 된다고 하였다. 따라서 피해자와 가해자가 자신의 입장에 대해 대화할 수 있는 절차가 필수적이다. 반면 2문단을 보면 기존의 형사 사법(㉠)은 피해자와 지역 사회는 소외시킨 채 범죄와 범죄인의 처벌에만 관심을 두고 있기에 피해자와 가해자가 대화할 수 있는 절차가 없다고 하였다.
② 5문단을 보면 회복적 사법(㉡)이 기존의 관점을 완전히 대체할 수 있는 것은 아니며, 현재 우리나라의 경우 회복적 사법은 형사 사법(㉠)을 보완하는 차원 정도로 적용된다고 하였다.
④ 2문단을 보면 기존의 형사 사법(㉠)은 범죄자에 초점을 두고 책임에 따른 제재와 처벌만을 목적으로 하고 있다고 하였다. 반면 4문단을 보면 회복적 사법(㉡)은 가해자의 사과와 피해 배상, 용서와 화해 등을 통한 회복을 목표로 공동체 구성원으로 다시 회복하여 생활하는 데 관심을 둔다고 하였다.
⑤ 4문단을 보면 회복적 사법(㉡)은 가해자가 스스로 죄책감을 느끼며 행동의 변화를 보이고, 이를 통해 피해자도 자신의 상처를 치유받으며 가해자를 다시 공동체 구성원으로 받아들이는 과정을 통해 진정한 정의를 이루고자 한다고 하였다. 따라서 〈보기〉의 A와 B도 범죄의 피해에 대해 서로 조정·합의를 이루고 A가 B의 행동 변화로 인해 자신이 받은 상처를 치유받을 경우, 진정한 정의 실현이 가능할 것이라고 볼 수 있다.

15 답 ②
| 수능 예상 문제 |

😊 정답인 이유
ⓑ의 '상응'은 '서로 응하거나 어울림'의 의미이다. '명령이나 요구 따위에 응하여 모임'의 의미를 가진 단어는 '응집'이므로 사전적 뜻풀이로 적절하지 않다.

인문

▶ 본문 50~52쪽

| 01 ③ | 02 ② | 03 ⑤ | 04 ② | 05 ④ |

컨스터블의 풍경화에 대한 두 가지 해석

• 주제: 컨스터블의 풍경화에 대한 해석으로 알아보는 문화적 텍스트의 의미 형성 과정

• 해제: 농촌의 풍경을 사실적으로 그려 낸 컨스터블은 당대의 유행을 거부하고 독창적인 화풍을 추구한 화가라는 평가를 받아왔다. 그러나 1980년대에 제기된 비판적 해석의 관점에 따르면, 그의 풍경화는 결코 사실적이라고 볼 수 없다. 당대의 영국 농촌 사회는 농민 봉기가 급증하는 등 매우 혼란스러운 상황이었으나, 지주 계급 출신이었던 컨스터블은 현실에 거리를 둔 채 아름다운 풍경만을 그림에 담아내었기 때문이다. 이러한 두 견해들은 작가를 작품의 생산자로, 소비자를 수동적 주체로 바라보는 관점에서 비롯된 것들이다. 그러나 소비자는 작품의 의미를 끊임없이 재생산할 수 있는 능동적 존재이며, 문화적 텍스트의 의미는 텍스트를 수용하는 소비자와의 상호 작용에 의해 이루어진다. 따라서 이러한 관점에서 보면 컨스터블이 그린 풍경이 실재와 얼마나 일치하는지는 중요하지 않다.

• 문단별 핵심 내용

1문단	평범한 농촌 풍경을 그린 영국의 국민 화가 컨스터블
2문단	컨스터블의 풍경화에 대한 관점 ① – 유행을 거부한 독창적인 화풍
3문단	컨스터블의 풍경화에 대한 관점 ② – 현실을 외면한 지배 계급의 거리 두기
4문단	능동적 존재인 소비자와의 상호 작용에 의해 결정되는 문화적 텍스트의 의미

01 답 ③

| 수능 예상 문제 |

😀 **정답인 이유**

4문단을 보면 미술 작품을 포함한 문화적 텍스트의 의미는 그 텍스트를 만들어 낸 생산자가 제시한 의미를 감상자가 찾아내는 것이 아니라, 이해와 수용의 과정을 통해 작품의 수용자인 감상자가 끊임없이 재생산하는 것이라고 하였다. 따라서 텍스트의 생산자가 제시한 의미를 수용자가 능동적으로 찾아내는 것이라는 ③은 적절하지 않다.

🙁 **오답인 이유**

① 1문단을 보면 컨스터블은 오늘날 영국인들에게 사랑을 받는 국민 화가라고 하였다. 반면 3문단을 보면 컨스터블의 풍경화는 격변하는 19세기 전반 영국의 농촌 모습을 있는 그대로 전달해 주지 않는다고 하였다. 그리고 4문단을 보면 컨스터블을 지주 계급 출신으로 불안한 농촌 현실을 직시하지 않으려고 한 '반동적' 작가로 평가하고 있음을 알 수 있다.

② 3문단을 보면 지주의 아들이었던 컨스터블은 영국 농촌 사회의 불안한 모습을 외면하며 농민들의 힘든 얼굴이 보이지 않게 적당히 화면에서 떨어져 있도록 배치했다고 하였다. 따라서 그가 그린 풍경화의 일상적 정경들에는 농촌 현실을 나타내지 않으려는 의도적인 화면 배치가 드러난 것으로 볼 수 있다.

④ 2문단을 보면 컨스터블은 자연에 대한 과학적이고 객관적인 관찰을 바탕으로 사실적인 풍경화를 그렸다고 하였다. 그러나 3문단을 보면 그가 19세기 전반 영국의 불안한 농촌 현실을 외면하여 농민들의 일그러지고 힘든 얼굴을 볼 수 없게 그렸다고 하였다. 즉 컨스터블은 당대의 불안한 농촌 현실을 사실적으로 묘사한 것이 아니다.

⑤ 2문단을 보면 컨스터블은 당대 유행하던 도식적이고 이상화된 풍경 묘사와 타협하지 않고, 아무도 눈여겨보지 않았던 평범한 농촌의 풍경을 독창적으로 포착하여 화폭에 아름답게 담아냈다고 하였다.

02 답 ②

| 2016학년도 LEET |

😀 **정답인 이유**

2문단을 보면 컨스터블은 평범한 시골의 전원 풍경을 사실적으로 묘사한 그림을 그렸다고 하였다. 그런데 이러한 그의 그림은 당시 풍경화의 주요 구매자였던 영국 귀족의 취향에서 어긋나 그다지 인기를 끌지 못했다고 하였다. 즉 컨스터블의 풍경화는 사실적 화풍으로 제작되었기 때문에 당시 영국 귀족들에게 선호되지 못했음을 알 수 있다.

🙁 **오답인 이유**

① '목가적'은 '농촌처럼 소박하고 평화로우며 서정적인'이라는 의미를 지니고 있다. 컨스터블은 평범한 시골의 전원 풍경을 그렸다고 하였으므로, 컨스터블이 목가적인 전원을 그렸다는 설명은 적절하다. 그러나 2문단을 보면 컨스터블의 그림은 당시 풍경화의 주요 구매자였던 영국 귀족의 취향에서 어긋나 그다지 인기를 끌지 못했다고 하였으므로, 컨스터블의 풍경화는 그에게 큰 명성을 안겨 주지 못했을 것이다.

③ 2문단을 보면 픽처레스크 풍경화는 도식적이고 이상화된 풍경 묘사에 치중했다고 하였다. 따라서 평범한 시골의 정경을 사실적으로 묘사한 컨스터블의 풍경화는 픽처레스크 풍경화로 볼 수 없다.

④ 3문단을 보면 컨스터블이 농민들의 모습을 구체적으로 표현하지 않은 이유는 풍경의 관찰자인 컨스터블과 풍경 속 인물들 간에는 항상 일정한 심리적 거리가 유지되고 있었기 때문이라고 하였다. 즉 그가 인물 표현에 재능이 없었던 것은 아니다.

⑤ 3문단을 보면 19세기 전반 영국은 산업 혁명과 급속하게 진행된 도시화로 전통적 농촌 사회가 와해되면서 농민 봉기가 급증했던 시기라고 하였다. 그러나 컨스터블은 농촌의 아름다운 모습만을 화폭에 담아냈으므로, 컨스터블이 19세기 전반 영국 농촌의 현실을 가감 없이 드러냈다고 볼 수 없다.

03 정답 ⑤

| 2016학년도 LEET |

🙂 정답인 이유

4문단을 보면 소비자(수용자)는 이해와 수용의 과정을 통해 작품의 의미를 끊임없이 재생산하는 능동적 존재라고 하였다. 그리고 작품의 나머지 의미는 그것을 바라보는 감상자의 경험과 기대가 투사되어 채워지는 것이라고 하였다. 따라서 ⓒ을 바탕으로 ⓐ의 이유를 짐작해 보면, 소비자(오늘날의 영국인)가 컨스터블의 풍경화를 감상하며 자신들이 새로운 의미를 부여했기 때문임을 알 수 있다. 그러므로 ⓐ에 답한 내용으로는 고향에 대한 향수를 지닌 도시인들이 컨스터블의 풍경화에서 자신이 마음속에 그리는 고향의 모습을 발견했기 때문이라는 것이 가장 적절하다.

☹ 오답인 이유

① 컨스터블의 풍경화는 평범한 농촌의 아름다운 정경이 주를 이룬다고 하였다. 그런데 3문단을 보면 컨스터블은 당시 혼란한 영국 농촌과 농민들의 힘든 모습을 구체적으로 표현하지 않았다고 하였다. 이는 풍경의 관찰자인 컨스터블과 풍경 속 인물들 간에 심리적 거리가 유지되고 있었기 때문이다. 즉 컨스터블의 풍경화에는 농민의 구체적인 삶이 담겨 있지 않으므로, 현대 영국인들이 컨스터블의 풍경화를 감상하며 농민의 구체적인 삶에 대해 연대감을 느낄 수는 없다.

② 3문단을 보면 컨스터블은 풍경화에서 19세기 전반 영국 농촌 사회의 불안한 모습을 외면했다고 하였으므로, 그가 당대의 농촌 현실을 비판적으로 그려 낸 것은 아니다. 또한, 컨스터블이 풍경화를 통해 그려 내려 했던 의도에 공감하는 것은 생산자가 만들어 낸 작품을 수동적으로 수용하는 것에 불과하므로, 이는 ⓒ을 바탕으로 한 ⓐ에 대한 답으로 적절하지 않다.

③ 3문단을 보면 컨스터블의 풍경화에서는 컨스터블과 풍경 속 인물들 간에 일정한 심리적 거리가 유지되고 있다고 하였다.

④ 이 글에 컨스터블의 풍경화에 나타난 재현의 기법과 현대 풍경화의 기법을 비교하는 내용은 없다.

04 정답 ②

| 2016학년도 LEET |

🙂 정답인 이유

3문단을 보면 ⓐ'비판적 해석'은 작품이 제작될 당시의 구체적인 사회적 상황을 중시하며 작품에서 지배 계급의 왜곡된 이데올로기를 읽어 내는 데 중점을 둔다고 하였다. ②는 고갱의 그림 〈타히티의 여인〉에 대해, 그 밑바탕에는 비서구 식민지에 대한 서구인의 우월적 시각이 자리 잡고 있다고 해석하고 있다. 이를 통해 〈타히티의 여인〉이 제작될 당시는 서구 열강이 비서구 식민지를 지배하고 있는 상황이었다는 것을 알 수 있다. 그리고 이 작품에는 식민지의 문화를 자신들의 문화보다 원시적인 것으로 바라보는 서구 지배 계층의 왜곡된 이데올로기(서구 우월주의)가 깔려 있었다는 것을 확인할 수 있다. 따라서 ⓐ의 시각에 따른 작품 해석과 가장 가까운 것은 ②이다.

☹ 오답인 이유

① 작가의 창작 의도가 드러난 해석일 뿐, 구체적인 사회적 상황이나 지배 계급의 왜곡된 이데올로기는 나타나 있지 않다.

③ 건축물의 양식을 언급하며 과학적 원리와 같은 객관적 사실에 근거해 건물을 해석하고 있을 뿐이다.

④ 영화의 촬영 기법을 언급하며 작품의 내용과 형식에 초점을 맞춰 해석하고 있을 뿐이다.

⑤ 원전을 풍자했다는 기획 의도에 근거해 사진 작품을 해석했을 뿐, 작품 제작 당시의 구체적인 사회적 상황이나 지배 계급의 왜곡된 이데올로기 등은 나타나 있지 않다.

05 정답 ④

| 수능 예상 문제 |

🙂 정답인 이유

3문단을 보면 컨스터블은 풍경 속 인물들을 원경으로 처리하여 산업 혁명과 도시화로 고통받는 농촌의 모습을 구체적으로 드러내지 않았음을 알 수 있다. 이와 마찬가지로 〈보기〉의 〈건초 마차〉 역시 인물을 원경으로 처리하여 평온한 농촌의 모습만 드러나게 표현하였다. 이로 인해 중년의 중산층에게 컨스터블의 그림은 잠시나마 현실에서 벗어날 수 있는 매개체가 되었다고 하였다. 따라서 〈건초 마차〉를 감상한 사람들은 소박하고 평온한 농촌의 모습을 통해 산업 혁명과 도시화와 같은 불안한 현실에서 벗어나 심리적으로 안정감을 느꼈을 것으로 볼 수 있다.

☹ 오답인 이유

① 2문단을 보면 컨스터블은 객관적 관찰과 사실적 묘사를 중시했다고 하였다. 그런데 〈보기〉를 보면 컨스터블은 자연을 직접 관찰하여 빠르게 스케치한 후에 이를 바탕으로 작품을 작업실에서 마무리했다고 하였다. 따라서 컨스터블이 〈건초 마차〉를 야외에서

완성하였다는 감상은 적절하지 않다.

② 3문단을 보면 컨스터블은 풍경화 속 인물들을 원경으로 포착하여 얼굴이나 표정을 알아보기 어렵게 표현했다고 하였다. 그리고 〈보기〉를 보면 〈건초 마차〉의 인물도 얼굴이나 표정을 알아보기 어렵게 원경으로 처리되어 있다. 따라서 컨스터블이 〈건초 마차〉의 인물을 원경으로 포착하여 표현한 것은 인물을 세밀하게 묘사하기 위한 것이 아니다.

③ 3문단을 보면 시골에서 나고 자란 컨스터블은 농촌 경험이 풍부했다고 하였다. 그러나 그는 산업 혁명과 도시화로 인해 농민 봉기가 급증한 당시의 시대상이 드러나지 않도록 일정한 거리를 두어 작품을 그렸다고 하였다. 그러므로 〈건초 마차〉가 시대상을 드러내는 작품이라고는 볼 수 없다.

⑤ 1문단을 보면 컨스터블이 활동했던 19세기에는 평범한 시골 풍경과 같은 소재가 풍경화의 묘사 대상이 아니었다고 하였다. 그리고 2문단을 보면 풍경화의 주요 구매자였던 영국 귀족은 도식적이고 이상화된 풍경을 선호했다고 하였다. 따라서 당시 화가들은 귀족의 취향에 맞는 풍경 묘사에 치중하였을 것이므로, 평범한 농촌 풍경은 그들에게 인기를 끌지 못하였을 것임을 알 수 있다. 그러나 현대 화가들에게 컨스터블의 〈건초 마차〉와 같은 평범한 시골 풍경이 각광을 받는 소재인지는 제시된 지문이나 〈보기〉를 통해서 추론할 수 없다.

기술

▶ 본문 52~54쪽

06 ⑤　　**07** ④　　**08** ④　　**09** ③　　**10** ④

VOD 서비스 방법의 종류와 특징

· 주제: 여러 가지 VOD 서비스 방법의 특성과 한계점
· 해제: VOD 서비스란 비디오 콘텐츠를 실시간으로 전송하고 재생하는 것으로, 여러 서비스 방법이 있다. 대표적인 서비스 방법은 사용자의 요청마다 각각의 채널을 생성하여 서비스하는 'RVOD'와 한 채널에 다수의 수신자가 동시에 접속하는 형태를 통해 서비스하는 'NVOD'이다. 이 중 NVOD에서는 VOD의 질을 결정하는 중요한 요소인 대기 시간을 조절하기 위해, 동일한 콘텐츠가 여러 채널에서 시간 간격을 두고 반복 전송되도록 하는 시간 분할 NVOD 방법과 콘텐츠를 여러 데이터 블록으로 나누고 각각을 여러 채널에서 따로 전송하는 데이터 분할 NVOD 방법을 사용한다. 그러나 NVOD 방법은 다중 채널을 이용하는 특성상 서비스에 필요한 일정한 대역폭을 늘 확보해야 하므로, 콘텐츠당 동시 접속 사용자가 적을 경우에는 그다지 효율적이지 못하다.

· **문단별 핵심 내용**

1문단	VOD 서비스의 개념
2문단	RVOD의 특성과 한계
3문단	NVOD의 특성과 한계
4문단	NVOD의 대기 시간을 줄이는 방법 ① – 시간 분할 NVOD
5문단	NVOD의 대기 시간을 줄이는 방법 ② – 데이터 분할 NVOD
6문단	데이터 분할 NVOD의 장단점
7문단	NVOD의 문제점

06 ⑤

| 2009학년도 LEET |

😃 정답인 이유

5문단을 보면 데이터 분할 NVOD에서는 첫 번째 블록에서 이어지는 블록의 크기가 순차적으로 2배씩 증가하면서도 블록 수가 이용 가능한 채널 수만큼 되도록 전체 콘텐츠를 나눈다고 하였다. 또한, 각 채널에서는 순서대로 할당된 블록의 전송을 동시에 시작하고, 각 블록의 크기에 따라 주기적으로 전송을 반복한다고 하였다. 즉 전송 반복 시간은 블록의 크기에 비례한다. 따라서 데이터 분할 NVOD에서 각 채널의 전송 반복 시간은 데이터 블록의 재생 순서에 따라 다음 채널로 넘어가면서 2배씩 증가할 것이다.

😫 오답인 이유

① 2문단을 보면 RVOD에서는 동시 접속 사용자의 수에 비례하여 서버가 전송해야 하는 전체 데이터의 양이 증가한다고 하였다. 따라서 RVOD에서 동시 접속 사용자 수가 늘어나면 콘텐츠 전송에 필요한 대역의 총합도 늘어날 것이다.

② 5문단을 보면 데이터 분할 NVOD의 수신 측에서는 요청 시점 이후 첫 번째 블록부터 순서대로 콘텐츠를 받게 되며, 블록의 수신이 끝나면 이어질 블록이 전송되는 채널로 자동 변경된다고 하였다. 따라서 데이터 분할 NVOD에서는 재생 중에 수신 채널 변경이 필요하다. 그러나 4문단을 보면 시간 분할 NVOD의 사용자는 요청 시점 이후 대기 시간이 가장 짧은 채널에서 수신 대기하게 되고, 그 채널의 전송이 데이터 블록의 첫 부분부터 다시 시작될 때 수신이 시작된다고 하였다. 따라서 시간 분할 NVOD에서는 재생 중에 수신 채널 변경이 필요하지 않다.

③ 4문단을 보면 시간 분할 NVOD는 동일 콘텐츠가 여러 채널에서 시간 간격을 두고 반복 전송되는 방법이라고 하였다. 크기가 다른 데이터 블록이 각 채널에서 반복 전송되는 것은 데이터 분할 NVOD이다.

④ 5문단을 보면 데이터 분할 NVOD에서는 첫 번째 블록을 적당한 크기로 만들어, 이어지는 블록의 크기가 순차적으로 2배씩 증가하면서도 블록 수가 이용 가능한 채널 수만큼 되도록 콘텐츠를

나눈다고 하였다. 따라서 데이터 분할 NVOD에서 데이터 블록의 크기는 사용 채널 수에 영향을 받는다는 것을 알 수 있다.

07 답 ④

| 2009학년도 LEET |

😊 정답인 이유

6문단을 보면 동일한 대역폭에서 하나의 콘텐츠만 전송한다고 할 때, 데이터 분할 NVOD는 시간 분할 NVOD에 비해 대기 시간을 90% 이상 감소시킬 수 있으며, 대기 시간 대비 사용 채널 수가 줄어든다고 하였다. 그러나 채널 수는 재생할 콘텐츠의 길이나 대기 시간 등을 고려하여 정해지는 것이다. 즉 동일한 대역폭에서 데이터 분할 NVOD는 시간 분할 NVOD보다 채널 수가 줄어들기는 하지만, 시간 분할 NVOD의 절반에 해당하는 채널 수를 사용한다는 추론은 적절하지 않다.

😕 오답인 이유

① 4문단을 보면 대기 시간을 줄이려면 많은 수의 채널이 필요하다고 하였다.

② 2문단을 보면 RVOD는 각 전송 채널이 사용자별로 독립되어 있기 때문에 사용자가 직접 '일시 정지' 등과 같은 실시간 전송 제어를 할 수 있어 상대적으로 사용자의 편리성이 높다고 하였다. 반면 3문단을 보면 NVOD는 한 채널에 다수의 수신자가 동시에 접속되는 형태를 통해 서비스하는 방식이라고 하였다. 따라서 NVOD는 RVOD처럼 사용자의 편의성을 높일 수 있는 기능을 사용하기 어려울 것이라고 추론할 수 있다.

③ 3문단을 보면 NVOD 방식은 한 채널에 다수의 수신자가 동시에 접속되는 형태를 통해 서비스하는 방식이며, NVOD의 한 채널은 동시 접속 수신자 수에 상관없이 일정한 대역을 필요로 한다고 하였다. 그리고 7문단을 보면 이러한 이유 때문에, NVOD 방식은 콘텐츠당 동시 접속 사용자가 적을 경우에는 그리 효율적이지 못하다고 하였다. 따라서 여러 채널에서 동일 콘텐츠가 시간 간격을 두고 반복 전송되는 시간 분할 NVOD를 RVOD와 비교했을 때 전체 데이터양이 감소하는 효과가 나타나기 위해서는, 동시 접속자의 수가 사용 채널의 수를 초과해야 한다. 만약 동시 접속자 수가 사용 채널의 수 이하라면, 사용자의 요청마다 각각의 채널을 생성하여 서비스하는 RVOD 방식만으로도 전체 데이터양의 증가 없이 만족스러운 서비스가 가능하기 때문이다.

⑤ 6문단을 보면 데이터 분할 NVOD에서는 콘텐츠의 절반에 해당하는 데이터를 저장할 수 있는 공간이 수신 측에 반드시 필요하다고 하였다. 따라서 저장 공간에 제한이 있을 경우, 이어질 블록의 수신이 보장될 수 없어서 콘텐츠의 재생이 어려울 것이라고 추론할 수 있다.

08 답 ④

| 수능 예상 문제 |

😊 정답인 이유

1문단을 보면 한 채널에서 단위 시간당 전송하는 데이터의 양을 의미하는 '대역'으로 채널의 크기를 나타낸다고 하였고, 한 서버의 최대 전송 능력을 '대역폭'이라고 한다고 하였다. 〈보기〉에서 ㉠은 10개의 채널을 가지고 있는데 한 채널의 대역은 b이다. 그리고 ㉡은 한 채널의 대역이 2b인 채널을 5개 가지고 있으므로, ㉠과 ㉡의 최대 전송 능력인 대역폭은 결국 10b로 동일함을 알 수 있다. 따라서 ㉠의 최대 전송 능력이 1024Mb/s라면 ㉡의 최대 전송 능력도 1024Mb/s일 것이다.

😕 오답인 이유

① 〈보기〉의 ㉠은 채널 수가 10개인 시간 분할 NVOD이다. 4문단을 보면 120분 길이의 영화를 12개의 채널로 전송하면 대기 시간은 10분 이내라고 하였다. 그러므로 90분 길이의 영화를 10개의 채널을 통해 전송한다면 대기 시간은 9분 이내가 될 것이다.

② 〈보기〉의 ㉡은 채널 수가 5개인 데이터 분할 NVOD이다. 5문단을 보면 데이터 분할 NVOD에서는 블록의 크기가 순차적으로 2배씩 증가한다고 하였다. 따라서 〈보기〉의 ㉡에서 첫 번째 블록의 크기가 3이라면 블록들의 크기는 '3 → 3×2 → 6×2 → 12×2 → 24×2'로 2배씩 증가될 것이므로 다섯 번째 블록의 크기는 48이 될 것이다.

③ 4문단을 보면 시간 분할 NVOD에서는 사용자 요청이 들어오는 시점을 기준으로 대기 시간이 가장 짧은 채널에서 수신이 이루어진다고 하였다. 〈보기〉의 ㉠에서 D의 시점에 사용자 요청이 들어오면 채널 4번은 이미 재생이 시작된 이후이므로, 대기 시간이 가장 짧은 채널 5번에서 수신이 이루어질 것이다.

⑤ 6문단을 보면 데이터 분할 NVOD는 콘텐츠의 절반에 해당하는 데이터를 저장할 수 있는 공간이 수신 측에 반드시 필요하다고 하였다. 따라서 ㉡을 통해 전송하는 영화의 전체 용량이 2GB라면, 수신 측에는 최소한 이의 절반인 1GB의 데이터를 저장할 수 있는 공간이 필요할 것이다.

09 답 ③

| 2009학년도 LEET |

😊 정답인 이유

〈보기〉에서 서비스 요청자 수를 비교해 보면, 심야 시간에만 적고 그 외의 시간대에는 서비스 요청자 수가 많다. 2문단을 보면 RVOD 서비스는 제한된 대역폭으로도 다양한 콘텐츠의 동시 서비스가 가능하지만, 동시 접속이 가능한 사용자의 수에 한계가 있다고 하였다. 그리고 7문단을 보면 NVOD 서비스는 콘텐츠당 동시 접속 사용자가 적을 경우에는 그리 효율적이지 못하다고 하였다. 이를 통해 서비스 요청자 수가 적은 심야 시간에는 RVOD 서비스를 공급하고, 그 외의 시간에는 NVOD 서비스를 공급하면 된다는 것을 알 수 있다. 그 다음으로 요청 콘텐츠 수와 허용 대기 시간을 비교해 보면, 아침과 낮이 저녁과 밤에 비해 요청 콘텐츠 수가 적으며, 허용 대기 시간이 길다. 4문단을 보면 시간 분할 NVOD는 동일 콘텐츠가 여러 채널에서 시간 간격을 두고 반복 전송되는 방법이라고 하였으므로, 이는 요청 콘텐츠의 수가 적은 경우에 알맞은 방식이라는 것을 추론할 수 있다. 그리고 6문단을 보면 데이터 분할 NVOD는 시간 분할 방법에 비해 동일한 대역폭을 점유하면서도 대기 시간을 90% 이상 감소시킬 수 있으며, 대기 시간 대비 사용 채널 수가 줄어들어 한 서버에서 동시에 서비스 가능한 콘텐츠의 종류를 늘릴 수 있다고 하였다. 이를 종합하면, 아침과 낮에는 시간 분할 NVOD 서비스를, 저녁과 밤에는 데이터 분할 NVOD 서비스를 공급하는 것이 알맞다고 볼 수 있다. 따라서 정답은 ③이다.

10 답 ④
| 수능 예상 문제 |

😊 정답인 이유
ⓐ의 '점유'는 '물건이나 영역, 지위 따위를 차지함'이라는 의미를 가지고 있다. 그러나 '전력을 점유'한 것은 물건이나 영역, 지위 따위를 차지한 것이 아니므로, ④는 ⓐ를 사용하여 만든 문장으로 적절하지 않다. ④에 사용된 '점유'는 '가지고 있거나 간직하고 있음'을 뜻하는 '보유'로 대체하는 것이 적절하다.

인문
▶ 본문 55~57쪽

| **11** ② | **12** ③ | **13** ① | **14** ③ | **15** ④ |

도덕적 삶에 대한 성리학과 실학의 입장
• 주제: 정약용과 최한기의 세계관을 바탕으로 살펴본 도덕적 삶에 대한 성리학과 실학의 입장
• 해제: 이 글은 정약용과 최한기의 세계관을 바탕으로 도덕적 삶에 대한 성리학과 실학의 입장 차이를 밝히고 있는 글이다. 성리학은 모든 인간에게 선한 본성이 내재되어 있으나 개인의 도덕성 실현에 차이가 있는 이유는 기(氣)에 있다고 보았다. 정약용은 기질이 인간의 윤리적인 문제를 결정하지 않는다며 이러한 성리학적 세계관을 비판하였다. 그는 인간이 선을 선택하고 지속적으로 실천해야만 도덕성이 갖추어진다고 보았다. 최한기는 세계는 기(氣)에 의해 형성되어 있으나 그 자체에 선악이 존재하는 것은 아니라고 보았다. 인간이 올바른 추측을 통

해 외부 세계와 소통하게 될 때 그것이 선이 된다는 것이다. 이처럼 성리학이 도덕성 완성에 있어 내면적 수양을 강조했다면 정약용과 최한기는 실천과 소통을 중시하며 후천적 노력을 강조하였다는 점에서 차이가 있다.

• 문단별 핵심 내용

1문단	세계관의 차이에 따른 도덕적 삶에 대한 관점의 차이
2문단	성리학의 세계관과 도덕적 삶의 실행 방법
3문단	정약용의 세계관과 도덕적 삶의 실행 방법
4문단	최한기의 세계관
5문단	최한기의 도덕적 삶의 실행 방법
6문단	성리학과 실학의 도덕성 실현 방법의 차이

11 답 ②
| 2016학년도 7월 고3 전국연합 변형 |

😊 정답인 이유
2문단을 보면 성리학에서는 이(理)를 인간을 포함한 만물에 내재된 보편적인 이치나 원리로 보았고, 기(氣)는 개인마다 차이가 있는 것으로 기질이 맑거나 탁한 것에 차이가 있다고 하였다.

😵 오답인 이유
① 2문단을 보면 성리학에서는 개인의 도덕성을 완성하기 위해서는 부단한 수양을 통해 자칫 악으로 흐를 수 있는 기를 다스려야 한다고 하였다.
③ 3문단을 보면 정약용은 사람은 본능적이고 이기적인 욕구로 인해 악에 빠지는 경향이 있기 때문에 일상생활에서 선을 실천하는 것이 어렵다고 하였다.
④ 5문단을 보면 최한기는 인간이 올바른 추측을 통해 외부 세계와 소통하게 될 때 그것이 선이 되고 그렇지 않으면 악이 된다고 하였다.
⑤ 4문단을 보면 성리학에서는 기를 본성을 실현시키는 수단에 불과하다고 보았지만, 최한기는 기를 본성의 실현 수단이 아니라 모든 존재의 근거로 보았다.

12 답 ③
| 수능 예상 문제 |

😊 정답인 이유
3문단을 보면 정약용은 인간에게는 선을 좋아하는 윤리적인 욕구만이 주어졌을 뿐이므로 선을 선택하고 지속적으로 선을 실천해야만 비로소 도덕성이 갖추어진다고 하였다. 따라서 정약용의 입장에서 ㉠은 선을 좋아하는 인간의 윤리적 욕구를 확인할 수 있는 사례이다. 그러나 이것은 선을 선택하고 지속적으로 실천한 것이 아니라 본능적인 마음이므로 윤리적 행위는 아니라고 보았을 것이다.

오답인 이유

① 3문단을 보면 정약용은 인간에게는 선을 좋아하는 윤리적인 욕구가 주어졌다고 하였다. 그렇지만 이러한 욕구에 선천적 차이가 있다고 주장하지는 않았다.

②, ④ 3문단을 보면 정약용은 도덕성이 선에 대한 주체적인 선택과 지속적인 실천의 결과물이며 반드시 타인과의 관계 속에서 실현되어야만 한다고 하였다. 하지만 우물에 빠지려는 어린아이와 목격자 사이에 어떠한 관계가 있다고 보더라도 이것이 실현된 것이 아니라 마음만 발생한 것이므로 도덕성이 갖추어졌다고 보기는 어렵다. 또한, ㉠은 감정일 뿐 실천이 아니기에 이것이 지속적으로 발생한다고 해서 도덕성이 완성되는 것은 아니다.

⑤ 2문단을 보면 기를 다스리기 위한 수양의 과정을 중시한 것은 정약용의 입장이 아니라 성리학의 관점임을 알 수 있다.

13 답 ①

| 수능 예상 문제 |

정답인 이유

정약용은 타인과의 관계 속에서 지속적으로 선을 실천할 때, 최한기는 외부 세계의 경험에 대해 올바로 추측하고 부단히 소통할 때 도덕성이 실현된다고 보았다. 즉 두 사람 모두 도덕성을 타고 나는 것이 아니라 후천적으로 노력하여 실현시키는 것으로 보았으며, 노력과 경험에 의한 실천과 소통을 중시하였다는 공통점을 발견할 수 있다. 따라서 ㉡에 들어갈 말로 가장 적절한 것은 '실천과 소통을 중시하는 경험주의적 세계관'이다.

오답인 이유

② 내면에 대한 관조와 절제는 성리학에서 강조했던 도덕성 실현 방법이다.

③ 성리학과 실학 모두 지성적 능력의 개인 차이를 인정하고 있지만, 정약용과 최한기가 지성과 능력을 중시한 것은 아니다.

④ 최한기는 외부 세계에 대한 올바른 추측을 위해서는 감각 기관을 통해 외부 세계를 경험하는 것이 전제되어야 한다고 보았다. 하지만 감각과 현실을 중시하는 것은 정약용의 입장과 거리가 멀다. 그리고 형이하학은 주로 형체를 갖춘 사물을 연구하는 학문을 이르는 말이므로, 이 글에 나타난 최한기, 정약용의 세계관과 다르다.

⑤ 타고난 본성과 기질을 중시하는 것은 성리학적 세계관으로 볼 수 있다.

14 답 ③

| 수능 예상 문제 |

정답인 이유

5문단을 보면 최한기는 인간이 올바른 추측을 통해 외부 세계와

소통하게 될 때 그것이 선이 되고 그렇지 않으면 악이 된다고 보았다. 따라서 최한기가 ③처럼 행위의 결과에 따라 선과 악을 구분한 것은 아니다.

오답인 이유

① 5문단을 보면 최한기는 인간은 감각 기관을 통해 외부 세계를 경험하여 이것을 바탕으로 지각을 형성하며, 이런 지각은 추측에 의해 확장된다고 하였다. 이에 적용해 볼 때 ㉮는 후각과 청각이라는 감각을 통해 외부 세계를 경험한 것으로, ㉯는 이것을 바탕으로 상황이 심각하다는 지각을 형성한 것으로 볼 수 있다.

② 2문단을 보면 성리학에서는 모든 인간에게 선한 본성이 선천적으로 내재되어 있지만 기질이 순수하면 실천을 잘하고, 순수하지 못하면 실천을 잘하지 못하여 악으로 흐를 가능성이 있다고 하였다. 따라서 성리학에서는 ㉯에서 상황의 심각성을 인지한 후에 김 씨가 상황을 외면하거나 선을 행하려 노력하는 것은 기질의 순수함 여부에 따라 달라질 수 있다고 보았을 것이다.

④ 5문단을 보면 맹자는 성선설을 주장하였다. 그런데 화재가 발생한 위험 상황에서 김 씨는 자신의 안전을 걱정하기보다는 주민들의 안전을 우선시하였으므로, 맹자는 ㉰를 성선설의 예로 보았을 것이다.

⑤ 5문단을 보면 최한기는 외부의 사물이나 사태에 대한 올바른 추측과 부단한 소통으로 도덕성이 실현된다고 보았다. 따라서 최한기는 ㉱에서 김 씨가 주민들이 화재 사실을 모르고 있음을 올바로 추측하고 이를 사람들에게 알리는 행위를 하여 주민들을 안전하게 대피시켰으므로, 이를 외부 세계와 소통하여 도덕성을 실현한 것으로 보았을 것이다.

15 답 ④

| 수능 예상 문제 |

정답인 이유

㉭의 '정립되다'는 '정하여져 세워지다.'의 의미이므로, '어떤 대상에 의하여 일정한 상태나 결과가 생기거나 만들어지다.'라는 뜻의 '이루어지다'로 바꿔 쓰는 것은 적절하지 않다. ㉭는 '정해질' 혹은 '세워질'로 바꿔 쓰는 것이 적절하다.

경제

▶ 본문 58~60쪽

01 ②	02 ⑤	03 ④	04 ②	05 ④

파레토 최적 상태를 위한 차선의 문제

- **주제**: 파레토 최적을 달성하기 위한 차선의 문제
- **해제**: 파레토 최적 상태란 가장 효율적인 자원 배분 상태로, 모든 최적 조건들이 동시에 충족되어야 달성된다. 일반적으로 파레토 최적이 충족되지 못한 상황에서는, 충족되지 않은 조건이 적을수록 더 나은 상황이라고 생각하는 경향이 있다. 그러나 립시와 랭커스터는 이러한 통념에 반박하며, 효율성 조건이 이미 파괴되어 있는 상태에서는 충족되는 효율성 조건의 수가 많아진다고 해서 경제 전체의 효율성이 더 향상된다는 보장이 없다고 주장하였다. 즉 하나의 왜곡을 시정하는 과정에서 새로운 왜곡이 초래되는 것이 일반적 현실이기 때문에, 오히려 최적 조건의 일부가 항상 충족되지 못함을 전제로 하여 그러한 상황에서 가장 바람직한 자원 배분을 위한 새로운 조건을 찾아야 한다는 것이다. 이러한 논의를 바탕으로 '차선의 문제'가 등장하였으며, 이는 '관세 동맹 논의', '간접세와 직접세 논의' 등 경제학 여러 분야에서 논의되고 있다.

- **문단별 핵심 내용**

1문단	경제학에서 차선의 문제가 도출된 배경
2문단	경제학 분야에서 논의되는 차선의 문제 ① – 관세 동맹 논의
3문단	경제학 분야에서 논의되는 차선의 문제 ② – 직접세와 간접세에 대한 논의

01 답 ②

| 2015학년도 LEET |

😊 정답인 이유

2문단을 보면 관세 동맹은 동맹국 사이의 관세를 폐지하고 비동맹국의 상품에 대해서만 관세를 부과하기로 하는 협정이라고 하였다. 한편 @'바이너'는 관세 동맹에서 무역 전환 효과가 더 클 경우 세계 경제의 효율성을 떨어뜨릴 수 있다고 하였다. ②에서 A국은 관세 동맹 이전에는 X재를 최저 비용 생산국인 C국(비동맹국)에서 수입했으나, 관세 동맹 이후에는 동맹국인 B국에서 X재를 수입하고 있다. 즉 A국에서는 관세 동맹으로 인해 X재의 수입 비용이 증가하였으므로 경제 효율이 감소하는 무역 전환 효과가 나타난 것으로 볼 수 있다. 따라서 ②는 @의 입장을 지지하는 사례로 활용하기에 적절하다.

😞 오답인 이유

① A, B국은 관세 동맹 이전에 X재를 C국에서 수입하다가 관세 동맹 이후에도 X재를 C국에서 수입하고 있다. 그런데 C국은 A, B국과 관세 동맹을 체결하지 않은 비동맹국이므로 여기에서는 무역 창출 효과나 무역 전환 효과 모두 일어나지 않았다. 따라서 @의 입장을 지지하는 사례로 활용하기에 적절하지 않다.

③ A국은 관세 동맹 이후 X재의 생산을 중단하고 B국에서 X재를 수입하게 되었다고 하였다. 이는 동맹국 사이에 새롭게 무역이 창출된 무역 창출의 예이다. 그리고 A, B국의 X재 생산비가 제시되어 있지 않으므로, A국이 B국과의 관세 동맹으로 인해 효율성이 증대되었는지 여부는 정확히 알 수 없다. 하지만 2문단을 보면 무역 창출은 상품의 공급원을 생산 비용이 낮은 국가로 바꾸는 것이라고 했으므로, B국과의 관세 동맹으로 인해 A국의 효율성이 이전보다 증가되었을 것이라고 추론할 수 있다. 따라서 이는 @의 입장을 지지하는 사례로 활용하기에 적절하지 않다.

④ A국은 관세 동맹 이전에도 B국에서 X재를 수입하였으며, 관세 동맹 이후에도 B국에서 X재를 수입하고 있다. 즉 관세 동맹 이후에도 A국의 무역 상황에는 변화가 없으므로, @의 입장을 지지하는 사례로 활용하기에 적절하지 않다. 다만 수입 비용 자체에는 변화 없지만, 관세 동맹으로 인해 관세가 폐지되었으므로 A국의 효율성이 이전보다 증가하였을 것이라고 추론할 수 있다.

⑤ B국은 관세 동맹 이후 X재의 생산을 중단하고, X재를 세 국가 중 최저 비용으로 생산하는 A국에서 수입하게 되었다고 하였다. 이는 동맹국 사이에 새롭게 교역이 창출되어 효율이 증가된 무역 창출의 예이므로, @의 입장을 지지하는 사례로 활용하기에 적절하지 않다.

02 답 ⑤

| 2015학년도 LEET |

😊 정답인 이유

1문단을 보면 립시와 랭커스터는 파레토 최적 상태를 위한 조건이 충족되지 못했을 때, 충족되지 못한 조건의 수가 더 적을수록 나은 상황이라고 여기는 통념을 반박하였다. 또한, 하나의 왜곡을 시정하는 과정에서 새로운 왜곡이 초래될 수 있다고 하였다. 그러한 상황에서 가장 바람직한 자원 배분을 위한 새로운 조건을 찾아야 하는데, 이를 '차선의 문제'라고 부른다고 하였다. 이를 통해, 경제 개혁을 추진할 때 비합리적인 측면들이 많이 제거된다고 하더라도 새로운 왜곡이 초래될 수 있다는 것이 차선의 문제의 입장임을 알 수 있다. 따라서 경제 개혁에서 비합리적인 측면들이 제거되는 데에 비례하여 경제의 효율성이 높아진다고 보는 것은 '차선의 문제'에 대한 이해로 적절하지 않다.

😞 오답인 이유

① 1문단을 보면 립시와 랭커스터는 하나 이상의 효율성 조건이 이미 파괴되어 있는 상태에서는 충족되는 효율성 조건의 수가 많

아진다고 해서 경제 전체의 효율성이 더 향상된다는 보장이 없다고 하였다. 따라서 파레토 최적 조건들 중 하나가 충족되지 않을 때라면, 나머지 조건들이 충족된다고 하더라도 차선의 효율성이 보장되지 못한다고 볼 수 있다.

② 1문단을 보면 차선의 문제는 최적 조건의 일부가 항상 충족되지 못함을 전제로 하여, 그러한 상황에서 가장 바람직한 자원 배분을 위한 새로운 조건을 찾는 것이라고 하였다.

③ 1문단을 보면 하나의 왜곡을 시정하는 과정에서 새로운 왜곡이 초래되는 것이 일반적인 현실이라고 하였다. 이를 통해 주어진 전체 경제 상황을 개선하는 과정에서 기존에 최적 상태를 달성했던 부문의 효율성이 저하되기도 한다는 것을 알 수 있다.

④ 1문단을 보면 하나의 왜곡을 시정하는 과정에서 새로운 왜곡이 초래되는 것이 일반적인 현실이라고 하였다. 또한, 3문단을 보면 한 상품에 부과된 간접세는 다른 상품들 사이의 파레토 최적 조건의 달성을 방해하게 되지만, 직접세는 여가와 다른 상품들 사이의 파레토 최적 조건의 달성을 방해하게 된다고 하였다. 이렇듯 여러 경제 부문들은 독립적이지 않고 서로 긴밀하게 연결되어 있으므로, 차선의 문제가 제기된다고 볼 수 있다.

03 답 ④
| 수능 예상 문제 |

😀 정답인 이유
〈보기〉의 ○○국은 평상복에 5%, 등산복에 10%로 차등적으로 부과하던 간접세를 등산복에만 30% 부과하고, 직접세인 소득세를 일괄적으로 10%로 부과하기로 했다. 3문단을 보면 리틀은 여러 상품에 차등적 세율을 부과할 경우, 직접세만 부과하는 경우나 한 상품에만 간접세를 부과하는 경우보다 효율성을 더 높일 수 있는 가능성이 있다고 하였다. 따라서 리틀은 〈보기〉의 상황에 대해 직접세를 부과하는 것보다 간접세를 여러 상품에 차등적으로 부과하는 것이 더 바람직하다고 주장할 것이다.

😞 오답인 이유
① 1문단을 보면 립시와 랭커스터는 하나 이상의 효율성 조건이 파괴된 상태에서는 충족되는 효율성 조건이 많아진다고 해서 전체의 효율성이 향상된다는 보장이 없다고 하였다. 그리고 3문단을 보면 세금이 자원 배분의 효율성을 떨어뜨리며, 아무런 세금도 부과되지 않는 것이 파레토 최적 상태라고 하였다. 그런데 〈보기〉에서는 변화 전후 모두 세금이 부과되고 있으므로, 파레토 최적 상태가 아니다. 따라서 립시와 랭커스터는 소득세 부과 후 전체의 효율성이 더 악화되었다고 주장하지는 않을 것이다.

② 2문단을 보면 바이너는 관세 동맹이 세계 경제의 효율성을 떨어뜨릴 수 있음을 지적하였다. 따라서 관세 동맹으로 경제를 활성화시켜 재정 악화 문제를 해결해야 한다는 주장은 바이너의 의견으로 적절하지 않다.

③ 3문단을 보면 핸더슨은 한 가지 상품에 간접세가 부과될 경우 상품들 사이의 상대적 가격 왜곡이 발생하므로 상대적 가격에 영향을 미치지 않는 직접세가 더 나을 것이라고 하였다. 그러나 이는 시장 왜곡을 줄일 수 있는 방법으로 볼 수는 있지만 시장 왜곡을 완전히 없앨 수 있는 방법은 아니다. 그리고 경제학에서는 세금이 부과되지 않는 것이 파레토 최적 상태이고 세금이 부과되면 시장을 교란시켜 자원 배분의 효율성을 떨어뜨린다는 생각이 일반적이라고 하였다. 따라서 이미 세금이 부과된 상황이라면 시장 왜곡을 완전히 없앨 수는 없다.

⑤ 3문단을 보면 콜레트와 헤이그는 직접세를 동일한 액수의 간접세로 대체하면서도 개인들의 노동 시간과 소득을 늘릴 수 있는 조건을 찾아냈다고 하였다. 따라서 〈보기〉의 상황에 대해 직접세를 부과하는 방안을 주장하는 것은 콜레트와 헤이그의 의견으로 적절하지 않다.

04 답 ②
| 2015학년도 LEET |

😀 정답인 이유
3문단을 보면 ⓒ'리틀'은 직접세와 한 상품에만 부과된 간접세 중 어느 것이 더 효율적인지를 판단할 수 없다고 하였다. 즉 ⓒ은 〈보기〉에서 한 상품에 간접세가 부과된 ㉯와 직접세가 부과된 ㉰의 효율성 차이를 판단할 수 없다고 했을 것이다. 이는 립시와 랭커스터의 주장을 뒷받침하는 것이다. 그러나 ⓒ이 세금이 부과되지 않은 상황인 ㉮와 직접세가 부과된 ㉰의 효율성 차이를 보였다고 할 수는 없다. 따라서 ⓒ이 ㉮와 ㉰의 효율성 차이를 보임으로써 립시와 랭커스터의 주장을 뒷받침할 것이라는 ②는 잘못된 추론이다.

😞 오답인 이유
① ㉠은 한 가지 상품에 간접세가 부과되었을 경우 그 상품과 다른 상품들 사이의 상대적 가격에 왜곡이 발생하므로, 이 상대적 가격에 영향을 미치지 않는 직접세가 더 나을 것이라고 주장하였다. 그러나 ⓒ은 ㉠의 주장이 직접세가 노동 시간과 여가에 영향을 미치지 않는다는 가정 아래에서만 성립하는 것이라고 반박했다고 하였다. 따라서 ㉠은 직접세가 여가에 미치는 효과를 고려하지 않고, 직접세가 부과된 ㉰가 한 상품에 간접세가 부과된 ㉯보다 효율적이라고 볼 것이다.

③ ⓒ은 직접세를 부과하는 것이 더 나을 것이라고 주장한 ㉠의 주장에 대해 직접세와 간접세 중 어떤 것이 더 효율적인지를 판단할 수 없다며 비판했다고 하였다.

④ ⓒ은 상품에 차등적 세율을 부과하는 경우가 직접세만 부과하

는 경우보다 효율성을 더 높일 수 있는 가능성을 언급한 ⓒ의 견해를 뒷받침하였다. 즉 ⓒ은 여가와 보완 관계가 높은 상품에 높은 세율을 부과하고 경쟁 관계에 있는 상품에 낮은 세율을 부과하는 방식이 효율성을 높일 수 있다고 보았다. 〈보기〉에서 ⒜는 ⒝보다 파레토 최적 조건이 성립한 항목이 많지만, ⓒ은 직접세만 부과된 ⒜보다 차등적인 간접세가 부과된 ⒝가 더 효율적일 수 있다고 주장할 것이다. 한편 립시와 랭커스터는 충족되는 효율성 조건의 수가 많아진다고 해서 경제 전체의 효율성도 향상되는 것은 아니라고 주장하였다. 따라서 이러한 ⓒ의 주장은 립시와 랭커스터의 주장을 뒷받침하는 것임을 알 수 있다.

⑤ ⓒ은 여러 상품에 차등적 세율을 부과하는 경우가, 직접세만 부과하는 경우나 한 상품에만 간접세를 부과하는 경우보다 효율성을 더 높일 수 있는 가능성이 있다고 언급한 ⓒ의 주장을 뒷받침했다고 하였다. 즉 ⓒ은 〈보기〉에서 ⒝가 ⒜보다 효율적일 수 있다는 것을 보일 것이며, 이는 간접세가 직접세보다 효율적이라는 사례를 제시한 것으로 볼 수 있다.

05 답 ④ | 수능 예상 문제 |

😊 정답인 이유
〈보기〉에서 비동맹국인 ⒟국과 ⒠국이 관세 동맹에 합류한다면 모든 국가에서 관세가 제거된 자유 무역의 상황이 된다. 2문단을 보면 이것은 파레토 최적의 상황이라고 하였다. 따라서 이것은 최적 조건의 일부가 항상 충족되지 못함을 전제로 하여 가장 바람직한 자원 배분을 위한 새로운 조건을 찾아야 하는 차선의 상황으로 볼 수 없다.

😟 오답인 이유
① 2문단을 보면 무역 전환은 비동맹국들과의 교역이 동맹국과의 교역으로 전환되고 상품의 공급원을 생산 비용이 낮은 국가에서 생산 비용이 높은 국가로 바꾸는 것이므로 효율이 감소한다고 하였다. 〈보기〉에서 ⒜국은 생산 비용이 낮고 비동맹국인 ⒠국(80원)에서 c를 수입하다가, 관세 동맹 후 생산 비용이 높고 동맹국인 ⒞국(100원)에서 c를 수입하면서 효율이 감소하였으므로 무역 전환 효과가 발생했다고 볼 수 있다.
② 〈보기〉에서 ⒝국은 관세 동맹 전과 후 모두 ⒜국으로부터 a를 수입하고 b를 수출하고, ⒞국에 b를 수출하고 있다. 따라서 관세 동맹 전후에 수출, 수입 품목이나 대상 국가가 변화되지 않았다. 그러나 관세 동맹을 통해 관세가 폐지되었으므로 관세 측면에서 효율성이 증가되었다고 볼 수 있다.
③ ⒞국은 관세 동맹 후에 a의 수입국을 비동맹국인 ⒟국(120원)에서 동맹국인 ⒜국(100원)으로 바꾸었다. 따라서 생산 비용이

높은 국가에서 낮은 국가로 바꾸었으므로 효율성이 증가되어 무역 창출의 효과를 보았다고 할 수 있다.
⑤ 〈보기〉에서 ⒠국은 관세 동맹 전에 비동맹국인 ⒜국에서 a를 수입하였고, 관세 동맹 이후에는 생산 비용이 더 비싼 ⒟국에서 a를 수입하게 되었다. 그러나 이는 동맹국 내의 교역이 아니므로 무역 전환 효과가 발생한 것이라고 볼 수 없다.

인문 ▶ 본문 61~63쪽

| 06 ① | 07 ④ | 08 ⑤ | 09 ③ | 10 ④ |

상위선을 바탕으로 본 도덕 철학의 과제
- 주제: 좋은 삶의 문제에 대한 상위선과 도덕 철학의 역할
- 해제: 상위선이란 여러 선들 중에서 최고의 가치를 지닌 선으로 여러 도덕적 가치 평가들의 근거이다. 이는 역사적으로 형성되어 자리 잡은 것이기에 사회나 문화에 따라 다르게 나타날 수 있다. 도덕 철학은 두 가지 과제를 가지고 있는데, 하나는 상위선을 탐구하여 밝혀내는 것이고, 또 다른 하나는 어떤 삶이 좋은 삶인지에 대해 답하는 것이다. 그러나 의무론이나 절차주의적 도덕 이론 같은 근대의 도덕 철학은 좋은 삶의 문제 대신 옳음의 문제와 관련된 보편적 도덕 규칙이나 절차만을 다루고 있다. 이들은 개인의 자율성을 침해하지 않기 위해서 형식적인 문제만을 다룬다고 했지만, 이러한 자율성도 결국은 근대에 존재했던 상위선을 배경으로 형성된 것이므로, 보편성을 지니고 있지 않다. 따라서 도덕 철학은 형식적 절차에만 관심을 기울였던 태도에서 벗어나 삶의 의미나 자아실현과 같은 좋은 삶의 문제를 다룰 수 있도록 노력해야 하며, 이는 상위선을 바탕으로 합리적으로 다루어질 수 있다.
- 문단별 핵심 내용

1문단	도덕적 판단의 근거가 되는 상위선
2문단	도덕 철학의 과제 ① – 사회나 문화에 따라 다르게 나타나는 상위선에 대한 탐구
3문단	개인의 자율성 침해를 이유로 보편적인 도덕규범만을 다루는 근대의 도덕 철학의 문제
4문단	근대의 도덕 철학이 보편성을 지닌다는 주장이 타당하지 않은 이유
5문단	도덕 철학의 과제 ② – 좋은 삶의 문제에 대한 답
6문단	상위선과 도덕 철학의 기여를 바탕으로 다루어야 할 좋은 삶에 대한 문제

06 답 ① | 2012학년도 LEET |

😊 정답인 이유
6문단을 보면 진정한 자아실현은 무엇인가 하는 문제는 개인의

결단에만 맡겨서는 안 되며, 개인이 속한 사회의 상위선을 고려하여 다루어야 한다고 하였다. 따라서 참된 자아실현의 문제가 상위선과 독립적이라고 한 ①은 이 글에서 설명한 상위선에 대한 이해로 적절하지 않다.

😵 **오답인 이유**

② 1문단을 보면 상위선은 우리 자신의 욕구나 성향, 선택에 의해 형성되는 것이 아니라 그것들로부터 독립적으로 주어지는 것이라고 하였다. 즉 상위선은 개인이 자의적으로 선택할 수 있는 것이 아님을 알 수 있다.

③ 4문단을 보면 절차주의적 도덕 이론도 이성적 주체의 자율성 같은 상위선을 배경으로 형성된 것이라고 하였다.

④ 2문단을 보면 상위선은 역사적으로 형성되어 자리 잡은 것으로 사회나 문화에 따라 다를 수 있으며, 각 사회의 상위선은 그 사회에 살고 있는 구성원들의 도덕적 판단이나 직관, 반응의 배경이 된다고 하였다. 따라서 상위선이 서로 다르면 도덕적 가치 판단도 서로 다르게 나타날 것임을 알 수 있다.

⑤ 3문단을 보면 의무론에서는 좋은 삶의 문제를 다루는 것을 회피하고 있다고 하였다. 또한, 1문단을 보면 좋은 삶의 문제는 상위선을 기준으로 이루어진다고 하였으므로, 의무론에서는 상위선의 문제가 제대로 다루어지지 못하고 있음을 알 수 있다.

07 답 ④
| 2012학년도 LEET |

😊 **정답인 이유**

이 글의 글쓴이는 도덕 철학의 주요 과제 중 하나는 상위선을 탐구하여 밝히는 것이고, 또 다른 하나는 어떤 삶이 좋은 삶인지에 대해 답하는 것이라고 제시하였다. 이를 바탕으로 〈보기〉의 사례를 살펴보자.

ㄱ. 2문단을 보면 상위선은 역사적으로 형성되어 자리 잡은 것으로 사회나 문화에 따라 다를 수 있다고 하였다. ㄱ에서는 고대 그리스의 폴리스라는 특정한 사회에서 자리 잡은 상위선인 '덕'에 대하여 규명하고 있으므로, 글쓴이가 제시하는 도덕 철학의 과제를 수행하고 있는 예로 볼 수 있다.

ㄴ. 3문단을 보면 보편적인 도덕 규칙이나 정당한 절차 등에 대해서 다루는 것은 근대의 도덕 철학이라고 하였다. 그런데 글쓴이는 근대의 도덕 철학이 도덕적 신념의 배경이 되고 있는 상위선을 포착할 수 없게 만들었다고 보고 있다. ㄴ에서는 보편타당한 도덕규범이 어떤 것인지를 다루고 있으므로, 글쓴이가 제시하는 도덕 철학의 과제를 수행하고 있는 예로 볼 수 없다.

ㄷ. 5문단을 보면 담론 윤리학은 절차주의적 도덕 이론의 한 형태로, 좋은 삶의 모습과 같은 실질적인 문제는 논의의 대상에서 배

제하고 있다고 하였다. 따라서 담론 윤리학 자체는 도덕 철학의 과제 수행과는 거리가 멀다. 그러나 ㄷ은 담론 윤리학의 가치 판단이 어떤 도덕적 판단에 바탕을 두고 있는지를 다루는 도덕 철학이라고 하였는데, 이는 담론 윤리학의 바탕이 되는 상위선을 탐구하는 것으로 볼 수 있다. 따라서 ㄷ은 이 글의 글쓴이가 제시하는 도덕 철학의 과제를 수행하고 있는 예로 볼 수 있다.

정리하면, 이 글의 글쓴이가 제시하는 도덕 철학의 과제를 수행하고 있는 것은 ㄱ과 ㄷ이다.

08 답 ⑤
| 2012학년도 LEET |

😊 **정답인 이유**

1문단을 보면 여러 선들 중에서 최고의 가치를 지닌 선인 상위선은 여러 도덕적 가치 평가들의 근거가 된다고 하였다. 그리고 2문단을 보면 상위선은 사회나 문화에 따라 다르게 나타날 수 있다고 하였다. 즉 글쓴이의 주장에 따르면 사회나 문화에 따라 상대적으로 작용하는 상위선도, 한 사회 내부에서는 도덕적 가치를 평가하는 기준이 되며 최고의 가치를 지닌 선이 된다. 이렇게 특정 상위선을 기준으로 하는 사회에서 그 기준에 상충하는 가치관이 공존하는 것은 부정되거나 억압될 수 있다. 따라서 이 글의 주장에 대해 ⑤와 같은 비판이 가능하다.

😵 **오답인 이유**

① 3문단을 보면 근대의 도덕 철학은 도덕성 개념을 협소화하여 옳음의 문제나 절차적 문제에만 자신의 과제를 제한했다고 하였다. 따라서 ①은 이 글의 주장이 아니라 근대의 도덕 철학에 대한 비판에 해당한다.

② 5문단을 보면 절차주의적 도덕 이론의 한 형태인 담론 윤리학은 규범의 합리적 정초 가능성이나 정당한 절차의 문제만을 다룰 뿐, 좋은 삶의 모습과 같은 실질적인 문제는 합리적인 논의의 대상에서 배제하고 있다고 하였다. 따라서 ②는 근대의 도덕 철학에 대한 비판으로 글쓴이의 주장에 해당한다.

③ 3문단을 보면 근대의 도덕 철학은 좋은 삶과 관련된 삶의 목적이나 의미 등을 다루지 않고, 옳음과 관련된 기본적이면서도 보편적인 도덕 규칙이나 정당한 절차 등에 대해서만 다루는 것을 과제로 삼았다고 하였다. 따라서 ③은 근대의 도덕 철학에 대한 비판으로 글쓴이의 주장에 해당한다.

④ 이 글에서는 사회마다 상위선이 다를 수 있으므로 좋은 삶의 모습도 다를 수 있다고 하였다. 하지만 글쓴이는 좋은 삶의 문제는 최고의 가치를 지닌 상위선을 바탕으로 합리적으로 다루어질 수 있다고 하였다. 따라서 도덕 자체에 대한 회의에 빠질 수 있다는 ④는 글쓴이의 주장에 대한 비판으로 적절하지 않다.

09 답 ③

😊 정답인 이유

5문단을 보면 담론 윤리학에서는 좋은 삶의 모습과 같은 실질적인 문제는 합리적인 논의의 대상에서 배제한다고 하였다. 따라서 담론 윤리학에서는 〈보기〉에서 A가 20대 때 대학원 진학에 대해 고민하는 것에 대하여 논의의 대상으로 삼지 않을 것이다. 그러므로 담론 윤리학에서 A가 고민하는 문제에 대해 합리적인 해결책을 모색하려고 할 것이라는 추론은 적절하지 않다.

😟 오답인 이유

① 3문단을 보면 의무론에서는 좋은 삶의 모습을 제시하는 것은 개인의 삶에 간섭하게 되어 다양성과 자율성의 가치를 훼손할 우려가 있어 좋은 삶의 문제를 다루는 것을 회피하고 있다고 하였다. 따라서 의무론의 입장에서는 20대인 A에게 삶의 방향을 제시해 주는 것을 부정적으로 볼 것이다.

② 2문단을 보면 상위선은 강한 가치 평가의 기준이 되며 명시적 또는 암시적으로 그 사회에 살고 있는 구성원들의 도덕적 판단이나 직관, 반응의 배경이 된다고 하였다. 그러므로 20대인 A가 계속 직장에 다니기로 결정한 것에는 당시의 상위선이라고 볼 수 있는 '효'가 은연중에 영향을 주었다고 추론할 수 있다.

④ 6문단을 보면 자아실현의 문제를 전적으로 개인의 주관적인 실존적 결단에만 맡긴다면 이기주의나 나르시시즘에 빠질 우려가 있다고 하였다. 따라서 A가 20대에 자신의 주관적인 결단만을 바탕으로 자아실현의 문제를 결정한다면 이기주의에 빠질 우려가 있다고 추론하는 것은 적절하다.

⑤ 2문단을 보면 상위선은 사회나 문화에 따라 다를 수 있다고 하였다. 〈보기〉의 A가 20대에 진로를 결정할 당시의 사회는 '효'가 상위선이었기 때문에 자신이 하고 싶은 일보다는 부모 봉양을 우선시하여 진로를 결정하였다고 볼 수 있다. 그런데 A가 50대 중반이 된 현재의 사회에서는 '자유'가 상위선이 되어 가는 것을 보고 있다. 따라서 이는 시대가 변함에 따라서 상위선도 바뀌는 변화에 따른 것으로 볼 수 있다.

10 답 ④

😊 정답인 이유

ⓐ의 '안다'는 '손해나 빚 또는 책임을 맡다.'라는 의미로 사용되었다. ④에서의 '안다' 역시 이와 같은 의미로 사용되었다.

😟 오답인 이유

① '두 팔을 벌려 가슴 쪽으로 끌어당기거나 그렇게 하여 품 안에 있게 하다.'라는 의미이다.

② '두 팔로 자신의 가슴, 머리, 배, 무릎 따위를 꼭 잡다.'라는 의

미이다.

③ '바람이나 비, 눈, 햇빛 따위를 정면으로 받다.'라는 의미이다.

⑤ '생각이나 감정 따위를 마음속에 가지다.'라는 의미이다.

기술

▶ 본문 63~65쪽

| 11 ③ | 12 ⑤ | 13 ② | 14 ② | 15 ③ |

적외선 열화상 카메라의 원리와 구성

• 주제: 적외선 열화상 카메라의 구조와 마이크로 볼로미터의 기능을 중심으로 한 작동 원리

• 해제: 적외선 열화상 카메라는 적외선 열에너지를 검출하여 피사체의 표면 온도를 측정하고, 프로그램을 통해 보정한 온도 값을 각각 다른 색상으로 화면에 구현해 주는 장치이다. 적외선 열화상 카메라는 렌즈, 검출기, 신호 처리 장치, 모니터 등으로 구성되어 있다. 렌즈는 게르마늄과 규소를 사용하여 만들며, 검출기의 지지대는 열전도율이 작은 물질로 이루어져 있다. 검출기의 구조체는 감지 재료의 온도가 상승하면 증가된 전압을 지지대의 금속 전극을 통해 ROIC 기판에 전류를 흐르게 하는 역할을 한다. 적외선 열화상 카메라는 다양한 분야에서 사용하고 있어서 관련 산업도 발전하는 추세에 있다.

• 문단별 핵심 내용

1문단	적외선의 특징과 적외선 열화상 카메라의 원리
2문단	적외선 열화상 카메라의 구성 요소 ① – 렌즈의 특징
3문단	적외선 열화상 카메라의 구성 요소 ② – 검출기의 특징
4문단	검출기의 구조체와 지지대의 기능
5문단	적외선 열화상 카메라의 구성 요소 ③, ④ – 신호 처리 장치와 모니터의 작동 원리
6문단	적외선 열화상 카메라의 용도와 발전 가능성

11 답 ③

😊 정답인 이유

이 글은 적외선 열화상 카메라의 구조를 렌즈, 검출기, 신호 처리 장치, 모니터 등으로 분석하고, 특히 검출기에서 마이크로 볼로미터의 기능을 중심으로 적외선 열화상 카메라의 작동 원리를 설명하고 있다. 그리고 6문단에서는 적외선 열화상 카메라가 다양한 산업 분야에서 사용되고 있으며, 시스템과 관련된 분야도 발전하는 추세임을 밝히고 있다.

😟 오답인 이유

① 적외선 열화상 카메라를 구성하는 장치들 중 신호 처리 장치에 대하여 집중적으로 설명하고 있지만, 그것을 카메라의 제작 과정

과 비교하거나 장단점을 정리하지는 않았다.

② 적외선 열화상 카메라에서 반응하는 적외선이 중간 적외선, 원적외선의 일부 영역이라고 제시되어 있지만, 그 현상에 대하여 다양한 가능성을 검토하지는 않았다.

④ 이 글의 내용 중 적외선이 잘 통과하는 물질의 렌즈, 검출기의 마이크로 볼로미터, ROIC 기판에서의 온도 판별, 모니터의 열화상 등은 적외선 열화상 카메라의 과학적 설계 방법과 그 특징에 해당된다고 볼 수 있다. 하지만 적외선 열화상 카메라를 사용할 때의 주의할 점을 강조하지는 않았다.

⑤ 1문단을 보면 적외선 열화상 카메라는 적외선 파장 형태의 열에너지를 검출해서 그 온도에 따라 각각의 다른 색상으로 화면에 구현해 주는 장치라고 개념을 정의하였다. 그러나 구체적인 사례를 통해 적외선 열화상 카메라의 사용 방법과 작동 원리를 설명하고 있는 것은 아니다.

12 답 ⑤
| 2015학년도 10월 고3 전국연합 A형 |

😀 정답인 이유
4문단을 보면 구조체의 감지 재료는 미세한 온도 증가에도 예민하게 반응하는 반도체를 사용하는데, 그중에서도 음의 저항 온도 계수가 높은 산화 바나듐을 많이 쓴다고 하였다. 여기서 ㉠처럼 음의 저항 온도 계수가 높은 산화 바나듐을 많이 사용하는 이유는, 음의 저항 온도 계수를 가진 물질은 온도가 상승하면 전기 저항이 감소하기 때문이라고 하였다. 즉 피사체의 미세한 온도 증가에도 감지 재료의 전기 저항이 감소하여 출력 전압이 증가하게 되고, 이를 통해 ROIC 기판에 전류가 흐르게 되면 피사체의 온도 차이를 쉽게 구별할 수 있게 된다.

😵 오답인 이유
① ㉠에서는 음의 저항 온도 계수가 높은 산화 바나듐을 쓴다고 하였다. 그리고 음의 저항 온도 계수를 가진 물질은 온도가 상승하면 전기 저항이 감소하는 물질이라고 하였다. 그런데 ①에서 저항 값이 크다는 것은 전기 저항이 증가한다는 것이고, 온도 상승에 따라 전기 저항이 증가하는 것은 양의 저항 온도 계수를 가지는 물질에 해당한다. 따라서 ㉠의 이유로 적절하지 않다.

② 4문단을 보면 구조체의 감지 재료는 미세한 온도 증가에도 예민하게 반응하는 반도체를 사용한다고 하였다. 따라서 구조체가 적외선 복사 에너지의 증가에도 일정한 온도를 유지할 수 있도록 한다는 것은 ㉠의 이유로 적절하지 않다.

③ 4문단을 보면 ㉠은 감지 재료의 전기 저항 감소로 인해 출력 전압을 증가시켜 신호 처리 회로(ROIC) 기판에 흐르는 전류량을 증가시키게 한다고 하였다. 따라서 구조체의 출력 전압을 낮추어 신

호 처리 회로 기판에 흐르는 전류량을 감소시킨다는 것은 ㉠의 이유로 적절하지 않다.

④ 4문단을 보면 음의 저항 온도 계수가 높다는 것은 온도 상승에 따라 전기 저항이 감소하는 것을 말한다고 하였다. ㉠은 음의 저항 온도 계수가 높은 물질이라고 하였으므로 온도 증가에 따라 저항 값이 감소할 것이다. 따라서 온도 증가에도 저항 값의 변화가 없다는 것은 ㉠의 이유로 적절하지 않다.

13 답 ②
| 2015학년도 10월 고3 전국연합 A형 |

😀 정답인 이유
(가)에서 [a]는 렌즈, [b]는 검출기, [c]는 신호 처리 장치, [d]는 열화상 모니터를 나타낸다. 그리고 (나)는 X와 Y라는 두 개의 다른 적외선 열화상 카메라로 동일한 환경 조건에서 피사체를 찍은 결과로 열화상 화면을 제시하고 있다. (가)의 [b]는 '검출기'에 해당하는데, 3문단을 보면 검출기는 볼로미터 방식을 많이 사용한다고 하였다. 그런데 이 볼로미터는 전자기파를 흡수할 때 온도가 변하는 열 저항 센서를 의미한다고 하였다. 따라서 [b]에서 전자기파를 흡수할 때 온도가 변하지 않는 열 저항 센서를 사용한다는 것은 적절하지 않다.

😵 오답인 이유
① (가)의 [a]는 렌즈에 해당한다. 2문단을 보면 적외선 열화상 카메라의 렌즈는 일반 카메라의 그것과 달리 적외선은 잘 통과하고 가시광선은 잘 통과하지 않는 물질인 게르마늄과 규소를 사용하여 만든다고 하였다.

③ 5문단을 보면 검출기의 마이크로 볼로미터는 그 하나가 모니터 화면의 한 픽셀에 해당하도록 설계되어 있기 때문에, 이것의 개수가 많을수록 화면에 나타나는 화질도 그만큼 향상된다고 하였다. (나)를 보면 X의 모니터 화면 [x]보다 Y의 모니터 화면 [y]에 픽셀의 개수가 더 많다. 그러므로 (가)의 적외선 열화상 카메라의 검출기인 [b]에 존재하는 마이크로 볼로미터는 (나)의 X보다 Y에 더 많이 있을 것임을 알 수 있다.

④ (가)의 [c]는 신호 처리 장치에 해당한다. 5문단을 보면 ROIC 기판과 연결된 신호 처리 장치는 전류의 세기에 따라 물체의 표면 온도를 판별한다고 하였다.

⑤ 5문단을 보면 물체에서 방출된 적외선 복사 에너지는 렌즈에 도달하기도 전에 대기 중 입자에 흡수되거나 산란되어 손실될 수 있고, 물체와의 거리가 멀수록 손실 정도가 더 커진다고 하였다. 따라서 카메라와 피사체의 거리가 가까우면 온도 값이 높아지고 그만큼 열화상에 온도가 높다는 것을 표시하는 음영이 진한 작은 픽셀이 더 많아질 것으로 볼 수 있다. 그러므로 피사체와의 거리가

가까워지면 (나)의 모니터 화면 [*x*]와 [*y*]에 각각 음영의 진한 부분이 더 많아질 것임을 알 수 있다.

14 답 ②
| 수능 예상 문제 |

😀 정답인 이유
㉮는 지지대, ㉯는 구조체, ㉰는 ROIC(신호 처리 회로) 기판이다. [A]에서 각 지지대 속에는 금속 전극이 하나씩 들어 있는데, 금속 전극 중 하나는 감지 재료와 Y-금속층에 연결되어 있지만, 다른 하나는 감지 재료와 ROIC 기판에 연결되어 있다고 하였다. 그리고 X-금속층은 지지대와 연결되어 있지 않고 ROIC 기판 위에 위치한다고 하였으므로, ㉮의 금속 전극이 X-금속층과는 연결되어 있다고 볼 수 없다.

😧 오답인 이유
① [A]를 보면 검출기 구조체에서 발생하는 열이 전기적 신호로 변환되기 위해서는 최대한 외부로 빠져나가는 열 손실을 억제해야 하기 때문에 지지대는 단면적이 작고 열전도율이 작은 물질로 이루어져 있다고 하였다. 따라서 ㉮는 열전도율이 작은 물질로 이루어져 있을 것이다.
③ [A]를 보면 구조체 속에는 적외선 감지 재료가 있다고 하였다. 그리고 구조체의 감지 재료는 미세한 온도 증가에도 예민하게 반응하는 반도체를 사용하여, 결국 적외선 복사 에너지를 흡수한 구조체는 온도가 올라가고 구조체 속 감지 재료의 온도도 상승한다고 하였다. 따라서 ㉯에는 적외선 감지 재료가 있어서 온도가 상승하게 된다.
④ [A]에서 구조체와 ROIC 기판 사이는 진공 상태로 되어 있다고 하였다. 따라서 ㉯와 ㉰ 사이는 진공 상태를 유지하고 있을 것이다.
⑤ [A]를 보면 구조체의 감지 재료는 음(−)의 저항 온도 계수가 높은 산화 바나듐을 많이 사용하는데, 온도가 상승하면 감지 재료의 전기 저항이 감소되어 출력 전압이 증가하고, 증가된 전압은 결국 ROIC 기판에 전류를 흐르게 한다고 하였다. 따라서 ㉯의 전기 저항이 감소되어 ㉰에서 전류가 흐르게 된다는 것은 적절하다.

15 답 ③
| 수능 예상 문제 |

😀 정답인 이유
ⓒ의 '감응하다'는 '전기장이나 자기장 속에 있는 물체가 그 전기장이나 자기장, 즉 전기·방사선·빛·열 따위의 영향을 받아 전기나 자기를 띠다.'라는 뜻이다. 따라서 이를 '움직이다'로 바꾸어 쓰는 것은 적절하지 않다. '감응하다'는 '영향을 받다'나 '반응하다'로 바꾸어 쓰는 것이 적절하다.

과학
▶ 본문 66~68쪽

01 ⑤	02 ①	03 ⑤	04 ④	05 ⑤

형태 발생 물질의 농도 구배 현상

- **주제:** 세포 및 기관의 형성 결정에 기여하는 형태 발생 물질의 농도 구배 현상
- **해제:** 생명체의 기관을 형성하기 위한 다양한 방법 중 형태 발생 물질의 농도 구배는 특정 단백질의 확산에 의한 농도 구배에 따라 주변의 세포 운명이 결정되는 것이다. 이러한 농도 구배에 대응하여 활성화되는 전사 인자의 종류가 다르기 때문에 서로 다른 세포 운명이 결정된다. 이와 같이 단순한 확산에 의한 농도 구배도 있지만 특정 형태의 매개체를 통해 형태 발생 물질이 이동하기도 한다. 형태 발생 물질의 농도 구배는 다양한 세포 및 기관의 형성 결정에 기여한다.
- **문단별 핵심 내용**

1문단	세포의 운명을 결정하는 형태 발생 물질의 농도 구배 현상
2문단	농도 구배에 대응하여 활성화되는 전사 인자의 역할
3문단	특정 형태의 매개체를 통해 이동하는 형태 발생 물질
4문단	초파리 배아에서 합성되는 형태 발생 물질의 비대칭적인 전달 모델
5문단	형태 발생 물질의 농도 구배의 역할과 기능

01 답 ⑤
| 2016학년도 LEET |

😀 정답인 이유
5문단을 보면 우리 몸을 구성하는 각 기관의 세포 조성과 각 세포의 환경이 다르므로 형태 발생 물질의 농도 구배를 한 가지 모델로 설명하는 것은 불가능하다고 하였다. 즉 한 신체 내에서도 단순한 확산에 의한 농도 구배와 비대칭적 이동에 의한 농도 구배가 복합적으로 이루어진다는 것이다. 따라서 척색이 있는 동물이나 초파리와 같은 무척추 동물 모두 발생 단계에 따라 단순 확산과 비대칭적 이동의 형태가 모두 발생한다고 할 수 있다.

😧 오답인 이유
① 1문단을 보면 척색에서 분비되는 형태 발생 물질인 Shh는 척색으로부터 멀어질수록 농도가 점차 낮아지게 된다고 하였다. 따라서 단순 확산으로 전달되는 형태 발생 물질의 농도는 형태 발생 물질과의 물리적 거리에 반비례함을 알 수 있다.
② 1문단을 보면 형태 발생 물질의 농도 구배에 의해 다양한 모습의 기관이나 조직이 형성된다고 하였다. 즉 구형의 수정란도 형태 발생 물질에 의해 세포 운명이 결정되어 성체가 되면서, 신체 구조

의 전후 좌우가 비대칭적으로 형성될 수 있음을 알 수 있다.
③ 2문단을 보면 한 개체의 세포가 모두 동일한 유전자를 갖고 있음에도 불구하고 서로 다른 세포가 되는 것은 농도 구배에 대응하여 활성화되는 전사 인자의 종류가 다르기 때문이라고 하였다. 활성화된 전사 인자는 특정 부분의 DNA로부터 mRNA를 만들고, 이 mRNA로부터 서로 다른 단백질이 만들어진다.
④ 4문단을 보면 형태 발생 물질의 비대칭적 전달 방법에는 수용체에 의한 전달과 세포막에 둘러싸인 소낭의 흡수에 의한 전달이라는 두 가지 가설이 있다고 하였다.

02 답 ①

😊 정답인 이유
ㄱ. 1문단을 보면 신경관 아래쪽에 있는 척색에서 분비되는 형태 발생 물질인 Shh의 농도 구배에 의해 지붕판 세포, 사이 신경 세포, 운동 신경 세포, 신경 세포, 바닥판 세포가 순서대로 발생하게 된다고 하였다. 따라서 신경관을 이루는 세포들의 운명이 결정되기 전에 척색을 제거하면 형태 발생 물질인 Shh가 분비되지 않아 바닥판 세포가 형성되지 않을 것이다.
ㄷ. 2문단을 보면 Shh의 농도가 특정 역치 이상이 되면 A 전사 인자가 활성화되어 바닥판 세포의 형성에 필요한 mRNA와 단백질이 합성되고, 역치 이하인 경우에는 B 전사 인자가 활성화되어 운동 신경 세포의 형성에 필요한 mRNA와 단백질이 합성된다고 하였다. 따라서 아직 분화되지 않은 세포들을 바닥판 세포를 형성하는 Shh의 역치보다 높은 농도의 Shh와 함께 배양하면 A 전사 인자가 활성화되어 사이 신경 세포보다 바닥판 세포가 더 많이 형성될 것이다.

😞 오답인 이유
ㄴ. 척색 근처의 신경관에 있는 세포는 바닥판 세포로, 가장 먼 세포는 지붕판 세포로 운명이 결정된다. 따라서 신경관을 이루는 세포들의 운명이 결정되기 전에 척색을 다른 위치로 이동하면 그 위치와 가장 가까운 곳에는 바닥판 세포가 생길 것이다.
ㄹ. 운동 신경 세포가 사이 신경 세포보다 척색에 가까운 곳에 생기기 때문에, 운동 신경 세포를 결정짓는 Shh 농도의 역치가 사이 신경 세포를 결정짓는 Shh 농도의 역치보다 높을 것이다.

03 답 ⑤

😊 정답인 이유
3문단을 보면 초파리 배아의 발생 단계에서 합성되는 형태 발생 물질인 Wg가 합성 장소 앞쪽으로만 비대칭적으로 분포하는 현상이 관찰되었다고 하였다. 그리고 Wg는 수용체나 소낭의 흡수를 통해 앞쪽으로만 비대칭적으로 전달될 것이라고 설명하였다. 따라서 Wg 수용체 유전자 또는 소낭을 통해 Wg 수송을 촉진하는 유전자는 Wg 합성 장소 앞쪽에서 발현할 것임을 알 수 있다.

😞 오답인 이유
① 4문단을 보면 Wg 수용체의 양이 비대칭적으로 분포하고 있다면 수용체에 부착된 형태 발생 물질의 농도 구배가 이루어질 수 있다고 하였다. 하지만 Wg의 농도 구배 때문에 Wg 수용체가 비대칭적으로 분포하는 것은 아니다.
② 3문단을 보면 Wg는 합성되는 장소를 기점으로 앞쪽으로만 비대칭적으로 전달된다고 하였다. 〈그림 2-1〉을 보면 Wg 합성 장소에서 앞쪽으로 멀어질수록 Wg 농도가 낮아지고 있다. 따라서 Wg를 발현하는 세포로부터 앞쪽으로 멀어질수록 Wg 수용체의 양은 적게 분포할 것이다.
③ 3문단의 〈그림 2-1〉을 보면 Wg의 합성 장소를 기점으로 앞쪽으로 갈수록 Wg 농도가 낮아지고 있다. 이러한 Wg의 비대칭적 전달을 설명하는 모델인 소낭의 흡수에 의한 전달에서는, 형태 발생 물질이 작은 주머니에 싸여 앞쪽의 세포로만 전달된다고 하였다. 따라서 소낭에 의해 전달되는 Wg의 양은 〈그림 2-1〉처럼 Wg를 발현하는 세포로부터 멀어질수록 작아질 것이다.
④ 3문단을 보면 Wg가 뒤쪽으로는 이동하지 않고 앞쪽으로만 분포한다고 하였다. 따라서 Wg 합성 장소에서 앞쪽과 뒤쪽으로 같은 거리만큼 떨어진 두 세포에서, mRNA는 앞쪽의 세포에서만 만들어지고 뒤쪽의 세포에서는 만들어지지 않을 것이다.

04 답 ④

😊 정답인 이유
〈보기〉의 RNA 간섭 기술은 특정 염기 서열을 가진 RNA를 주입하면, 세포의 mRNA 형성을 방해하여 세포 형성에 필요한 단백질 합성을 막는다고 하였다. 따라서 Wg가 농도 구배되는 앞쪽 부분에 RNA 간섭 기술을 사용하여 RNA를 주입하면, 주입된 RNA가 특정 세포의 DNA로부터 mRNA 형성을 방해하여 단백질 합성이 일어나지 않게 될 것임을 알 수 있다.

😞 오답인 이유
① 주입된 RNA는 특정 세포의 DNA로부터 mRNA 형성을 방해하는 역할을 할 뿐, 소낭에 싸인 Wg가 앞쪽의 세포로 이동하는 것을 방해하는 것은 아니다.
② 주입된 RNA가 Wg의 농도를 약하게 만드는 것은 아니다.
③ 주입된 RNA가 수용체를 교란시키는 것은 아니다.
⑤ 주입된 RNA가 Wg의 활성화를 방해하는 것은 아니다.

05 답 ⑤

😊 정답인 이유

1문단을 보면 형태 발생 물질이 단순 확산하는 경우, 척색에서 멀어질수록 형태 발생 물질의 농도가 점차 낮아지게 되어서 그 농도의 높고 낮음에 따라 세포가 발생한다고 하였다. 〈보기〉에서는 이처럼 형태 발생 물질이 단순 확산한다고 하였으므로 형태 발생 물질을 전달하는 매개체가 따로 존재하지 않는다. 따라서 형태 발생 물질을 전달하는 매개체가 비대칭적으로 분포하기 때문에 농도 차이가 나는 것은 아니다.

😕 오답인 이유

① 1문단을 보면 척색으로부터 멀어질수록 형태 발생 물질의 농도가 낮아진다고 하였다. 〈보기〉에서는 ㉮에 비해 ㉯가 척색에 가까우므로 ㉯의 형태 발생 물질의 역치가 더 높다고 할 수 있다.

② 2문단을 보면 세포의 운명이 다른 것은 농도 구배에 대응하여 활성화되는 전사 인자의 종류가 다르기 때문이라고 하였고, 전사 인자는 DNA의 특이적인 염기 서열을 인식하여 특정 부분의 DNA로부터 mRNA를 만든다고 하였다. 따라서 〈보기〉의 ㉯와 ㉰는 형태 발생 물질의 농도가 다르므로 여기에 대응하는 전사 인자가 서로 다르기 때문에, 서로 다른 mRNA를 만들 것임을 알 수 있다.

③ 2문단을 보면 전사 인자는 농도 구배에 대응하여 활성화되는 종류가 다르다고 하였다. 따라서 〈보기〉에서 ㉰의 형태 발생 물질의 농도를 ㉮와 동일하게 만들면, ㉰에서도 ㉮에서 활성화되는 전사 인자와 동일한 전사 인자가 나타날 것이다.

④ 2문단을 보면 한 개체의 세포는 모두 동일한 유전자를 갖고 있지만, 농도 구배에 대응하여 활성화되는 전사 인자의 종류가 달라 특정 부분의 DNA로부터 mRNA를 만든다고 하였다. 따라서 ㉮~㉱ 세포들의 유전자는 모두 동일하지만, 형태 발생 물질의 농도 구배가 다르므로 서로 다른 특정 부분의 DNA로부터 mRNA와 단백질이 만들어질 것이다.

사회

▶ 본문 68~71쪽

06 ⑤	07 ②	08 ④	09 ②	10 ②

정치 과정의 교착 상태 해소 방안

• 주제: 정치 과정에서 발생하는 교착 상태의 특징과 해소 방안
• 해제: 정치 과정에서는 정치 세력이 충돌하는 교착 상태가 종종 발생한다. 교착이란 행정부와 의회의 의견 대립으로 인해 입법에 실패하여 기존 정책이 그대로 유지되기까지의 정치 과정을 말한다. 대통령제에서는 대통령과 의회의 마찰 때문에 교착이 발생하는데, 내각제에서는 교착의 발생이 줄어든다. 대통령제 아래에서 교착을 해소하기 위해 프랑스에서는 이원 집정부제로 제도적 변형을 시도하였다. 교착에 영향을 주는 요인으로는 정당 체계와 선거 제도, 다양한 의회 제도 등이 있다. 교착을 완화하려는 제도적 방안으로는 남미 국가들처럼 연립 정부를 구성하거나, 미국처럼 대통령이 야당 의원들을 설득하여 과반의 지지를 얻는 방법도 있다.

• 문단별 핵심 내용

1문단	정치 과정에서 일어나는 교착 상태의 개념
2문단	대통령제에서 발생하는 교착 상태의 조건
3문단	교착의 발생이 줄어드는 내각제의 특징
4문단	교착을 해소하기 위한 프랑스 이원 집정부제의 특징
5문단	교착에 영향을 주는 요인 ① - 정당 체계와 선거 제도
6문단	교착에 영향을 주는 요인 ② - 다양한 의회 제도
7문단	교착 완화를 위한 방안 ① - 남미 국가의 연립 정부
8문단	교착 완화를 위한 방안 ② - 미국의 예

---

06 답 ⑤

😊 정답인 이유

㉠은 행정부와 의회의 의견이 충돌하여 발생하는 교착 상태를 말한다. 4문단을 보면 이를 해결하기 위한 프랑스의 이원 집정부제가 제시되어 있다. 이원 집정부제에서는 대통령의 소속 당이 의회의 과반을 갖지 못하면 대통령은 야당 대표를 총리로 임명하고 총리가 정국 운영을 주도한다고 하였다. 동거 정부라고 불리는 이 경우는 내각제처럼 운영되는데, 대통령과 총리 사이의 권한을 둘러싼 분쟁으로 교착이 발생하기도 한다고 하였다. 따라서 이원 집정부제에서 동거 정부일 때는 대통령이 정국을 주도하려고 하면 교착이 발생할 가능성이 높아지므로, 이는 ㉠을 해결하기 위한 시도로 적절하지 않다.

😕 오답인 이유

① 7문단을 보면 남미 국가에서 대통령이 연립 정부를 구성하여 야당들과의 협상을 통해 교착을 해결하려는 시도가 나타나 있다.

② 8문단을 보면 미국에서 대통령이 의회에서 과반의 지지를 얻기 위해 야당 의원들을 설득하고 의회에 로비를 하여 교착을 해결하려는 시도가 나타나 있다.

③ 3문단을 보면 내각제에서 다수당이 과반 의석을 얻지 못한 경우, 총리가 다른 소수당과 연립 정부를 구성하여 의회의 과반을 형성하여 교착을 해결하려는 시도가 나타나 있다.

④ 3문단을 보면 내각제에서 총리가 조기 총선을 치러 새 내각을 구성하여 교착을 해결하려는 시도가 나타나 있다.

07 답 ②

😊 정답인 이유

5문단을 보면 의회와 대통령 선거를 동시에 실시하는 경우 대통령 당선 유력 후보의 후광 효과가 일어나 분점 정부의 발생 가능성을 낮춘다고 하였다. 그리고 7문단을 보면 비례 대표제를 의회 선거에, 결선 투표제를 대통령 선거에 각각 적용해 동시에 선거를 치르면 연립 정부 구성이 쉬워진다는 연구 결과도 있다고 하였다. 따라서 이렇게 비례 대표제를 채택한 의회 선거를 대통령 선거와 동시에 치르면 시기를 달리해 두 선거를 각각 치를 때보다 분점 정부가 발생할 확률이 낮아질 것이다.

😞 오답인 이유

① 6문단을 보면 필리버스터도 교착을 발생시킬 수 있다고 하였다. 따라서 필리버스터를 종결할 만큼 의석을 차지하지 못한 야당에 소속된 의장이 갈등 법안을 본회의에 직권 상정하면, 소수당이 입법 지연을 목적으로 필리버스터를 활용하여 교착이 일어날 가능성이 높아질 것이다.

③ 5문단을 보면 비례 대표제는 다당제를 유도하고 의회 다수파 형성을 어렵게 한다고 하였다. 그리고 양원제에서는 상원 다수당과 하원 다수당 중 하나가 대통령의 소속 당과 다를 때 분점 정부가 나타난다고 하였으므로, 비례 대표제는 분점 정부가 발생할 조건을 만든다고 볼 수 있다. 또한, 8문단을 보면 미국의 교착 완화 방안이 제시되었는데 이는 의회 선거 제도가 단순 다수 소선거구제일 때 적용된다고 하였다. 따라서 양원제 의회를 모두 비례 대표제로 구성하면 단순 다수 소선거구제로 구성할 때보다 분점 정부가 발생할 확률이 높아질 것이다.

④ 5문단을 보면 분점 정부라도 야당이 대통령의 거부권을 막을 수 있는 의석수를 확보하고 있다면 교착이 발생하지 않을 수 있다고 하였다.

⑤ 6문단을 보면 교섭 단체 제도처럼 원내 다수당과 소수당 간의 합의를 강조하는 제도가 있으면 교착이 생길 수 있다고 하였다.

08 답 ④

😊 정답인 이유

〈보기〉에서 교섭 단체 구성이 가능한 의석수는 20명이라고 했는데, A당과 D당 모두 이 조건을 충족하므로 교섭 단체 구성이 가능하다. 6문단을 보면 교섭 단체 제도처럼 원내 다수당과 소수당 간의 합의를 강조하는 제도가 있으면 교착이 생길 수 있다고 하였다. 따라서 A당과 D당이 교섭 단체 제도를 활용하여 B당이 강행하려는 의제를 지연시킨다면 교착이 발생할 수 있다.

😞 오답인 이유

① 〈보기〉에서 전체 의석수 300명 중, 여당인 A당의 의석수는 65명이고, 야당의 총 의석수는 235명이다. 따라서 〈보기〉는 분점 정부 상태이다. 그런데 5문단을 보면 분점 정부라도 야당이 대통령의 거부권을 막을 수 있는 의석수를 확보하고 있다면 교착이 발생하지 않을 수 있다고 하였다. 〈보기〉에서는 국회 재적 의원 과반수 출석에 출석 의원 3분의 2의 찬성이면 대통령의 거부권을 막을 수 있다고 했으므로, 야당이 대통령의 거부권을 막을 수 있는 의석수를 충분히 확보하고 있다. 따라서 분점 정부라 해도 〈보기〉의 상황에서는 교착이 발생하지 않을 가능성이 높다.

② B당과 C당이 연합하는 경우, B당과 C당이 추진하고자 하는 정책에 대해 대통령은 거부권을 행사할 수 있다. 그러나 대통령이 거부권을 행사해도 여당인 A당의 의석수는 65명이고 B당과 C당의 의석수는 215명이므로, 대통령의 거부권이 실현될 가능성이 작다. 따라서 교착이 일어날 가능성이 작다고 볼 수 있다.

③ 8문단을 보면 정당의 기율이 약한 경우 대통령이 야당 의원들을 설득하여 법안마다 과반의 지지를 확보하면 교착을 완화할 가능성이 있다고 하였다. 그리고 5문단을 보면 정당의 기율이 강하면 분점 정부 상황에서 대통령은 의회 과반의 지지를 확보하기 어렵다고 하였다. 그런데 〈보기〉는 정당의 기율이 매우 강한 상태이다. 따라서 대통령이 C당과 D당의 국회의원을 설득하기는 어려울 것이므로 교착 상태가 완화되기 힘들 것이다.

⑤ 2문단을 보면 법안 발의권 등 대통령의 입법 권한이 강할수록 대통령이 의회와 마찰할 가능성이 커진다고 하였다. 따라서 대통령의 입법 권한을 현재보다 강화시키면 교착이 더 심해질 수 있다.

09 답 ②

😊 정답인 이유

〈보기〉의 대통령제 국가인 A국은 빈번한 교착을 겪고 있다고 하였다. 정치학자 K가 교착을 해소하기 위해 제안한 ㉮ 제도는 대통령의 입법 권한을 축소하고, 의회 선거 제도를 단순 다수 소선거구제에서 결선 투표제로 변경하며, 정당 기율 관련 법제는 강한 상태로 유지하는 것이다. 4문단을 보면 프랑스의 이원 집정부제는 대통령이 야당 대표를 총리로 임명하여 총리가 정국 운영을 주도하므로 대통령의 입법 권한은 축소되며, 의회는 원내 양당제를 유도하는 결선 투표제로 구성된다고 하였다. 그리고 정부는 내각제처럼 운영된다고 하였는데, 3문단을 보면 내각제가 제대로 작동하기 위해서는 정당 기율이 강할 것이 요구된다고 하였다. 따라서 K는 프랑스식 이원 집정부제에 기반하여 ㉮를 설계한 것으로 볼 수 있다.

😞 오답인 이유

① ㉮는 4문단에서 설명한 프랑스식 이원 집정부제에 기반한 것으로 볼 수 있다.

③ ㉯는 대통령의 입법 권한을 유지하며 의회 선거 제도를 비례 대표제로 변경하고 정당 기율 관련 법제는 강한 상태로 유지하는 방안이다. 이는 7문단에서 설명한 남미식 대통령제에 기반한 것으로 볼 수 있다.

④, ⑤ ㉰는 대통령의 입법 권한을 축소하고 의회 선거 제도는 단순 다수 소선거구제로 유지하며 정당 기율 관련 법제를 약화하는 방안이다. 이는 8문단에서 설명한 미국식 대통령제에 기반한 것으로 볼 수 있다.

10 답 ②

| 수능 예상 문제 |

😊 정답인 이유

ⓑ의 '나타나다'는 '어떤 새로운 현상이나 사물이 발생하거나 생겨나다.'라는 뜻으로 쓰였다. ②의 '나타나다'도 같은 의미로 쓰였다.

😞 오답인 이유

① ⓐ는 '어떤 일이 생기다.', ①의 '일어나다'는 '소리가 나다.'이므로 다른 의미로 사용되었다.

③ ⓒ는 '어떤 일이 일어나다.', ③의 '생기다'는 '사람이나 사물의 생김새가 어떠한 모양으로 되다.'이므로 다른 의미로 사용되었다.

④ ⓓ는 '영향이나 작용 따위가 대상에 가하여지다.', ④의 '미치다'는 '공간적 거리나 수준 따위가 일정한 선에 닿다.'이므로 다른 의미로 사용되었다.

⑤ ⓔ는 '어떤 것을 소재나 대상으로 삼다.', ⑤의 '다루다'는 '어떤 물건을 사고파는 일을 하다.'이므로 다른 의미로 사용되었다.

예술

▶ 본문 71~73쪽

11 ④	12 ⑤	13 ⑤	14 ①	15 ④

아나모르포시스 회화 기법의 개념과 의의

· 주제: 아나모르포시스 기법의 개념과 발전 양상, 의의

· 해제: 이 글은 선 원근법의 왜곡 현상을 독립된 회화 기법으로 발달시킨 17세기 바로크 시기의 아나모르포시스 기법에 대해 설명하고 있다. 15세기에 창안된 르네상스 선 원근법은 시점과 화면 사이의 거리나 각도가 극단적인 경우에 왜곡 현상이 발생하였다. 바로크 시기에 예술가들은 이러한 왜곡 현상을 아나모르포시스라는 회화 기법으로 발달시켰는데, 이것은 바

로크 시대의 사회, 문화적 변이 현상으로 볼 수도 있다. 아나모르포시스는 사물의 형상을 극도로 왜곡하여 표현하였기 때문에 정면에서 보게 되면 형상을 알아보기 어렵지만 특정한 시점에서는 화가가 표현하고자 했던 이미지가 나타난다. 이처럼 감상자의 시선의 각도가 특정 조건을 만족시킬 때 화가가 숨긴 이미지가 나타나기 때문에 아나모르포시스는 감상자의 능동적인 참여가 요구된다는 의의가 있다.

· 문단별 핵심 내용

1문단	선 원근법의 개념과 특징
2문단	선 원근법의 왜곡 현상과 아나모르포시스의 등장
3문단	아나모르포시스의 개념과 특징
4문단	아나모르포시스의 종류와 선 원근법과의 차이점
5문단	17세기 사회, 문화적 변이 현상으로서의 아나모르포시스
6문단	아나모르포시스에 대한 니세론의 견해
7문단	종교적 목적으로 활용된 아나모르포시스 작품
8문단	아나모르포시스에 대한 비판적 시각과 아나모르포시스의 의의

11 답 ④

| 2014학년도 3월 고3 전국연합 B형 변형 |

😊 정답인 이유

1, 2, 5문단을 보면 15세기 르네상스 시대의 선 원근법이 17세기 바로크 시대의 아나모르포시스로 발달하게 된 시대적 변화 과정을 설명하였다. 그리고 3문단을 보면 아나모르포시스의 개념을 정의하였다. 따라서 이 글은 아나모르포시스의 개념을 정의하고, 시대적 변화 과정을 제시하여 대상에 대한 이해를 돕고 있다.

😞 오답인 이유

① 아나모르포시스의 발전 과정은 2, 5문단에 언급되어 있으나 긍정적 전망은 제시하고 있지 않다.

② 8문단을 보면 아나모르포시스에 대한 상반된 입장이 나타나 있지만, 이에 대한 절충안을 제시하지는 않았다.

③ 아나모르포시스가 지닌 문제점을 밝히고 있지도, 그에 대한 해결 방안을 모색하고 있지도 않다.

⑤ 8문단을 보면 아나모르포시스에 대한 18세기의 통념을 제시하고 있다. 그러나 이에 대해 전문가의 견해를 근거로 제시해 반박하고 있지는 않다.

12 답 ⑤

| 수능 예상 문제 |

😊 정답인 이유

3문단을 보면 아나모르포시스는 관람자의 눈이 위치하는 거리와 각도가 특정한 조건을 만족시킬 때 화가가 본래 의도했던 이미지가 나타나는 기법이라고 하였다. 그리고 이를 찾기 위해 감상자는 그림의 감상에 능동적으로 참여하게 된다고 하였다. 즉 아나모르

포시스 기법에서 시점에 따라 수많은 이미지가 나타나는 것이 아니며, 이 때문에 감상자의 능동적인 참여가 중시되는 것도 아니다.

😖 **오답인 이유**

① 2문단을 보면 바로크 시기의 예술가들이 선 원근법의 왜곡 현상을 바로잡아야 할 장애로 받아들이지 않고 독립된 회화 기법으로 발달시킨 것이 아나모르포시스라고 하였다.

② 5문단을 보면 아나모르포시스는 주류 사회가 지향하는 객관성과 합리성 대신 왜곡과 시점의 전환을 유도했던 바로크 시대의 사회, 문화적 변이 현상이라고 할 수 있다고 하였다.

③ 1문단을 보면 선 원근법이 창안되기 이전에는 단순히 멀리 있는 것을 작게, 가까이 있는 것을 크게 그리는 초보적인 원근 표현 방식이 사용되었다고 하였다.

④ 4문단을 보면 사각 왜상의 경우 감상법으로만 본다면 화가들이 정해 놓은 거리와 위치에서 작품을 감상하는 르네상스 시기의 회화를 감상하는 방법과 큰 차이가 없다고 하였다.

13 답⑤

| 수능 예상 문제 |

😊 **정답인 이유**

5문단을 보면 화면의 이미지를 실제 대상으로 착각하도록 만드는 재현 방식인 선 원근법과 달리 아나모르포시스는 왜곡과 시점의 전환을 유도했다고 하였다. 한편 〈보기〉에서 동양화는 가로, 세로 비율이 20배 이상 차이가 나기도 하는데, 이것은 동양화는 그림이 반드시 현실과 똑같을 필요가 없다고 생각했기 때문이라고 하였다. 따라서 아나모르포시스와 동양화는 그림 속 대상이 반드시 현실과 똑같을 필요가 없다고 생각했다는 공통점을 지니고 있다고 볼 수 있다.

😖 **오답인 이유**

① 3문단을 보면 아나모르포시스 기법은 사물의 형상을 극도로 왜곡하여 표현한 것이므로 사실성을 중시하는 서양화의 특징을 잘 보여 준다는 이해는 적절하지 않다.

② 1문단을 보면 초보적인 원근 표현 방식은 관찰자와 대상 간의 거리가 크기의 기준이었음을 알 수 있다. 반면 동양화의 역원근법은 배경인 산이나 바위는 크게 그리고, 가까이 있는 사람은 점처럼 작게 표현함으로써 대자연의 숭고미를 표현했다는 것에서 대상이 지닌 의미의 중요도가 크기의 기준이었음을 알 수 있다.

③ 2문단을 보면 선 원근법 화가들은 왜곡 현상을 방지하기 위해 화면의 크기에 따라서 적절한 거리와 위치에 시점을 선정하려고 노력했다고 하였다. 그런데 이는 시점을 제약한 것이지 화면의 크기를 제약한 것이 아니며, 〈보기〉에서 언급한 서양화 또한 화면의 크기가 아닌 화면의 비율에 제약을 둔 것이다. 따라서 선 원근법

과 서양화가 화면의 크기를 제약했다는 이해는 적절하지 않다.

④ 6, 7문단을 보면 17세기 니세론의 아나모르포시스가 신의 진리와 같은 종교적 깨달음을 주고자 했음을 알 수 있다. 그러나 〈보기〉에서 동양화는 대자연의 숭고미와 아름다운 산수에서 노닐고 싶은 마음을 표현했을 뿐, 종교적 깨달음을 주고자 한 것은 아니다. 따라서 아나모르포시스와 동양화가 그림을 통해 종교적 깨달음을 주고자 했다는 공통점을 지니고 있다는 이해는 적절하지 않다.

14 답①

| 수능 예상 문제 |

😊 **정답인 이유**

5문단을 보면 아나모르포시스 회화는 왜곡과 변형이라는 역설적인 방법을 통해서 외부 세계의 재현을 추구한다고 하였다. 따라서 아나모르포시스 기법을 활용한 ㉮가 인간의 내면세계를 재현한 것이라는 설명은 적절하지 않다.

😖 **오답인 이유**

② 6문단을 보면 니세론은 아나모르포시스 기법이 자연의 원리를 인간에게 보여 주는 하나의 예라고 하였다. 그리고 7문단을 보면 신의 진리를 간과하는 현실을 경고하기 위해 아나모르포시스 기법을 활용했다고 하였다. 〈보기〉에서는 ㉯가 화가가 의도한 작품 감상의 올바른 관점이기에, 여기에서 자연의 원리와 신의 진리를 표현하고자 한 화가의 창작 목적이 드러난다고 볼 수 있다.

③ 7문단을 보면, 〈보기〉의 그림을 정면에서 보면 험준한 산과 황량한 들판으로 둘러싸인 만 위로 배가 떠 있는 풍경화로 보인다고 하였다.

④ 4문단을 보면 감상자가 특정한 지점에서 화면을 보았을 때 바른 형상으로 보이는 왜상을 사각 왜상이라고 하였다. 〈보기〉의 그림도 ㉯에서 보았을 때 화가가 의도한 바른 형상이 보이므로 ㉮와 ㉯를 사각 왜상의 예로 제시하는 것은 적절하다.

⑤ 3문단을 보면 아나모르포시스 기법에서 시선의 각도는 중요한 의미를 갖는다고 하였다. 〈보기〉의 그림에서도 ㉮에서 전혀 예상할 수 없었던 성인의 모습이 ㉯에서 나타나기 때문에, ㉮와 ㉯의 차이를 통해 아나모르포시스 기법에서 시선의 각도가 중요함을 확인할 수 있다.

15 답④

| 수능 예상 문제 |

😊 **정답인 이유**

ⓓ의 '조정되다'는 '어떤 기준이나 실정에 맞게 정돈되다.'의 의미이므로, '겉으로 뚜렷하게 드러나다.'의 뜻을 지닌 '두드러지다'와는 바꿔 쓰기에 적절하지 않다.

예술

▶ 본문 74~76쪽

01 ①	02 ③	03 ③	04 ②	05 ②

기존 미술사학에 대한 신미술사학의 입장

• 주제: 기존 미술사학에 대한 신미술사학의 입장과 신미술사학의 의의

• 해제: 19세기에 독립된 학문으로 출발한 미술사학은 작품의 형식 분석과 도상 해석학을 이용한 작품의 상징 파악에 집중하였다. 하지만 이러한 방식이 현대 미술 작품의 해석과 평가에도 유용한 것인지에 대한 의문이 생겼다. 그 예로 프리다 칼로의 작품 해석에는 정신 분석학의 이론이 사용되기도 하였다. 칼로를 포함한 현대 미술가들은 과거의 전통적 주제나 상징체계에 의거해 그림을 그리지 않기 때문에 기존 미술사학의 도상 해석학에 한계가 있음을 발견하였다. 1980년대에 등장하기 시작한 신미술사학은 기존의 미술사학을 지배했던 주도적인 이데올로기를 반성하고, 다양한 방법론을 적극 수용하는 태도를 보인다. 이는 동시대의 작품뿐만 아니라 과거의 미술에 대해서도 새로운 해석과 가치 평가를 가능케 하였다. 즉 신미술사학은 미술을 다양한 맥락과 연대시킴으로써 우리에게 풍요로운 작품 해석과 평가의 가능성을 제공한다.

• 문단별 핵심 내용

1문단	기존 미술사학의 작품 해석 및 평가 방식
2문단	프리다 칼로의 작품을 통해 본 도상 해석학의 한계와 이에 대한 새로운 해석
3문단	도상 해석학이 가진 한계와 현대 미술의 흐름에 따라 바뀐 미술사가들의 태도
4문단	기존의 미술사학을 반성하며 새롭게 등장한 신미술사학
5문단	신미술사학의 젠틸레스키 작품 재평가와 신미술사학의 의의

01 답 ①

| 2010학년도 LEET |

☺ 정답인 이유

4문단을 보면 기존의 미술사학은 미적 보편성에 전념해야 한다는 믿음을 가지고 있었음을 알 수 있다. 즉 기존의 미술사학이 미적 가치의 기준을 상대적이라고 전제했다고 보는 것은 적절하지 않다. 따라서 신미술사학에서 기존의 미술사학에 대해 다양한 방법론을 수용하기 어렵다고 비판할 수는 있으나, 미적 가치의 기준이 상대적이라고 전제했다고 비판하는 것은 적절하지 않다.

☹ 오답인 이유

② 4문단을 보면 신미술사학 연구자인 프리치오시는 기존의 미술사학을 지배했던, 예술적 천재에 대한 찬양과 미적 보편성에 전념

해야 한다는 믿음을 반성해야 한다고 하였다. 그리고 이에 따라 신미술사가들은 사회 계급, 젠더, 섹슈얼리티라는 다층적 정체성에 대한 관심을 표명했다고 하였다. 따라서 신미술사학은 기존의 미술사학이 예술적 천재에 대한 믿음에 근거함으로써, 계급, 젠더, 섹슈얼리티 등 다층적 정체성에 대한 해석이 어렵다고 비판할 수 있다.

③ 3문단을 보면 현대 미술가들은 과거의 전통적 주제나 상징체계에 의거해 그림을 그리지 않는다고 하였다. 따라서 신미술사학은 도상 해석학을 이용해 작품의 상징을 고정된 의미로 파악하는 기존의 미술사학이 전통적 상징체계를 따르지 않는 현대 미술 작품의 해석에 어려움이 많을 것이라고 비판할 수 있다.

④ 5문단을 보면 신미술사학은 미술을 다양한 맥락과 연대시킴으로써 풍요로운 작품 해석과 평가가 가능하다고 하였다. 반면 1문단을 보면 기존의 미술사학은 작품의 형식과 상징을 파악하는 데 몰입했다고 하였다. 따라서 신미술사학은 기존의 미술사학이 작품 생산의 다양한 외적 요인들을 고려하지 않아, 화가의 내면세계나 작품의 사회적 맥락 등에 대한 고려가 필요한 작품의 이해와 해석이 어렵다고 비판할 수 있다.

⑤ 1문단을 보면 기존의 미술사학은 주제를 담아내는 형식의 완벽함을 밝힘으로써 작가와 작품의 미술사적 의의를 서술했다고 하였다. 그러나 3문단을 보면 과거와는 달리 현대 미술은 화가 자신의 자유로운 상상력과 의지에 따라 그리는 것이라고 하였는데, 이는 형식 이외의 가치 역시 중요시하는 태도이다. 따라서 신미술사학은 기존의 미술사학이 주제를 담아내는 형식의 완벽성을 중요한 평가 기준으로 삼음으로써, 자유로운 상상력 등 형식 이외의 가치도 중시하는 현대 미술가를 평가하기 어렵다고 비판할 수 있다.

02 답 ③

| 2010학년도 LEET |

☺ 정답인 이유

2문단을 보면 ⓒ은 기이한 분위기와 생경한 색채로 인해 초현실주의적인 그림으로 주목을 받았다는 당시의 반응이 언급되어 있다. 그러나 ㉠에 대해서는 당시의 반응이 언급되지 않았다.

☹ 오답인 이유

① 1문단을 보면 기존 미술사학에서는 ㉠에 등장하는 성모와 아기 예수, 세례자 요한을 기독교적 도상에 따라 이해하여 미술사적 의의를 서술했다고 하였다. 따라서 ㉠에 대한 서술에는 종교적 도상이 언급되어 있다.

② 2문단을 보면 ⓒ에 숨긴 듯 그려진 소년은 화가의 남편인 리베라의 모습이라고 하였으며, 이것은 무의식적으로 남편을 아버지로 대체하고자 하는 화가의 심리적 과정이 드러난 것으로 해석된다고 하였다. 따라서 ⓒ에 대한 서술에는 작가의 남편과 아버지에

관련된 사적인 삶이 언급되어 있다.

④ 2문단을 보면 ⓒ에는 숨긴 듯 그려져 있는 소년이 있는데, 이 소년은 화가의 남편인 리베라의 모습이라고 하였다. 그리고 이것은 화가인 칼로가 무의식적으로 남편 리베라를 아버지로 대체한 것이라고 하였다. 한편 5문단을 보면 ⓒ에는 이스라엘을 침공한 아시리아 장수 홀로페르네스가 등장하여, 죽음에 저항하는 남자가 생생하게 표현되었다고 하였다. 따라서 ⓒ과 ⓒ에 대한 서술에는 해석이 필요한 남성의 존재가 언급되어 있다.

⑤ 1문단을 보면 ⓐ에는 그림에 활력을 주는 삼원색의 대비, 적색과 녹색의 보색 대비가 나타난다고 하였고, 2문단을 보면 ⓒ은 생경한 색채로 인해 초현실주의적인 그림으로 주목을 받았다고 하였다. 그리고 5문단을 보면 ⓒ은 명암과 색채 대비를 통해 인물들을 사실적으로 생생하게 표현했다고 하였다.

03 답 ③

😄 정답인 이유
ⓐ'신미술사학'의 관점으로 칼로의 그림을 해석한 〈보기〉를 보면, 칼로는 〈2인의 프리다〉에서 이혼 전 남편의 사랑과 존경을 받던 시절의 자신과 이혼 후 힘겨워하는 현재의 자신을 두 개의 심장과 의상을 통해 표현했다고 하였다. 즉 칼로는 남편과의 이혼으로 인한 자신의 상실감을 찢어진 옷 밖으로 드러난 병든 심장의 형태로 표현했음을 알 수 있다.

😞 오답인 이유
① 2문단을 보면 전통적인 도상 해석학이나 관례적인 상징체계는 이 그림의 의미 파악에 도움을 주지 못한다고 하였다. 그러므로 ⓐ에 따르면 현대 미술가인 칼로는 자신의 자유로운 상상력과 의지에 따라 그림을 그린 것이지, 관례적 상징체계를 바탕으로 자신의 처지를 드러낸 것은 아니다.

② 3문단을 보면 칼로는 과거의 전통적 주제를 바탕으로 창작 활동을 한 것이 아니라 자유로운 상상력과 의지에 따라 자신의 심리를 드러냈다고 볼 수 있다.

④ 1문단을 보면 형식 분석은 19세기 미술사학에서 작가와 작품의 미술사적 의의를 서술하는 방식이라고 하였다. 따라서 이는 ⓐ의 관점으로 칼로의 그림을 해석한 것이 아니다.

⑤ 3문단을 보면 현대 미술가들은 고상한 주제나 지적 유희를 즐겼던 미술 후원자의 주문에서 벗어나 화가 자신의 자유로운 상상력과 의지에 따라 그림을 그렸다고 하였다. 따라서 ⓐ의 관점에 따르면 칼로의 그림은 여인의 정절과 영원한 사랑이라는 고상한 주제를 표현한 것이 아니라, 화가 자신이 느낀 심리를 표현한 것임을 알 수 있다.

04 답 ②

😄 정답인 이유
〈보기〉를 보면 젠틸레스키는 카라바조의 〈유디트〉에 등장하는 인물들의 비현실적인 자세와 구도를 비판하며 보다 현장감 넘치는 그림을 그렸다고 하였다. 따라서 젠틸레스키가 홀로페르네스의 신체 표현에 서툴렀다고 볼 수 없으므로, 이와 같은 이유로 젠틸레스키의 그림이 저평가되었다고 보기는 어렵다.

😞 오답인 이유
① 〈보기〉를 보면 서양 미술사에서 '유디트'는 연약한 여인이 나라를 구한다는 교훈적인 측면과 함께, 유디트의 아름다움이 주는 시각적 즐거움 등의 측면에서 남성 미술 애호가들이 좋아한 주제였음을 알 수 있다. 그러나 젠틸레스키의 〈유디트〉에 등장하는 주인공은 화가 자신이며 현장감 넘치게 그려졌으므로, 당시의 미술 애호가들은 여성 이미지가 이상화되지 않았다는 면에서 젠틸레스키의 그림을 저평가했을 것이라고 추론할 수 있다.

③ 〈보기〉를 보면 젠틸레스키는 정규 미술 학교 교육을 받지 않았으며, 카라바조의 〈유디트〉에 등장하는 인물들의 비현실적인 자세와 구도를 비판했다고 하였다. 이를 통해 당시 미술계는 정규 미술 교육도 받지 못한 여성인 젠틸레스키가 주목받던 선배인 화가 카라바조의 표현 방식을 따르지 않았기 때문에 저평가했을 것이라고 추론할 수 있다.

④ 〈보기〉를 보면 젠틸레스키는 〈유디트〉에서 카라바조의 작품에 등장하는 아름다운 소녀 대신 자신을 주인공으로 등장시켰다고 하였다. 그리고 5문단을 보면 나라를 지키기 위해 장수의 목을 베는 여인의 동작과 표정이 생생하게 표현되었다고 하였다. 이는 능동적인 여성상을 나타낸 것이므로 페미니스트 연구자들은 젠틸레스키의 그림을 높이 평가했을 것이라고 추론할 수 있다.

⑤ 5문단을 보면 젠틸레스키의 〈유디트〉는 페미니즘의 관점을 통해 폭넓게 이해되었고 그에 따라 새로운 평가를 받게 되었다고 하였다. 한편 〈보기〉를 보면 젠틸레스키의 〈유디트〉에 등장하는 주인공은 화가 자신이며, 그녀를 겁탈한 개인 교사가 홀로페르네스로 그려졌다고 하였다. 따라서 페미니즘적 미술 비평은 젠틸레스키의 그림은 여성인 화가 자신의 자화상이고 그녀의 아픈 상처가 이 그림의 창작 동인이 되었다는 점 때문에 새롭게 평가했을 것이라고 추론할 수 있다.

05 답 ②

😄 정답인 이유
3문단을 보면 현대 미술가들이 과거의 전통적 주제나 상징체계에 의거해 그림을 그리지 않게 되면서 도상 해석학은 한계를 지니게 되었다고 하였다. 그리고 현대 미술가들이 자유로운 상상력과 의지에 따라 그림을 그리게 됨에 따라 미술사를 바라보는 미술사가들의 태도도 자연히 바뀌어야 했다고 하였다.

☹ **오답인 이유**

① 4문단을 보면 탈구조주의 철학을 바탕으로 작품을 해석한 것은 신미술사학의 연구자 중의 한 명인 프리치오시라고 하였다. 따라서 19세기 미술사학에 속하는 도상 해석학이 탈구조주의 철학을 바탕으로 작품을 해석하였다는 것은 적절하지 않다.

③ 1문단을 보면 미술 작품의 구도, 색채 효과 등 작품의 주제를 담아내는 형식을 분석하여 작품의 의미를 파악하는 것은 19세기 미술사학의 형식 분석의 방법이라고 하였다. 따라서 신미술사학에서 이를 통해 작품의 의미를 파악하고자 했다는 것은 적절하지 않다.

④ 5문단을 보면 신미술사학의 관점과 기준의 다양화는 동시대의 그림뿐만 아니라 과거의 미술에 대해서도 새로운 해석과 가치 평가를 가능하게 했다고 하였다. 따라서 신미술사학의 작품 접근 방법이 과거 미술 작품의 분석에 한계를 드러내었다는 것은 적절하지 않다.

⑤ 4문단을 보면 신미술사학은 서양 백인 남성 위주의 연구로부터 탈피하여 여성 미술가, 흑인 미술가 등으로 표상되는 다양한 사회 계층으로 미술사의 주체를 확대시켰다고 하였다. 따라서 다양한 계층으로 미술사의 주체를 확대시킨 것은 19세기 미술사학이 아니라 신미술사학이다.

경제

▶ 본문 76~78쪽

| 06 ④ | 07 ⑤ | 08 ③ | 09 ② | 10 ⑤ |

상충 이론과 자본 조달 순서 이론

• 주제: 완전 자본 시장 가정에 기초한 자본 구조 이론과 불완전 자본 시장을 가정한 자본 구조 이론

• 해제: 모딜리아니 – 밀러 이론은 완전 자본 시장 가정에 기초한 자본 구조 이론이다. 이 이론은 자본 구조는 기업의 가치와 무관하다는 것인데, 현대 자본 구조 이론의 출발점을 제시했다는 점에서 의의가 있다. 하지만 이 이론의 비현실성에 주안점을 두어 불완전 자본 시장을 가정한 자본 구조 이론들이 발전하였다. 대표적으로 상충 이론과 자본 조달 순서 이론이 있다. 상충 이론은 부채의 사용에 따른 편익과 비용을 비교하여 기업의 최적 자본 구조를 결정하는 이론이고, 자본 조달 순서 이론은 정보의 비대칭 정도가 작은 순서에 따라 자본 조달이 순차적으로 이루어진다고 설명하는 이론이다. 즉 상충 이론과 자본 조달 순서 이론은 기업들의 부채 비율 결정과 관련된 이론적 예측을 제공한다. 불완전 자본 시장을 가정한 자본 구조

이론들이 모딜리아니 – 밀러 이론을 비판한 것에 대해 밀러는 이를 수정 · 보완한 이론을 제시하기도 하였다. 밀러의 이론은 법인세뿐만 아니라 소득세 등도 고려하여 경제 전체의 최적 자본 구조 결정 이론을 제시하였는데, 결론은 자본 구조와 기업의 가치는 무관하다는 것이다.

• 문단별 핵심 내용

1문단	모딜리아니 – 밀러 이론의 내용과 의의
2문단	모딜리아니 – 밀러 이론을 비판하고, 불완전 자본 시장을 가정하는 상충 이론과 자본 조달 순서 이론의 등장
3문단	상충 이론의 내용과 특징
4문단	자본 조달 순서 이론의 내용과 특징
5문단	상충 이론과 자본 조달 순서 이론의 비교
6문단	모딜리아니 – 밀러 이론을 수정 · 보완한 밀러의 이론

06 답 ④

| 2012학년도 LEET |

☺ **정답인 이유**

5문단을 보면 상충 이론은 기업 규모가 클 경우에 부채 비율이 높을 것이라고 예측하였고, 자본 조달 순서 이론은 기업 규모가 클 경우 부채 비율이 낮을 것이라고 예측하였다. 따라서 상충 이론과 자본 조달 순서 이론은 기업 규모가 부채 비율에 미치는 효과와 관련하여 상반된 해석을 하고 있다.

☹ **오답인 이유**

① 2문단을 보면 불완전 자본 시장을 가정하는 자본 구조 이론들 중에서 경제 주체들 사이의 정보 비대칭을 감안하는 자본 구조 이론이 발전해 왔다고 하였다. 또 4문단을 보면 자본 조달 순서 이론에서는 정보 비대칭의 정도가 작은 순서에 따라 자본 조달이 순차적으로 이루어진다고 하였다. 따라서 경제 주체들 사이의 정보 비대칭만으로도 자본 시장의 불완전성을 논할 수 있다.

② 1문단을 보면 모딜리아니 – 밀러 이론은 자본 구조(부채 비율)가 기업의 가치와 무관하다고 하였다. 그리고 3문단을 보면 상충 이론에서는 법인세 감세 효과와 기대 파산 비용을 계산하여 기업의 가치를 가장 크게 하는 부채 비율을 결정한다고 하였다. 따라서 자본 구조 이론은 기업의 가치에 부채 비율이 미치는 영향을 연구하는 것이지, 기업의 가치가 부채 비율에 미치는 영향을 연구하는 것이 아니다.

③ 4문단을 보면 자본 조달 순서 이론에서는 기업들이 투자가 필요할 경우 내부 여유 자금을 우선적으로 쓰며, 외부 자금을 조달해야 할 때에는 주식의 발행보다 부채의 사용을 선호한다고 하였다. 따라서 자본 조달 순서 이론에 의하면, 기업은 내부 여유 자금, 부채, 주식 순으로 투자 자금을 조달한다고 볼 수 있다.

⑤ 1문단을 보면 모딜리아니 – 밀러 이론은 완전 자본 시장을 가정하였지만, 2문단을 보면 상충 이론이나 자본 조달 순서 이론과 같

이 불완전 자본 시장을 가정하는 자본 구조 이론들은 완전 자본 시장 가정의 비현실성에 주안점을 두어 파산 비용, 정보 비대칭 등을 감안했다고 하였다. 따라서 이들은 모딜리아니 - 밀러 이론이 가진 결론의 비현실성을 비판했으며 이론적 전제에도 동의하지 않았다고 볼 수 있다.

07 답 ⑤

| 2012학년도 LEET |

😀 정답인 이유

6문단을 보면 ⓒ은 자본 시장에 마찰 요인이 전혀 없다는 가정에 기초한 ⓐ을 수정·보완하여 법인세뿐만 아니라 기업에 투자한 채권자들이 받는 이자 소득에 대해 부가되는 소득세까지 고려했음을 알 수 있다. 즉 ⓒ은 자본 시장의 마찰 요인을 고려했으며, 자본 구조와 기업의 가치가 무관하다는 ⓐ의 명제를 재확인한 것이다.

🙁 오답인 이유

① 1문단을 보면 ⓐ은 자본 시장에 불완전성을 가져올 수 있는 모든 마찰 요인이 전혀 없다고 가정하였다. 그리고 6문단을 보면 ⓐ을 수정·보완한 ⓒ은 파산 비용이 미치는 영향이 미약하여 고려할 필요가 없다고 하였다.

② 1문단을 보면 ⓐ은 현대 자본 구조 이론의 출발점을 제시하였다고 하였으므로, 개별 기업을 연구 대상으로 삼은 것은 아니다. 그리고 6문단을 보면 ⓒ도 개별 기업이 아니라 경제 전체의 최적 자본 구조 결정 이론을 제시하였음을 알 수 있다.

③ 6문단을 보면 ⓒ은 법인세뿐만 아니라 소득세도 기업의 자금 조달에 영향을 미칠 수 있다고 하였다. 따라서 ⓐ의 한계를 극복하기 위해 ⓒ이 법인세 외에 소득세도 고려한 것은 사실이다. 그러나 1문단을 보면 ⓐ은 자본 시장에 불완전성을 가져올 수 있는 모든 마찰 요인이 전혀 없다고 가정하며, 법인세 등의 세금과 거래 비용이 모두 없다고 가정하였다. 따라서 ⓐ은 기업의 가치 산정에 법인세를 고려했다고 볼 수 없다.

④ 1문단을 보면 ⓐ은 현실적으로 타당한 이론이 아니었다고 하였으므로 현실 설명력이 제한적이었다고 볼 수 있다. 하지만 6문단을 보면 이를 보완하기 위한 ⓒ도 ⓐ과 마찬가지로 기업의 가치 산정에 타인 자본의 영향이 없다고 결론 내렸다.

08 답 ③

| 2012학년도 LEET |

😀 정답인 이유

3문단을 보면 상충 이론에서는 부채의 사용이 증가함에 따라 법인세 감세 효과에 의해 기업의 가치가 증가하는 반면, 기대 파산 비용도 증가함으로써 기업의 가치가 감소하는 효과도 나타난다고

하였다. ③에서 'B 기업의 높은 자기 자본 대비 타인 자본 비율'은 자기 자본에 비해 부채 비율이 높다는 것을 의미한다. 따라서 A씨는 상충 이론에 따라 B 기업의 높은 부채 비율이 어떤 식으로든 기업의 가치에 영향을 미칠 것이라고 평가할 것이다.

🙁 오답인 이유

① 5문단을 보면 상충 이론은 기업 규모가 클 경우 부채 비율이 높을 것이라고 예측한다고 하였다. 〈보기〉에서 B 기업은 규모가 작고, 부채 비율(자기 자본 대비 타인 자본 비율)이 높다. 따라서 이는 상충 이론으로 설명될 수 없으므로, 자본 조달 순서 이론에 의한 평가로 보는 것이 적절하다.

② 3문단을 보면 상충 이론에서는 부채의 사용이 증가함에 따라 법인세 감세 효과에 의해 기업의 가치가 증가한다고 하였다. 여기서 법인세 감세 효과란 부채에 대한 이자가 비용으로 처리됨으로써 얻게 되는 세금 이득이다. 그런데 〈보기〉의 B 기업은 부채 비율이 높으므로, 상충 이론에 따르면 B 기업은 이자 비용에 따른 법인세 감세 효과를 볼 수 있다고 평가할 수 있다.

④ 5문단을 보면 상충 이론에서는 대기업은 소규모 기업에 비해 사업 다각화의 정도가 높아 파산할 위험이 낮으므로 기대 파산 비용도 낮다고 하였다. 즉 소규모 기업은 기대 파산 비용이 높다는 것이다. 그리고 성장성이 높은 기업에 대해 법인세 감세 효과보다는 기대 파산 비용이 더 크다고 하였다. 따라서 기업 규모가 작고 성장성이 높은 〈보기〉의 B 기업에 대해 상충 이론에 따라 평가한다면 기대 파산 비용이 높다고 평가할 것이다.

⑤ 5문단을 보면 상충 이론은 기업 규모가 클 경우 부채 수용 능력이 높고, 법인세 감세 효과를 극대화하기 위해 더 많은 부채를 차입하려 할 것이기 때문에 부채 비율이 높을 것이라고 예측하였다. 또한, 성장성이 높은 기업들에 대해서는 법인세 감세 효과보다는 기대 파산 비용이 더 크기 때문에 부채 비율이 낮을 것이라고 예측하였다. 따라서 규모가 작고 성장성이 높은 〈보기〉의 B 기업에 생산 시설 확충을 위한 투자 자금을 조달한다면, 상충 이론에서는 부채 비율을 낮출 수 있도록 타인 자본보다는 자기 자본으로 조달하는 것이 더 낫다고 평가할 것이다.

09 답 ②

| 수능 예상 문제 |

😀 정답인 이유

5문단을 보면 ㉮'상충 이론'에서는 대기업은 파산할 위험이 낮으므로 기대 파산 비용도 낮아서 부채 수용 능력이 높다고 보았다. 그러므로 ㉮의 관점에서 볼 때, 〈보기〉에서 대기업인 '갑'의 기대 파산 비용이 커서 부채 비율이 높다고 평가한 것은 적절하지 않다. 그리고 5문단을 보면 ㉮에서는 성장성이 높은 기업들은 법인

세 감세 효과보다는 기대 파산 비용이 더 크기 때문에 부채 비율이 낮을 것이라고 예측하였다. 그러므로 ㉮의 관점에서 볼 때, 〈보기〉에서 성장성이 높은 기업인 '을'의 성장에 따른 기대 파산 비용이 작다고 평가한 것은 적절하지 않다.

😕 오답인 이유
① 5문단을 보면 ㉮'상충 이론'은 기업의 규모가 클 경우 법인세 감세 효과를 극대화하기 위해서도 더 많은 부채를 차입하려 할 것이라고 하였다. 그러므로 ㉮는 〈보기〉에서 대기업인 '갑'이 1조 원의 부채 도입을 결정한 것은 법인세 감세 효과를 극대화하기 위한 것이라고 평가할 것이다.
③ 5문단을 보면 ㉯'자본 조달 순서 이론'은 성장성이 높을수록 더 많은 투자가 필요할 것이므로 부채 비율이 높을 것이라고 예측하였다. 따라서 ㉯의 관점에서는 〈보기〉의 '을'은 성장성이 높은 기업이므로 더 많은 투자를 위해 외부 자금을 조달하는 경영 전략을 세울 것이라고 평가할 것이다.
④ 5문단을 보면 ㉯'자본 조달 순서 이론'은 기업 규모가 클 경우 기업 회계가 투명해지는 등 투자자들에게 정보 비대칭으로 발생하는 문제가 적다고 보았다. 그러므로 ㉯의 관점에서는 〈보기〉에서 대기업인 '갑'이 중소기업인 '을'에 비해 정보 비대칭으로 인해 발생하는 문제가 적을 것이라고 평가할 것이다.
⑤ 6문단을 보면 ㉰'최적 자본 구조 결정 이론'은 기업의 최적 자본 구조는 결정될 수 없고 자본 구조와 기업의 가치는 무관하다고 하였다. 따라서 ㉰의 관점에서는 〈보기〉의 '갑'과 '을'이 외부 자금을 활용하더라도 기업의 가치에는 변화가 없을 것이라고 평가할 것이다.

10 ⑤ 답 | 수능 예상 문제 |

😄 정답인 이유
ⓔ'행태(行態)'는 행동하는 양상을 뜻하며, 주로 부정적인 의미로 사용된다. 따라서 '사람이 의지를 가지고 하는 짓'은 ⓔ의 사전적 의미로 적절하지 않으며, 이는 '행위'의 의미이다. 참고로 '일부 정치인들의 비도덕적인 행태에 국민들은 분노를 느꼈다.'와 같은 문장을 ⓔ의 용례로 들 수 있다.

인문
▶ 본문 79~81쪽

개념과 범주화의 정의와 기능, 범주화의 과정
• 주제: 개념과 범주화의 정의와 기능, 범주화 과정을 설명하는 다양한 견해

• 해제: '개념'은 대상들의 공통된 특성을 추상화하여 종합한 보편적 관념을 말한다. 그리고 특정한 개념이 다른 개념의 범위에 속하는지 그 여부를 결정하는 것을 '범주화'라고 한다. 범주화는 인간이 사물과 현상을 변별, 이해, 추론, 기억하는 데 도움을 준다. 범주화 과정에 대한 다양한 견해들이 존재하는데, 고전적 견해는 범주에 속한 사례들이 필요충분조건으로 대등하게 구성된다는 입장이다. 유사성 기반 견해는 범주에 속한 사례들이 좋은 예와 그렇지 않은 것으로 구별되어 차등적으로 존재한다는 입장을 보이며, 유사한 대상들이 동일한 범주에 속한다고 본다. 그리고 설명 기반 견해는 개념 속성들 사이에 기능적, 인과적 설명에 대한 정보가 포함되어 같은 범주로 분류된다는 입장이다.

• 문단별 핵심 내용

1문단	개념의 의미와 구성 요소
2문단	범주와 범주화의 의미
3문단	범주화의 기능과 유용성
4문단	범주화 과정 설명 ① – 고전적 견해
5문단	범주화 과정 설명 ② – 유사성 기반 견해
6문단	범주화 과정 설명 ③ – 설명 기반 견해

11 ④ 답 | 수능 예상 문제 |

😄 정답인 이유
이 글에 나타난 범주화의 과정에 대한 고전적 견해, 유사성 기반 견해, 설명 기반 견해는 인간의 지식 체계를 구성하는 범주화 과정을 각각의 관점으로 설명하고 있다. 이것은 인간의 지식 체계를 구성하는 과정에 대해 서로 견해를 달리하며 여러 가지 방식으로 해석한 것으로 볼 수 있다. 그러므로 범주화의 과정에 대한 견해들이 인간의 지식 체계를 일관된 방식으로 해석할 수 있다는 점을 보여 주는 것은 아니다.

😕 오답인 이유
① 2문단을 보면 '범주'는 같은 성질을 가진 부류나 범위를 의미하는 것이라고 하였다. 그리고 '범주화'는 특정한 사례가 특정한 범주의 구성원인지의 여부를 결정하는 것, 특정한 개념이 다른 개념의 부분 집합인지를 결정하는 것이라고 하였다. 따라서 범주화 과정은 개념이 적용되는 여러 사물이 공통적으로 가지고 있는 어떤 필연적 성질 전체를 가리키는 내포보다는 그 개념이 지시할 수 있는 대상 전체의 범위를 가리키는 외연과 관련이 깊다.
② 3문단을 보면 범주화는 인간이 사물과 현상을 변별하고, 이해하고, 추론하고, 기억하는 데 많은 도움을 준다고 하였다. 즉 범주화는 사람이 새로운 경험을 할 때마다 그 경험을 개별적인 속성에 기초해서 독특한 것으로 지각하지 않고, 이전에 경험한 어떤 것과

같은 것으로 인식하여 경험에 의미를 부여하는 기능을 한다고 하였다. 따라서 범주화는 경험과 기억 활동이 선행되어야 이루어지는 사고 과정으로 볼 수 있다.

③ 2문단을 보면 옆집에서 짖어대는 것이나 아기가 갖고 있는 동물 인형을 모두 같은 '개'라고 부르는 것은 둘 다 '개'라는 개념이 포함하고 있는 속성들을 공유하는 것으로 판단했기 때문이라고 하였다. 그러므로 개의 종류인데도 둘을 개라는 범주 안에서 '진돗개'와 '치와와'라고 다르게 부른다는 것은 둘 사이에 서로 공유하지 않는 속성이 있기 때문으로 볼 수 있다.

⑤ 3문단을 보면 사람이 새로운 경험을 할 때마다 그 경험을 독특한 것으로 지각한다면 엄청나게 다양한 경험에 압도당할 것이라고 하였다. 또한, 범주화를 통해 사물이나 현상들을 의미 있는 단위로 분할하면 이후의 일들을 예상할 수 있게 된다고 하였다. 이는 범주화 과정의 유용한 역할에 대한 설명이다. 즉 범주화가 이루어지지 않는다면 경험들이 의미 있는 단위로 분류되지 않을 것이고, 이에 따라 인간의 사고 체계는 분류되지 않은 경험들에 의해 제대로 기능하기 어려울 수도 있다는 것이다.

12 ⑤ ④

😀 정답인 이유

〈보기〉의 ㄴ에서 청소년들은 제시된 그림들을 '과일', '꽃', '가축'으로 나누어 외웠다고 하였다. 즉 청소년들은 각각의 그림 속 대상이 지닌 독특한 고유의 특성들에 주목하여 외운 것이 아니라, 그림 속 대상들의 공통점을 범주화하여 나누어 외운 것으로 볼 수 있다.

😔 오답인 이유

① ㄱ에서 A는 곤충과 거미와의 차이점을 몰랐으므로, 거미와 곤충의 유사한 모습만 보고 거미가 곤충에 속한다고 범주화하였다.
② ㄱ에서 B는 곤충은 다리가 세 쌍이고 거미는 다리가 네 쌍이라는 차이점을 알고 있었기 때문에, A가 거미를 곤충으로 범주화한 것이 잘못되었다고 바로잡을 수 있었다.
③ ㄴ에서 유아들은 그림들 간의 공통점을 고려하지 않고 외웠기 때문에 제시된 그림들을 기억하는 데 청소년들보다 어려움을 겪었을 것이다. 따라서 그림의 개수가 더 많아진다면 유아들이 그림들을 모두 기억하는 데 겪는 어려움이 더 커질 것이다.
⑤ ㄷ에서 C는 영상물을 통해 기도가 막혔을 때의 응급 처치 방법을 배웠는데, 친구가 숨을 쉬지 못하는 상황이 발생하자 그 상황이 영상물에서 본 상황과 유사하다고 생각하였다. 이에 따라 C는 영상물에서 본 상황이 친구의 증상과 유사하다고 범주화하여 동일한 응급 처치를 시행할 수 있었음을 알 수 있다.

13 ⑤ ②

😀 정답인 이유

ⓒ'유사성 기반 견해'는 개념에 속하는 사례들 중에서 원형에 더 가까운 사례가 그 범주의 더 좋은 예가 된다고 하였다. 따라서 유사성 기반 견해에서는 〈보기〉의 ㉮, ㉯에 대해 '비둘기'와 '펭귄'은 '날개가 있고 알을 낳고 다리가 두 개'인 속성은 공유하지만, 둘 중 어느 것이 '새'의 원형에 더 가까운 사례가 되는지 비교할 수 있을 것이다. 그리고 5문단을 보면 유사성 기반 견해는 하나의 대상에 가장 흔히 사용되는 기본 수준이 상위 또는 하위 수준보다 변별력이 더 큰 것으로 본다고 하였다. 그러므로 '새'는 기본 수준인 '비둘기'보다 상위 수준에 해당하므로 변별력이 낮은 개념으로 볼 것이다. 따라서 ②는 적절하지 않다.

😔 오답인 이유

① 4문단을 보면 ㉠'고전적 견해'는 어떤 개념에 속한 사례들이 공유한 기준 속성의 집합은 개념을 정의하는 데 충분하다고 하였다. 〈보기〉의 ㉯에서 '날개가 있음, 알을 낳음, 다리가 두 개임'이라는 세 가지 속성이 '새'를 정의하는 필요충분조건이므로, 이러한 속성을 모두 가지고 있으면 '새'라는 개념 범주에 포함된다고 보는 입장이 고전적 견해이다.
③ 5문단을 보면 ㉡'유사성 기반 견해'에서 원형 모형은 특정 개념에 속하는 사례들을 가장 잘 대표할 수 있는 원형이 추상화되어 그 개념의 표상으로 저장된다고 하였다. 〈보기〉에서 '난다'라는 속성은 '새'의 대표적 속성이지만 ㉯에서 정의하지 않고 있다. 따라서 유사성 기반 견해에서는 '난다'라는 대표적 속성까지 고려한다면 '비둘기'가 '펭귄'보다 '새'의 범주에 더 좋은 사례가 된다고 주장할 것이다.
④ 6문단을 보면 ㉢'설명 기반 견해'는 범주화 과정을 어떤 사례들이 왜 같은 범주로 묶이는가를 설명하는 과정이라고 보았다. 그러므로 설명 기반 견해에서는 지각적 공통점이 없는 사례들도 이들이 가진 속성들의 기능적, 인과적 설명을 통해 새로운 범주를 형성할 수도 있다고 하였다. 즉 〈보기〉의 ㉯에서 '새'의 속성으로 제시된 '날개가 있고 알을 낳고 다리가 두 개'인 특징과는 무관하거나 별도의 지각적 공통점이 없어도, 예를 들어 '놀이동산에서 본 것들', '내 책상 위에 있는 동물 모형들' 등의 새로운 범주로 범주화할 수 있다고 주장할 것이다.
⑤ 6문단을 보면 ㉢'설명 기반 견해'는 범주화가 기억 속의 표상과 속성들의 전형성 정도를 비교하는 것에 국한되는 것이 아니라는 비판적인 입장을 취한다는 것을 알 수 있다. 그러므로 설명 기반 견해에서는 '펭귄' 캐릭터에 익숙한 유치원생들이 '비둘기'보다 '펭귄'이 더 전형적인 '새'라고 판단한다면, 이를 통해 속성들의 전형성 정도를 비교하는 것의 문제점을 지적할 것이다.

14 답 ⑤

😊 정답인 이유

6문단을 보면 설명 기반 견해는 지각적 공통점이 없는 사례들도 필요나 지식에 의해 형성되는 범주로 묶을 수 있으므로 기능적, 인과적 설명이 중요하다고 하였다. 그러므로 설명 기반 견해에 의하면 개념에 속한 사례들은 기능적, 인과적 관계를 갖는다고 볼 수 있다. 동일 범주로 묶이는 개념의 속성들이 존재하는 정도가 확률적으로 결정된다고 주장하는 것은 5문단에서 설명한 유사성 기반 견해이다.

😦 오답인 이유

① 1문단을 보면 내포의 범위를 특정 성질을 더하여 한정하면, 내포는 그만큼 증가하지만 외연은 감소한다고 하였다. 그러므로 개념의 내포와 외연은 한쪽이 증가하면 다른 한쪽은 감소하는 반비례 관계를 갖는다고 볼 수 있다.

② 2문단을 보면 '범주'는 같은 성질을 가진 부류나 범위를 의미하고, '범주화'는 특정한 사례가 특정한 범주의 구성원인지의 여부를 결정하는 것, 특정한 개념이 다른 개념의 부분 집합인지를 결정하는 것을 말한다고 하였다. 그러므로 범주를 집합이라고 보면, 그 범주의 범위에 속하는 구체적 사례들은 그 집합의 부분 집합에 해당한다고 볼 수 있다.

③ 4문단을 보면 고전적 견해에서는 어떤 개념에 속한 사례들이 필요, 충분 속성을 모두 가지고 있으므로 어떤 사례가 그 범주의 더 좋은 예라든가 나쁜 예일 수 없다고 하였다. 그러므로 고전적 견해에 의하면 개념에 속한 사례들은 동등한 지위를 가지므로 서로 대등적 관계를 갖는다고 볼 수 있다.

④ 5문단을 보면 유사성 기반 견해에서는 유사한 대상들은 동일한 범주에 속하며 유사하지 않은 대상들은 서로 다른 범주에 속한다고 하였다. 그러나 유사성이 지극히 가변적이기 때문에 유사성을 범주화의 원인으로 보기 어렵다는 비판을 받고 있다고 하였다. 따라서 유사성 기반 견해에 의하면 개념에 속하는 사례들은 서로 가변적 관계를 갖고 있음을 알 수 있다.

15 답 ③

😊 정답인 이유

ⓒ의 '압도당하다'는 '눌려서 넘어지다.', '보다 뛰어난 힘이나 재주에 눌려 꼼짝 못 하게 되다.'의 뜻으로 쓰였다. 따라서 ⓒ와 바꿔 쓸 수 있는 말로 '이끌릴'은 적절하지 않다. '이끌리다'는 '목적하는 곳으로 바로 가도록 같이 가면서 따라오게 하다.'의 피동사이다. ⓒ는 '꼼짝 못할'이나 '눌릴'로 바꿔 쓸 수 있다.

09회 실전 모의고사

기술·예술

▶ 본문 82~84쪽

| 01 ③ | 02 ⑤ | 03 ④ | 04 ⑤ | 05 ③ |

사진기 주요 장치와 사진의 사실성에 관한 미학 이론

• 주제: 사진기를 구성하는 장치들의 특성과 사진의 사실성에 관한 사진 미학 이론의 입장

• 해제: 이 글은 사진기의 주요 장치들이 대상을 정확하게 재현하거나 의도적으로 변형하는 특성을 설명하고, 이를 바탕으로 사진이 사실성을 갖는지에 관한 여러 사진 미학 이론들의 입장을 제시하고 있다. 사진기의 초점 조절 장치는 렌즈와 필름 사이의 거리를 조절하여 피사체의 상을 필름 면에 맺게 한다. 물체 거리와 상 거리가 렌즈의 초점 거리와 어떻게 연결되는지를 표현한 렌즈 공식을 활용하면 상 거리 및 상의 크기를 알 수 있다. 조리개와 셔터는 노출을 결정하는 장치이다. 사진가는 조리개의 지름을 늘리거나 줄이고, 셔터 속도를 활용하여 의도적으로 빛의 양을 조절할 수 있다. 이와 같은 사진기 장치의 특성은 대상을 사진으로 정확하게 묘사하거나 의도적으로 변형할 수도 있게 한다. 대상을 변형시킨 사진이 사실성을 갖고 있다고 볼 것인지에 대해 바쟁은 기계적 방식으로 기록한 것이므로 사실성을 띤다고 보고, 월든은 사진이 대상을 정확히 재현한다는 점에서 사실성을 갖는다고 본다. 또 다른 견해는 사진은 빛 이미지의 자취를 기록한 것이기에 사실성을 띠며, 사진의 사실성은 사진이 대상을 정확히 재현하는지 여부와는 무관하다고 본다.

• 문단별 핵심 내용

1문단	사진의 사실성에 관한 사진 미학 이론의 논의
2문단	초점 조절 장치의 원리와 초점 거리, 물체 거리, 상 거리
3문단	물체 거리, 상 거리, 초점 거리의 관계를 알 수 있는 렌즈 공식과 활용 방법
4문단	노출을 결정하는 조리개와 셔터의 원리와 사진가의 빛 조절
5문단	사진의 심도에 영향을 미치는 조리개와 피사체의 움직임을 구현하는 셔터 속도
6문단	사진의 사실성에 관한 바쟁, 월든, 또 다른 견해의 입장

01 답 ③

😊 정답인 이유

1문단에서는 사진의 사실성에 관한 사진 미학 이론의 논의를 이해하기 위해서는 사진기의 주요 장치들의 특성을 이해할 필요가 있다고 하였다. 이어서 2~5문단에서는 사진기의 주요 장치인 초점 조절 장치, 조리개, 셔터 등의 특성을 설명하였다. 그리고 6문단에서는 사진기 장치들의 특성이 대상을 사진으로 정확하게 재

현할 수도 의도적으로 변형할 수도 있게 한다고 하면서, 대상을 변형시킨 사진의 사실성에 대한 바쟁, 월든, 또 다른 견해 등의 사진 미학 이론을 제시하고 있다. 따라서 이 글은 사진기의 주요 장치들의 특성을 설명하고, 사진의 사실성에 대한 여러 사진 미학 이론의 입장을 제시하고 있는 글임을 알 수 있다.

☺ 오답인 이유

① 이 글은 사진기의 주요 장치들과 사진의 사실성에 관한 여러 사진 미학 이론을 설명하고 있다. 사진기의 역사나 사진기를 다룰 때 유의해야 할 점은 설명하지 않았다.

② 1문단에서 우리는 초상화보다는 초상 사진이 더 사실적이라고 느낀다고 하면서 대상을 정확히 재현하는 사진의 사실성에 대해 소개하였다. 그러나 이 글에서는 사진기의 주요 장치인 초점 조절 장치, 조리개, 셔터 등의 특성을 설명하였을 뿐 사진 기술의 발전 과정을 밝히고 있는 것은 아니다.

④ 2~5문단에서 사진기의 주요 장치들의 원리와 사진기에서 빛의 양을 조절하는 기능 등, 사진기의 여러 기능을 설명하고 있다. 6문단에서 이와 같은 사진기 장치들의 특성은 대상을 사진으로 정확하게 재현할 수도, 의도적으로 변형할 수도 있게 한다고 하였지만, 사진이 대상의 실제 모습을 드러내는 데 한계가 있다고 강조한 것은 아니다.

⑤ 2, 3문단에서 사진기의 초점 조절 장치가 렌즈와 필름 사이의 거리를 조절하여 피사체의 상을 필름 면에 맺게 하는 원리를 설명하였다. 그리고 4문단에서 노출은 필름에 입사되는 빛의 양으로, 노출이 과하면 사진이 허옇게 번져 나오고 노출이 부족하면 사진이 어둡게 된다고 하였으므로, 이를 통해 사진에서 초점과 노출이 중요한 이유를 부분적으로 알 수 있다. 그러나 6문단에서는 사진의 사실성에 관한 여러 가지 사진 미학의 입장을 밝히고 있을 뿐, 사진 미학이 사진기 발달에 영향을 끼쳤다는 내용은 제시되어 있지 않다. 따라서 이 글에서 사진 미학이 사진기 발달에 끼친 영향을 설명하고 있는 것은 아니다.

02 답 ⑤

| 수능 예상 문제 |

☺ 정답인 이유

[A]에서 물체 거리(o)와 상 거리(i)가 렌즈의 초점 거리(f)와 어떻게 연결되는지는 $\frac{1}{o}+\frac{1}{i}=\frac{1}{f}$이라는 렌즈 공식으로 표현될 수 있다고 하였다. 이때 o가 f보다 100배 이상 크면 물체가 무한대의 거리에 있는 것과 마찬가지로 작용하여, $\frac{1}{o}$이 매우 작아서 무시할 수 있으므로 〈그림〉에서 나무의 i는 f와 거의 같다고 하였다. 따라서 〈그림〉과 동일한 상황에서 f가 20cm에서 50cm로 바뀐다고 해도 나무의 o는 10,000cm이기 때문에 f보다 100배 이상 크므로, $\frac{1}{o}$은 매우 작아서 무시할 수 있다. 따라서 나무의 i는 f와 거의 같음을 알 수 있다.

☺ 오답인 이유

① 〈그림〉에서 f는 20cm, 연필의 o는 40cm이므로, $\frac{1}{o}+\frac{1}{i}=\frac{1}{f}$이라는 렌즈 공식을 활용하면 $\frac{1}{40}+\frac{1}{i}=\frac{1}{20}$이므로 연필의 i는 40cm이라고 하였다. f가 10cm로 바뀐 경우 렌즈 공식을 적용하여 연필의 i를 구하면 $\frac{1}{40}+\frac{1}{i}=\frac{1}{10}$이므로, 연필의 i는 $\frac{40}{3}$, 약 13.3cm이다. 따라서 연필의 i는 f가 20cm인 렌즈를 사용할 때는 40cm였다가, f가 10cm인 렌즈를 사용하면 i가 약 13.3cm가 되므로 더 작아진다는 것을 알 수 있다.

② [A]에서 상의 크기를 피사체의 크기로 나눈 값은 i를 o로 나눈 값과 같다고 하였다. 〈그림〉에서 f는 20cm, 공의 o는 30cm이므로, $\frac{1}{o}+\frac{1}{i}=\frac{1}{f}$이라는 렌즈 공식을 활용하면 $\frac{1}{30}+\frac{1}{i}=\frac{1}{20}$이므로 공의 i는 60cm이다. 따라서 공의 실제 크기가 10cm라면 $\frac{\text{상의 크기}}{10}=\frac{60}{30}$이므로, 상의 크기는 20cm이다. 따라서 공의 실제 크기가 10cm라면 상의 크기는 20cm이므로, 공의 상의 크기는 공의 실제 크기보다 더 커진다는 것을 알 수 있다.

③ [A]에서 o가 렌즈의 f보다 작으면 피사체의 빛이 퍼져서 모이지 않아 렌즈 뒤에 상이 맺히지 않는다고 하였다. 따라서 〈그림〉과 같은 상황에서 공의 상이 렌즈 뒤에 맺히려면, 공의 o는 렌즈의 초점 거리인 20cm보다 커져야 한다는 것을 알 수 있다.

④ 〈그림〉에서 연필의 위치가 공의 위치로 바뀐다면, 연필의 o는 30cm가 되므로 원래 연필의 o인 40cm보다 작아진다. 공의 위치로 바뀐 연필의 i를 구하기 위해 $\frac{1}{o}+\frac{1}{i}=\frac{1}{f}$이라는 렌즈 공식을 활용하면 $\frac{1}{30}+\frac{1}{i}=\frac{1}{20}$이므로, 연필의 i는 60cm이다. 따라서 원래 연필의 i인 40cm보다 커진다는 것을 알 수 있다.

03 답 ④

| 2018학년도 3월 고3 전국연합 |

☺ 정답인 이유

4, 5문단에서 사진기의 조리개 값과 셔터 속도를 조절하여 필름에 입사되는 빛의 양인 노출 정도를 결정하는 방식을 설명하고 있다. 이를 표로 정리하면 다음과 같다.

- 조리개 값(렌즈의 초점 거리를 조리개의 지름으로 나눈 값)

작아짐	• 조리개 지름 커짐 → 빛의 양 증가 • 초점이 맞는 물체 거리의 범위가 좁아짐(심도 얕음)
커짐	• 조리개 지름 작아짐 → 빛의 양 감소 • 초점이 맞는 물체 거리의 범위가 넓어짐(심도 깊음)

- 셔터 속도(촬영 순간 열렸다 닫히는 셔터의 속도)

빨라짐	• 노출 시간 짧아짐 → 빛의 양 감소 • 움직이는 피사체 : 잔상을 줄여 정지 동작으로 나타냄
느려짐	• 노출 시간 길어짐 → 빛의 양 증가 • 움직이는 피사체 : 움직임을 암시하여 흘러가듯이 표현됨

〈보기〉에서 (가)의 조리개 값은 2.8, (나)의 셔터 속도는 1000으로 설정하였다고 하였다. 만일 피사체가 매우 빨리 움직여 잔상이 생겼다면 셔터 속도가 느린 것이므로, 빠른 셔터 속도를 사용하여 피사체의 잔상이 남지 않게 정지 동작으로 나타내야 한다. 그러려면 (나)의 셔터 속도 조절 장치를 1000보다 더 큰 수로 조절해야 한다. 그런데 빠른 셔터 속도를 사용하면 노출 시간이 짧아져 필름에 입사되는 빛의 양이 감소하므로 사진이 어둡게 될 것이다. 따라서 (가)의 조리개 조절 장치에서 조리개 값을 2.8보다 작은 수로 조절하여 조리개의 지름을 커지게 하면, 필름에 입사되는 빛의 양이 증가하여 밝기가 유지될 것이다.

😀 **오답인 이유**

① 5문단에서 조리개는 사진의 심도에 영향을 미친다고 하였다. 피사체만 선명하게 촬영하려 했지만 주변 사물까지 선명하게 보였다면, 초점이 맞는 물체 거리의 범위가 넓은 것이므로 심도가 깊다는 것이다. 피사체만 선명하게 보이도록 하려면 초점이 맞는 물체 거리의 범위를 좁혀 심도를 얕게 해야 하므로, 조리개 지름이 커지게 해야 한다. 따라서 (가)의 조리개 조절 장치에서 조리개 값을 2.8보다 작은 수로 조절해야 하는데, (가)를 2.8보다 큰 수로 조절해야 한다고 하였으므로 적절하지 않다.

② 4문단에서 노출에 대해 설명하였는데, 피사체가 허옇게 번져 보였다는 것은 필름에 입사되는 빛의 양이 많아 노출이 과하다는 것이다. 따라서 피사체가 허옇게 번져 보이는 현상을 막으려면 노출을 줄여야 하므로 (가)의 조리개 조절 장치에서 조리개 값을 2.8보다 크게 하여 조리개의 지름을 줄이고, (나)의 셔터 속도 조절 장치를 1000보다 더 큰 수로 조절해서 셔터 속도를 빠르게 하여 필름에 입사되는 빛의 양을 줄여야 한다. 그런데 입사하는 빛의 양을 두 배로 늘린다고 하였으므로 적절하지 않다.

③ 피사체가 어둡게 보였다면 필름에 입사되는 빛의 양을 늘려야 하므로 (가)의 조리개 조절 장치에서 조리개 값을 2.8보다 작게 하여 조리개의 지름이 커지게 하고, (나)의 셔터 속도 조절 장치를

1000보다 더 작은 수로 조절해서 셔터 속도를 느리게 하여 필름에 입사되는 빛의 양을 늘려야 한다. 그런데 (가)는 고정하고 (나)만 1000보다 더 작은 수로 조절하여 입사하는 빛의 양을 줄인다고 하였으므로 적절하지 않다.

⑤ 5문단에서 조리개는 사진의 심도에 영향을 미친다고 하였다. 초점이 맞는 물체 거리의 범위가 넓어 보였다면, 조리개 지름이 작아져 광축에 가까운 빛만 입사되어 심도가 깊다는 것이다. 이때 초점이 맞는 물체 거리의 범위를 좁히려면 (가)의 조리개 조절 장치에서 조리개 값을 2.8보다 작게 하여 조리개의 지름이 커지게 해야 한다. 그런데 (가)는 고정하고 (나)만 2000으로 조절한다고 하였으므로 적절하지 않다.

04 🔲 ⑤
| 수능 예상 문제 |

😀 **정답인 이유**

〈보기〉에서 영희가 찍은 발자국 사진은 조리개와 셔터 속도를 조절하고 카메라의 줌(zoom) 기능을 활용한 것이므로 대상을 변형시킨 사진으로 볼 수 있다. 대상을 변형시킨 사진이 사실성을 갖고 있다고 볼 것인지에 대해, 사진이 발자국이라는 대상을 정확하게 재현했다는 측면에서 사실성을 띤다고 보는 것은 ⓒ의 의견으로 적절하다. 그러나 ⓒ은 사진의 사실성은 사진이 대상을 정확히 재현하는지 여부와는 무관하다고 본다고 하였으므로, ⓒ의 의견으로는 적절하지 않다.

😀 **오답인 이유**

① ㉠은 사진에 인간의 주관이 개입되는 측면을 인정하더라도 기계적 방식으로 대상을 기록한다는 본질은 변하지 않는다고 하였다. 즉 사진은 기계 장치에 의해 만들어지므로 사실성을 띤다고 주장하였으므로 적절한 의견이다.

② ㉡은 사진을 그림과 대조하며 그림은 그 대상의 가시적 특징을 추가하거나 누락할 수 있지만, 사진은 그렇게 하기 어렵기 때문에 사실성을 띤다고 주장하였으므로 적절한 의견이다.

③ ㉢은 사진 형성 과정에 사진가가 적극 개입한 사진이건 우연히 찍힌 사진이건 빛 이미지의 자취라는 점에서는 모두 사실성을 띤다고 하였으므로 적절한 의견이다.

④ ㉠은 사진은 기계 장치에 의해 만들어지므로 사실성을 띤다고 보았고, ㉡도 사진이 기계에 의존하여 대상을 정확히 재현한다는 점을 중시하여 사진이 사실성을 띤다고 주장하였으므로 적절한 의견이다.

05 🔲 ③
| 2018학년도 3월 고3 전국연합 |

😀 **정답인 이유**

'그 면적을 늘리거나 줄일 수 있도록 만들어져 있다.'에서 ⓒ의 '줄이다'는 면적을 작게 한다는 의미로, '물체의 길이나 넓이, 부피 따위가 본디보다 작아지다.'라는 뜻의 '줄다'의 사동사로 사용되었다. ③의 '사무실 평수를 줄여 휴게실을 만들었다.'에서 '줄이다' 역시 같은 의미로 사용되었다.

😞 **오답인 이유**
① ⓐ의 '펼치다'는 '생각 따위를 전개하거나 발전시키다.'라는 의미이다. ①의 '독수리가 창공에서 날개를 펼쳤다.'에서 '펼치다'는 '접히거나 개킨 것 따위를 널찍하게 펴다.'라는 의미이므로 서로 다른 의미로 사용되었다.

② ⓑ의 '모이다'는 '한데 합쳐지다.'라는 의미이다. ②의 '올해는 동아리 신입 회원이 세 명밖에 모이지 않았다.'에서 '모이다'는 '여러 사람이 한곳에 오거나 한 단체에 들다.'라는 의미로 사용되었으므로, 서로 다른 의미로 사용되었다.

④ ⓓ의 '미치다'는 '영향이나 작용 따위가 대상에 가하여지다.'라는 의미이다. ④의 '선수가 결승점에 못 미쳐서 넘어지고 말았다.'에서 '미치다'는 '공간적 거리나 수준 따위가 일정한 선에 닿다.'라는 의미이므로 서로 다른 의미로 사용되었다.

⑤ ⓔ의 '찍다'는 '어떤 대상을 촬영기로 비추어 그 모양을 옮기다.'라는 의미이다. ⑤의 '종이 위에 연필로 선을 긋고 점을 찍었다.'에서 '찍다'는 '점이나 문장 부호 따위를 써넣다.'라는 의미이므로 서로 다른 의미로 사용되었다.

사회
▶ 본문 85~87쪽

| 06 ① | 07 ① | 08 ② | 09 ③ | 10 ① |

법의 해석, 법의 축소와 확장
• 주제: 법의 해석에 적용되는 법의 축소와 확장의 개념과 가치
• 해제: 이 글은 추상적인 형태의 법을 개별 사례에 적용할 때 법의 의미 내용을 구체화하는 법의 해석의 본질과, 법문의 가능한 의미 범위, 법의 축소와 확장의 개념을 설명하고 있다. 법의 적용을 위한 해석적 시도는 법문의 가능한 의미 범위 내에서 이루어지는지 여부가 다투어지기도 하지만, 본질적으로는 차이가 없다. 이때 법을 줄이거나 늘리는 법의 축소와 확장이라는 개념도 분명한 것이 아니라고 본다. 그 이유는 가벌성의 범위나 법규의 적용 범위, 법문의 의미 해석, 시민적 자유와 권리의 제약, 법적인 원칙의 예외, 입법자의 의사 등의 측면에서 법의 축소와 확장을 다르게 판정할 수 있기 때문이다. 이렇게 법의 해석과 적용의 바탕이 되는 개념인 법문의 가능한 의미 범위, 법의 축소와 확장은 그 존재론적 기초를 의심받기도 하

지만, 여전히 도구적 가치를 인정받고 있다.
• 문단별 핵심 내용

1문단	추상적인 법을 개별 사례에 적용할 때 필요한 법의 해석
2문단	법의 해석이 법문의 가능한 의미 범위 내인지의 여부
3문단	법문의 가능한 의미 범위가 존재하는지의 여부
4문단	법의 발견과 법의 형성 과정에서의 법의 축소와 확장
5문단	기준에 따라 달라지는 법의 축소와 확장의 판정
6문단	기준에 따라 법의 축소와 확장을 판정하는 예
7문단	법문의 가능한 의미 범위, 법의 축소와 확장의 도구적 가치

06 답 ①
| 2018학년도 LEET |

😊 **정답인 이유**
2문단에서는 법의 해석과 적용이 법문의 가능한 의미 범위 내에서 이루어지고 있는지 여부가 다투어질 경우에 문제가 된다고 하였다. 그러나 3문단에서는 언어가 가지는 의미가 고정되어 있는 것이 아니기 때문에 법문의 가능한 의미 범위라는 것은 존재하지 않는다고 보았다. 즉 법문의 가능한 의미 범위를 기준선으로 삼아 '법의 발견'과 '법의 형성'을 구분 짓는 태도는 논란의 여지가 있다는 것이다. 결국 모든 법의 적용은 해석적 시도의 결과이므로 법의 의미 내용을 구체화하려는 활동의 본질에는 차이가 없다고 하였다. 그러므로 이 글의 입장에서 보면 '법의 발견'과 '법의 형성' 모두 법의 의미 내용을 구체화하려는 활동이므로, 둘 사이에 본질적인 차이는 없다고 볼 수 있다.

😞 **오답인 이유**
② 1문단에서 추상적인 형태의 법을 개별 사례에 적용할 때 해석을 통해 법의 의미 내용을 구체화하는 작업이 필요하다고 하였다. 그리고 4문단을 보면 법의 해석은 법문의 가능한 의미 범위 내에서 이루어지는 경우와 법의 흠결을 보충하기 위해 불가피하게 그 범위를 넘어서는 경우가 있다고 하였다. 즉 이 글에 따르면 법의 의미 내용을 구체화하기 위해 법의 해석이 이루어질 때 법의 흠결을 보충하는 경우가 있는 것이므로, 법의 해석이 법의 흠결을 보충하는 활동에서 비롯하는 것은 아니다.

③ 2문단에서 법문의 가능한 의미 범위를 넘어선 해석적 시도에 대해서는 그것이 정당화될 수 있는지를 따로 살펴봐야 한다고 하였다. 하지만 3문단에서 법문의 가능한 의미 범위라는 것은 존재하지 않는다고 볼 수 있으며, 법의 해석은 기준선의 어느 쪽에서 이루어지는 것이든 법의 의미 내용을 구체화하려는 활동의 본질에는 차이가 없다고 하였다. 즉 이 글에 따르면 법문의 가능한 의미 범위를 넘어선 해석적 시도도 법의 의미 내용을 구체화하려는 활동에 해당하므로, 이것이 정당화될 수 없다는 것은 이 글의 입

장과 다르다.

④ 2문단에서 법이 명료한 개념들로 쓰인 경우에 벌어지는 가장 단순한 법의 적용조차도 해석의 결과라고 하였다. 즉 이 글에 따르면 법문이 명료한 개념들로만 쓰인 경우라도 법의 적용은 해석의 결과라 할 수 있으므로, 여기에 해석이 개입할 여지가 없다는 것은 이 글의 입장과 다르다.

⑤ 2문단에서 법이 재량적 판단을 허용하는 개념을 포함하고 있어 그것의 적용이 법문의 가능한 의미 범위 내에서 이루어지고 있는지 여부가 다투어질 경우 일반적으로 문제가 된다고 하였다. 즉 이 글에 따르면 법이 재량적 판단을 허용하는 개념을 도입한다면 해석적 논란이 생길 수 있으므로, 이것이 해석적 논란을 차단할 수 있다는 것은 이 글의 입장과 다르다.

07 답 ①
| 2018학년도 LEET |

😊 정답인 이유
〈보기〉에서는 법관이 과거의 유사 사례를 참조할 때 해결해야 할 새로운 사례와 동일한 사례는 없으며, 법관의 역할은 어느 유사 사례가 새로운 사례와 관련성이 더 높은지를 정하는 것이라고 하였다. 그리고 1문단에서는 특정한 법의 규율을 받는지 판단해야 하는 새로운 사례는 선례들과 비교할 필요가 있는데, 이를 결정하는 것이 법의 해석이라고 하였다. 이로 볼 때 〈보기〉에서 유사 사례를 비교, 유추하여 법을 구체화하는 법관의 역할은 넓은 의미에서 법의 해석으로 볼 수 있다. 3문단에서 법문의 가능한 의미 범위 내에서 당연히 허용되는 '법의 발견'은 별도의 정당화를 요하는 '법의 형성'과 본질적인 차이가 없는데, 모든 법의 적용은 해석적 시도의 결과이기 때문이라고 하였다. 즉 법관이 과거의 유사 사례를 참조할 때 완전히 동일한 사례는 없으므로 유추를 통해 새로운 사례에 적용해야 한다는 〈보기〉의 견해는, 법문의 가능한 의미 범위 내에서 당연히 허용되는 '법의 발견'도 결국 법의 해석의 결과라는 이 글의 내용과 맥락을 같이 하고 있다. 따라서 〈보기〉의 견해가 '법의 발견'에 대해 추가적 정당화를 요구하고 있는 것은 아니다.

😕 오답인 이유
② 〈보기〉에서는 법관의 역할이란 새로운 사례와 과거의 어느 유사 사례가 관련성이 더 높은지를 정하는 데 있으며, 진정한 의미에서 법관을 구속하는 선례는 없다고 하였다. 이는 법관이 사례 비교를 통해 법을 구체화할 때 참조할 수 있는 사례는 있으나 이것을 꼭 따라야 하는 것은 아님을 말하고 있으므로, 법관의 임의적인 법 적용을 허용하고 있다고 볼 수 있다.

③ 1문단에서는 어떤 새로운 사례가 법의 규율을 받는지 판단하기 위해서는 의심의 여지없이 그 법의 규율을 받는 것으로 인정된 선례들과 비교해 볼 필요가 있다고 하였다. 그리고 이때에 어떤 비교 관점이 중요한지를 결정하는 것도 바로 해석이라고 하였다. 여기에서는 규범과 그 규범의 적용을 받는 사례의 관계를 설명하고 있다. 〈보기〉에서는 모든 면에서 동일한 두 사례란 있을 수 없으며, 법관의 역할이란 어느 유사 사례가 관련성이 더 높은지를 정하고 과거의 유사 사례들로부터 새로운 사례에 적용할 지혜를 빌리는 것이라고 하였다. 여기에서는 사례와 그 사례의 적용을 받는 새로운 사례의 관계를 설명하고 있다. 따라서 법 해석의 적용을 받는 규범 대 사례의 관계를 사례 대 사례의 관계로 대체하여 설명하고 있다고 볼 수 있다.

④ 1문단에서는 어떤 새로운 사례가 법의 규율을 받는지 판단하기 위해서는 의심의 여지없이 그 법의 규율을 받는 것으로 인정된 선례들과 비교해 볼 필요가 있다고 하였다. 그러나 〈보기〉에서는 과거의 유사 사례들 중 해결해야 할 새로운 사례와 동일한 사례는 어떤 것도 없다고 하였다. 이는 선례로 확립된 사례가 없다는 의미이므로, 선례로 확립된 사례들과 단순한 참조 사례들을 구별하지 않고 있음을 알 수 있다.

⑤ 〈보기〉에서는 법관이 참조하는 과거의 유사 사례들 중 법관의 판단을 구속하는 선례는 없으며, 따라서 법의 해석은 유추에 불과한 것이라고 말하고 있다. 그러나 법관이 참조하는 사례들이 새로운 사례와 어떤 면에서 유사하고 어떤 면에서 유사하지 않은지를 비교하여 법을 구체화하는 것은 그 자체가 법의 적용을 위한 해석의 결과가 되므로, 〈보기〉는 이러한 해석의 몫을 간과하고 있다고 볼 수 있다.

08 답 ②
| 2018학년도 LEET |

😊 정답인 이유
5문단에서 ㉮'법의 축소와 확장'은 여러 기준에 따라 다르게 판정된다고 하였는데, 시민적 자유와 권리에 제약을 가하는 경우 법의 축소로 표현한다고 하였다. 이를 기준으로 본다면 〈보기〉의 ⓐ에서 ⓑ로의 변화는 법이 언론의 공익적인 활동을 보호하려는 취지였다가 점차 일반 시민들에게도 법이 적용되어 시민들이 누리는 표현의 자유를 더욱 보장하도록 변화된 것으로 볼 수 있다. 따라서 시민적 자유의 제약 가능성을 기준으로 삼아 ㉮를 판단하면, ⓐ에서 ⓑ로의 변화는 시민적 자유가 더 보장된 것이므로 법의 확장이라고 할 수 있다.

😕 오답인 이유
① 5, 6문단에서 가벌성의 범위가 넓어지는 것은 법의 확장, 좁아지는 것은 법의 축소라고 하였다. 이를 기준으로 본다면 〈보기〉의

ⓐ에서 ⓑ로의 변화는 법이 처벌하지 않는 대상이 언론의 공익적인 활동으로 한정되었다가 그 범위가 일반 시민들에게까지 넓어진 것이므로, 가벌성의 범위가 줄어든 것으로 볼 수 있다. 따라서 가벌성의 범위를 기준으로 삼아 ㉮를 판단하면, ⓐ에서 ⓑ로의 변화는 법의 축소라고 할 수 있다.

③ 5, 6문단에서 법규의 적용 범위가 넓어지는 것은 법의 확장, 좁아지는 것은 법의 축소라고 하였다. 따라서 이를 기준으로 본다면 〈보기〉의 ⓐ에서 ⓑ로의 변화는 법규의 적용 범위가 언론의 공익적인 활동이었다가 일반 시민들로 넓어진 것이므로, 법의 확장이라고 할 수 있다.

④ 〈보기〉의 법은 공익을 위해 진실한 내용만을 적시했다면 처벌하지 않는다는 내용인데, 입법자가 의도했던 법의 외연은 공익적인 활동을 한 대상을 법으로 보호하려는 것으로 볼 수 있다. 따라서 이를 기준으로 본다면 〈보기〉의 ⓐ에서 ⓑ로의 변화는 법의 보호를 받는 대상이 언론이었다가 일반 시민들로 늘어난 것이므로, 법의 확장이라고 할 수 있다.

⑤ 6문단에서는 명시되지 않은 요소를 추가하여 법문의 의미를 파악하는 것을 법의 확장이라고 하였다. 따라서 이를 기준으로 본다면 〈보기〉의 ⓐ는 '언론의 공익적인 활동'을 보호한다는 법에 명시되지 않은 부가 요건을 추가하여 법문의 의미를 파악하고 있으므로, 법의 확장으로 볼 수 있다. 그런데 ⓐ에서 ⓑ로 변화되면서 대상이 일반 시민들로 넓어져 '언론의 공익적인 활동'을 보호한다는 명시되지 않은 부가 요건이 더 이상 적용되지 않으므로, ⓐ에서 ⓑ로의 변화는 법의 축소라고 할 수 있다.

09 답 ③

| 수능 예상 문제 |

😊 정답인 이유

1문단에서 어떤 새로운 사례가 특정한 법의 규율을 받는지 판단하기 위해서는 이미 의심의 여지없이 그 법의 규율을 받는 것으로 인정된 사례들과 비교해 볼 필요가 있다고 하였으므로, 특정 사례가 법문에 적용 가능한지 살피는 행위는 추상적인 형태의 법을 구체화하기 위한 방법으로 이해할 수 있다. 그러나 2문단에서 법 해석에서 일반적으로 문제 되는 것은 법이 불확정적인 개념이나 근본적으로 규범적인 개념, 혹은 재량적 판단을 허용하는 개념 등을 포함하고 있기 때문이라고 하였다. 따라서 사례를 적용하여 근본적으로 규범적인 개념으로 정리하면, 그것의 적용이 법문의 가능한 의미 범위 내에서 이루어지고 있는지가 문제 될 수 있으므로 추상적인 법을 구체화하는 방법으로 적절하지 않다.

😟 오답인 이유

① 4문단에서 법의 적용을 위한 해석적 시도란 법문의 가능한 의

미 범위 안팎에서 법을 줄이거나 늘림으로써 그것이 특정 사례를 규율하는지 여부를 정하려는 것이라고 하였다. 그리고 2문단에서 법이 불확정적인 개념을 포함하고 있어 그것의 적용이 법문의 가능한 의미 범위 내에서 이루어지고 있는지 여부가 다투어질 경우 문제가 된다고 하였다. 따라서 특정 사례에 적용된 법문의 의미 범위가 모호한 경우 법 해석에 대한 문제가 발생할 수 있다는 것은 적절하다.

② 3문단에서 언어가 가지는 의미는 고정되어 있는 것이 아니라고 하였고, 그렇기 때문에 그것을 기준선으로 삼아 당연히 허용되는 '법의 발견'과 별도의 정당화를 요하는 이른바 '법의 형성'을 구분 짓는 태도 또한 논란으로부터 자유롭지 않다고 하였다. 따라서 언어가 가지는 본질적인 애매성 때문에 '법의 발견'과 '법의 형성'에 대한 논의에서도 논란이 발생할 수 있다는 것은 적절하다.

④ 7문단에서 법의 해석과 적용을 인도하는 주요 개념들은 대체로 정체가 불분명할 뿐 아니라 그 존재론적 기초를 의심받기도 한다고 하였으므로 적절하다.

⑤ 7문단에서 법 해석과 적용에 대해 많은 학설과 판례가 이들의 도구적 가치를 긍정하고 있으며, 그것은 규범적 정당성과 실천적 유용성을 함께 추구하는 법의 논리가 법적 사고의 과정 자체에 남긴 유산이라고 평가하였으므로 적절하다.

10 답 ①

| 수능 예상 문제 |

😊 정답인 이유

'어떤 새로운 사례가 특정한 법의 규율을 받는지 판단하기 위해서는'에서 ㉠의 '받다'는 '다른 사람이나 대상이 가하는 행동, 심리적인 작용 따위를 당하거나 입다.'의 의미로 사용되었다. 이와 같은 의미로 사용된 것은 ①의 '우리 막내는 언제나 귀염을 받고 자랐다.'에서의 '받다'이다.

😟 오답인 이유

② '남편은 부인이 보내온 편지를 받고 눈물을 흘렸다.'에서 '받다'는 '다른 사람이 주거나 보내오는 물건 따위를 가지다.'의 의미로 사용되었다.

③ '그는 면접관들로부터 최고 등급을 받아 합격하였다.'에서 '받다'는 '점수나 학위 따위를 따다.'의 의미로 사용되었다.

④ '연말까지 세금을 납부하라는 국세청의 통고를 받았다.'에서 '받다'는 '요구, 신청, 질문, 공격, 도전, 신호 따위의 작용을 당하거나 거기에 응하다.'의 의미로 사용되었다.

⑤ '그들은 봄의 따스한 햇살을 받으며 한참을 앉아 있었다.'에서 '받다'는 '빛, 별, 열이나 바람 따위의 기운이 닿다.'의 의미로 사용되었다.

11 ②	12 ②	13 ①	14 ④	15 ②

포식에 대한 동물 감정론과 동물 권리론의 입장

- **주제**: 동물 감정론과 동물 권리론의 포식 방지 의무에 대한 입장과 반론
- **해제**: 이 글은 동물도 윤리적 대상으로 고려해야 한다는 동물 감정론과 동물 권리론에서 발생하는 윤리적 문제인 동물의 포식에 관련한 비판을 설명하고 있다. 동물 감정론과 동물 권리론은 동물의 포식 방지와 같은 의무를 부과한다는 비판을 받는다. 이에 대해 공리주의에 근거한 동물 감정론은 포식 동물을 제거하여 얻는 쾌락의 총량보다 고통의 총량이 클 것이므로, 인간이 동물의 포식을 막을 의무는 없다는 입장이다. 하지만 동물 감정론은 쾌락 총량의 극대화를 위한 효용 계산으로 인해 오히려 포식 방지의 의무가 산출될 수도 있다는 지적을 받는다. 한편 의무론에 근거한 동물 권리론은 도덕 수동자인 동물에게는 다른 동물을 잡아먹지 않을 의무가 없으며, 이에 따라 인간도 동물의 포식을 막을 의무가 없다는 입장이다. 그러나 동물 권리론은 도덕 행위자인 인간에게 도덕 수동자인 동물의 포식에 대한 책임이 없다고 보았다는 점에서 포식에 관련한 비판을 오해했다는 문제점이 있다.
- **문단별 핵심 내용**

1문단	동물 감정론과 동물 권리론에서 발생하는 포식에 관련한 비판
2문단	동물의 포식 방지 의무까지 함축할 수 있는 동물 감정론과 동물 권리론에 대한 비판
3문단	윤리 결과주의인 공리주의에 근거한 동물 감정론의 입장
4문단	공리주의를 동원한 동물 감정론의 입장에 대한 반론
5문단	윤리 비결과주의인 의무론에 근거한 동물 권리론의 입장
6문단	의무론을 동원한 동물 권리론의 입장에 대한 반론

11 답 ②
| 2019학년도 LEET |

정답인 이유

ⓒ'동물 권리론'은 동물도 생명권, 고통받지 않을 권리 등을 지닌 존재이므로 윤리적으로 대우해야 한다는 주장이다. 5문단에서 ⓒ의 근거가 되는 윤리 비결과주의인 의무론에 따르면, 도덕 행위자는 자신의 행동을 조절하고 설명할 수 있는 능력을 지닌 존재라고 하였다. 반면 포식 동물과 같은 도덕 수동자는 그런 능력이 결여된 존재로, 도덕 행위자와 달리 자신의 행동을 조절할 의무를 지니지 않는다고 하였다. 즉 도덕 행위자만이 그런 의무를 지닌다는 것이다. 따라서 ⓒ에서는 인간이 동물에 대해 어떤 의무가 있는지를 판단할 때, 인간이 도덕 행위자인지 여부를 먼저 고려해야 한다고 볼 것이다.

오답인 이유

① ㉠'동물 감정론'은 동물은 쾌락, 고통 등을 느낄 수 있는 만큼 그들도 윤리적으로 대우해야 한다는 주장이다. 3문단에서 ㉠의 근거가 되는 윤리 결과주의인 공리주의에 따르면, 행동의 효용은 발생할 것으로 기대되는 고통의 총량을 차감한 쾌락의 총량에 의해 계산한다고 하였다. 따라서 ㉠에서는 동물의 포식 때문에 생겨나는 야생의 고통의 총량을 무시하지 않고 쾌락의 총량에서 차감하여 효용을 계산할 것이다.

③ ⓒ'포식에 관련한 비판'은 동물 감정론과 동물 권리론이 동물의 포식 방지와 같은 의무를 부과한다는 지적을 말한다. 2문단에서 ⓒ은 인간만이 동물에게 고통을 주며 권리를 침해한 것은 아니며, 포식 동물이 피식 동물을 잡아먹는 경우 더 큰 고통이 발생할 수도 있다고 하였다. 즉 인간의 육식이 동물의 고통 유발이나 권리 침해 때문에 그르다면, 야생 동물의 포식이 피식 동물의 고통을 유발하거나 그 권리를 침해하는 것 또한 그르다고 해야 한다고 보았다. 따라서 ⓒ에서 인간의 육식을 그르다고 본다면, 야생 동물의 포식도 그르다고 볼 것이다.

④ 3문단에서 ㉠은 동물을 이유 없이 죽이거나 학대하지 않는 것으로 인간이 해야 할 바를 다한 것이며 동물의 행동까지 규제해야 할 의무는 없다고 하였고, 동물에게 포식 금지의 의무가 있다고 언급하지 않았다. 그리고 5문단에서 ⓒ은 동물은 자신의 행동을 조절할 능력을 갖지 않기에 다른 동물을 잡아먹지 않을 의무가 없다고 하였다. 따라서 ㉠과 ⓒ에서는 모두 동물에게 포식 금지의 의무가 없다고 보고 있다.

⑤ 2문단에서 ⓒ은 포식을 방지하는 것은 우리의 능력에서 벗어나며, 설령 가능하더라도 그렇게 하는 것은 자연 질서를 깨뜨리므로 올바르지 않다고 하였다. 따라서 ⓒ은 포식을 방지하는 행동이 그른 까닭을 생명 공동체의 안정성 파괴에서 찾았다고 볼 수 있다. 한편 3문단에서 ㉠은 포식 동물의 제거 등을 통해 피식 동물을 보호함으로써 얻을 수 있는 쾌락의 총량보다 이러한 생태계의 변화를 통해 유발될 고통의 총량이 훨씬 클 것이라고 하였다. 즉 ㉠은 포식을 방지하는 행동을 통해 얻을 수 있는 쾌락의 총량보다 고통의 총량이 크기 때문에 포식을 방지하는 행동이 그르다고 본 것이며, 그 이유를 생명 공동체의 안정성 파괴에서 찾은 것은 아니다. 그러므로 ㉠에 해당하는 설명은 아니다.

12 답 ②
| 2019학년도 LEET |

정답인 이유

ㄱ. 3문단에서 공리주의에 따르면 행동이 쾌락을 극대화하는지의 여부가 그 행동의 올바름과 그름을 평가하는 가장 주요한 기준이

되며, 이때 효용은 발생할 것으로 기대되는 고통의 총량을 차감한 쾌락의 총량에 의해 계산한다고 하였다. 따라서 공리주의의 입장에서는 쾌락의 총량의 극대화가 평가의 기준이므로, 포식 동물의 제거로 늘어날 쾌락의 총량이 고통의 총량보다 커지면 포식 동물을 제거해야 한다고 볼 것이다.

ㄹ. 5문단에서 윤리 비결과주의는 행동의 평가가 '의무의 수행' 등 행동 그 자체의 성격에 의거해야 한다고 하였다. 따라서 전형적 윤리 비결과주의인 의무론에 따르면, 동물을 대하는 인간 행동의 올바름과 그름은 행동의 결과가 아닌 행동 그 자체의 성질에 따라 평가할 수 있을 것이다.

☹ 오답인 이유

ㄴ. 3문단에서 공리주의는 행동이 쾌락을 극대화하는지의 여부가 그 평가에서 가장 주요한 기준이 된다고 하였다. 그리고 4문단에서 기술 발전으로 인해 포식에 대한 인간의 개입이 수월해지면 그로 인해 기대할 수 있는 쾌락의 총량이 고통의 총량보다 실제 더 커질 수 있어, 공리주의를 바탕으로 한 동물 감정론에서 포식 방지의 의무가 산출될 수도 있다고 하였다. 즉 야생에 개입할 수 있는 인간의 기술이 발전하면 이를 바탕으로 동물의 포식을 방지하게 되어, 동물에 대한 윤리적 대우의 범위가 넓어질 것이다. 그러므로 공리주의에 따르면, 동물에 대한 윤리적 대우의 범위는 야생에 개입할 수 있는 인간의 기술 발전 수준에 비례한다고 볼 수 있다.

ㄷ. 5문단에서 의무론에 따르면 행위의 도덕성은 행위자의 의무가 적절히 수행되었는지의 여부에 따라 결정되며, 도덕 수동자는 도덕에 맞춰 자신의 행위를 조절할 수 없으므로 도덕 행위자와 달리 의무를 지니지 않는다고 하였다. 그리고 동물은 자신의 행동을 조절할 능력이 없는 도덕 수동자이므로 다른 동물을 잡아먹지 않을 의무도 없다고 하였다. 이에 따라 결국 포식 동물에게서 피식 동물을 구출할 인간의 의무도 없다고 보았다. 즉 의무론에 따르면, 인간에게 피식 동물을 구출할 수 있는 능력이 있더라도 반드시 그렇게 할 의무는 없다고 볼 것이다.

13 달 ①

| 2019학년도 LEET |

☺ 정답인 이유

6문단에서 의무론을 동원한 동물 권리론은 포식에 관련한 비판을 오해했다는 '문제점'을 갖는다고 하였다. 그리고 그 '문제점'에 대해 설명하면서, 재미로 고양이를 괴롭히는 아이는 그 행위를 조절할 수 없는 도덕 수동자이므로 그 행동을 멈춰야 할 의무가 없다고 하더라도 이를 보는 부모는 도덕 행위자인데도 이를 막을 의무가 없다고 할 수 있겠냐고 반문하였다. 이를 통해 동물 권리론

의 '문제점'은 동물이 도덕 수동자이기 때문에 다른 동물을 잡아먹지 않을 의무와 책임이 없다는 사실로부터, 도덕 행위자인 인간에게도 동물의 포식을 막을 책임이 없다고 단정했다는 것임을 알 수 있다.

☹ 오답인 이유

② 5문단에서 의무론은 도덕 수동자는 도덕에 맞춰 자신의 행동을 조절할 수 없으므로 의무를 지니지 않는다고 보았다. 따라서 의무론을 동원한 동물 권리론에서 어린 아이가 도덕 수동자라는 사실로부터 어린 아이에게는 도덕적 책임을 물을 수 없다고 보았다면 이것은 적절한 내용이며, 6문단에서 말한 '문제점'의 내용으로 볼 수 없다.

③ 5문단에서 의무론은 도덕 수동자는 도덕에 맞춰 자신의 행동을 조절할 수 없으므로 의무를 지니지 않는다고 보았고, 이에 따라 도덕 수동자인 동물은 다른 동물을 잡아먹지 않을 의무가 없다고 하였다. 따라서 의무론을 동원한 동물 권리론에서 포식 동물도 어린 아이와 마찬가지로 행동 조절 능력을 결여한 도덕 수동자라는 점을 간과한 것은 아니다. 그리고 이것은 6문단에서 말한 '문제점'의 내용으로 적절하지 않다.

④ 2문단에서 야생의 포식 동물이 피식 동물을 잡아먹을 때 피식 동물이 느끼는 고통은 도살에서 동물이 느끼는 고통보다 훨씬 더 클 수도 있다고 하였다. 즉 야생에서의 동물의 권리 침해가 인간 세계에서의 그것에 비해 더욱 잔인할 수도 있다는 것이다. 그리고 1문단에서 동물 권리론은 동물도 생명권, 고통받지 않을 권리 등을 지닌 존재인 만큼 그들도 윤리적으로 대우해야 한다고 하였으므로, 야생에서의 권리 침해가 인간 세계에서의 그것보다 더욱 잔인하다는 점을 간과했다고 볼 수 없다. 그리고 이것은 6문단에서 말한 '문제점'의 내용으로 적절하지 않다.

⑤ 1문단에서 동물 권리론은 동물도 생명권, 고통받지 않을 권리 등을 지닌 존재이므로 그들도 윤리적으로 대우해야 한다고 하였다. 따라서 의무론을 동원한 동물 권리론에서 피식 동물도 인간과 마찬가지로 쾌락과 고통을 느끼는 능력이 있다는 점을 간과했다고 볼 수 없다. 그리고 이것은 6문단에서 말한 '문제점'의 내용으로 적절하지 않다.

14 달 ④

| 수능 예상 문제 |

☺ 정답인 이유

〈보기〉에서 '생태주의자'는 인간과 자연의 유기적 관계성에 근거하여 생물 종의 다양성을 보존하기 위해 사회의 제도와 법을 근본적으로 바꾸어야 한다고 주장하고 있다. [A]에서는 동물 감정론과 동물 권리론을 전개하게 되면 야생 동물의 포식을 방지해야 한다

는 과도한 의무까지 함축할 수 있음을 지적하고 있다. 따라서 〈보기〉의 '생태주의자'의 입장에서는 [A]에 대해 불필요한 포식 논쟁에 연연하기보다는 생물 종의 다양성을 보호하기 위한 근본적 제도를 마련하는 것이 더 중요하다고 할 것이다.

😕 **오답인 이유**

① 생태계의 항상성과 안정성 유지를 목적으로 한다는 것은 〈보기〉의 '생태주의자'의 입장에 부합한다. 그러나 생태주의에서는 인간을 이미 생태계의 일부로 보고 있으므로, 인간이 생태계의 일부가 되도록 노력해야 한다는 것은 〈보기〉에 나타난 '생태주의자'의 입장과는 거리가 멀다.

② 생명체의 기반인 자연과 생태계가 유지될 수 있도록 새로운 법안을 만들자는 것은 〈보기〉의 '생태주의자'의 입장에 부합한다. 그러나 동물의 포식 행위 자체를 방지하는 법안을 만들자는 것은 〈보기〉에 나타난 '생태주의자'의 입장과는 관련이 없다.

③ 생태주의가 인간과 자연의 유기적 관계성에 근거한다는 것은 〈보기〉에서 확인할 수 있다. 그러나 '생태주의자'는 동물 개체 하나하나가 아니라 생태계 전체와 야생 동식물 종의 보존에 주력한다고 하였으므로, 고통받지 않을 권리를 지니는 하나하나의 동물들을 구출해야 한다는 내용은 〈보기〉의 '생태주의자'의 입장과 거리가 멀다.

⑤ 〈보기〉에서 '생태주의자'는 동물들이 인간에 의해 불필요한 고통을 겪지 않도록 하는 데 적극적이라고 하였으므로, 인간의 편리를 위해 동물에게 심각한 고통을 주는 행위를 중단해야 한다는 것은 '생태주의자'의 입장에 부합한다고 할 수 있다. 그러나 '생태주의자'는 자연과 생태계가 인간의 존립 기반이라고 하였으므로, 자연이 아닌 인간 스스로의 존립 기반을 찾아야 한다는 것은 〈보기〉에 나타난 '생태주의자'의 입장과 다르다.

15 답 ②
| 수능 예상 문제 |

😊 **정답인 이유**

3문단에서 전형적 윤리 결과주의인 ㉮에 따르면 행동의 효용, 곧 행동이 쾌락을 극대화하는지의 여부가 그 평가에서 가장 주요한 기준이 된다고 하였으므로, ㉮에서는 결과가 이끌어 낸 효용의 크기를 윤리적 행위의 근원으로 보고 있음을 알 수 있다. 〈보기〉의 ㉰는 도덕 규칙 대신에 덕을 윤리적 행위의 근원으로 본다고 하였다. 따라서 ㉮와 ㉰는 윤리적 행위의 근원에 대한 생각은 다르지만, 윤리적 행위의 근원이 무엇인지에 대해 설명하고 있다는 점에서 공통점이 있음을 알 수 있다.

😕 **오답인 이유**

① 3문단에서 ㉮는 행동의 올바름과 그름 등은 행동의 결과에 의

거하여 평가되어야 한다는 입장이라고 하였다. 따라서 윤리적 도덕의식에 따른 행위가 최상의 결과를 가져 온다는 생각은 ㉮와 부합하지 않는다. 〈보기〉에서 ㉰는 온전한 의미의 덕을 지닌 사람들은 대다수 사람들의 도덕적 직관에 부합하는 결과를 만들어 낼수 있다고 하였으므로, ㉰가 윤리적 도덕의식에 따른 행위가 올바른 결과를 가져온다고 보고 있다는 것은 적절하다. 그러나 대다수 사람들의 도덕적 직관에 부합하는 보편성이 인정되는 결과라고 하였으므로, 언제나 '최상의 결과'를 가져온다는 것은 ㉰의 견해와 다르다.

③ 5문단에서 ㉯는 '전형적 윤리 비결과주의'에 해당하며 행위의 도덕성은 행위자의 의무가 적절히 수행되었는지의 여부에 따라 결정된다고 하였으므로, ㉯가 행위의 결과보다 행위의 동기가 무엇인가를 더욱 강조하는 윤리 체계라는 것은 적절하다. 그러나 〈보기〉에서 ㉰는 온전한 의미의 덕을 지닌 사람들은 윤리적으로도 옳은 행동을 하게 되며, 이것이 대다수 사람들의 도덕적 직관에 부합하는 보편성이 인정되는 결과를 가져온다는 점도 중요시한다고 하였으므로, ㉰는 행위의 동기와 행위의 결과를 모두 중시한다고 볼 수 있다.

④ 5문단에서 ㉯에 따르면 행위의 도덕성은 행위자의 의무가 적절히 수행되었는지의 여부에 따라 결정된다고 하였다. 따라서 ㉯의 경우 보편적이고 일반적인 도덕 규칙을 기준으로 주어진 상황을 판단하는 것을 중요하게 생각한다고 볼 수 있을 것이다. 그러나 〈보기〉에서 ㉰는 도덕 규칙 대신에 덕(德)을 윤리적 행위의 근원으로 보았다고 하였으므로, ㉰가 보편적이고 일반적인 도덕 규칙을 기준으로 주어진 상황을 판단하는 것을 중요하게 생각한다고 할 수 없다.

⑤ ㉮와 ㉯는 온전한 의미의 덕이 품고 있는 실천적 지혜에 대해 언급하지 않았다. 〈보기〉에서 ㉰는 정직의 덕을 완전하게 가진 자는 그렇지 못한 자에 비해 주어진 상황에 맞게 욕망과의 충돌 없이 정직한 행위를 한다고 하였으므로, 행위자의 도덕성은 실천적 지혜로 결정되는 것이 아니라 이미 올바른 도덕성을 지닌 행위자의 실천적 지혜가 행동으로 나타나는 것으로 볼 수 있다. 또한 ㉰는 온전한 의미의 덕이 품고 있는 실천적 지혜가 대다수 사람들의 도덕적 직관에 부합하는 올바른 결과를 가져온다고 하였을 뿐, 이것이 행위자의 도덕성을 결정한다고 하지 않았으므로 ㉰의 견해로 적절하지 않다.

예술

▶ 본문 90~91쪽

01 ②　　02 ⑤　　03 ③

멜로드라마의 역사와 의미

- **주제**: 멜로드라마의 발달과 그 의미
- **해제**: 멜로드라마는 18세기 프랑스에서 통속적 이야기를 화려한 볼거리와 음악을 통해 보여 주는 대중 연극에서 시작되었다. 그러나 19세기 자본주의 발달과 함께 초기 멜로드라마의 인물 구도에는 변화가 생겼고, 이에 따라 선악의 대립보다는 약자가 겪는 고통과 슬픔을 과장되게 보여 주며 감성을 자극하는 파토스(pathos)의 조성이 부각되었다. 한편 20세기에 들어 멜로드라마 영화가 발달되기 시작했고, 1950년대에는 할리우드에서 '가족 멜로드라마'라는 또 다른 멜로드라마의 흐름을 만들었다. 이처럼 멜로드라마는 통속적 서사의 틀을 유지하면서 다양하게 발전하였다. 멜로드라마는 최루물 등으로 비하되기도 하지만, 사회적 약자의 슬픔과 이룰 수 없는 꿈을 전달하는 서사이면서 동시에 사회적 모순에 대한 반응으로도 볼 수 있다는 점에서 의미가 있다.
- **문단별 핵심 내용**

1문단	멜로드라마의 시작
2문단	멜로드라마의 인물 구도 변화와 주된 관심사
3문단	멜로드라마 영화의 발달과 그 예
4문단	가족 멜로드라마의 발달과 그 예
5문단	서크의 가족 멜로드라마에 드러난 특징
6문단	멜로드라마의 의의

01 답 ②

| 2012학년도 LEET |

😊 정답인 이유

1문단을 보면 '멜로드라마'는 대중의 관심을 끄는 통속적 이야기를 보여 주는 대중 연극에서 시작되었다고 하였다. 그리고 2문단을 보면 '멜로드라마'는 약자가 겪는 고통과 슬픔을 과장되게 보여 주면서 감성을 자극하는 것이 주된 관심사가 되었다고 하였다. 또한, 4문단을 보면 통속적 서사의 틀은 1950년대 할리우드의 '가족 멜로드라마'에서도 유지되었다고 하였다. 따라서 '멜로드라마'의 통속성은 변함없이 이어졌으며, 현실 묘사보다는 정서 표출에 치중했다고 볼 수 있다.

😢 오답인 이유

① 1문단을 보면 초기 '멜로드라마'는 사회적 모순을 적극적으로 타개하는 데에는 이르지 못했다고 하였다. 2문단을 보면 '멜로드라마'는 19세기에 이르러서 인물 구도에 변화가 생겼지만, 사회적 약자들이 겪는 고통과 슬픔을 과장되게 보여 주면서 감성을 자극할 뿐이었다고 하였다.

③ 1문단을 보면 초기 '멜로드라마'에서는 사악한 봉건 귀족에게 핍박받는 선하되 약한 부르주아의 이야기가 전개되었다고 하였다. 그런데 3문단을 보면 멜로드라마 영화에서는 사회적 모순에 따른 억압적 상황에서 고통받는 약자, 특히 여성들을 주인공으로 삼았다고 하였다. 그리고 4문단을 보면 1950년대에 할리우드가 만들어 낸 '가족 멜로드라마'는 사회적 갈등의 축도와 같은 미국 중산층에 주목하게 되었다고 하였다. 이를 통해 멜로드라마 영화에 나타난 가정이나 개인의 문제는 사회적 문제가 전환되어 표현된 것으로 볼 수 있다.

④ 1문단을 보면 멜로드라마는 비약이나 우연 같은 의외성에 기대어 부르주아의 덕행과 순결함이 어떻게든 승리하도록 만들려고 했다고 하였다. 또한, 2문단을 보면 주인공이 고통을 겪다가 행복해지는 과정이 다루어졌다고 하였다. 즉 멜로드라마에서는 작위적인 서사를 통해 인물이 처한 문제를 해소하려는 방향으로 이야기가 전개되었다고 볼 수 있다.

⑤ 2문단을 보면 19세기에는 선악의 대립보다는 파토스의 조성이 부각되었다고 하였다. 또한, 약자가 겪는 고통과 슬픔을 보여 주면서 감성을 자극하는 것이 주된 관심사가 되었다고 하였다. 따라서 인물들의 선악 대립이 차츰 약해지고 사회적 상황으로 인한 고통과 희생의 파토스가 형상화되었다고 볼 수 있다.

02 답 ⑤

| 2012학년도 LEET |

😊 정답인 이유

㉠은 하층민 여성이 상류 계급의 남편과 이별하고 딸의 더 나은 삶을 빌면서 딸과도 헤어지는 내용으로, 계층 간의 장벽과 여기서 나타나는 희생적 모성을 그리고 있다. 한편 ㉡은 풍요로운 삶 속에서 중산층의 지배적 가치와 규범으로 인해 억압받으며 소외되었지만, 진정한 사랑을 추구하는 여주인공의 모습이 나타난다. 따라서 ㉠과 ㉡ 모두 위기에 빠진 중산층 가족의 가치 회복이라는 주제 의식과는 거리가 멀다.

😢 오답인 이유

① 3문단을 보면 멜로드라마 영화는 음악을 통해 과잉된 정서를 효과적으로 표현했다고 하였다. 따라서 멜로드라마 영화인 ㉠과 ㉡은 모두 음악을 사용하여 인물의 고통과 슬픔을 극적으로 표현했을 것으로 볼 수 있다.

② 3문단을 보면 ㉠을 본 관객들은 고통 어린 만족을 선택한 주인공의 모성에 공감의 눈물을 흘리게 된다고 하였다. 그런데 5문단

을 보면 ⓒ의 감독 서크는 관객이 보고 있는 것이 '만들어진 현실'이라는 것을 관객들이 느끼도록 했다고 하였다. 따라서 주인공의 모성에 공감의 눈물을 흘리는 ㉠의 관객들이, 자신들이 보고 있는 것이 '만들어진 현실'이라고 느끼는 ⓒ의 관객들에 비해 작품 속 여성 인물과 자신을 동일시하는 정도가 더 강했을 것으로 볼 수 있다.

③ 3문단을 보면 ㉠은 희생적 모성이라는 이데올로기와 타협한 결말을 보여 준다고 하였고, 이를 본 관객들은 공감의 눈물을 흘리게 된다고 하였다. 그러나 ⓒ은 근본적인 갈등이 해소되지 않은 결말이기 때문에, 관객들은 자신들이 보고 있는 것이 '만들어진 현실'이며 행복한 결말은 인위적인 허구 안에서만 가능하다는 것을 생각하게 된다고 하였다. 따라서 ㉠보다 ⓒ의 결말에서 관객들에게 더욱 능동적인 감상을 이끌어 내려 했을 것이다.

④ ㉠의 여주인공은 계층적 차이라는 현실적 억압에도 불구하고 딸이 더 나은 삶을 누리기를 소망한다. ⓒ에서는 과부인 여주인공과 연하의 정원사의 결합을 반대하는 자식들을 현실적 억압으로 볼 수 있으나, 여주인공은 자신의 사랑을 이루기를 소망한다. 따라서 ㉠과 ⓒ 모두 현실적 억압에도 불구하고 소망을 성취하고자 하는 약자를 그린 것으로 볼 수 있다.

03 답 ③

| 2012학년도 LEET |

😀 정답인 이유
ⓐ는 사회적으로 모순된 현실에 종속되면서도 그를 넘어서려는 주인공의 모습을 의미한다. 〈자유 부인〉에서 가정주부인 오선영의 춤바람은 권위적인 가부장제의 현실을 넘어서려는 주인공의 모습이며, 그런 주인공이 다시 집으로 돌아오는 것은 모순된 현실에 또다시 종속되는 것으로 볼 수 있다. 따라서 ③은 ⓐ에 주목하여 멜로드라마를 감상한 내용으로 적절하다.

😟 오답인 이유
① 돈과 사랑이 대립된 상황에서 고통받는 주인공만 드러날 뿐, 모순된 현실을 극복하고자 하는 모습은 드러나지 않는다.
② 살인범의 누명을 쓴 여선생의 상황은 현실에 종속된 모습이라고 할 수 있다. 그러나 그 상황을 넘어서려는 주인공의 모습 대신 검사가 된 제자가 나서서 해결하는 모습만 나타날 뿐이다.
④ 사랑하는 아이를 보내야 하는 어머니와 어머니 곁에 있고 싶지만 떠나야 하는 아이의 상황이 모순되지만, 이런 현실을 극복하려는 주인공들의 모습은 드러나지 않는다.
⑤ 도시화와 산업화로 인해 모순된 사회 현실에 종속되었다가 점차 타락하는 주인공의 모습만 드러날 뿐, 모순된 현실을 극복하고자 하는 주인공의 모습은 드러나지 않는다.

사회

▶ 본문 92~93쪽

04 ④　　**05** ③　　**06** ④　　**07** ⑤

상표 심사 기준
- 주제: 상표 등록의 요건과 상표 등록을 받을 수 없는 상표에 대한 이해
- 해제: 상표는 타인의 상품과 식별되도록 하는 기호, 문자, 도형 등의 표장이고, 배타적 독점권을 보호받기 위해서는 표장의 식별력을 인정받아 등록해야 한다. 보통 명칭과 관용하는 상표는 기본적으로 식별력이 인정되지 않지만, 다른 식별력이 있는 문자나 도형 등과 결합하여 도안화했거나 식별력이 인정되는 경우에는 상표로 등록받을 수 있다. 기술적 표장인 경우와 현저한 지리적 명칭으로 된 상표, 흔히 있는 성(姓) 또는 명칭만으로 된 상표, 간단하고 흔히 있는 표장만으로 된 상표 등은 식별력이 인정되지 않는다. 한편 식별력이 인정되는 상표라도 특정인의 전유물이 될 수 없는 것은 상표 등록을 받을 수 없는 경우가 있다. 상표법은 상표권자의 신용을 보호하는 사익의 실현뿐만 아니라 수요자의 이익 보호라는 공익의 실현에 목적이 있기 때문이다.
- 문단별 핵심 내용

1문단	서비스표를 포함한 상표의 개념과 배타적 독점권의 요건
2문단	보통 명칭과 관용 상표 등록의 요건
3문단	식별력이 인정되지 않는 상표들
4문단	상표 등록을 받을 수 있는 요건과 이유
5문단	상표 등록을 받을 수 없는 경우와 이유
6문단	상표법의 특징과 목적

04 답 ④

| 수능 예상 문제 |

😀 정답인 이유
4문단을 보면 상표 등록을 출원하기 전부터 그 상표를 사용한 결과 수요자 간에 특정인의 상품을 표시하는 것으로 식별할 수 있게 된 경우, 그것은 이미 상표로서 기능하고 있을 뿐만 아니라 더 이상 경쟁 업자들의 자유 사용을 보장할 필요가 없다고 하였다. 따라서 이때는 '사용에 의한 식별력'이 인정되어 상표 등록을 할 수 있다고 하였다.

😟 오답인 이유
① 1문단을 보면 어떤 표장이 상표 또는 서비스표로 등록받아 배타적 독점권을 보호받기 위해서는 우선 그 표장이 자기의 상품(서비스업)과 타인의 그것을 구별해 주는 식별력이 있다고 인정받아야 한다고 하였다. 따라서 제품에 쓰이는 표장의 상표 또는 서비스표를 출원하여 식별력을 인정받아서 상표로 등록받으면 배타적

독점권을 보호받을 수 있다는 것을 알 수 있다.

② 2문단을 보면 보통 명칭은 거래계 동종 업자뿐만 아니라 실제 거래상 일반 소비자들에서도 사용되고 있어야 하는 것과 달리, 관용하는 상표는 동종 업자를 기준으로 상표 등록 여부를 결정한다고 하였다. 즉 관용하는 상표는 지정 상품과의 관계를 고려하여 보통 명칭과 달리 동종 업자를 기준으로 식별력의 인정 여부를 판단한다는 것을 알 수 있다.

③ 3문단을 보면 기술적 표장만으로 된 상표는 등록을 받을 수 없다고 했는데, 그 이유로 그 상품의 출처가 식별될 수 없으며 경쟁 업자도 자기 상품의 특성을 나타내기 위해 이러한 표장을 자유로이 사용할 수 있어야 하기 때문이라고 하였다. 그러므로 기술적 표장은 상품의 특성을 나타내는 표시여서 누구라도 사용할 필요가 있기 때문에 상표로 등록받을 수 없음을 알 수 있다.

⑤ 5문단을 보면 먼저 출원된 타인의 등록 상표와 동일 또는 유사하여 수요자에게 누구의 상품인지에 대한 혼동을 일으킬 수 있는 상표는 등록받을 수 없도록 제한하고 있다고 하였다.

05 답 ③

| 2016학년도 10월 고3 전국연합 변형 |

😊 정답인 이유

2문단을 보면 상표가 보통 명칭화된 경우는 이를 특정인에게 독점시키는 것이 공익적인 차원에서 부당하므로 상표 등록을 받을 수 없다고 하였다. 그리고 보통 명칭이라 하더라도 문자의 의미를 직감할 수 없을 정도로 도안화된 경우, 또는 다른 식별력 있는 문자나 도형 등과 결합되어 전체적으로 식별력이 인정되는 경우에는 상표로 등록받을 수 있다고 하였다. 따라서 '스카치테이프'가 일반 소비자들에 의해 이미 보통 명칭화되었지만, 이것을 문자의 의미를 직감할 수 없을 정도로 도안화하여 사용하면 식별력을 인정받아 상표로 등록받을 수 있다.

😟 오답인 이유

① 3문단을 보면 유행어처럼 사용하게 된 노래의 제목 등은 식별력이 인정되지 않는다고 하였다. 그런데 4문단을 보면 식별력이 인정되지 않는 표장이라 하더라도 그러한 표장들을 결합하여 새로운 관념을 형성하는 경우에는 상표 등록을 받을 수 있다고 하였다. 그러므로 널리 알려진 노래 제목이라 식별력이 인정되지 않더라도 새로운 관념을 형성하면 상표로 등록받을 수 있다.

② 3문단을 보면 상품의 산지·품질·원재료·용도·수량·효능·가격·생산 방법 등을 나타내는 기술적 표장만으로 된 상표는 상품의 출처를 식별할 수 없어서 등록이 제한된다고 하였다. 따라서 '5000원 SALE'이라는 표장은 상품의 가격을 표시한 기술적 표장에 해당하며, 식별력이 없는 문자를 결합한 것이므로 상표로

등록받을 수 없다.

④ 2문단을 보면 관용하는 상표는 특정인의 상표였던 것이 상표권자가 상표 관리를 허술히 하여 동종 업자들이 자유롭고 관용적으로 사용하게 된 것이라고 하였다. 그리고 관용하는 상표는 기본적으로 식별력이 인정되지 않아 상표 등록에도 제한을 받는다고 하였다. 즉 일반 음식점에 사용되는 '가든'이라는 명칭은 동종 업자들이 이미 관용하는 상표에 해당되므로 상표로 등록받을 수 없다.

⑤ 3문단을 보면 현저한 지리적 명칭을 사용한 상표는 식별력이 인정되지 않지만 그 지리적 표시를 사용할 수 있는 상품을 생산, 제조, 가공하는 자만으로 구성된 법인이 직접 사용할 경우 단체 표장으로 상표 등록을 받을 수 있다고 하였다. 그러므로 '서울'이라는 현저한 지리적 명칭을 사용한 상표이지만, 이 상표의 상품을 생산하는 자만으로 법인을 구성하여 직접 출원하였다면 상표로 등록받을 수 있다.

06 답 ④

| 수능 예상 문제 |

😊 정답인 이유

㉠은 식별력이 인정되는 상표라도 등록받을 수 없는 상표를 말한다. 5문단을 보면 먼저 출원된 타인의 등록 상표와 동일 또는 유사하여 수요자에게 누구의 상품인지에 대한 혼동을 일으킬 수 있는 상표는 등록을 받을 수 없다고 하였다. 〈보기〉의 사례에서 가방 업체인 A사가 먼저 출원한 '하늘다람쥐'와 유사한 상표를 사용한 B사는 동일한 업종으로 분류되는 신발 업종이므로, A사와 동일 또는 유사한 상표를 부착할 경우 일반 소비자나 거래자로 하여금 누구의 상품인지에 대한 오인과 혼동을 일으킬 가능성이 있다. 따라서 A사가 B사를 상대로 제기한 소송에서 재판부는 A사의 가방 업종과 B사의 신발 업종을 동일한 업종으로 판단하였으므로, 원고인 A사의 승소 판결을 내렸을 것이다.

😟 오답인 이유

① 〈보기〉에서 '하늘다람쥐'라는 상표가 널리 인식된 상표라는 근거는 제시되어 있지 않다. 그러므로 이 상표를 사용한 것으로 인해 현저하게 원고의 경제적 손실을 야기하였다고 볼 수는 없다.

② 〈보기〉는 먼저 상표를 등록한 A사의 상표를 B사가 동일 또는 유사하게 사용한 경우인데, 이것이 '사용에 의한 식별력'이 인정되는 경우에 해당하는 것으로 보는 것은 적절하지 않다. 4문단을 보면 '사용에 의한 식별력'이란 보통 명칭 표장이나 관용 표장이 아닌 경우, 상표 등록을 출원하기 전부터 그 상표를 사용한 결과 수요자 간에 특정인의 상품을 표시하는 것으로 식별할 수 있게 된 경우라고 하였다.

③ 6문단을 보면 상표법은 단순히 타인의 상표를 따라 한다고 해

70 정답과 해설

서 침해가 성립되는 것이 아니라, 상표에 들어 있는 상표권자의 신용을 보호하는 것이라고 하였다. 그러므로 A사와 B사의 상표 디자인이 조금 다르더라도 '하늘다람쥐'라는 문자의 호칭과 뜻이 동일하여 수요자에게 A사의 상품인지 B사의 상품인지 혼동을 일으킬 수 있어서 침해가 성립한다고 볼 수 있다. 따라서 재판부는 피고 승소가 아니라 원고 승소 판결을 내릴 것이다.

⑤ 만일 '하늘다람쥐'가 관용 표장에 해당하여 식별력이 인정되지 않지만 영문 표기와 결합하여 다른 식별력이 인정되는 표장과 결합한 경우라면 B사는 오히려 상표 등록을 받을 수 있게 된다. 따라서 재판부는 원고 승소가 아니라 피고 승소 판결을 내릴 것이다. 이 문제에서는 관용 표장 여부가 아니라 ㉠의 '식별력이 인정되는 상표라도 등록받을 수 없는 상표'의 경우를 고려하여 〈보기〉의 사례를 이해해야 한다.

07 정답 ⑤

| 수능 예상 문제 |

😊 정답인 이유
ⓔ의 '도모하다'는 '어떤 일을 이루기 위하여 대책과 방법을 세우다.'라는 뜻으로 사용되었다. 이와 바꿔 쓸 수 있는 말은 '어떤 일을 이루려고 뜻을 두거나 힘을 쓰다.'라는 뜻의 '꾀하다'가 적절하다. '알리다'는 바꿔 쓸 말로 적절하지 않다.

😣 오답인 이유
① ⓐ의 '기술하다'는 '대상이나 과정의 내용과 특징을 있는 그대로 열거하거나 기록하여 서술하다.'라는 의미로 쓰였으므로, '적다'와 바꿔 쓸 수 있다.
② ⓑ의 '직감하다'는 '사물이나 현상을 접하였을 때에 설명하거나 증명하지 아니하고 진상을 곧바로 느껴 알다.'라는 의미로 쓰였으므로, '알다'나 '느끼다'와 바꿔 쓸 수 있다.
③ ⓒ의 '형성하다'는 '어떤 형상을 이루다.'라는 의미로 쓰였으므로, '이루다'와 바꿔 쓸 수 있다.
④ ⓓ의 '부합하다'는 '부신(符信)이 꼭 들어맞듯 사물이나 현상이 서로 꼭 들어맞다.'라는 의미로 쓰였으므로, '맞다'와 바꿔 쓸 수 있다.

인문

▶ 본문 94~95쪽

08 ④	09 ⑤	10 ④	11 ②	12 ①

철학에서 회의주의가 수행하는 역할
· 주제: 철학에서의 회의주의의 역할
· 해제: 철학에서 회의주의가 수행하는 역할은 무엇인가? 회의주의의 고전적 전형인 고르기아스의 세 명제는 자신이 부정하고자 하는 것을 부정하는 즉시 자신의 주장을 부정하게 되는 자가당착에 빠지게 되었다. 현대에서는 알베르트의 '가류주의'가 극단적 회의주의의 전형으로 나타났다. 그는 '무한 소급, 순환 논증, 절차 단절'의 세 오류를 들어 '최종적 정당화'의 가능성을 원천 봉쇄하려고 하였다. 하지만 그의 시도는 '수행적 모순'에 빠지게 된다. 한편 '귀류법적 증명'은 수행적 모순으로 인해 최종적 정당화가 가능함을 보여 주는 증명 방식으로 사용된다. 이를 통해 가류주의적 회의에 맞서 확실한 명제들을 설정할 수 있는 가능성을 확보할 수 있다. 이처럼 회의주의는 극단적일 경우 오류가 되지만, 철학에서 생산적 역할을 하기도 한다.

· 문단별 핵심 내용

1문단	철학에서 회의주의가 수행하는 역할에 대한 의문
2문단	회의주의의 고전적 전형이자 자가당착에 빠진 고르기아스의 견해
3문단	극단적 회의주의인 알베르트의 '가류주의(可謬主義)'
4문단	최종적 정당화 실패와 관련해 알베르트가 제시한 세 가지 오류
5문단	알베르트의 가류주의가 범한 수행적 모순
6문단	가류주의적 회의에 맞서는 귀류법적 증명
7문단	철학에서 회의주의의 긍정적인 역할

08 정답 ④

| 2009학년도 LEET |

😊 정답인 이유
6문단을 보면 수행적 모순의 발견은 뮌히하우젠 트릴레마에 빠지지 않으면서도 최종적 정당화가 가능함을 보여 주고 있는데, 여기에 사용된 증명 방식이 '귀류법적 증명'이라고 하였다. 따라서 '귀류법적 증명'이 '최종적 정당화'의 가능성을 보여 준다는 설명은 이 글의 내용과 일치하는 것이다.

😣 오답인 이유
① 5문단을 보면 수행적 모순은 알베르트의 가류주의가 내세운 뮌히하우젠 트릴레마로 인해 발생하는 것이라고 하였다. 따라서 '수행적 모순'은 '가류주의'가 트릴레마로 인해 범하는 치명적 오류일 뿐, '가류주의'가 '수행적 모순'의 문제점을 비판한다는 설명은 적절하지 않다.
② 3문단을 보면 극단적 회의주의는 알베르트의 '가류주의(可謬主義)'에서 전형적으로 나타나는데, 그는 특히 모든 철학적 명제의 생명을 좌우하는 '최종적 정당화'의 가능성을 원천 봉쇄했다고 하였다.
③ 6문단을 보면 수행적 모순의 발견은 뮌히하우젠 트릴레마에 빠지지 않으면서도 최종적 정당화가 가능함을 보여 주고 있다고 하였다. 따라서 '최종적 정당화'는 '수행적 모순' 때문에 가능할 수 있는 것이다.
⑤ 5문단을 보면 알베르트의 가류주의는 수행적 모순에 빠지게 된다고 하였다. 그리고 6문단을 보면 귀류법적 증명은 수행적 모

순의 발견이 뮌히하우젠 트릴레마에 빠지지 않으면서도 최종적 정당화가 가능함을 보이는 데 증명 방식으로 사용된 것을 알 수 있다. 따라서 '수행적 모순'을 범하고 있는 것은 '귀류법적 증명'이 아니라 '가류주의'라고 볼 수 있다.

09 답 ⑤

😊 정답인 이유

이 글은 철학에서 회의주의가 수행하는 역할에 대한 의문을 제시하며 글을 시작하였다. 그리고 7문단을 보면 가류주의가 수행적 모순에 빠진 것처럼 회의주의는 극단적일 경우 오히려 자기 파괴로 귀결되지만, 자칫 독단론에 빠지기 쉬운 철학에 대해 생산적인 역할을 하기도 한다고 하였다. 따라서 회의주의가 철학 이론의 발전에 기여한 측면이 있다는 것을 이 글의 핵심 주장으로 볼 수 있다.

😢 오답인 이유

① 1문단을 보면 회의주의는 제일 학문인 철학에 도전하는 중심에 있다고 하였다. 따라서 회의주의가 철학의 이념을 잘 구현하고 있다는 것을 이 글의 핵심 주장으로 볼 수 없다.

② 2문단에서 언급된 고르기아스의 세 명제와 3문단에서 설명한 알베르트의 '가류주의'는 각각이 가진 모순과 오류로 인해 반박이 가능하다. 그러나 이 두 사례를 바탕으로 철학사에 등장한 모든 회의주의가 논박될 수 있다고 보는 것은 적절하지 않다. 또한, 회의주의의 긍정적 역할을 언급한 마지막 문장을 보면 회의주의에 대한 논박이 이 글의 핵심 주장이 아님을 알 수 있다.

③ 7문단을 보면 회의주의는 자칫 독단론에 빠지기 쉬운 철학에 대해 생산적인 역할을 하기도 한다고 하였다. 따라서 회의주의가 철학을 혼란에 빠뜨리기 때문에 부정되어야 한다는 것을 이 글의 핵심 주장으로 보는 것은 적절하지 않다.

④ 이 글에서 회의주의는 자가당착에 빠지거나 수행적 모순에 빠지게 되는 등의 모순과 오류가 존재한다고 하였다. 따라서 회의주의 자체가 역설적 진리를 담고 있다는 것은 이 글의 핵심 주장으로 볼 수 없다.

10 답 ④

😊 정답인 이유

ㄱ은 '완전한 존재'인 신은 개념적으로만 존재하는 것이 아니라 실제로도 존재한다는 주장을 정당화하고 있다. ㄱ에서는 우리의 마음에는 '완전한 존재'라는 개념이 있는데, 그것이 개념적으로만 존재한다면 완전한 것이 아니라고 하였다. 그러나 ㄱ이 정당화되기 위해서는 신이 실존한다는 원래의 주장이 근거로 사용되어야

한다. 따라서 이는 한 주장을 정당화하는 근거로 제2의 명제를 끌어들이지만, 이 제2의 명제를 다시 제1의 명제를 통해 정당화하고자 할 때 발생하는 '순환 논증'의 예로 볼 수 있다.

ㄴ은 식물이라도 함부로 죽여서는 안 된다는 주장을 뒷받침하기 위해 식물도 생명체이고, 모든 생명체는 '삶에의 의지'가 있다는 것을 근거로 들었다. 그리고 '삶에의 의지'를 가지는 존재가 소중하다는 것을 근거로 들었고, '삶에의 의지'를 가지는 존재를 소중히 다루어야 한다는 것이 절대적인 자연의 이법(理法)이기 때문이라고 하였다. 이 단계에서 ㄴ의 모든 논의는 중단된다. 즉 '절대적인 자연의 이법(理法)'을 절대 도전할 수 없는 도그마로 설정한 것이다. 따라서 이는 계속되는 정당화 요구의 충족이 불가능하므로, 정당화 과정의 한 특정 단계에서 모든 논의를 중지시키고 하나의 명제를 절대 도전할 수 없는 도그마로 설정하며 합리적 논변의 지속을 단절하는 '절차 단절'의 예로 볼 수 있다.

11 답 ②

😊 정답인 이유

4문단을 보면 알베르트가 주장한 무한 소급의 오류는 한 명제를 정당화하기 위해 상위 명제를 지속적으로 요구하기 때문에 최종적 정당화가 원칙적으로 불가능하다는 것이다. 따라서 알베르트가 무한 소급의 오류를 통해 데카르트의 '방법적 회의'에 대한 최종적 정당화가 가능하다고 본다는 것은 적절하지 않다.

😢 오답인 이유

① 2문단을 보면 고르기아스는 존재하는 것은 아무것도 없다고 하였다. 그러므로 고르기아스는 "나는 생각한다. 그러므로 나는 존재한다."라는 데카르트의 말을 인정하지 않을 것이다.

③ 2문단을 보면 고르기아스는 어떤 것을 알더라도 우리는 그 앎을 타인에게 전달할 수 없다고 하였다. 따라서 고르기아스의 입장에서 볼 때 데카르트 자신이 실존하고 있다는 사실을 알았다고 하더라도 그 사실을 다른 사람에게 전달할 수 없을 것이므로, 데카르트가 인지한 사실을 다른 사람들이 알 수 없을 것이라고 할 것이다.

④ 〈보기〉의 데카르트는 끊임없이 의심하는 '방법적 회의'를 통해 "나는 생각한다. 그러므로 나는 존재한다."라는 의심할 수 없는 지식을 도출해 내었다. 따라서 데카르트는 7문단에 나타난 것처럼 회의주의의 도전에 맞서 강한 면역력을 갖춘 정당화 논리를 개발하기 위해 노력했다고 할 수 있을 것이다.

⑤ 6문단을 보면 귀류법적 증명은 모순 명제인 $\sim p$가 언명되는 순간 $\sim p$는 자신을 부정할 수밖에 없으므로 자연히 명제 p의 타당성이 우회적으로 증명되는 방식이라고 하였다. 따라서 데카르트

는 ~*p*인 "현재 생각하고 있는 '나'는 존재하지 않는다."를 언급하는 순간 '존재하고 있는 자신'을 발견하고 이 모순 명제를 부정하게 될 것이다. 그러므로 이러한 귀류법적 증명을 통해 "현재 생각하고 있는 '나'는 실존한다."라는 사실을 우회적으로 증명할 수 있을 것이다.

12 답 ①

😀 정답인 이유

'자신이 절대적으로 부정하고자 하는 것을 부정하는 즉시 오히려 자신의 주장을 부정하게 되는 자가당착에 빠진 것이다.'에서 ⓐ'빠진'은 자신의 말이 앞뒤가 서로 맞지 않는 곤란한 상황에 놓였다는 것을 의미한다. 즉 ⓐ의 '빠지다'는 '곤란한 처지에 놓이다.'의 의미로 사용되었다. ①의 '빠지다' 역시 '곤란한 처지에 놓이다.'의 의미로 사용되었다.

😩 오답인 이유

② '잠이나 혼수상태에 들게 되다.'의 의미로 사용되었다.
③ '그럴듯한 말이나 꾐에 속아 넘어가다.'의 의미로 사용되었다.
④ '박힌 물건이 제자리에서 나오다.'의 의미로 사용되었다.
⑤ '남이나 다른 것에 비해 뒤떨어지거나 모자라다.'의 의미로 사용되었다.

언어

▶ 본문 96쪽

13 ⑤	14 ②	15 ④

용언의 어미에 대한 이해

• 주제: 용언의 어미가 지닌 특성 이해
• 해제: 용언이 활용할 때 변하지 않는 부분을 어간이라 하고, 변하는 부분을 어미라고 한다. 어미의 특성을 조사와 비교해 보면, 어미와 조사 모두 독립적으로 쓰일 수 없지만 어미는 어간과 결합하여 한 단어로 취급된다. 하지만 조사는 단어로 인정하여 별도의 품사로 설정된다는 차이점이 있다. 접미사도 어미와 마찬가지로 홀로 쓰이지 못한다는 공통점이 있지만, 접미사는 새로운 단어를 생성하며 어미에 비해 결합될 수 있는 대상이 제한된다는 차이점이 있다.

• 문단별 핵심 내용

1문단	문법적 기능을 가진 어미의 특성 이해의 중요성
2문단	어미와 조사의 공통점과 차이점
3문단	어미와 접미사의 공통점과 차이점

13 답 ⑤

😀 정답인 이유

이 글은 용언의 어미가 지닌 특성을 그와 유사한 조사, 접미사와 비교하여 설명하고 있다. 어미는 조사나 접미사와 마찬가지로 홀로 쓰일 수 없다는 공통점을 지니고 있다. 그러나 조사는 단어로 인정하지만 학교 문법에서는 어미를 단어로 인정하지 않는다는 차이점이 있다. 그리고 어미를 접미사와 비교하면, 어미는 한 단어의 활용형을 만들지만 새로운 단어를 만드는 것은 아니다. 하지만 접미사는 어미와 달리 새로운 단어를 파생시킨다는 차이점이 있다. 즉 이 글은 중심 대상인 어미와 다른 대상인 조사와 접미사의 공통점과 차이점을 대비하여 설명하고 있다.

😩 오답인 이유

① 어미, 조사, 접미사 등 여러 대상의 특성에 대해 설명하고 있지만 이 대상들의 역사적 변천 과정이 나타나는 것은 아니다.
② 어미의 특성을 조사와 접미사의 특성과 비교하여 설명하는 것이지, 익숙한 대상에 비유하여 설명하는 것은 아니다.
③ 이 글에 전문가의 견해를 인용한 부분은 나타나지 않는다.
④ 중심 대상인 어미와 관련된 다른 대상에 대한 설명이 나타나지만, 대상과 관련한 다양한 이견들을 대립시켜 설명하는 것은 아니다.

14 답 ②

😀 정답인 이유

2문단을 보면 어미는 항상 어간과 결합하여 쓰이며 그 선행 요소인 어간도 독립적으로 쓰일 수 없다고 하였다. 반면에 조사는 선행 요소와 분리되어 쓰일 수 있으며 별도의 품사로 설정된다고 하였다. 따라서 어미가 조사와 마찬가지로 선행 요소와 분리되어 쓰인다는 것은 적절하지 않다.

😩 오답인 이유

① 1문단을 보면 용언은 어간과 어미로 이루어지는데, 여러 문장 성분으로 쓰이면서 다양한 문법적 기능을 한다고 하였다. 그리고 2문단을 보면 어미는 항상 어간과 결합하여 쓰인다고 하였으므로 용언은 어간에 어미가 결합해야만 문장 성분이 될 수 있다.
③ 2문단을 보면 학교 문법에서는 어미를 단어로 인정하지 않고 그에 따라 별도의 품사로 설정하지 않는다고 하였다.
④ 3문단을 보면 용언의 활용형들은 별도의 단어가 아니므로 사전에 등재하지 않으며, 평서형 종결 어미 '-다'를 결합한 것만 기본형이라 하여 사전에 표제어로 등재한다고 하였다.
⑤ 3문단을 보면 어간에 어떤 어미들이 결합하더라도 이것은 한

단어의 활용형일 뿐 새로운 단어가 만들어지는 것은 아니라고 하였다. 하지만 이와 달리 접미사는 새로운 단어를 파생시킨다고 하였다.

15 답④

| 2013학년도 수능 |

☺ 정답인 이유
ⓓ의 '놓이네'는 동사 어간 '놓-'에 피동 접미사 '-이-'가 결합한 것이다. 즉 '놓다'와 여기서 파생된 '놓이다'는 모두 동사이므로 품사가 바뀌지 않은 것이다. 따라서 ⓔ처럼 파생된 단어의 품사가 파생 이전과 달라진 경우로 볼 수 없다.

☹ 오답인 이유
① 관형어는 체언 앞에 놓여 체언을 수식하는 기능을 하는 문장 성분이다. ⓐ의 '지나가는'은 문장 안에서 '선우'라는 체언을 꾸며 주는 관형어로 기능하고 있으므로, ㉠에서 용언이 여러 문장 성분으로 쓰이는 예 중 하나로 들 수 있다.
② ⓑ의 '만났어'는 어간인 '만나-'와 과거 시제 선어말 어미인 '-았-', 평서형 종결 어미인 '-어'로 이루어져 있는데, 모두 문장 내에서 독립적으로 쓰일 수 없으며 다른 요소와 결합되어야 문장 성분으로 쓰일 수 있다. 따라서 어미와 어간이 모두 문장 내에서 독립적으로 쓰일 수 없다는 ㉡의 예로 적절하다.
③ ⓒ의 '병원에'에서 조사인 '에'를 생략해도 '병원 가는 길'로 쓸 수 있으므로, 문맥에 따라 조사를 생략할 수 있다는 ㉢의 예로 적절하다.
⑤ 어간 '걱정하-'에 연결 어미인 '-고'를 결합한 ⓔ의 '걱정하고'는 쓰일 수 있으나, 피동 접미사인 '-이-'를 결합한 '걱정하이-'는 쓰일 수 없다. 따라서 어미는 대부분의 용언 어간과 결합할 수 있으나 접미사는 결합할 수 있는 대상이 제한된다는 ㉤의 예로 들 수 있다.

2021 수능 대비 최종 모의고사

인문
▶ 본문 97~99쪽

| 01 ⑤ | 02 ③ | 03 ③ | 04 ④ | 05 ③ |

시간의 흐름에 대한 인식의 차이

• 주제: 시간의 흐름에 대한 인식의 차이와 시간 여행에 대한 현재주의자들의 여러 견해

• 해제: 4차원주의자는 시간이 흐르지 않는다고 주장하고, 3차원주의자는 시간이 흐른다고 주장한다. 4차원주의자에 속하는 영원주의자는 과거, 현재, 미래의 매 순간이 시간의 퍼즐을 이루는 하나의 조각처럼 이미 주어져 있으며, 시간 여행은 그 조각 중 하나를 찾아가는 것이라고 본다. 반면에 3차원주의자에 속하는 현재주의자는 이미 지나간 과거와 도래하지 않은 미래는 존재하지 않으며 오직 현재만이 존재한다고 본다. 이동할 수 있는 과거나 미래가 존재하지 않으므로, 도착지 비존재의 문제로 시간 여행은 불가능하다. 그런데 어떤 현재주의자는 시간 여행의 가능성을 믿는다. 그들은 시간 여행자가 과거의 특정 시점에 도착할 때 그 시점이 그에게 현재가 되어 존재할 것이라고 본다. 그러나 이 경우 출발지 비존재의 문제가 남는다. 이에 대해 조건부 결정론자는 출발지 비존재를 출발지 미결정으로 대체하여 문제를 해소함으로써 시간 여행이 가능하다고 주장한다.

• 문단별 핵심 내용

1문단	시간의 흐름에 대한 영원주의자와 현재주의자의 견해
2문단	도착지 비존재의 문제로 시간 여행이 불가능하다고 보는 다수의 현재주의자의 주장
3문단	시간 여행의 가능성을 믿는 현재주의자의 주장과 출발지 비존재의 문제
4문단	출발지 비존재를 출발지 미결정으로 대체하여 문제를 해소하는 조건부 결정론자의 주장

01 답⑤

| 수능 예상 문제 |

☺ 정답인 이유
3차원주의자들 중 현재주의자는 오직 현재만이 존재하며 과거와 미래는 실재하지 않는다고 주장한다. 3문단을 보면 현재주의자가 현재에서 과거로 시간 여행을 할 때, 과거에 도착한 순간 그 시점이 그에게 현재가 되고 그가 출발한 현재는 미래가 된다고 볼 수 있다. 그런데 현재주의자는 미래의 비존재를 주장하므로, 이 경우 존재하지 않는 미래에서 출발하여 현재에 도착한 셈이 되어 모순이 생긴다. 이를 출발지 비존재의 문제라고 한다.

☹ 오답인 이유

① 1문단을 보면, 시간이 흐르지 않는다고 주장하는 4차원주의자들은 과거, 현재, 미래가 똑같이 존재하며 이들 사이에는 앞 또는 뒤라는 관계만이 존재한다고 여김을 알 수 있다. 4차원주의자들에게 매 순간은 이미 주어져 있는 것이므로 과거, 현재, 미래는 동시에 존재한다. 따라서 ①은 적절하지 않다.

② 1문단을 보면 시간의 흐름 여부에 대한 인식의 차이는 과거, 현재, 미래에 대한 개념 혹은 표상의 차이를 가져온다고 하였다. 즉 시간이 흐르지 않는다고 주장하는 4차원주의자들 역시 과거, 현재, 미래라는 개념을 다루므로 ②는 적절하지 않다.

③ 1~2문단을 보면 과거는 실재하지 않고 현재만이 존재한다고 보는 사람들은 현재주의자이며, 이들 중 다수는 시간 여행이 불가능하다고 주장함을 알 수 있다. 따라서 ③은 적절하지 않다.

④ 3문단을 보면, 현재주의자가 시간 여행을 할 때 과거로의 시간 여행을 '시작'하는 현재 시점 T_n에서 과거의 특정 시점 T_{n-1}은 실재가 아니지만, 시간 여행자가 T_{n-1}에 '도착'할 때 그 시점은 그에게 현재가 되어 존재할 수 있다고 하였다. 즉 '현재 → 과거'로의 시간 여행을 시작하는 시점에 과거가 실재하는 것은 아니므로 ④는 적절하지 않다.

02 🔖 ③
| 2020학년도 LEET |

😀 정답인 이유

1문단을 보면 영원주의자들에게 매 순간은 시간의 퍼즐을 이루는 하나의 조각처럼 이미 주어져 있다고 하였다. 그리고 2문단을 보면 현재에서 과거, 미래의 특정 시점을 찾아가는 것은 영원주의자가 볼 때 시간 퍼즐의 여러 조각 중 하나를 찾아가는 것이라고 하였다. 즉 ㉠은 과거로의 시간 여행이 가능하다고 본다. 한편 4문단을 보면 조건부 결정론자는 시간 여행의 가능성을 믿는다고 하였다. 이들은 '출발지 비존재' 문제를 '출발지 미결정' 문제로 대체하고, 이는 해소될 수 있는 문제이므로 시간 여행에 걸림돌이 없음을 주장한다. 즉 ㉢ 역시 과거로 출발하는 시간 여행이 가능하다고 본다.

😟 오답인 이유

① 1문단을 보면 영원주의자들에게 매 순간은 시간의 퍼즐을 이루는 하나의 조각처럼 이미 주어져 있다고 하였다. 따라서 ㉠이 볼 때 미래는 이미 결정되어 있는 시간이다. 그런데 2문단을 보면 현재주의자 중 다수에게는 과거와 미래가 실재하지 않는다고 하였으므로, ㉡이 볼 때 미래는 이미 결정되어 있는 시간이 아니다.

② 2문단을 보면 영원주의자들에게 시간 여행이란 시간 퍼즐의 여러 조각 중 하나를 찾아가는 것임을 알 수 있다. 따라서 ㉠이 볼 때, 시간 여행에서 과거에 도착해도 출발지는 시간 퍼즐의 조각 중

하나로서 여전히 존재한다. 반면에 ㉡이 볼 때, 과거나 미래는 실재하지 않고 현재만이 존재하므로 시간 여행 자체가 불가능하다.

④ 1문단을 보면 ㉠에게 시제는 특별한 의미를 가지지 않는다고 하였다. 반면에 3차원주의자는 시간이 흐른다는 견해를 내세우며, 시간이 흐른다면 과거, 현재, 미래 시제는 모두 다른 의미나 표상을 지닌다고 하였다. ㉡과 ㉢은 모두 3차원주의자에 해당한다.

⑤ 2문단을 보면 ㉡은 도착지 비존재의 문제로 시간 여행이 불가능하다고 주장한다는 것을 알 수 있다. 반면에 4문단을 보면 ㉢은 시간 여행의 가능성을 믿는 3차원주의자로, 시간 여행에 필요한 도착지가 존재한다고 보고 있음을 알 수 있다.

03 🔖 ③
| 2020학년도 LEET |

😀 정답인 이유

1문단을 보면 4차원주의자는 시간이 흐르지 않는다고 주장하며, 시간이 흐르지 않는다면 과거, 현재, 미래는 똑같이 존재할 것이라고 하였다. 즉 4차원주의자는 과거나 미래를 '이미 지나간 시간'이나 '도래하지 않은 시간'으로 설명하지 않는다. 과거, 현재, 미래는 이미 주어져 있으며, 이들 사이에는 앞 또는 뒤라는 관계만이 존재한다고 생각하기 때문이다. 따라서 4차원주의자가 볼 때 미래에서 과거로 이동하는 것은 주어져 있는 시간의 여러 단계 중 하나를 찾아가는 것일 뿐, 시간의 흐름을 거슬러 올라가는 것이 아니다. 그러므로 ③과 같은 추론은 적절하지 않다.

😟 오답인 이유

① 1문단을 보면 현재주의자는 시간이 흐른다는 견해를 내세우는 3차원주의자임을 알 수 있다. 2문단을 보면 현재주의자 중 다수는 시간 여행이 불가능하다고 주장한다고 하였으므로, 이를 통해 ①과 같이 추론할 수 있다.

② 1문단을 보면 영원주의 세계에서 시간은 흐르지 않으며, 누군가의 외모에 차이가 생기는 것은 시간의 흐름에 따른 변화가 아니라 단지 그 사람의 서로 다른 시간 단계 사이의 차이일 뿐이라고 하였다. 그러나 영원주의자와 달리 현재주의자는 시간이 흐른다고 주장하므로, ②와 같이 추론할 수 있다.

④ 3차원주의 세계에서 시간 여행이 가능하다는 점을 보여 주려면 출발지 비존재의 문제를 해소해야 한다. 그런데 4문단을 보면, 시간 여행의 가능성을 믿는 3차원주의자는 '출발지 비존재'를 '출발지 미결정'으로 보게 되면 문제가 해소됨을 주장할 수 있다고 하였으므로, 이를 통해 ④와 같이 추론할 수 있다.

⑤ 3문단을 보면 어떤 현재주의자는 시간 여행에서 도착지 비존재의 문제가 해소될 수 있다고 본다는 것을 알 수 있다. 현재 시점 T_n에서 과거의 특정 시점 T_{n-1}에 도착할 때 그 시점은 그에게 현재가

되어 존재하므로 도착지가 생겨난다는 것이다. 그런데 시간 여행의 가능성을 부인하는 3차원주의자는 출발지 비존재의 문제를 들어 이를 비판할 수 있다. T_{n-1}이 현재가 된다면 T_n은 이제 미래가 되는데, 현재주의자는 미래의 비존재를 주장하므로 T_{n-1}에 도착한 시간 여행자는 존재하지 않는 미래에서 출발하여 현재에 도착한 셈이기 때문이다. 현재에서 미래로 이동하는 경우에도 마찬가지의 문제가 발생한다고 볼 수 있으므로 ⑤와 같은 추론은 적절하다.

04 정답 ④

| 2020학년도 LEET |

😀 **정답인 이유**

〈보기〉에서 미래에 도착하는 시점의 레논과 미래에 있던 레논이 동일한 외모를 가질 수 있다고 가정한다 하더라도, 미래에 도착한 레논은 무명이고 미래에 있던 레논은 스타라는 차이는 여전히 존재한다. 레논이 무명이면서 동시에 스타인 것은 ㉮에 위배되므로 ④는 적절하지 않다.

🙁 **오답인 이유**

① 시간 여행의 도착지가 존재하지 않는다는 논리는 시간 여행이 불가능하다고 주장하는 다수의 현재주의자의 논리이다. 이에 따를 경우 〈보기〉에서 무명의 레논이 10년 후의 미래를 방문할 수 없으므로 ㉮에 위배되는 사건은 아예 일어나지 않을 것이다.

② 영원주의자의 관점에서 볼 때, 한 사람에게 나타나는 어떤 변화는 시간의 흐름에 따른 것이 아니라 단지 그 사람의 서로 다른 시간 단계 사이의 차이일 뿐이다. 이에 따르면 〈보기〉의 레논은 각 시간 단계를 가지며, 현재 단계의 레논은 무명이고 뒤 단계의 레논은 스타이다. 만약 레논의 서로 다른 단계 중 현재 단계가 뒤의 단계를 방문할 수 있다고 가정하면, '동일한 사람이 무명이면서 동시에 스타이다.'에서 무명은 현재 단계의 레논, 스타는 그 뒤 단계의 레논으로 이해할 수 있으므로 ㉯는 문제가 되지 않을 것이다.

③ 조건부 결정론자는 '출발지 비존재'의 문제를 '출발지 미결정'으로 대체하여 해소한다. 조건부 결정론자의 논리에 따를 경우, 〈보기〉의 레논이 미래에 도착한 순간 그 시점은 현재가 되며, 레논이 시간 여행을 출발한 것은 과거의 사건이 된다. 레논의 '도착'은 결과이고 '과거에서의 시간 여행 출발'은 원인인데, 결과가 있으므로 원인은 결정되어 있다고 볼 수 있다. 이로써 출발지 미결정의 문제는 해소된다. 즉 레논이 미래에 도착하는 순간에 출발지가 결정되며, 이에 따라 출발지 비존재의 문제가 해소된다고 볼 수 있다.

⑤ 〈보기〉에서 현재의 레논(A)과 10년 후의 레논(B)이 만나는 시간이 각자의 시간 흐름에서는 동시가 아니라고 가정하면 ㉯가 해소될 수 있다. 각자의 시간 흐름에서 보면 A의 현재 시간은 레논이 무명인 시간이고, B의 현재 시간은 레논이 스타인 시간이다. 즉 A

와 B의 개별 시간을 기준으로 하면 두 사람이 만나는 시간이 동시가 아니므로, 레논이 무명이면서 스타인 것이 성립할 수 있는 것이다.

05 정답 ③

| 수능 예상 문제 |

😀 **정답인 이유**

ⓒ '직면'의 사전적 의미는 '어떠한 일이나 사물을 직접 당하거나 접함'이다. '사상이나 감정, 세력 따위가 한창 무르익거나 높아짐'을 뜻하는 말은 '고조(高調)'이다.

기술

▶ 본문 **99~102**쪽

| 06 ⑤ | 07 ③ | 08 ④ | 09 ③ | 10 ③ |

DNA 컴퓨팅

• **주제**: 해밀턴 경로 문제(HPP)의 해결을 통해 본 DNA 컴퓨팅의 전략과 의의

• **해제**: 한 가닥의 DNA는 네 종류의 염기가 염기 서열을 이루며, DNA 가닥끼리는 염기들 간의 상보적 결합에 의한 이중 나선 구조를 형성한다. 에이들먼은 이러한 DNA의 특성을 이용해 해밀턴 경로 문제(HPP)를 해결하였고, 이를 통해 DNA 컴퓨팅이라는 분야를 창시했다. DNA 컴퓨팅의 기본 전략은 우선 주어진 문제를 DNA를 써서 나타내고 이를 이용한 화학 반응을 수행하여 답의 가능성이 있는 모든 후보를 생성한 후 문제 조건을 만족하는 답을 찾아내는 것이다. 에이들먼은 HPP를 해결하기 위해 정점과 간선을 DNA 코드로 나타내고, 이들을 다량 합성한 뒤 하나의 시험관에 넣어 혼성화 반응을 일으켰으며, 그 결과로 생성된 경로들로부터 해밀턴 경로를 찾아나갔다. 에이들먼은 대규모 병렬 처리 방식을 통해 HPP의 해결 방법을 제시함으로써 기존 기술로는 불가능했던 문제들을 DNA 컴퓨팅으로 해결할 수 있으리라는 잠재적 가능성을 보여 주었다.

• **문단별 핵심 내용**

1문단	DNA의 구조와 염기들 간의 상보적 결합
2문단	정보를 표현하는 수단으로서의 DNA
3문단	에이들먼의 연구로 등장한 DNA 컴퓨팅
4문단	DNA 컴퓨팅을 통한 HPP 해결 과정 ① – 정점과 간선의 DNA 코드화
5문단	DNA 컴퓨팅을 통한 HPP 해결 과정 ② – 혼성화 반응에 따른 경로 생성과 해밀턴 경로 탐색 절차
6문단	대규모 병렬 처리 방식으로 HPP를 해결한 DNA 컴퓨팅의 의의

06 답 ⑤

😀 정답인 이유

4문단을 보면 DNA 컴퓨팅을 이용하여 HPP를 풀 때, 그래프의 각 정점을 8개의 염기로 이루어진 한 가닥 DNA 염기 서열로 표현하고, 각 간선을 그 간선이 연결하는 정점의 염기 서열로부터 절반씩 취하여 표현한다고 하였다. 정점과 간선 각각을 DNA 코드로 표현한 〈그림 2〉를 통해서도 알 수 있듯이, 간선을 나타내는 DNA의 염기 개수는 8개로 정점을 나타내는 DNA의 염기 개수와 같다.

😟 오답인 이유

① 3문단을 보면 1994년 미국의 정보 과학자 에이들먼이 《사이언스》에 DNA를 이용한 연산에 대한 논문을 발표했고, 이로써 'DNA 컴퓨팅'이라는 분야가 열리게 되었다고 하였다.

② 3문단을 보면 DNA로 정보를 표현한 후 DNA 분자들 간 화학 반응을 이용하면 연산도 가능하다고 하였다. 에이들먼은 이를 통해 해밀턴 경로 문제를 해결하여 DNA 컴퓨팅을 창시하였다.

③ 4문단을 보면, DNA 컴퓨팅의 기본 전략은 주어진 문제를 DNA를 써서 나타내고 이를 이용한 화학 반응을 수행하여 답의 가능성이 있는 모든 후보를 생성한 후, 생화학적인 실험 기법을 사용하여 문제 조건을 만족하는 답을 찾아내는 것이라고 하였다.

④ 6문단을 보면 에이들먼은 해밀턴 경로를 찾아 나가는 각 단계를 적절한 분자 생물학 기법으로 구현하였는데, 기존 컴퓨터의 순차적 연산 방식과는 달리 대규모 병렬 처리 방식을 통해 HPP의 해결 방법을 제시했다고 하였다. 이러한 DNA 컴퓨팅은 기존의 기술로는 불가능했던 문제들의 해결에 대한 잠재적인 가능성을 보여 주었다는 점에서 정보 처리 방식의 개선을 모색했다고 볼 수 있다.

07 답 ③

😀 정답인 이유

1문단을 보면 보통의 경우 두 가닥의 DNA가 '염기들 간 수소 결합'에 의해 서로 붙어 있는 상태로 존재하는 이중 나선 구조를 이루는데, 이때 A는 T와, G는 C와 상보적으로 결합한다고 하였다. 그리고 5문단을 보면 DNA 가닥의 상보적 결합에 의해 이중 나선이 형성되는 것이 '혼성화 반응'이라고 하였으므로 ③은 ㉠에 대한 이해로 적절하다.

😟 오답인 이유

① 마지막 문단을 보면 에이들먼은 기존 컴퓨터의 순차적 연산 방식과는 달리, 대규모 병렬 처리 방식을 통해 HPP의 해결 방법을 제시했다고 하였다. 즉 DNA 컴퓨팅에서 수행하는 혼성화 반응은 대규모 병렬 처리 방식에 해당한다는 것을 알 수 있다.

② 1문단을 보면, 온도를 높일 경우 이중 나선 구조를 이룬 DNA 두 가닥 사이의 결합이 끊어져 각각 한 가닥으로 된다고 하였다. 따라서 온도를 높이는 것은 혼성화 반응을 촉진시키는 것이 아니라 오히려 방해하는 요인으로 작용한다.

④ 3문단을 보면 HPP는 정점의 수가 많아질수록 가능한 경로의 수가 급격하게 증가한다고 하였다. 그리고 5문단을 보면, 이상적인 실험을 가정할 경우 혼성화 반응을 통해 가능한 모든 경로에 대응하는 DNA 분자들이 생성된다고 하였다. 따라서 혼성화 반응을 통해 생성되는 DNA 분자의 수는 HPP에 제시된 정점의 수와 비례하여 증가할 것이고, 정점의 수가 늘면 간선의 수도 늘게 되므로 간선의 수와도 비례할 것이다.

⑤ 에이들먼의 해법 [1단계]를 거치면 'V0에서 시작하고 V4에서 끝나는' 경로들만 남게 되고, [2단계]를 거치면 V0에서 시작해 V4에서 끝나면서 '정점이 5개'인 경로들만 남게 된다. 따라서 남은 경로들은 정점의 개수가 같다.

08 답 ④

😀 정답인 이유

〈그림 2〉에서 정점을 세 개 포함하고 있는 경로는 (V0, V1, V2), (V0, V1, V3), (V0, V2, V3), (V1, V2, V3), (V1, V3, V4), (V2, V3, V4)로 모두 여섯 개이다.

😟 오답인 이유

① 〈그림 2〉를 보면 (V1, V2, V3, V4)는 V1에서 시작하고 V4에서 끝난다. 에이들먼의 해법 [1단계]는 'V0에서 시작하고 V4에서 끝나는지 검사한 후, 그렇지 않은 경로는 제거한다.'이므로 (V1, V2, V3, V4)는 [1단계]에서 걸러진다.

② 4문단을 보면 간선의 DNA 염기 서열은 그 간선이 출발하는 정점의 염기 서열 뒤쪽 절반과, 간선이 도달하는 정점의 염기 서열 앞쪽 절반을 이어 붙인 염기 서열의 상보적 코드로 나타낸다. V3(〈TTCCAAGG〉)에서 V4(〈AATTCCGG〉)로 가는 간선의 경우, V3의 염기 서열 뒤쪽 절반과 V4의 염기 서열 앞쪽 절반을 이어 붙이면 〈AAGGAATT〉이다. 1문단을 보면 A는 T와, G는 C와 상보적으로 결합하므로, 〈AAGGAATT〉의 상보적 코드는 〈TTCCTTAA〉이다.

③ 1문단을 보면 보통의 경우 두 가닥의 DNA가 염기들 간 수소 결합에 의해 서로 붙어 있는 상태로 존재하는 '이중 나선 구조'를 이룬다고 하였다. 〈그림 2〉에서 각 정점은 한 가닥의 DNA 염기 서열이고, DNA 가닥들을 서로 반응시키면 상보적 결합에 의한 이중 나선이 형성되며, 그 결과 경로가 생성된다. 따라서 정점을 두 개 이상 포함하고 있는 경로는 DNA 가닥의 상보적 결합에 의한 이중 나선이 형성되어 두 가닥 DNA로 나타내어진다.

⑤ 해밀턴 경로는 정점과 간선으로 이루어진 그래프에서 시작 정점과 도착 정점이 주어졌을 때 모든 정점을 한 번씩만 지나는 경로이다. 〈그림 2〉에서 간선의 방향대로 따라갈 때, V0에서 시작해 V4에서 끝나는 경로 중 모든 정점을 한 번씩만 지나는 경로는 (V0, V1, V2, V3, V4)뿐이다.

09 답 ③

| 2018학년도 LEET |

😊 정답인 이유
ㄱ. 5문단을 보면, 이상적인 실험을 가정할 경우 혼성화 반응을 통해 〈그림 2〉 그래프의 가능한 모든 경로에 대응하는 DNA 분자들이 생성된다고 하였다. 즉 Ⓐ가 발생하지 않는다면 화학 반응의 결과로 생성되는 경로들에도 오류가 생기지 않을 것임을 알 수 있다. 〈그림 2〉 그래프의 가능한 모든 경로 중 에이들먼의 [2단계]를 만족하는 것은 해밀턴 경로인 (V0, V1, V2, V3, V4)뿐이므로, Ⓐ가 발생하지 않는다면 에이들먼의 [3단계] 없이도 해밀턴 경로를 찾아낼 수 있다.

ㄴ. 혼성화 반응은 DNA 가닥의 상보적 결합으로 이중 나선이 형성되는 것이다. 그런데 혼성화 반응은 막대한 수의 DNA 분자들 간에 대규모로 일어나는 상호 작용이므로, 그 과정에서 엉뚱한 분자들이 서로 붙으면 잘못된 경로가 생성될 수 있다. 따라서 이를 방지할 수 있도록 DNA 코드를 설계하는 것은 Ⓐ를 최소화하기 위한 방법이라고 볼 수 있다.

😕 오답인 이유
ㄷ. DNA 컴퓨팅의 원리는 DNA로 정보를 표현하고 DNA 분자들 간의 화학 반응을 이용하여 연산을 하는 것이다. DNA 컴퓨팅의 원리를 적용한 소프트웨어를 개발하면 기존 컴퓨터의 순차적 연산 방식과는 달리 대규모 병렬 처리 방식을 통해 문제를 해결할 수 있을 것이다. 그러나 화학 반응을 이용하는 DNA 컴퓨팅의 원리상 Ⓐ가 방지된다고 볼 수는 없다.

10 답 ③

| 수능 예상 문제 |

😊 정답인 이유
ⓒ의 '수행'은 '생각하거나 계획한 대로 일을 해냄'이라는 의미이다. 그런데 '국회 의원을 보좌관이 수행하였다.'에서 '수행'은 '일정한 임무를 띠고 가는 사람을 따라감'이라는 의미이므로, ③은 ⓒ를 사용하여 만든 문장으로 적절하지 않다.

😕 오답인 이유
① ⓐ와 ①에서의 '결합'은 '둘 이상의 사물이나 사람이 서로 관계를 맺어 하나가 됨'의 의미로 사용되었다.

② ⓑ와 ②에서의 '수단'은 '어떤 목적을 이루기 위한 방법. 또는 그 도구'의 의미로 사용되었다.

④ ⓓ와 ④에서의 '구현'은 '어떤 내용이 구체적인 사실로 나타나게 함'의 의미로 사용되었다.

⑤ ⓔ와 ⑤에서의 '제시'는 '어떠한 의사를 말이나 글로 나타내어 보임'의 의미로 사용되었다.

경제
▶ 본문 102~104쪽

11 ①	12 ⑤	13 ⑤	14 ③	15 ④

재무제표 분석과 가치 평가
• 주제: 기업의 재무 상태를 파악하는 데 필요한 재무제표와 재무 비율 분석 방법
• 해제: 재무제표는 기업의 재무 상태를 파악하기 위해 회계 원칙에 따라 간단하게 표시한 재무 보고서로, 재무 상태표와 포괄 손익 계산서 등으로 구성되어 있다. 재무 상태와 경영 성과에 대한 정보를 얻기 위해서는 재무제표를 활용한 재무 비율 분석이 필수적이다. '듀퐁 ROE 분해'는 자기 자본 순이익률(ROE)을 활용하여 재무제표를 보다 체계적으로 분석하는 방법으로, 자기 자본 순이익률을 매출액 순이익률, 자산 회전율, 재무 레버리지로 분해하여 각각의 재무 비율을 파악하는 것이다. '매출액 순이익률'은 매출액 대비 당기 순이익이 얼마인지를 파악하기 위해 당기 순이익을 매출액으로 나눈 수익성 지표이다. '자산 회전율'은 매출액을 평균 총자산으로 나눈 값으로 자산의 효율성 지표이다. '재무 레버리지'는 평균 총자산을 평균 자기 자본으로 나눈 비율로 안정성 지표이다. 따라서 듀퐁 ROE 분해를 통해 기업의 수익성, 효율성, 안정성을 구체적으로 알 수 있다.

• 문단별 핵심 내용

1문단	재무제표의 개념과 구성
2문단	기업의 재무 상태를 알 수 있는 자산과 부채, 자본과 당기 순이익
3문단	재무 비율 분석의 필요성과 방법 소개
4문단	듀퐁 ROE 분해 중 수익성 지표인 '매출액 순이익률'의 개념과 예
5문단	듀퐁 ROE 분해 중 효율성 지표인 '자산 회전율'의 개념과 예
6문단	듀퐁 ROE 분해 중 안정성 지표인 '재무 레버리지'의 개념과 분석의 필요성
7문단	듀퐁 ROE 분해의 의의

11 ①

| 2019학년도 7월 고3 전국연합 |

😀 정답인 이유

1문단을 보면 재무제표는 기업의 경영에 따른 재무 상태를 파악하기 위해 회계 원칙에 따라 간단하게 표시한 재무 보고서를 말한다고 하였다. 그리고 3~6문단을 보면 재무제표를 체계적으로 분석하여 기업의 수익성, 효율성, 안정성을 판단할 수 있는 '듀퐁 ROE 분해' 방법에 대해 예를 들어 소개하고 있다. 즉 이 글은 재무제표의 개념을 제시한 후 기업의 재무 상태를 분석하는 방법을 예를 들어 소개하고 있다.

😞 오답인 이유

② 재무제표를 작성하기 위한 회계 원칙을 밝히지 않았으며, 재무 비율 분석이 갖는 한계점을 드러내지도 않았다.

③ 7문단을 보면 듀퐁 ROE 분해의 장점을 통해 재무 비율 분석의 의의를 나타내고 있으나, 듀퐁사가 ROE 분해를 창안한 과정은 제시되지 않았다.

④ 듀퐁 ROE 분해의 효용성에 의문을 제기하지 않았으며, 듀퐁 ROE 분해를 보완할 수 있는 재무 비율 분석 방법을 제시하지도 않았다.

⑤ 재무제표를 투자의 방식에 따라 유형별로 분류하지 않았으며, 기업의 가치를 평가하는 기준의 변화에 대해 설명하지도 않았다.

12 ⑤

| 수능 예상 문제 |

😀 정답인 이유

특정 기업의 매출액 순이익률이 높으면 기업의 수익성이 높다는 의미이고, 자산 회전율이 타사에 비해 높으면 기업의 자산 효율성이 높다는 의미이며, 재무 레버리지가 낮으면 기업의 안정성이 높다는 의미이다. 투자자는 이러한 기업에 대해 투자 가치가 높다고 판단할 수 있으나, 마지막 문단을 보면 기업의 경영 환경과 경기 상황 등에 따라 재무 비율에 대한 의미가 달라질 수 있으므로 경제 여건 등을 감안해야 한다고 하였다. 그러므로 경기 변화에 대한 고려 없이 수익성, 효율성, 안정성 지표의 수치만 보고 기업에 투자하는 것은 적절하지 않다.

😞 오답인 이유

① 6문단을 보면 평균 총자산을 평균 자기 자본으로 나눈 비율이 '재무 레버리지'이며, 재무 레버리지가 높아지면 기업의 안정성은 낮아진다고 하였다. 평균 자기 자본에 비해 평균 총자산이 월등히 큰 기업은 그렇지 않은 기업과 비교할 때 재무 레버리지가 높아서 안정성이 낮게 평가될 수 있다.

② 2문단을 보면 매출액에서 매출 원가 및 기타 비용 전부를 차감한 금액이 '당기 순이익'임을 알 수 있고, 4문단을 보면 당기 순이익을 매출액으로 나눈 값이 수익성 지표인 '매출액 순이익률'임을 알 수 있다. 매출액 순이익률이 높다는 것은 기업의 수익성이 높다는 것을 뜻한다.

③ 1문단을 보면 재무제표는 기업의 경영에 따른 재무 상태를 파악하기 위해 회계 원칙에 따라 간단하게 표시한 재무 보고서로, 재무 상태표와 포괄 손익 계산서, 현금 흐름표, 자본 변동표 등으로 구성되어 있다고 하였다.

④ 3문단을 보면 투자자들은 기업의 재무 상태를 파악하기 위해 재무제표에 표시된 숫자들을 활용하여 필요한 정보들을 얻을 수 있는 재무 비율 분석을 해야 한다고 하였다. 듀퐁 ROE 분해에 따라 자기 자본 순이익률을 매출액 순이익률, 자산 회전율, 재무 레버리지로 분해하여 각각의 재무 비율을 파악하면 기업의 수익성, 효율성, 안정성을 구체적으로 알 수 있다.

13 ⑤

| 수능 예상 문제 |

😀 정답인 이유

3문단을 보면 자기 자본 순이익률은 당기 순이익을 평균 자기 자본으로 나눈 후 백분율로 환산하여 구할 수 있다고 하였다. 그런데 2문단을 보면 기업의 자산에서 모든 부채를 차감한 후의 잔여 지분이 바로 자본, 즉 자기 자본이므로, 부채가 늘어나면 평균 자기 자본은 줄어들게 된다. 다른 조건이 동일한 상황에서 평균 자기 자본이 줄고 당기 순이익이 그대로일 경우 자기 자본 순이익률은 높아지게 된다. 예를 들어 평균 총자산이 200이고 부채가 100이면 평균 자기 자본은 100이다. 당기 순이익이 20일 경우 자기 자본 순이익률은 '20÷100×100=20(%)'이다. 그런데 부채가 150으로 늘면 평균 자기 자본은 50이 되므로 이 경우 자기 자본 순이익률은 '20÷50×100=40(%)'로 높아진다.

😞 오답인 이유

① 3문단을 보면 자기 자본 순이익률은 매출액 순이익률과 자산 회전율 그리고 재무 레버리지를 곱한 값과 같다고 하였다.

② 5문단을 보면, 자산 회전율이 높으면 기업의 자산이 효율적으로 이용되고 있음을 의미한다고 하였다. '자기 자본 순이익률=매출액 순이익률×자산 회전율×재무 레버리지'이므로, 다른 조건이 동일하다면 자산 회전율이 높을수록 자기 자본 순이익률의 값은 높아진다.

③ '자기 자본 순이익률=매출액 순이익률×자산 회전율×재무 레버리지'이므로 재무 레버리지가 높아지면 자기 자본 순이익률이 상승할 수 있다. 그런데 6문단을 보면 재무 레버리지가 높은 기업은 안정성이 낮고 특히 불경기에는 금리 인상에 따른 재무적인 어려움을 겪을 가능성이 높아진다고 하였으므로, 자기 자본 순이익

률이 상승했더라도 재무 레버리지가 높을 경우 투자에 유의할 필요가 있다.
④ 3문단을 보면 자기 자본 순이익률은 당기 순이익을 평균 자기 자본으로 나눈 후 백분율로 환산하는 방법으로 구할 수 있다고 하였다. 매출액에서 매출 원가 및 기타 비용 전부를 차감한 것이 당기 순이익이므로, 다른 조건이나 금액에 대한 변동 없이 매출 원가를 낮추면 당기 순이익이 상승하여, 그에 따라 자기 자본 순이익률은 높아지게 된다.

14 답 ③
2019학년도 7월 고3 전국연합 |

😀 정답인 이유
5문단을 보면 '자산 회전율'은 매출액을 평균 총자산으로 나눈 값이며, 자산 회전율이 높으면 기업의 자산이 효율적으로 이용되고 있음을 의미한다고 하였다. 따라서 ⓑ에 해당하는 값은 '500(매출액)÷200(평균 총자산)=2.5회'이다. 2018년의 B기업은 자산 회전율이 2회이므로, 자산 회전율이 2.5회인 A기업의 자산이 보다 효율적으로 운영되고 있다고 판단할 수 있으나, 그 차이는 2배가 아니라 1.25배이다. 따라서 2018년의 A기업이 2018년의 B기업보다 자산이 2배 효율적으로 운영되고 있는 상황이라는 판단은 적절하지 않다.

😕 오답인 이유
① 4문단을 보면 매출액 순이익률은 당기 순이익을 매출액으로 나눈 값이라고 하였다. 따라서 ⓐ에 해당하는 값은 '20(당기 순이익)÷500(매출액)=0.04'이므로 4%이다.
② A기업은 매출액 순이익률이 4%이고, 2018년의 B기업은 매출액 순이익률이 5%이다. 매출액 순이익률은 당기 순이익을 매출액으로 나눈 값인데, 당기 순이익이 20으로 같은 상황에서 A기업의 매출액(500)이 B기업의 매출액(400)보다 높기 때문에 A기업의 매출액 순이익률(20÷500)이 2018년의 B기업(20÷400)보다 낮은 것이다.
④ 6문단을 보면 재무 레버리지는 평균 총자산을 평균 자기 자본으로 나눈 비율이라고 하였으므로, ⓒ에 해당하는 값은 '200(평균 총자산)÷100(평균 자기 자본)=2'이다. 또한 재무 레버리지가 높아지면 기업의 안정성은 낮아진다고 하였으므로, 2018년의 B기업과 비교할 때 재무 레버리지가 더 낮은 A기업이 보다 안정적이라고 판단할 수 있다. 아울러 6문단에서 자신이 투자하고자 하는 기업의 재무 레버리지를 산업별 평균값 또는 다른 기업과 비교하여 기업의 안정성을 판단해 보아야 한다고 하였으므로, ⓒ를 산업별 평균값이나 다른 기업과도 비교해 보겠다는 내용은 적절하다.
⑤ 3문단을 보면, 자기 자본 순이익률은 당기 순이익을 평균 자기 자본으로 나눈 후 백분율로 환산하거나, 매출액 순이익률과 자산 회전율 그리고 재무 레버리지를 곱하여 구할 수 있다고 하였다. 따라서 ⓓ에 해당하는 값은 20%(20÷100×100 또는 4×2.5×2)로, 2017년의 B기업과 같다.

15 답 ④
2019학년도 7월 고3 전국연합 |

😀 정답인 이유
4문단을 보면 '매출액 순이익률'은 기업의 한 회계 기간 동안의 매출액 중 당기 순이익의 비중을 보여 주는 수익성 지표로, 이를 통해 자신이 투자한 기업이 수익을 제대로 내고 있는지를 판단할 수 있다고 하였다. B기업의 매출액 순이익률은 2017년에 10%였던 것이 2018년에는 5%로 줄었으므로, B기업에 투자하고 있는 투자자가 수익성 지표만을 중시한다면 2019년에는 B기업에 대한 투자를 줄이려고 할 것이다.

😕 오답인 이유
① 2문단을 보면 기업의 매출액에서 매출 원가 및 기타 비용을 전부 차감하면 '당기 순이익'을 알 수 있다고 하였다. B기업의 당기 순이익은 2017년에 10억 원이고, 2018년에는 20억 원으로 증가하였다.
② 3문단을 보면 '자기 자본 순이익률'은 주주가 투자한 자기 자본에 대한 투자의 효율성을 나타내는 지표라고 하였다. B기업의 자기 자본 순이익률은 2017년에 20%이고, 2018년에는 40%로 증가하였다.
③ 6문단을 보면 '재무 레버리지'는 기업의 안정성을 판단하는 지표라고 하였다. B기업의 재무 레버리지는 2017년에 2이고 2018년에는 4로 증가하였다. 재무 레버리지가 높아지면 기업의 안정성은 낮아지므로 2018년의 B기업은 2017년에 비해 안정성이 하락했음을 알 수 있다. 따라서 B기업에 투자하고 있는 투자자가 안정성 지표만을 중시한다면 2019년에는 B기업에 대한 투자를 줄이려고 할 것이다.
⑤ 5문단을 보면 '자산 회전율'은 기업의 자산 효율성을 판단하는 지표라고 하였다. B기업의 자산 회전율은 2017년에 1회였던 것이 2018년에는 2회로 늘어 기업의 자산이 보다 효율적으로 이용되었음을 알 수 있다. 따라서 B기업에 투자하고 있는 투자자가 자산의 효율적 이용만을 중시한다면 2019년에는 B기업에 대한 투자를 늘리려고 할 것이다.